Hans-Joachim Kraus

**Julius Schniewind**

Hans-Joachim Kraus

# Julius Schniewind

## Charisma der Theologie

BRUNNEN VERLAG GIESSEN/BASEL

Die THEOLOGISCHE VERLAGSGEMEINSCHAFT (TVG)
ist eine Arbeitsgemeinschaft der Verlage
Brunnen Gießen und R. Brockhaus Wuppertal.
Sie hat das Ziel, schriftgemäße theologische Arbeiten
zu veröffentlichen.

CIP-Titelaufnahme der Deutschen Bibliothek

**Kraus, Hans-Joachim:**
Julius Schniewind:
Charisma der Theologie/
Hans-Joachim Kraus.
– 2. Aufl. – Giessen; Basel: Brunnen-Verl., 1990
ISBN 3-7655-9241-2

2. Auflage 1990

Die Originalausgabe erschien im Neukirchener Verlag
des Erziehungsvereins GmbH, Neukirchen-Vluyn 1965
(mit freundlicher Genehmigung des Neukirchener Verlags,
der auch die Druckvorlage zur Verfügung stellte).

1990 Brunnen Verlag Gießen
Umschlag: Rudolf Horn
Herstellung: Weihert-Druck, Darmstadt

## Inhalt


Einführung . . . . . . . . . . . . . . . 7

I. Julius Schniewind . . . . . . . . . . . 10

II. Der theologische Lehrer: Martin Kähler . . . . . . . 37

III. Theologia semper reformanda . . . . . . . . . 48

IV. Wort Gottes und Evangelium . . . . . . . . . 64

V. Der Zusammenhang zwischen Altem und Neuem Testament 97

VI. Der lebendige Gott . . . . . . . . . . . 119

VII. Die Umkehr zu Gott . . . . . . . . . . . 133

VIII. Studien zu den Evangelien . . . . . . . . . . 150

IX. Herrschaft Gottes und Messiasgeheimnis . . . . . . 170

X. Über das Johannesevangelium . . . . . . . . . 187

XI. Zur Theologie des Apostels Paulus . . . . . . . . 212

XII. Rechtfertigung, Heiligung und Wiedergeburt . . . . . 227

XIII. Entmythologisierung? . . . . . . . . . . . 244

XIV. Kirche, Predigt, Sakrament, Seelsorge . . . . . . . 255

Anhang A: Bibliographie . . . . . . . . . . 271

Anhang B: Register der Bibelstellen . . . . . . . 278

Anhang C: Register der Namen . . . . . . . . 284

# Einführung

In der Dankbarkeit des Schülers, der Julius Schniewind in Liebe und Verehrung stets verbunden bleibt, habe ich dieses Buch geschrieben. Es soll daran erinnern und zugleich mitten in die gegenwärtige Situation hinein neu zum Bewußtsein bringen, welche unverwelkliche Bedeutung das Lebenswerk dieses einzigartigen theologischen Lehrers hat. Die neutestamentliche Forschung ist fortgeschritten; aber viele wesentliche Anstöße, Fragestellungen und Erkenntnisse Schniewinds sind weder überholt noch veraltet, weil sie aus der Tiefe der biblischen Botschaft eine innere Erneuerung der Theologie und der kirchlichen Verkündigung suchten. Der jungen Generation ist er kaum bekannt. Wohl werden seine Kommentare zu den Evangelien des Matthäus und Markus gelesen; bisweilen fällt im neutestamentlichen Kolleg sein Name. Aber wer er war, wie er lebte und wirkte, das wissen nur wenige. Er hat nicht viel geschrieben. Vom gesprochenen Wort und von einem lauteren, zutiefst glaubwürdigen Leben gingen die großen und gewaltigen Wirkungen aus, von der Vollmacht eines Lehrers, dem das »Charisma der Theologie« verliehen war und der zugleich Vater und Freund seiner Studenten war und in hingebender Liebe sich ihrer annahm. Davon berichtet das erste Kapitel dieses Buches. Ich habe alsdann versucht, die theologische Arbeit Schniewinds unter den herausragenden Hauptthemen seines Forschens und Lehrens nachzuzeichnen. Dabei kam es mir darauf an, ihn selbst sprechen zu lassen und die deutenden oder reflektierenden Ausführungen auf ein Minimum zu beschränken.

Unerläßlich ist es, in einer Darstellung des theologischen Lebenswerkes Schniewinds fortgesetzt auf seinen großen Lehrer und väterlichen Freund Martin Kähler hinzuweisen. Im zweiten Kapitel dieses Buches wird darum ein kleiner Grundriß der Theologie Kählers vorgelegt. Später setzen dann die einzelnen Kapitel häufiger mit wichtigen Schlüsselsätzen des von Schniewind hochverehrten und geliebten Lehrers ein. Es soll gezeigt werden, wie tief sein theologisches Denken dort verwurzelt ist. So ist es unausbleiblich und ganz im Sinne Schniewinds, wenn über viele Seiten hinweg Martin Kähler zu Worte kommt.

Zu den Zitaten und Quellennachweisen muß eine Erklärung gegeben werden. Auf den letzten Seiten dieses Buches findet der Leser eine Bibliographie, die mit freundlicher Genehmigung des J. C. Hinrichs-Verlages in Leipzig aus der ThLZ 1949 Nr. 3 Sp. 166–168 übernommen wurde, aber ergänzt werden mußte. Angefügt an diese Bibliographie sind vier Abschnitte, die auf Diktate, Kollegnachschriften, auf Aufsätze zum Gedenken an Julius Schniewind und einige mehrfach zitierte Werke Martin Kählers hinweisen. Alle diese im Anhang A zusammengestellten Literatur- und Manuskriptnachweise sind durchlaufend numeriert. Wird nun im Text des Buches ein Zitat belegt, so geschieht das jeweils mit der Nummer, die auf den entsprechenden Titel im bibliographischen Register hinweist; die Seite, auf der das Zitat zu finden ist, wird ebenfalls angezeigt. Aus dem Nachlaß Schniewinds werden folgende bisher noch nicht veröffentlichte Manuskripte im vollen Wortlaut dargeboten bzw. auszugsweise zitiert:

1. Der Vortrag »Die neutestamentliche Auffassung vom Worte Gottes und ihre Bedeutung für unsere Praxis«, gehalten auf einer Konferenz evangelischer Feldprediger in Wilna am 12. 6. 1918.
2. Thesen zum Vortrag »Taufe und Wiedergeburt nach dem Neuen Testament«, gehalten am 20. 9. 1938 in Hohegrete bei Au an der Sieg.
3. Der Vortrag »Über das Johannes-Evangelium« (oder: »Neue Beiträge zur Frage des Vierten Evangelisten«), gehalten am 9./10. August 1939 in der Lutherakademie zu Sondershausen.
4. Der Vortrag »Erneuerung der Kirche«, gehalten am 19. 5. 1946 in der Ulrichskirche zu Halle.
5. Thesen zum Vortrag »Das Motiv der Mission bei Paulus« (undatiert).
6. Thesen zum Vortrag »Vom biblischen Begriff des Wortes Gottes« (undatiert).

Ich bin mir wohl bewußt, daß es in vieler Hinsicht ein Wagnis ist, die Lebensarbeit Schniewinds in einer zusammenfassenden Darstellung vorzutragen. Es kann nur das Ziel dieses Unterfangens sein, den Leser zu ermuntern, sich mit den zitierten Veröffentlichungen neu zu befassen und die Botschaft des großen theologischen Lehrers in der gegenwärtigen Stunde laut werden zu lassen – als Ruf zur Sache, zum Wesentlichen und zur Erneuerung des Denkens, Forschens und Lehrens.

Zu danken habe ich Freunden und Kollegen, die mir durch Hinweise und Berichte halfen. Eine besondere Freude hat mir Herr Kollege Ernst Kähler bereitet, als er mich einlud, die unveröffentlichten Manuskripte des Schniewind-Nachlasses durchzusehen. Ich möchte ihm und seiner Gattin auch an dieser Stelle von Herzen danken für die Arbeitstage in Greifswald, in denen ich viele Anregungen und Hinweise empfangen durfte. – Mein Freund Werner Gutjahr, Rektor des Prediger-Seminars in Erfurt, der in den Jahren 1946–1948 Propstei-Pfarrer in Halle und Schniewinds getreuer Helfer war, hat zu diesem Buch einen Bericht über die letzten

Jahre seines Lehrers und Propstes beigetragen. Ihm danke ich in herzlicher Verbundenheit. – Der Rechtsnachfolgerin des W. Schneider-Verlages sei an dieser Stelle gedankt, daß sie eine Predigt Schniewinds aus dem Band II »Predige das Wort« zum erneuten Abdruck freigegeben hat. Mein Dank aber gilt auch Herrn Günther Ruprecht, der mir gestattete, größere Abschnitte aus den im Verlag Vandenhoeck und Ruprecht erschienenen Kommentaren Schniewinds zu zitieren.

*Erstes Kapitel*

## JULIUS SCHNIEWIND

Die Glocken auf den Fluren der Universität Halle läuteten zum Kolleg. Wenige Augenblicke später trat Julius Schniewind in den Hörsaal ein. Sein hochgereckter Kopf wandte sich uns zu, sein Blick umfaßte das Auditorium. Unter den ersten Worten spürte man eine Strenge und Herbheit, die in die Distanz verwies. Am Anfang des Semesters begrüßte er uns mit wenigen, knappen Sätzen. »Freude an der Arbeit« – das waren die Worte, die sich einprägten; zur Freude an der Sache, die es zu erarbeiten galt, lud er ein. Er strahlte Autorität aus. Ein Theologieprofessor? Man hätte eher an einen Rittergutsbesitzer oder an einen General gedacht. Das Kolleg begann. Sogleich erkannte man typische Körperbewegungen und Gesten beim Vortrag: das Hochrecken des Kopfes, das souveräne Herabblicken und dann – ein, zwei Schritte ging er zur rechten Seite hin, wandte sich ab, blickte in die unterste Ecke zur Rechten, hielt einen Augenblick in der Rede inne, drehte sich mit einem Ruck wieder den Hörern zu und erhob seinen Kopf. Die Arme wurden häufig mit nach innen gekehrten Handflächen geschwungen und erhoben; oder plötzlich konnte der rechte Arm mit ausgestrecktem Zeigefinger warnend in die Höhe schnellen. Nie las er sein Kolleg ab. Er sprach frei, hatte nur das griechische Neue Testament und einige Zettel vor sich. Das exegetische Kolleg begann meist ohne alle Einführungen. Der erste Text wurde übersetzt. Glashart waren diese Übersetzungen. Man hatte den Eindruck, als sei jedes Wort durch einen glühenden Schmelzofen hindurchgegangen. Die Sprache war dem Religiösen ebenso fern wie dem üblichen wissenschaftlichen Sprachgebrauch. Keine Phrase oder Paraphrase, keine Spur traditionell-frommer Ausdrucksweise. In seinen Übersetzungen erlebte man schon den »ganzen Schniewind«. Jede leichte Schwingung des Textes prägte sich in der Art und Weise seines Vortrages aus. Kurz und knapp wurden Erzählungen wiedergegeben, in leidenschaftlicher Erregung trug er Aussprüche oder Zwiegespräche vor. Und obwohl der Abstand des Hörenden gegenüber dem biblischen Wort stets erkennbar war, gewahrten wir doch eine innere Teilnahme am Geschehen des Textes, wie sie uns wohl noch nie in dieser Weise begegnet war. Ich denke an einen Satz Martin Kählers, der einmal schrieb: »Jede verständliche Übersetzung ist eine denkende Umsetzung des Inhaltes und löst ein gewaltiges Stück von der Aufgabe der Auslegung, nämlich der Ausgleichung des Abstandes zwischen Verfasser und Leser« (65 I S. 392).

Es fällt sehr schwer, die exegetische Vortragsweise Schniewinds wiederzugeben. Den herkömmlichen Begriff »Exegese« hörte er nicht gern, weil er doch im Neuen Testament die singuläre Weise bezeichnet, in welcher der Sohn den Vater mitteilt (Joh. 1, 18). Die Texte selbst sollten sprechen. Darum fiel bereits der Übersetzung eine große Bedeutung zu. Die Erklärungen aber, die dann folgten, waren außerordentlich knapp und bündig. Scharf wurde die wissenschaftliche Fragestellung formuliert, über Lösungsversuche berichtet – und schon war man mitten in der Sache des Textes. Die Arbeit mit der Konkordanz stand im Hintergrund. Ein Begriff wurde durch die terminologischen Parallelen interpretiert. »Die Heilige Schrift ist ihr eigener Ausleger.« Wie oft wurden wir auf dieses methodische Prinzip gestoßen! Aber es wurde dieser Leitsatz nie in einem »biblizistischen« Sinn angewandt. Der Forschung mit der Konkordanz stand die historisch-kritische Differenzierungsbemühung stets zur Seite. Auch war es immer wieder überraschend, welche neutestamentlichen Parallelen Schniewind zur Erklärung heranziehen konnte. Spontan zitierte er griechische Texte aus dem Kopf und setzte eine schwierige Stelle plötzlich in das Licht einer völlig unerwartet beigebrachten anderen Aussage des Neuen Testaments. Unversehens wurden dann Perspektiven aufgerissen, die sich den Hörern tief einprägten. Es konnte geschehen, daß wir wieder und wieder in diese Schneisen hineingeführt wurden. – Die scharf gefaßte These und die konzentrierte Formulierung waren das »Element«, in dem Schniewind seine Interpretationen vortrug. Assoziativ war seine Denk- und Redeweise. Frei waren die kurzen Sätze von jeder Phrase. Im Zeichen einer leidenschaftlichen Ergriffenheit von der Botschaft des Neuen Testaments und zugleich in einem bitteren, furchterregenden Ernst sprach Schniewind zu uns. Mitunter wurden Worte in zitternder Erregung vorgetragen; denn – so hörten wir es immer wieder – »die Botschaft des Neuen Testaments ist in einem unvorstellbaren Maße antithetisch«. Scharf wurden diese Antithesen herausgearbeitet – im Hinblick auf die Gnosis, auf den Libertinismus, den Nomismus, aber auch in scharfer Zuspitzung auf Erkenntnisse der Geistesgeschichte und Probleme der Gegenwart. Shakespeare, Goethe, Schiller, Kant, Nietzsche, der deutsche Idealismus – umfassend war das Wissen dieses Mannes, der immer das Typische pointiert herausstellte und uns Urbewegungen des menschlichen Geistes im Licht der neutestamentlichen Botschaft sehen lehrte. Mit stahlharten Worten wurde der Nationalsozialismus attackiert, und von Bitterkeit und Spott erfüllte Sätze galten der Glaubensbewegung der »Deutschen Christen«. Man hatte oft den Eindruck, als blicke Schniewind durch die kleinen Geister hindurch; aber voller Schmerz waren seine Äußerungen über die Unbußfertigkeit der Kirche und die Verstockung unseres Volkes. Ohne die leiseste Spur einer »Vergegenwärtigungstendenz« war von Anfang an die Erklärung eines Textes in einem hohen Maße aktuell. Denn immer hatte Schniewind seine Hörer unmittelbar vor Augen. Er kannte – und davon wird noch viel zu berichten sein – ihre Sorgen und Anfechtungen. Sie waren ständig einbezogen in sein Lehren und leidenschaftlich erregtes Erklären. Streng und in unerhörter Schroffheit konnte er die Lebensnöte und Verirrungen seiner Studenten ansprechen – ohne jemals in einen seelsorgerlichen oder ermahnenden Ton zu fallen. Seine Zuhörer konnten ihn fürchten und wurden doch unwiderstehlich von ihm angezogen. Wahrheit war für Schniewind kein Gegenstand der Forschung und Lehre, sondern unmittelbarer Vollzug: Wirklichkeit unter dem Wort. Es steckte viel Ehrfurcht darin, wenn seine Studenten ihn »den Propheten« nannten. Über Martin Kähler hatte einmal ein Student Worte geschrieben, die ebenso auch von Julius Schniewind gelten könnten: »Wie manches Mal erzitterte man inwendig unter der Gewalt seiner ernsten Worte, die auch mit gewaltiger Stimme gesprochen wurden. Da redete ein Lehrer, der wirklich das Wachen über unsere Seelen zu seinem Berufe rechnete« (66 S. 273). Ich erinnere mich an ein Gespräch, das ich in der Pause des Kollegs über den 1. Korintherbrief mit Schniewind führte. Er sagte: »Ich wundere mich nicht, daß einige Ihrer Kommilitonen seit einigen Stunden fehlen. Ich weiß genau: sie können es nicht mehr ertragen, daß an ihr Gewissen gerührt wird!« Es ist weder Sentimentalität noch irgendeine enthusiastische Übersteigerung in der Rede derer, die ihrem Lehrer bis an das Ende ihres Lebens danken, daß sie einer »Lehre aus Vollmacht« begegnet sind, die in das Herz hineingegriffen hat. Schniewind, der den existentiellen Charakter der Theologie ständig betonte und uns Sören Kierkegaard, Karl Barth und Rudolf Bultmann schätzen lehrte, hat doch nie irgendwelche Kategorien oder Interpretationsweisen des »Existentiellen« entworfen; alles war lebendig im Vollzug, in der Wahrheitserkenntnis des vom Worte Getroffenen, der als Zeuge vor uns hintrat – ohne je über das, was sich im Letzten ereignete, zu reflektieren. Doch durchschaute er mit scharfem Blick ein Denken und Reden von »Existenz«, unter dem sich die Wirklichkeit des Lebens der Macht des Hörens und Gehorchens entzog: das Existentielle als Panzer der Unbußfertigkeit, als theologisches Spiel mit κήρυγμα und μετάνοια.

Wenn ich an die Seminare denke, die ich in vier Semestern in Halle bei Julius Schniewind miterleben konnte, so haben sich mir vor allem zwei Erinnerungen unauslöschlich eingeprägt: die unendliche Geduld und Güte, mit der auch die Unbegabten und die Verschlossenen an die Hand genommen, mitgeführt und zum Mitsprechen herausgelockt wurden; dann die freudige und ermutigende Leidenschaft des Fragens und Forschens, die von Schniewind ausging und alle ergreifen mußte. Es wurde streng gearbeitet, aber stets in einer Atmosphäre der inneren Gelöstheit und Freiheit, des Gepacktseins und der Freude an der Sache. Bibelkenntnis galt am höchsten. Wir lernten es, uns ganze Abschnitte des Neuen Testaments im Wortlaut des griechischen Urtextes einzuprägen, die kritische Fragestellung der Kommentare aufzunehmen und an der schärfsten Polemik unser eigenes Suchen zu vertiefen. Nichts aber wurde so hart abgewiesen wie die Arbeitsweise derer, die sich »über« das Neue Testament in den Kommentaren informiert und die Texte selbst nicht eindringlich erforscht und in sie hineingehört hatten. Schniewind konnte sich sehr darüber erregen, wenn jemand unter Berufung auf hermeneutische Prämissen oder Kommentarmeinungen mit einem Text schon »fertig« war. Er erzählte dann von Martin Kähler, der einmal im Seminar einen Studenten hinter einem Berg von Kommentaren und Monographien antraf und die Frage an ihn richtete: »Wo haben Sie denn das Neue Testament?« Es war nicht zu finden. – Kommentare und Monographien sollten nur »den Blick schärfen für das, was dasteht«. Das eigene Erarbeiten eines Textes mit den Konkordanzen zum Alten Testament, zur Septuaginta und zum Neuen Testament wurde uns gelehrt. »Nur das, was Sie sich selbst aneignen, hat Wert«, so sagte er immer wieder. Ja, er riet sogar davon ab, ohne Unterlaß »wie ein Schuljunge« ins Kolleg zu kommen. »Nehmen Sie sich den Text, der morgen besprochen werden soll, einmal allein vor!«, so forderte er auf. Das Seminar war für uns die Werkstatt, in der wir theologisch arbeiten und denken lernten. Ein Aufhäufen von Wissen war Schniewind zuwider. »Die Größe der Fragen sehen« – das war der Anfang. Dann wurden die Experimente gewagt: Versuche, die Fragen zu beantworten; erste Schritte auf dem Wege zur Klärung. Nie saß vor uns der Meister, der von den Höhen des theologischen Wissens zu uns herabschaute. Immer stieg er herab, nahm jede Nuance der Frage auf, suchte mit uns, war freudig überrascht und dankbar, wenn einer eine Fährte fand. – Wie oft erbost es einen aufgeweckten Studenten, wenn er zwar über die Gewalt einer Fragestellung unterrichtet wird, aber am Ende doch nur »wissenschaftliches Theater« vorgeführt bekommt, in dem planmäßig

– im Schlußakt – die vom Professor vorgewußte Antwort auf der Bühne erscheint! Aber man könnte im Hinblick auf manchen Studenten auch sagen: Wie beruhigend und angenehm ist ein solcher »akademischer Lehrbetrieb« für den nach müheloser Wissensbereicherung Strebenden! – Nichts dergleichen geschah in Schniewinds Seminar. Er war ein theologischer Sokrates, ein Lehrer, der die securitas verabscheute und in letzter Solidarität mit den ihm anvertrauten Studenten forschte. Dann aber konnte es geschehen, daß er, ergriffen von der Macht eines neutestamentlichen Wortes, uns die Selbsterschließung der Botschaft erfahren ließ. Das waren unbeschreibliche Augenblicke. Da redete der, der zu uns sprach, nicht »aus seinem Eigenen«, die Sache selbst kam zur Sprache, sie setzte sich durch. War es eine Antwort? Da fiel diese Rede oft quer in unser Fragen hinein, und wir merkten plötzlich, daß wir uns neu zu orientieren und unser Fragen und Suchen neu einzurichten hatten. Diese konsequente Sachbezogenheit konnte der eigensinnige Frager als unerwünschte Störung empfinden. Ich bin Studenten begegnet, die Schniewind einfach nicht verstehen konnten; sie wollten im Zeichen einer hermeneutischen Prämisse oder einer starr verfolgten Zielstrebigkeit des Fragens ihren Weg zu Ende laufen – am Text vorbei. Und das ist wahrscheinlich auch der tiefste Grund, warum Julius Schniewind nie eine Schule begründen konnte. Seine biblische Sachbezogenheit war so stark und streng, daß sie alle ausgeprägten Prämissen sprengte, die nicht in der Bibel selbst ihr Richtmaß und ihr Ziel hatten. Doch zu dem, was man den »Biblizismus« Schniewinds genannt hat, wird noch viel zu sagen sein. Die unbedingte Bindung an das Wort der Bibel konnte für denjenigen nie bedrückend oder einengend wirken, der bereit war, seinen eigenen geistigen Standort zu verlassen und aus aller theologischen Verwandtschaft auszuwandern in ein Land, in dem im neuen Hören auf das biblische Wort eine wunderbare Freiheit erfahren wurde. Hier galt das Wort Martin Luthers: »Dazu mag ich nicht leiden Regel noch Maß, die Schrift auszulegen, dieweil das Wort Gottes, das alle Freiheit lehrt, nicht soll noch muß gefangen sein.« – An der behutsam leitenden Hand des Lehrers wurden wir fortgesetzt an die Grenzen der μετάνοια, des Umdenkens und Neudenkens, herangeführt: »Alles theologische Arbeiten trägt fortgesetzt die Signatur der μετάνοια«, pflegte Schniewind zu sagen. Mit feinem Gespür konnte er aus den Antithesen des Neuen Testaments heraus die Herkunft der Positionen und Ideen bloßlegen, die sich als Prämissen des Verstehens starr behaupten und durchsetzen wollten.

Mit besonderer Fürsorge nahm Schniewind sich der ersten Semester an.

Er verwies auf Martin Kählers Aufsatz: »Wie studiere ich Theologie in den ersten Semestern?« (65) und stand immer als Berater und Helfer bereit. Seine ermutigenden und zur Freude an der Arbeit erweckenden Zusprüche haben manchem Studenten den Weg gewiesen. Er lud zum »fröhlichen Theologisieren« ein, war ungewöhnlich milde im Urteil über Fehlleistungen und verurteilte nie, sondern half weiter. Die Seminararbeiten sah er mit einer uns beschämenden Gründlichkeit durch. Ein langer Querstrich am Rand bedeutete: »Gut!« Ausführliche Kritik am Schluß machte auf alle Schwächen und Unzulänglichkeiten aufmerksam. Neumachen, wieder anfangen – bei ihm konnte man es ohne Seufzen. Er gab dann wohl auch seltsame Anweisungen, die uns zuerst in Erstaunen versetzten: »Vorerst keine Kommentare kaufen! Keine Kommentare lesen! Selbständig arbeiten, Parallelen aufschlagen! Fragen! Nachdenken! Die Konkordanz benutzen! Anfangen, wo Lust und Freude verspürt wird! Kein Penne-Betrieb! Nichts einochsen! Lesen! Schmökern! Pausen ausnutzen und in der Seminarbibliothek Bücher durchsehen, aufschlagen, anlesen! Zupacken, wenn es interessiert!« So fing alles an, und unversehens waren wir hineingezogen in die große mächtige Bewegung des Denkens und Fragens.

Außerhalb der Universität gab es viele Gelegenheiten, Schniewind zu begegnen. Er nahm sich in Halle – zusammen mit Ernst Wolf und Otto Michel – in besonderer Weise der Studentengemeinde an, hielt die Bibelstunden und saß bis in die Nacht hinein bei uns im Gespräch über den interpretierten Text. Hier lernten wir ihn als den Vater seiner Studenten kennen. Wie er die Studierenden anderer Fakultäten ansprach, auf ihre Sorgen einging, ihre Fragen vertiefte und sie beriet – das alles kann nur angedeutet werden. Und stets war beides beieinander: die Herbheit und Schroffheit – die Güte und Milde. Güte und Milde aber wurden immer deutlicher spürbar, je näher man Schniewind kam. Das geschah insbesondere dann, wenn er zu »offenen Abenden« in seine Wohnung einlud. Immer wurden wir bei diesen Zusammenkünften reich bewirtet, und manchem wird es erst sehr spät aufgegangen sein, daß der Gastgeber seine Lebensmittelmarken sparte, um uns erfreuen zu können. – »Wer fängt an?« Mit einer freundlichen Aufforderung wurde die erste Frage erbeten. Dann konnten wir alle Sorgen und alle Nöte des Studiums und des Lebens ausbreiten. Mit großer Weisheit und Güte wurde auch das aufgespürt, was in den Fragen verschwiegen mitschwang. – Wir merkten es bald, daß Schniewind sein väterliches Raten und Helfen in einer immer wieder erwähnten Traditionskette sah. Er erzählte von Tholuck und vor allem von seinem Lehrer Martin Kähler. – Die Abende standen in einer sehr lebendigen und vertrauensvollen Atmosphäre. Nie blieb das Gespräch an der Oberfläche, nie zerflatterte es. Wir erlebten mehr und mehr, wie der zuerst so streng und unzugänglich wirkende Mann in einer zarten Empfindsamkeit jeden einzelnen in seinen Sorgen sah, wie er mitlitt und sich quälte, wie er erschrak oder hocherfreut antwortete. Es konnte geschehen, daß er hernach einen Studenten, der ausgehungert und schlecht aussah, beiseite nahm und ihm Lebensmittelkarten zusteckte, die er, zusammen mit seiner uns gütig umsorgenden Frau, sich absparte. Wir wissen heute, daß er für uns Entbehrungen erlitten hat und sein plötzlicher Tod nicht zuletzt darauf zurückzuführen ist, daß er Leib und Leben für die ihm Anvertrauten einsetzte. Ich habe erlebt, wie er einen Kommilitonen, der mit abgerissenem Anzug von der Front zum Studiensemester nach Halle gekommen war, nach dem Kolleg mitnahm und ihm warme Kleidung gab. Als im Jahre 1945 Martin Noth als Flüchtling in Halle eintraf, zog Schniewind auf der Straße seinen Mantel aus und gab ihn dem Kollegen. Er sah die Not. – Er wußte auch, wenn einer seiner Studenten auf Abwege geriet, und konnte uns dann fragen: »Ob ich ihn einmal ansprechen kann? Ob Sie nicht einmal mit ihm reden?« Er drängte sich nicht auf. Für uns war er der Inbegriff des Gentleman in der selbstverständlichen Würde seines Umganges mit den Menschen. Um ihn war eine Atmosphäre des Adligen. Er haßte schlechte Manieren und sagte einmal: »Die Studenten sind heute meist verwildert, sie benehmen sich nicht gut – dabei wissen sie doch ganz genau, was gute Manieren sind!«

Die schönsten Stunden aber bereitete Schniewind uns, wenn er mit einer Gruppe wanderte, mit uns auf der Saale Kahn fuhr. Er lud aber auch den einen oder anderen häufiger zu einem Spaziergang ein, auf dem sich die tiefsten Fragen wie von selbst ergaben. Ich erinnere mich an einen der ersten Tage meines Studiums in Halle. Schniewind bat mich, ihn zur Straßenbahn zu begleiten. Von einer bevorstehenden Abendmahlsfeier zu Semesterbeginn war die Rede. Unversehens wurde ich nach einem Abendmahlslied von Paul Gerhardt gefragt, das ich nicht kannte, das auch nicht in den Gesangbüchern steht. Schniewind zitierte es, er sprach lauter und lauter. Die Passanten auf der Straße blickten erstaunt auf, aber er schritt in souveräner Selbstverständlichkeit weiter und stand ganz im Banne der Liedworte. Seltsam, in seiner Nähe war man herausgehoben aus allem Ängstlichen und Engen. Seine παρρησία riß uns alle mit. Es wurde uns plötzlich die Hoheit der Botschaft deutlich, die uns anvertraut war. »Die Krone aller theologischen Arbeit ist das Pfarramt, die Verkündigung der Botschaft!«, sagte Schniewind häufig. – Was aber dem Vater seiner Studenten in einsamer Zwiesprache anvertraut, was ihm gebeichtet und worin er um Rat gefragt worden ist – wer könnte davon sprechen? Auch wenn man von Halle fortging, war die Verbindung nicht abgerissen. Er schrieb Briefe, antwortete auf Fragen sehr ausführlich und begleitete den Weg seiner Studenten in treuer Teilnahme.

Wer war Julius Schniewind? Woher kam er? Welchen Weg ging er? Am 28. Mai 1883 wurde Julius Schniewind als Sohn eines Großkaufmanns in Elberfeld geboren. Im Pietismus des Bergischen Landes, doch zugleich auch im Luthertum seiner Heimatgemeinde wurde er groß. Der Weg ins Theologiestudium entsprang dem frommen Wunsch seines Vaters, dem der Abiturient aus bereitem Herzen zustimmte. Schniewind studierte in Bonn, Halle, Berlin und Marburg. Die Semester in Halle an der Saale schenkten ihm die für das ganze Leben bestimmende Begegnung mit dem theologischen Lehrer Martin Kähler. Durch ihn fand er Zugang zu den reformatorischen Schriften und zur grundlegenden Bedeutung des »articulus stantis et cadentis ecclesiae«: zur Rechtfertigungslehre Luthers. Durch Kähler wurde auch der Weg in die neutestamentliche Wissenschaft eröffnet, doch hat Schniewind bis zuletzt stets die systematische Theologie für die Krönung aller theologischen Arbeit gehalten. Von großem Einfluß auf das theologische Studium waren auch die von Kähler gewiesenen Schritte in die Erforschung der gesamten theologischen Tradition der Halischen Fakultät, das Erbe Tholucks und des Pietismus, die Erweckungsbewegung und ihre Nachwirkungen. Am 9. Juli 1910 promovierte Schniewind mit einer Dissertation über »Die Begriffe Wort und Evangelium bei Paulus« in Halle zum lic. theol.; bei der öffentlichen Disputation trat lic. theol. F. Büchsel als einer der beiden Opponenten auf. Vier Jahre später gehörte der Kähler-Schüler als Privatdozent zum Lehrkörper der Fakultät, nahm dann als Feldprediger am ersten Weltkrieg teil und wurde 1921 zum a. o. Professor ernannt. Im Jahre 1927 erfolgte dann die Berufung auf das Ordinariat für Neues Testament nach Greifswald. Zwei Jahre danach nahm Schniewind einen Ruf nach Königsberg an. Zur Zeit der nationalsozialistischen Herrschaft wurde er als der geistliche Vater der Bekennenden Kirche Ostpreußens im Jahre 1935 zuerst nach Kiel strafversetzt und wenige Monate später wiederum verstoßen. Sein Weg führte zurück nach Halle, wo er am 7. September 1948 verstarb.

Als Julius Schniewind am 12. Juli des Jahres 1925 von der Theologischen Fakultät der Universität Halle die Würde eines D. theol. verliehen wurde, hielt er eine Ansprache, die im vollen Wortlaut vorliegt:

ANSPRACHE ZUR EHREN-PROMOTION

»Die Freude ist groß; und nun freut mich heute noch dies besonders, Ihnen einmal mit runden Worten sagen zu dürfen, was ich der Hallischen Fakultät, was ich Ihnen verdanke.

Schon mein Elternhaus wies mich nach Halle. Meine Eltern lasen Hoffmanns Predigten, lasen Kählers Kleine Schriften; sie waren mit Kähler auch persönlich befreundet. Als ich Theologe wurde, stand mir bald fest, daß ich zum vierten Semester, zur Dogmatik, nach Halle gehen wollte. Unsere Fakultät hatte mir mehr gegeben, als ich damals erwarten konnte; sie gab mir noch mehr als alle theologischen Einzelerkenntnisse, so wichtig und groß diese waren; es ging hier um die letzte Auseinandersetzung, in der unbewußt schon der Elberfelder Gymnasiast gestanden hatte. Eine glänzende Schule übermachte uns doch nur dies Ideal der Kalokagathie in ihrer edelsten Gestalt. Bildung zu erwerben – und das hieße: die Dinge in ihren Zusammenhängen sehen; und darin fließen letztlich das Wissen und die Dichtung zusammen – : dies wurde in uns geprägt, und auch die musikalisch-künstlerischen Eindrücke gingen ganz in der gleichen Richtung. Daneben aber stand, beinahe unvermittelt, die Wirklichkeit des Christentums und die Wirklichkeit des Neuen Testaments, in den Eltern, in unvergeßlichen Bibelstunden vor uns gestellt.

Gerade diese Auseinandersetzung aber war Martin Kählers Lebensarbeit; vielleicht darf man sagen, sein eigener Lebenskampf. Seine Theologie war nichts als ein leidenschaftlicher Antipantheismus, eine Theologie nur des Einen: ›Der lebendige Gott‹. Vor innere Entscheidungen stellte solche Theologie in jedem ihrer Sätze; denn dieser Gott ist nicht ›das Absolute‹, sondern er ist der heilig-persönliche, der für uns ist oder wider uns ist. Ins konkret Geschichtliche leitete uns diese Theologie: Gott ist nicht eine Abstraktion, sondern, so sagte Kähler, ›man kennt ihn mit Namen‹: ›Der lebendige Gott im lebendigen Christus‹, formulierte er's wohl. ›Wer mich gesehen hat, hat den Vater gesehen‹, in dies Wort haben unsere sämtlichen Hallenser Lehrer immer wieder das Christenbekenntnis zusammengefaßt.

Unsere Lehrer! Nur zwei von ihnen sind jetzt noch unter uns (F. Loofs und P. Feine). Es klang in Einheit zusammen, was unsere Fakultät uns verkündete, wenn sie uns Luther und die Apologie vom ersten Gebot her verstehen lehrten; wenn sie uns im Neuen Testament das Gesetz Gottes erschlossen; dies war Erweiterung und Bestätigung des Einen, das wir erfuhren.

Erweiterung und Bestätigung waren es auch, was Karl Heim in seinen ersten Schriften und persönlich als älterer Freund uns bedeutete; Erweiterung besonders nach der erkenntnistheoretischen Seite hin. Gerade unter diesem Einfluß aber bildete sich mir der Entschluß, meine wissenschaftliche Arbeit nicht der Dogmatik, sondern dem Neuen Testament zuzuwenden. Studium der Dogmatik hätte für mich jahrelanges Verweilen im Abstrakt-Philosophischen bedeutet, freilich mit dem Ziel des Konkret-Christlichen; aber das Ziel wäre damit in die Ferne entschwunden. In der Arbeit am Neuen Testament hoffte ich dem Ziel näher zu bleiben.

ANSPRACHE ZUR EHREN-PROMOTION

Niemals hat mich dieser Entschluß gereut. Aber welche Mühsal mir das Einarbeiten in die exakte Erforschung des Neuen Testaments bedeutete, das ist der Fakultät, die mich schon einmal promovierte und bei der ich mich habilitierte, nicht verborgen. Die verehrten älteren Fachgenossen wissen es selbst, wieviel ich ihnen zu danken habe, bei der Habilitation, in manchem Einzelgespräch. Daß Sie dennoch im Elogium auch meiner wissenschaftlichen Arbeit freundlich gedachten, war mir, ich darf es sagen, eine ganz besondere Ermunterung und Freude. – Aber das wissenschaftliche Sich-Einarbeiten war untrennbar mit dem Dozieren verknüpft. Gerade in der Mühe exakten Arbeitens will sich erschließen, was jenseits davon liegt: irgendeine Fühlung mit dem Leben, das uns im Neuen Testament begegnet.

Von diesem Leben zu schöpfen und weiterzugeben: dies als Aufgabe zu sehen, hat mich unsere Fakultät gelehrt. Ich spreche nicht nochmals von Kähler, dem Theologen, jetzt dem Exegeten; hinter dem Theologen stand der Seelsorger, um so machtvoller, je mehr er sich zurückhielt. Aber die seelsorgerliche Art ist hallischer Charakter überhaupt! Nie werden wir vergessen, was Max Reischle unserm Freundeskreis war. Nie werde ich meine vier Jahre Konviktinspektor vergessen, unter der weisen Leitung zweier Ephoren, unter der Beratung gütiger Kuratoren.

Freund der Studenten zu sein, haben unsere Lehrer uns gelehrt. Freunde des jüngeren Kollegen sind Sie alle gewesen, die Lebenden und die Entschlafenen, auch deren Namen ich nicht besonders nannte. Das freudige Disputieren, als bestünde kein Altersunterschied; der freundliche Rat, hinter dem das Anteilnehmen des Herzens stand; das Persönliche im Theologischen, so war und so ist es hallische Tradition . . .«

Sieht man einmal ab von der alles überstrahlenden Bedeutung, die Martin Kähler für den theologischen Werdegang Schniewinds gehabt hat (im zweiten Kapitel soll ausführlich darauf eingegangen werden), so sind viele Namen zu nennen und im einzelnen zahlreiche Beziehungen und Verbindungen aufzuzeigen. In Halle war es vor allem Friedrich Loofs, dem sich Schniewind stets zu großer Dankbarkeit verpflichtet wußte. Später übte die »Wiederentdeckung« Luthers durch Johannes Ficker, Karl Holl und Rudolf Hermann einen großen Einfluß auf seine reformatorischen Studien aus. Die wesentlichen Impulse der neutestamentlichen Forschung aber empfing der Doktorand des Hallischen Universitätslehrers Erich Haupt aus dem Bereiche der Judaistik, von Adolf Schlatter, von Johannes Weiß und insbesondere (nach dem ersten Weltkrieg) von der »formgeschichtlichen Schule« (Rudolf Bultmann, Martin Dibelius, Martin Albertz, Karl-Ludwig Schmidt). Auch die »dialektische Theologie« prägte Schniewind in entscheidender Weise. Durch sie lernte er Sören Kierkegaard kennen, den er sehr oft zitierte. Mit großer Verehrung und Dankbarkeit sprach er von Karl Barth. Wesentliche Impulse aber empfing er auch von Rudolf Ottos Buch »Das Heilige« und von Karl Heims berühmtem, heute leider weithin vergessenem Werk »Das Weltbild der Zukunft«. Der Hinweis auf alle diese Namen und Forschungsrichtungen läßt erkennen, wie weit aufgeschlossen Schniewind im Empfangen und Forschen war. Er war frei von aller schulgebundenen oder konfessionellen Enge, hat sich jedoch stets als Lutheraner bekannt und sein Lehren unablässig auf Luther bezogen. In der neutestamentlichen Forschung ist Schniewind schwerlich einer »Schule« zuzuweisen, er haßte das »Schuldenken« und das engstirnige Parteinehmen für eine »Richtung«. Er lernte von allen, hörte auf alle, ließ sich von allen fragen. Rudolf Bultmann war für ihn der überragende Gelehrte. Doch wenn er einmal von den Kollegen sprach, denen er sich am innigsten verbunden wußte, dann nannte er die Namen Joachim Jeremias, Otto Michel und Günther Bornkamm. Es wird denen, die es miterlebten, unvergeßlich sein, wie Schniewind einen Besuch von Jeremias ankündigte und mit großer Wärme und Herzlichkeit den Mann begrüßte, der ihm »am nächsten steht«. Überhaupt war es etwas Eigenes, wie liebevoll Schniewind uns in Kollegs und Seminaren mit dem Namen der Gelehrten die Menschen vorstellte. Die Kälte des Zitierens, Polemisierens oder Zustimmens wich. Wir wurden nicht mit Namen strapaziert, die als abstrakte Begriffe aufklangen. Auch hier war alles von Leben und Teilnahme bestimmt.

Bevor die späteren Freundschaften und innigen Verbindungen in Königsberg und Halle erwähnt werden, muß eine Begegnung besondere Beachtung verdienen, die in Schniewinds Leben immer eine große Rolle gespielt hat: Die Begegnung mit dem Pietismus. Wie wir sahen, war Schniewind im bergischen Pietismus herangewachsen. Einen unauslöschlichen Eindruck hinterließ in seinem Leben die Botschaft des in Nümbrecht wirkenden Pastors Jacob Gerhard Engels (1826–1897). Durch Martin Kähler wurde Schniewind in seiner Liebe zum Pietismus bestärkt, denn der Hallische Lehrer kannte keinen Gegensatz zwischen Reformation und Pietismus. Im Gegenteil: er zeigte seinen Studenten, daß der Pietismus die reformatorische Frage nach der certitudo salutis wachgehalten und den ganzen Ernst des Lebenseinsatzes unter dem Hören auf das Wort verkündete. Man wird Schniewind nicht verstehen können, wenn man das pietistische Erbe, das in sein Leben eingegangen ist, verkennt. Gewiß, wie Kähler, so hat auch Schniewind die Gefahr des Pietismus darin gesehen, daß er in der Subjektivität der Frömmigkeit das Heil sucht; aber es kann und darf nicht übersehen werden, wie viel bibeltreuer und letztlich reformatorisch gegründeter Glaube in den pietistischen Kreisen lebendig war und ist. Man macht es sich in der Theologie vielerorts zu einfach mit der Beurteilung des Pietismus. Karl Barth tadelt die »Verinnerlichung und darum Aufhebung des Gegenübers von Mensch und Gott, die Hereinnahme aller derjenigen Elemente des Christentums, die an sich ein Draußen, ein Gegenüber zu bedeuten erscheinen«. Aber mit pauschalen Erklärungen dieser Art wird das Wesentliche verkannt. Dem Begriff »Pietismus« wird ein Vorurteil angeheftet, das auf Entartungserscheinungen zutreffen könnte, aber dem eigentlichen Wollen und Wesen der großen Bewegung nicht gerecht wird. Kähler und Schniewind fordern auf zu einer neuen eindringlichen Beschäftigung mit dem Pietismus. Die Selbstverständlichkeit des »Wissens« um diese Frömmigkeitsrichtung wird in Frage gestellt.

Um den Pietismus in seinem innersten Bestreben kennenzulernen, lese man zunächst einmal die dreißig Sätze, die nach seinem Tode bei Jacob Gerhard Engels gefunden wurden: »Herr, hilf, jeder neue Tag ist Dein! 1. Ich will mich nicht rechtfertigen. 2. Ich will mich weniger genieren, sondern mehr in der Einfalt stehen. 3. Ich will mehr schweigen, aber auch zur rechten Zeit reden, auch über meine Sünde. 4. Ich will mehr lieben. 5. Ich will gegen meine eigene Natur gehen. 6. Ich will so leben, als ob ich es mit Gott allein zu tun hätte. 7. Ich will mich in keinem Stücke selbst suchen, sondern nur die Ehre des Herrn; ich will nichts sein, ich will auf alle guten Tage verzichten. 8. Ich will mich mehr in Geduld üben und im Leiden. 9. Ich will mein Vertrauen nicht wegwerfen. 10. Ich will alle hohen Gedanken von mir für ganz eitel halten. Ach, was will ich (Ps. 94, 11)! 11. Ich will mich lieber zu Tode hoffen als durch Unglauben verlorengehen (Neander). 12. Ich will jeden Tag, den ich lebe, als den letzten ansehen. 13. Ich will noch besonnener werden. 14. Ich will lernen, alles mit Jesus zu tun. 15. Ich will noch mehr in der Wahrheit stehen. 16. Ich will so leben, als ob ich der Letzte wäre. 17. Ich will hinfort nur urteilen, auch in politischen und kirchenpolitischen Fragen, wenn es nötig ist. 18. Ich will mich beim Reden und Ermahnen vor nervöser Aufregung hüten, aber mehr um Salbung bitten. 19. Ich will mich in bezug auf die irdischen Güter nur als Haushalter ansehen. 20. Ich will mich im Leben noch mehr beschränken. 21. Ich will keinen Tag, wenn es geht, vorübergehen lassen, wo ich nicht jemandem eine Freude mache. 22. Ich will mich noch mehr darin üben, der Kleinste zu sein. 23. Ich will alles willkommen heißen, was mich heruntersetzt. 24. Ich will nichts aussprechen, was mich hebt, ebenso nichts, was einen anderen heruntersetzt, es sei denn durchaus nötig. 25. Ich will so gegen jedermann gesinnt sein, daß ich mich vor ihm nicht zu schämen brauche, wenn ich ihm in der Ewigkeit begegne. 26. Ich will nur noch zu meiner und anderer Erbauung lesen. 27. Ich will keinen Anspruch auf irgendeine Freundlichkeit oder Gefälligkeit anderer machen, aber selbst gern anderen dienen. 28. Ich will nicht recht behalten und darum nur eine Sache richtigstellen, wenn es nötig ist. 29. Ich will durch und durch lauter werden. 30. Ich will nur des Herrn Knecht sein.«

Diese treue Frömmigkeit, die aus den dreißig Sätzen spricht, ist nun aber keineswegs, wie es zunächst den Anschein haben könnte, ein Katalog von Vorsätzen, die der Vollkommenheit des eigenen Ich nachstreben; sie sind Abschattungen der Ergriffenheit und des Durchdrungenseins des ganzen Lebens von der Tatsache: »Ich bin Dein!« Aus diesem Bekenntnis zu Jesus Christus kommen die einzelnen Sätze heraus. »Hilf mir, daß ich täglich sterbe und die Welt mir gekreuzigt ist und daß Dein Liebes- und Friedensgeist mich durchdringt!« So betet Jacob Gerhard Engels. In dieser Frömmigkeit, vor allem in ihrem Herzstück, dem täglichen Sterben und Sich-selbst-Übergeben, ist Schniewind Christ und Theologe geworden. Doch im Feuer des Neuen Testaments wurden alle Intentionen des Pietismus durchläutert und in ihrer reformatorischen Begründung aufgenommen. Mit großer Wärme und Ehrfurcht sprach er von den Männern des Pietismus, insbesondere von Jacob Gerhard Engels. Christsein hieß für Schniewind: mit Leib und Seele Jesu Christi eigen sein, mit Gedanken und Worten, im Wünschen und Wollen ihm allein gehören. Er konnte mit Paul Drews die Predigten Tholucks darin loben, daß sie alle Konkretheiten des täglichen Lebens bis in die Nuancen behandeln — doch freilich immer so, daß jede Einzelheit vom Letzten, von der iustificatio impii, erfaßt wird (42 S. 27). Und daran lag ihm schlechterdings alles: daß die

Totalität der Lebenshingabe, wie sie im Pietismus lebendig ist, in den Glauben an die Rechtfertigung des Sünders einbezogen wird. Die Intentionen des Pietismus kamen bei Schniewind in neuer Sachbezogenheit und Sprache zur Geltung, und alles Reden war bis in die Wurzeln hinein geprägt vom Neuen Testament, von der Reformation und von einer kristallklaren Diktion, die jeder verstehen konnte. Dabei ging es um das Letzte des ganzen Lebenseinsatzes – den Gebetsversen Kählers entsprechend, die Schniewind so oft zitierte:

»Hilf aus den Gedanken ins Leben hinein,
ganz ohne Wanken Dein eigen zu sein!«

Mochte einigen pietistischen Gruppen seine Sprache auch fremd erschienen sein, sie konnten ihn verstehen; er kam zu ihnen. Gewaltig und wunderbar sind die Einflüsse, die Schniewind auf den ostpreußischen Pietismus ausgeübt hat. Durch sein Wirken wurde die »Bahnauer Bruderschaft« ein lebendiger Streiter im Kampf der Bekennenden Kirche. Seinem Lehren und Beraten verdankt diese Bruderschaft bis auf den heutigen Tag ihre theologische Ausrichtung. Unter der Macht des biblischen Wortes wurde hier neu erkannt, was »Bekehrung« ist: Umkehr ist Freude (vgl. S. 133 ff.).

Wenn von den Weggefährten und Freunden Schniewinds die Rede sein soll, so werden zuerst der Altphilologe August Frickenhaus und der Historiker Siegfried Kähler zu nennen sein. Mit beiden war er innig verbunden. Die Freundschaft mit dem Zuletztgenannten hatte Martin Kähler gestiftet, sie begleitete Schniewind durch das ganze Leben. Auch mit Rudolf Hermann, einem Verwandten Schniewinds, bestand ein reger Briefwechsel, der in die akuten theologischen Probleme eindrang. In den Königsberger Jahren wurde zusammen mit Hans Joachim Iwand und Martin Noth der Kampf der Bekennenden Kirche in Ostpreußen geführt. Die Freundschaft mit Iwand war den Studenten ein so fester Begriff, daß sie von ihrem Studium bei »Schni(e)wand« sprachen. In den Kollegs, die ich in Halle später hörte, wurden nicht selten wesentliche Aussagen mit den Worten eingeleitet: »Mein Freund Iwand sagt ... « Mit den Männern der Bekennenden Kirche war Schniewind aufs engste verbunden. Hier sei nur Dietrich Bonhoeffer genannt, von dem in Halle in den »offenen Abenden« sehr häufig erzählt wurde. Die Liebe zu Martin Niemöller fand in einem Dankgottesdienst aus Anlaß der Befreiung Niemöllers ihren tiefen Ausdruck (51 S. 173 ff.). Der Unerschrockenheit und dem Zuspruch Schniewinds verdankten viele Theologen der Bekennenden Kirche die Kraft und den Mut zum Durchhalten. In souveräner Ruhe konnte er mitten in den härtesten Krisen im Blick auf die Machthaber des »Dritten Reiches« sagen: »Der Herr wird sie zerstreuen in einem Augenblick!« Wir, die wir während des Krieges in Halle studierten, erlebten die uns stärkende Gemeinschaft zwischen Julius Schniewind und Ernst Wolf – den klaren und entschlossenen Kampf, den beide miteinander für die Wahrheit des Evangeliums führten. Halle wurde zum Sammelpunkt für die Studierenden der Bekennenden Kirche.

Nach dem Zusammenbruch im Jahre 1945 trat der von Hunger und Krankheit gezeichnete theologische Lehrer einen schweren Dienst in der Kirche an. Er gab dem beschwörenden Drängen nach und trat neben seiner Tätigkeit als Universitätslehrer und väterlicher Betreuer der Studentengemeinde das Amt eines Propstes im Bezirk Halle-Merseburg an. Das Vermächtnis dieses Dienstes und aller Sorge um die Kirche und ihre Verkündigung liegt in der kleinen Schrift »Die geistliche Erneuerung des Pfarrerstandes« vor (42). In Pfarrkonventen richtete Schniewind seine Botschaft an die Pastoren, sprach ihnen das Evangelium zu, tröstete die Traurigen und ermutigte die Verzagten. Er ging in die Pfarrhäuser und führte zahlreiche Einzelgespräche. Erschöpft und zerschlagen reiste er in kalten, überfüllten und schmutzigen Zügen, übernachtete in überheizten Wartehallen oder eiskalten Unterkünften. Als er sich einer Operation unterziehen mußte, waren seine Widerstandskräfte erlahmt. Einsam starb er in der Nacht des 7. September 1948. Der Leitspruch Martin Kählers könnte auch über das Leben Julius Schniewinds gesetzt werden: »Aliis inserviendo consumor« (»Im Dienste für andere verzehre ich mich«).

Im Jahre 1944 wohnte ich bei Schniewind in Halle-Cröllwitz. Zahllose Stunden war ich mit ihm zusammen – in seinem Arbeitszimmer, beim Spaziergang, auf kalten Kellerstufen in der Nacht beim Fliegeralarm. Und ich darf es gewiß berichten, wie der verehrte Lehrer an seiner Arbeit, an der Kirche und an dem deutschen Volke litt. Er fand keine Ruhe. In gespannter Erregung ging er in der Wohnung auf und ab. Oft klopfte er bei mir an: »Können Sie auf einen Augenblick zu mir kommen?« Wenn ich ihn fragend ansah, sagte er: »Ich muß beständig an alle denken, die draußen an der Front sind.« Daß die Kirche nicht umkehrte, daß unser Volk verblendet in den Abgrund hineinrannte – darüber quälte er sich fortgesetzt. Nur wenige Stunden konnte er arbeiten. Dann stand er hochaufgerichtet am Stehpult, schritt auf und ab, setzte sich an den Schreibtisch. Hinter ihm hing das Bild von Lucas Cranach, das er sehr liebte: Martin Luther auf der Kanzel und zwischen dem Reformator und der Gemeinde

— der Crucifixus. Wie ein Leitbild seiner ganzen Theologie wirkte dieses Gemälde: theologia crucis. Wenn der Abend dämmerte, setzte er sich an den Flügel und spielte Beethoven, Schubert oder Bach. Schniewind war ein begnadeter Pianist. Er pflegte mitunter zu sagen: »Ich weiß nicht recht, ob ich Theologe oder Musiker bin.« Die Musik der Kirche stellte er unter das Charisma der Glossolalie: »Was die artikulierte Sprache nicht mehr zu sagen vermag, spricht sich in der Musik aus!« Wenn der Tag beendet war, erklang ein Choral, der in der Improvisation gespielt wurde. Die unbeschreiblich trostreiche Fülle und strahlende Klarheit dieses Chorals wird keiner, der Zeuge dieses Tagesabschlusses war, vergessen können. — Unaussprechlich waren die Schmerzen, die Schniewind während des Krieges durchlitt. Sein ältester Sohn, wie er selbst ein begnadeter Pianist, starb in Halle an den Folgen der Erfrierungen, die er sich im Rußlandfeldzug zugezogen hatte; er bangte um den jüngeren Sohn, der als Offizier an der Front stand. Ermattung und Krankheit zeichneten Julius Schniewind und seine Frau. Doch in allen Qualen lebten beide täglich aus dem Zuspruch des biblischen Wortes. Eines Tages sagte er zu mir: »Die neue Welt Gottes, in der weder Schmerz noch Leid noch Tod mehr sein werden, ist uns viel näher, als wir glauben — nur eine hauchdünne Wand trennt uns noch von ihr!«

Noch einmal komme ich auf das Kolleg zurück. Am Stehpult wurde es vorbereitet — zu jeder Stunde neu. Auf ungleichen Bogen — Papier war knapp —, auf den Rückseiten von Verlobungs- und Heiratsanzeigen waren die Notizen niedergeschrieben. Die große, eckige und klare Schrift zeichnete auf einen Bogen nur wenige Zeilen auf — mit großen Zwischenräumen. Meist waren es Stichworte und Bibelstellen, selten thesenartige Fixierungen. Als ich auf dem Stehpult einmal dieses Manuskript liegen sah, erklärte Schniewind: »Die Hauptsache ist das Lesen, Hören, Nachschlagen und Nachdenken — da bleibt nicht viel Zeit für die manuelle Tätigkeit.« Das heftige Temperament hätte es wohl auch kaum zugelassen, daß beim Vortrag eine Bindung an das Konzept bestimmend gewesen sein könnte. Jede Vorlesung war ein Neues. In äußerster Anspannung wurde mit der Aufbietung aller Kraft die Erklärung der Texte vorgetragen. Martin Fischer schreibt in einem Nachruf auf Julius Schniewind: »Selten ist wissenschaftliche Arbeit, theologische Erkenntnis und die ganze eigene Existenz so verschmolzen gewagt worden wie im Leben dieses gesegneten Mannes« (69 S. 2).

Was aber war er nun? »Biblizist«? Gewiß, Schniewinds Sprache und Denken waren ganz und gar gesättigt an der Schrift. Aber keine Kategorie reicht aus, sein Leben und Lehren zu charakterisieren. In einem Aufsatz über Martin Kähler schreibt Schniewind einmal: »Kähler galt weithin als ›Biblizist‹, d. h. als ein Theologe, der seine Gedanken ohne weiteres der Bibel zu entnehmen glaubt und die Jahrhunderte seit deren Entstehung überspringen möchte. Aber gerade vor diesem Unternehmen warnte Kähler immer wieder. Er wußte mit Luther, daß die Bibel ›der Kirche Buch‹ sei, d. h., daß die Bibel nur unter dem beständig weitergegebenen Wort der Kirche lebendig bleibt« (51 S. 169). Diese Sätze treffen auch für ihn selbst zu. Schniewind war kein »Biblizist« im landläufigen Sinn. Daß die Botschaft in jedem Augenblick ganz neu aufgenommen, gehört, erklärt und weitergegeben werden muß, war für ihn der Ausgangspunkt aller theologischen Arbeit. Das ganze Leben war in dieses Geschehen hineingenommen. Darum bedurfte es nie einer gewollten Übertragung »alter biblischer Texte« in die Situation des modernen Menschen. Schniewind war ein weit aufgeschlossener Mensch der modernen Welt – in einer souveränen Selbstverständlichkeit, die keiner Reflexionen bedurfte. Seine Sprache war frei von allen esoterischen Bestandteilen frommer Tradition oder theologischen »Fach-Jargons«. Alles, was er redete und tat, stand im Zeichen einer aus dem Umgang mit der Bibel hervorkommenden inneren Läuterung und Erneuerung. So wird er uns immer vor Augen stehen: als ein theologischer Lehrer, dessen Leben unter Leiden und großer Armut vor Gott ein Zeuge für den Zuspruch und Anspruch des Evangeliums war.

In den Jahren 1946–1948 war mein Freund Werner Gutjahr, jetzt Rektor des Predigerseminars in Erfurt, Vikar und Pfarrer im Amt der Propstei Halle-Merseburg. Er stand Schniewind zur Seite und hat sein Leben und Wirken in den letzten Jahren begleitet. Ich füge an dieser Stelle einen ausführlichen Bericht über diese Zeit bei, den Werner Gutjahr verfaßt hat:

W. GUTJAHR: SCHNIEWINDS LETZTE JAHRE

Die letzten Lebensjahre Schniewinds sind gekennzeichnet durch die bereitwillig getragene Last des Doppelamtes als Professor an der Martin-Luther-Universität und als Propst in der Kirchenprovinz Sachsen. Gewiß: die Männer, die in der denkwürdigen konstituierenden Sitzung der Vorläufigen Kirchenleitung in Magdeburg am 10. Januar 1946 die Neuaufgliederung der großen provinzialsächsischen Kirche in sieben Propsteien (statt drei Generalsuperintendenturen) beschlossen und Julius Schniewind zum Propst für Halle und Merseburg berufen hatten, sind noch lange nach seinem Tode die quälende Frage nicht losgeworden: Haben wir ihm zuviel aufgebürdet und sind so mitschuldig geworden an seinem frühen Tode? Aber der Heimgerufene würde über solche nachträglichen Selbstanklagen lächeln – nein: er würde die so Angefochtenen trösten mit dem Hinweis auf den Herrn, in dessen Hand er sich wußte, als dessen gehorsamer Diener er zum Ruf der Kirchenleitung ja gesagt hatte, ohne sich Illusionen zu machen.

Er hat in den knapp zweieinhalb Jahren seines Wirkens als Propst die ihm anvertrauten Pfarrer gelehrt als ein Lehrer, der ihnen das Neue Testament liebmachte. Er hat sie getröstet in Nöten und Einsamkeiten als ein Seelsorger, dessen Paraklese aus dem betenden Hören und Empfangen kam. Ja, er hat für sie alle und für viele einzelne besonders gebetet und in seinem ganzen Leben und Handeln zu seinem Teil an der Verwirklichung der Aufgabe gearbeitet, der die letzte von ihm im Druck erschienene Schrift gewidmet ist: »Die geistliche Erneuerung des Pfarrerstandes.«

In diese Richtung weist schon der Vortrag, den er anläßlich seiner Einführung in das Propstamt am 10. April 1946 vor dem Propstei-Pfarrerkonvent in Halle gehalten hat. Unter dem Thema »Theologie und Seelsorge« sind hier die zentralen Hauptaufgaben vom Neuen Testament her umrissen. Sie bedingen und ergänzen einander bei Jesus wie bei Paulus. Sie sind wirksam bei denen, die im jämmerlich geschlagenen Deutschland nach 1945 als verbi divini ministri das Evangelium verkündigen dürfen.

»In diesem Lande ist die unerträgliche Last einer äußeren Erfolglosigkeit so bitter fühlbar wie kaum sonst in Deutschland. Martin Kähler hat einmal einen Vortrag gehalten mit dem Titel ›Die Erfolge Gottes unter der Erfolglosigkeit seiner Boten‹. Jesu Weg zum Kreuz ist die Erfolglosigkeit ohnegleichen, sagt Kähler: da hängt er von Gott verlassen, ›wir aber dachten, er solle Israel erlösen‹. Aber der Gekreuzigte ist der Auferstandene und ist dennoch gerade als der Allgegenwärtige der mit unserem vergeblichen Mühen, mit unserem Verzagen Mitfühlende, weil er ja der ἐσταυρωμένος (der Gekreuzigte) bleibt. Er fühlt mit der Vergeblichkeit unserer Mühen, mit unserem Verzagen und mit unserer Schuld, mit unserer Armut, unserem Nichtverstehen, unserem Nicht-mehr-weiter-Können. Alles, was wir aus dem Neuen Testament von Lehre und Zuspruch vernehmen, war eben dieser Logos des Kreuzes, glaubhaft und vernehmbar weitergegeben als Didache, in die Herzen hineingesprochen als Paraklese. Gott schenke es, daß etwas davon bei uns lebendig würde.« (Schluß des Vortrages.)

Der Zusammenhang von Theologie und Seelsorge, von Didache und Paraklese (so sagte er es am liebsten, oder er beschrieb die Sache als

»mutua consolatio fratrum«, weil ihm das Wort »Seelsorge« – cura animarum – von jeher zu blaß und unbiblisch erschien) bestimmt auch die Thematik fast aller Konventsreferate und Gemeindevorträge, die er als Propst gehalten hat: sowohl der beiden, die veröffentlicht sind (»Christus unsere Gerechtigkeit« und »Das biblische Wort von der Bekehrung«), wie der vielen ungedruckten, zu denen leider auch keine vollständig ausgeführten Manuskripte vorliegen:

»Die urchristlichen Geistesgaben und ihre Bedeutung für uns.«
»Die Gebote gelten noch!«
»Wie kann ein Mensch Gottes Wort sagen?«
»Ein Vermächtnis Luthers« (Die Schmalkaldischen Artikel).
»Die heilige Taufe.«
»Das Amt in der Gemeinde«, u. a. m.

Die Verantwortung für »seine« Pfarrer und Pfarrfrauen und für die Gemeinden ist es auch gewesen, die Schniewind mit bestimmt hat, mehrere verlockende Rufe an westdeutsche Universitäten und zu längeren Gastvorlesungen im Ausland abzulehnen. »Die cathedra Lutheri gibt man so leicht nicht auf!« – so hat er auf eine sehr direkte Frage einmal geantwortet. Die cathedra Luthers war ihm um so wichtiger, als er seit 1946 nicht mehr nur der »Vater der Studenten«, sondern so vieler Gemeinden geworden war.

Seine Studenten über den vielfältigen Aufgaben seines kirchlichen Amtes hier und da hintansetzen zu müssen war ihm schlimm; lieber opferte er statt dessen seinen Nachtschlaf. Wir haben »offene Abende« in seinem Hause erlebt, von großen Scharen (nicht nur seiner Hörer, sondern auch mancher anderer Studenten) besucht, an denen Schniewind nach anstrengenden Reise- und Sitzungstagen sich auf die Fragen der Jungen konzentrierte und geduldig auch auf törichte Dinge einging, obwohl er physisch abgekämpft und hungrig und innerlich so mit neuen Lasten beladen heimgekehrt war, daß er Schlaf und Entspannung dringend nötig gehabt hätte. Die Tage, an denen er eine Vorlesung hätte ausfallen lassen, weil er in seinem Propstamt einen dringenden Dienst hatte, sind zu zählen.

Er hatte die Übernahme des Propstamtes von einer wirksamen Entlastung abhängig gemacht, die ihm die Kirchenleitung durch Zuweisung eines Hilfspredigers verschaffen sollte, der gleichzeitig als Amanuensis in seiner wissenschaftlichen Arbeit dienen sollte. Aber in seiner Güte hat er diesen jungen Mann mehr und öfter, als zu verantworten war, freigegeben zur Mitarbeit im Studentenpfarramt für den in jenen Jahren so umfangreichen und begehrten Dienst in der Studentengemeinde. Freilich kam darin auch ein Zug seines eigenen Wesens zum Ausdruck. Eine Woche vor seinem Tode sagte er zu mir: »Wenn Sie die ganze Zeit, all die vielen Stunden, die Sie für die Studenten dagewesen sind, zusammennehmen, gibt das einen großen Berg. In der Zeit hätten Sie bei mir schon fast zweimal promovieren können! Aber ich bin ja nicht anders gewesen, mir war auch immer der Umgang mit den lebendigen Menschen wichtiger ... « Bis in die Form hinein scheinen diese Sätze von der Ahnung des nahen Todes geprägt. Im Grunde freilich sagt Schniewind damit nichts anderes, als es schon seine Königsberger Studenten berichten: »Andere schreiben Bücher, ich muß für meine Studenten dasein!«

So nun auch für seine Pfarrer »da«zusein, hat er sich in seinem Dienst als Propst bemüht und verzehrt. Fast jeden Tag, an dem er nicht in der Propstei unterwegs war, empfing er Pfarrer mit dienstlichen und persönlichen Anliegen. So manches »amtliche« Gespräch wurde unversehens zu einer Beichte, weil der Besucher sich nicht einem kirchlichen Vorgesetzten gegenüber fand, sondern einem pastor pastorum von überwindender Güte und heiligem Eifer, unter dessen Zuspruch die Tiefen des Herzens geöffnet wurden. Nie hat Schniewind von seinen »Fähigkeiten« zur Seelsorge gesprochen, nicht ein einziges Mal auch nur andeutend auf seine »seelsorgerlichen Erfahrungen« hingewiesen, immer sich dagegen gewandt, aus der mutua consolatio fratrum ein System (Beichtordnung!) zu machen. Wichtig war ihm, den anderen wissen und spüren zu lassen, daß er – auch und gerade in der Situation des confessionarius – nicht über ihm stand, sondern als Bruder neben ihm. »Miteinander durch die Flammen des Gerichts zu gehen und miteinander den Zuspruch der Vergebung zu empfangen« – darum ging es ihm, der sich stets als Sünder wußte und mit Skepsis und Sorge auf den verdächtigen Perfektionismus der modernen Heiligungsbewegung sah. »Wir werden nicht immer besser und besser, gerade umgekehrt ist es. Es geht Schritt für Schritt in die Tiefe. Er muß wachsen, ich aber muß abnehmen.« Auf seinem Schreibtisch stand eine handgeschriebene Karte in schlichtem Rahmen mit den beiden Versen, die ihm aus dem Liede »Ach, mein Herr Jesu, dein Nahesein ... « besonders wichtig waren:

»Barmherzig, gnädig, geduldig sein,
uns täglich reichlich die Schuld verzeihn,
heilen, stillen, trösten, erfreun und segnen
und unsrer Seele als Freund begegnen
ist deine Lust. – – –
Ein herzlich Wesen und Kindlichkeit

sei unsre Zierde zu aller Zeit,
und die Blutbesprengung aus deinen Wunden
erhalt uns solche zu allen Stunden
bei Freud und Leid.«

Schniewind fand in den Kirchenkreisen seiner Propstei (es waren damals noch zwölf, erst kurz vor seinem Tode wurden zwei abgetrennt) manchen Pfarrer, dessen Lebens- und Amtsführung in jenen desolaten Zeiten in Unordnung geraten waren, so daß er energisch eingreifen mußte. Hätte nur einer dieser Pfarrer gewußt, wie sehr sein Propst in schlaflosen Nächten um ihn rang, ihn in der Fürbitte vor Gott brachte, krank geradezu vor Sorge, daß er verlorenginge – er wäre tief beschämt gewesen.

In der Kirchenleitung hörte man bereitwillig und dankbar auf Schniewinds Rat: Man hat gesagt, seine Menschenkenntnis sei nicht immer sehr treffsicher gewesen. Aber wenn er über Menschen redete, tat er es in der Verantwortung vor seinem himmlischen Herrn, der Betroffenen im Gebet gedenkend. Unvergeßlich, wie er in einer Bibelstunde die apostolische Mahnung »Betet ohne Unterlaß!« interpretierte: Das könne man auch ohne Händefalten tun bei der Arbeit, an der Maschine, in der Straßenbahn, im überfüllten Eisenbahnabteil . . . Er tat es. Und er wußte aus der Erfahrung vieler Wartestunden noch einen Ort, wo man im Herzen beten konnte; und auch das hat er fleißig getan: antichambrierend auf dem Flur der SMA (Sowjetische Militäradministration) vor dem Zimmer des für Kirche zuständigen Kulturoffiziers, Major Bobkow. Wenn er dorthin ging – oft genug, um sich für Pfarrer und Gemeindeglieder einzusetzen –, sagte er wohl auch zu seinen Mitarbeitern im Büro (dazu war das Zimmer seiner Frau eingerichtet worden!), zu der vortrefflichen, treuen Sekretärin (sie wird am heutigen Tage der Niederschrift dieses Manuskriptes 80 Jahre alt!) und zu dem jungen Pastor: »Beten Sie ein bißchen für mich, daß ich etwas ausrichten kann!« – Wo immer er aber vom Beten sprach, nannte er ganz gewiß zwei Bibelstellen: Rm. 8, 26 und Hebr. 7, 25 f.

Als Propst hat er nicht nur in Halle, sondern in vielen Städten und Dörfern seiner Propstei gepredigt. Gewiß war es für Menschen, die seine Art nicht kannten, gar nicht leicht, diesem Manne zu folgen, der auch auf der Kanzel keine sorgsam abgerundeten, systematisch gegliederten Ausführungen bot, sondern – schier erdrückt von der Fülle und Aussagekraft eines Predigttextes – die viva vox evangelii in immer neuen Versionen derselben Sache, nämlich des articulus stantis et cadentis ecclesiae, der Gemeinde nahezubringen suchte. So schwer es war, seiner Diktion zu folgen, so haben sie doch zweierlei begriffen: Dieser Mann mühte sich, für die Hörer »das Gold des Evangeliums in kleine Münze zu prägen« (wie er selbst es nannte), ohne dabei minder wertvolles Material unterzumischen; er produzierte nicht aus biblischem Motto und eigener Theorie ein passables Christentum, sondern predigte den biblischen Christus als seinen Herrn und Heiland wie als den der Gemeinde und der ganzen Welt. Darum war ihm, der aus dem lutherisch geprägten Elberfelder Pietismus stammte, die Frage 1 des Heidelberger Katechismus zeitlebens so wichtig. Darum hing in seinem Arbeitszimmer und auch in seinem Schlafzimmer nahe seinem Bett die Wiedergabe des Predellabildes aus dem Cranach-Altar der Wittenberger Stadtkirche: Luther predigt den gekreuzigten Christus!

Er hat regelmäßig Bibelstunden gehalten: in drei sehr verschiedenen Kreisen in Halle selbst und hier und da in Pfarrkonventen und bei Rüstzeiten in der Propstei. Diese Bibelstunden waren nie Monologe; auch in jenen Fällen, wo es nicht zur gemeinsamen Bibelarbeit, zum Gespräch unter dem Wort kam (sei es, daß die Schar der Zuhörer zu groß oder der Kreis zu fremd war), war der einzelne angesprochen und innerlich zur Antwort genötigt.

Am zögerndsten kamen die Pfarrer zu »ihrer« Bibelstunde. Man konnte Schniewind ja am langen Tisch nicht ausweichen, seinem Wort nicht und auch nicht seinen Augen . . . Ich entsinne mich gut einiger »Bibelstunden« über johanneische Ostergeschichten und Texte aus dem 1. Johannesbrief. »Das Wesentliche an der Sendung der Jünger ist das Zusprechen der Vergebung an den einzelnen . . . Es gibt gar keine andere Predigt als seelsorgerliche!« (zu Joh. 20, 23). – Zu Joh. 21, 19 warf er, fast ängstlich, die Frage auf: »Wird *unser* Tod Gott preisen?« und erinnerte an das schwere Sterben von Kähler, Bezzel, Volkening, Wichern. Zwei Jahre später hat er es auf seinem letzten Krankenlager gesagt: »Meine Schmerzen sind zu groß. Ich kann nicht mehr beten. Aber Christus betet für mich. Daran klammere ich mich!« Dann ließ er sich Psalmen vorlesen, die er immer gebetet hatte. Vor allzu »freiem« Beten hatte er immer eine Scheu. »In den Psalmen steht alles drin zum Beten.«

Neben den Bibelstunden in der Studentengemeinde, in denen junge Menschen ganz neu entdeckten, was Christsein heißt, und unter der Verkündigung Schniewinds bekehrt worden sind, gehört seine »Laien«-Bibelstunde zu den eindrücklichsten Erinnerungen an jene Jahre. Er legte den Römerbrief aus. Der Teilnehmerkreis im kleinen Saal der Hallischen Stadtmission war nahezu »ökumenisch« zusammengewürfelt: 40–60 alte und junge Männer und Frauen aller Bildungsgrade und sozialen Schichten. Es waren Menschen dabei, die mehrere Sprachen perfekt beherrschten und philosophisch hochgebildet waren, und solche, die keinen fehlerfreien deutschen Satz schreiben konnten. Kirchliche »Randsiedler« ohne Bindung an eine Gemeinde saßen neben Baptisten, Gemeinschaftsleuten und religiösen Idealisten. Auch ein paar hauptamtliche kirchliche Mitarbeiter (Nichttheologen) waren dabei, gelegentlich auch einmal ein Pfarrer. Man kam in der Regel jeden zweiten Freitag zusammen. Man kam, weil der Propst den Römerbrief auslegte. Angefangen hat es schon im Herbst 1945, ehe er Propst war; die letzte Bibelstunde, die Schniewind selbst gehalten hatte, war am 16. Juli 1948: Römer 15, 18–21! Die »Protokolle« dieser Bibelstunden sind lückenlos gesammelt in den Händen der Teilnehmer.

Gern hat Schniewind – der Theologieprofessor, von dem sein Kollege D. Heinzelmann als Dekan bei der Trauerfeier sagte: »Er war die Seele unserer Fakultät!« – den Auftrag des Rates der EKiD angenommen und ist im Herbst 1947 zum ersten Theologengespräch über die Lehre vom Heiligen Abendmahl nach Frankfurt am Main gereist. Dieses Abendmahlsgespräch unter Schniewinds Leitung steht am Anfang des Weges, der zu den Arnoldshainer Thesen geführt hat. Schniewind war bekümmert über die theologische Kontroverse im Abendmahlsgespräch um die materia coelestis. Er konnte nicht verstehen, wie es nach Meinung einzelner Kollegen über den »Zuspruch der Vergebung, die Er in Person ist« hinaus im Empfang des Sakramentes noch ein »Mehr« geben sollte. Hier fürchtete er die magische Überhöhung und sah in einem so mißverstandenen Abendmahl ebensolche Gefahr wie in der Entleerung des Sakramentes in der Gemeindepraxis. (Bis in sein Sterben hat er daran gelitten, daß eine von ihm so dringend gewünschte Aussprache mit Professor Sommerlath immer wieder hinausgeschoben werden mußte und schließlich gar nicht mehr zustande kam!) Dabei war sein Respekt vor dem Sakrament so groß, daß er viele Pfarrer, denen sein Verständnis des Abendmahls nicht »genügte«, beschämt hat. – Ich habe in einigen unvergeßlichen Abendmahlsgottesdiensten der Studentengemeinde Schniewind assistieren dürfen. Nie wieder habe ich seitdem so sehr empfunden, Dienst am Allerheiligsten zu tun, als neben ihm stehend und ihn die vasa sacra handhaben sehend. Aber jedem, der Abendmahlsfeiern mit Schniewind erlebt hat, war deutlich: diese tiefe Ehrfurcht galt nicht »heiligen Dingen«, den Elementen oder der »Sache« Sakrament, sondern allein dem erhöhten Herrn, der als der in seinem Mahl Gegenwärtige dem einzelnen Sünde vergibt und ihn zu neuem Leben führt: Rechtfertigung und Heiligung in einem!

Aller Dienst Schniewinds damals geschah unter den schwierigen Bedingungen der Nachkriegssituation: Die Strapazen des Reisens in ständig verspäteten, überfüllten, ungeheizten und unbeleuchteten Zügen, durch zerstörte, fehlende Fensterscheiben und defekte Türen dauernd gesundheitlich gefährdet, ertrug der aristokratisch wirkende, gepflegte Professor ohne Klage, selbst dann noch, als er, wieder einmal durchs Fenster in den D-Zug zu klettern genötigt, sich ernstlich verletzte (Rippenbruch!). Hunger und Kälte des schlimmen Winters 1946/47 machten ihm schwer zu schaffen: in Decken gehüllt und doch noch frierend (Zimmertemperatur 8 bis 10 Grad Celsius!), die vom Frost geschwollene Hand im Wechselbad, sitzt er da und diktiert Briefe, die die treue Sekretärin mit klammen Fingern schreibt! Die unzureichende Ernährung ließ den ohnehin schlanken Mann in erschreckender Weise abmagern; aber als den Professoren und anderen »Bevorzugten« durch die SMA die Möglichkeit gegeben wurde, in den »Russenläden« zusätzlich Fleisch und Fett einzukaufen, hat er sich dazu nur überwinden können, weil er so andere Menschen unterstützen konnte. Er selbst hat kaum davon gegessen . . . Oft ist er krank gewesen in jenen Jahren: Entbehrungen wie Depressionen, die aus seinem Dienst als Propst kamen, wirkten sich schnell körperlich bei ihm aus. Aber nie hat er es lange im Bett ausgehalten. Er wußte, wie er gebraucht wurde.

Für seinen Dienst als Propst opferte er ohne Klage fast alles, was ihm lieb war und seine Mußestunden früher ausgefüllt hatte, nahezu sein ganzes Privatleben. Nur selten noch fand er, der hochbegabte Musiker (der auch selbst komponierte!), Zeit zum Klavierspiel: »Man kann vielleicht als Christ Schumann und Brahms besser verstehen, als sie sich selbst verstanden haben!« Wer ihn einmal im kleinen Kreis musizieren hörte, wird sein beseeltes Spiel (hier ist dieser umstrittene Ausdruck erlaubt!) nie vergessen. Noch sehe und höre ich ihn an einem Abend im Herbst 1946 Beethovens Appassionata spielen, als sei es gestern gewesen. – Nur selten noch fand er Zeit, ein Konzert zu besuchen. Zu seinem Geburtstag 1946 betrachtete er es als besonders schönes Geschenk, am Abend in der Aula der Universität Schuberts Liederzyklus »Die schöne Müllerin« zu hören (Kurt Wichmann). – Johann Sebastian Bach freilich ging ihm über alles, und von der Musik seiner großen Passionen war in mancher Vorlesung und Predigt die Rede.

Nur einmal habe ich ihn klagen hören: als sein Sohn zu Besuch zu Hause war und er viel zuwenig Zeit hatte, sich ihm zu widmen: »Es ist zuviel. Der Propst frißt den Professor auf, der Professor frißt den Propst auf, und beide zusammen fressen den Vater auf!« Es sollte ein wenig scherzend klingen. Aber es war erschütternd.

Dabei war Schniewind, den man auf den ersten Eindruck hin wohl für unnahbar halten konnte (moderne Psychologen hätten ihm auch gewiß »mangelnde Kontaktfähigkeit« bescheinigt), gern fröhlich. Da brach etwas von seinem rheinischen Humor durch. Als er im September 1946 das letzte Patenkind seiner Frau zu taufen hatte, hielt er eine 45 Minuten dauernde Ansprache. Schon nach den ersten Sätzen fing der Täufling aus Leibeskräften an zu schreien. Die Lautstärke steigerte sich, allen Beruhigungsversuchen zum Trotz, bis zur Grenze des Erträglichen. Aber Schniewind hielt durch, ohne nervös zu werden; wohl aber paßte er sich an: er wurde eben auch immer lauter! Auf dem Heimweg beugte er sich über den Kinderwagen, lachte den nun wieder friedlichen Knaben fröhlich an und sagte: »Siehst Du wohl, Martinus, *ich* konnte doch lauter, ich habe Dich überbrüllt!«

Mit besonders dankbarer Freude erinnern sich Schniewinds »junge Leute« von damals (Ernst Kähler, Johannes Hamel, Werner Gutjahr) jener — leider seltenen! — Sonntagnachmittage, an denen wir mit unseren Frauen bei Schniewinds, später auch »reihum« bei einem von uns, zusammenkamen. Nach der gemütlich verplauderten Kaffeestunde ging es ans »Theologisieren«: da nahmen wir uns die alttestamentliche Perikope des Sonntags vor und erarbeiteten sie miteinander! Wir haben ehrerbietig gestaunt, wie der Professor des Neuen Testaments im Alten zu Hause war und es uns aufzuschließen vermochte. Und wie hat uns seine Bereitschaft beschämt, die bescheidenen Erkenntnisse von uns Jungen zu hören und aufzunehmen!

Voller Freude konnte Julius Schniewind in größter Bescheidenheit Männer loben und uns als Vorbilder hinstellen, die er als bewährte Lehrer, Prediger, Seelsorger ansah. Wie glücklich war er, als sein Freund Hans Iwand im Mai 1947 in Halle war und er mit ihm einen Offenen Abend halten konnte. Wie dankbar nahm er die Predigt auf, die Oskar Zuckschwerdt am Tage seiner Einführung als Propst in Magdeburg (13. März 1946) über 5. Mose 32, 39 f. hielt: »So müßten wir alle predigen können!« Wie bewegt war er von dem Bericht, den sein späterer Nachfolger im Propstamt, Hans Jänicke (jetzt Bischof), im Juni 1948 vor den Hallischen Pfarrern über seinen Dienst im besetzten Ostpreußen nach Kriegsende gab: »So kann man als Christ leben, allein vom Worte Gottes!«

Er hätte die Anstrengungen des Doppelamtes kaum ertragen können, hätte er nicht seine Frau zur Seite gehabt (sie ist 1955 in Halle gestorben und neben ihm auf dem Laurentiusfriedhof begraben). Sie war keine »Pfarrfrau«, und sie »regierte« nicht mit. Aber sie war die Gefährtin im biblischen Sinne der »Gehilfin«, die ihm zur Seite stand und ganz für ihn da war. Wer einmal erlebt hat, wie liebevoll und zugleich ritterlich die beiden miteinander umgingen, bedurfte keiner Predigt über die vorbildliche christliche Ehe mehr!

Frau Schniewind sah im Sommer 1948 mit großer Sorge, wie ihres Mannes Befinden sich verschlechterte, ohne daß die Ärzte den Ernst der Erkrankung erkannten. Sein schmerzhaftes Blasenleiden, durch strapaziöse Reisen im Winter gefördert, stürzte ihn in manche Depression. Nach einer seiner letzten Laien-Bibelstunden krümmte er sich (wir waren allein noch im Gebäude und im Begriff, nach Hause zu gehen) vor Schmerzen und stöhnte: σῶμα ταπεινώσεως! σῶμα ταπεινώσεως!

Er wollte »seinem Gott zuletzt doch keine Schande machen!« Aber die Schmerzen haben ihn in den letzten beiden Wochen seines Lebens, als er schon kaum noch das Bett verlassen konnte, doch überwältigt. Zu spät wurde er schließlich in die Klinik am Weidenplan (zu einem weltbekannten Urologen!) eingeliefert. Aber auch dort erkannte man die Schwere und das fortgeschrittene Stadium der Krankheit nicht sofort, und zwei Tage später war es zur Operation zu spät: die Urämie war bereits eingetreten.

Noch am Sonntag (5. September), als Schniewind eben erfahren hatte, daß einer seiner Superintendenten todkrank in der gleichen Klinik lag, war er besorgt darum, daß jemand diesen besuchte, um ihn in seiner Todesangst mit dem Evangelium zu trösten! Dieser Mann lebt heute noch in der Nähe von Halle im Ruhestande. Julius Schniewind aber wurde in der Frühe des 7. September – am Todestage seines Lehrers Martin Kähler! – heimgerufen zu dem Herrn, dem er sein Leben lang als ein treuer Knecht gedient hat.

Viel quälende Fragen haben uns angesichts der unentwirrbaren Verschränkung von menschlichem Versagen und göttlicher Bestimmung beim Tode unseres geliebten Lehrers und geistlichen Vaters bewegt. Er selber aber sagt: »Es gibt keinen Weg Gottes mit uns, über dem es nicht schiene, daß Seine Gedanken Leid und Unheil wären. Dennoch steht über dem allem: ICH weiß wohl, was ich für Gedanken über euch habe, spricht der Herr, Gedanken des Friedens und nicht des Leides, daß ich euch gebe das Ende, des ihr wartet . . . Ihn suchen und ihn fragen, auf ihn warten, ihm begegnen, ihn selbst finden, seine Stimme hören, Tag um Tag, vom Morgen des Lebens bis zu unserer letzten Stunde: das wäre die Hoffnung, das

W. GUTJAHR: SCHNIEWINDS LETZTE JAHRE

Ziel, das Ende, des wir warten ...« (Unveröffentlichte Taufansprache). Am Sonnabend, dem 11. September 1948 – inmitten der Semesterferien seiner Studenten (aber sie kamen von weit her angereist!) und einen Tag vor dem Ende seines Urlaubs als Propst –, haben wir D. Julius Schniewind auf dem Laurentiusfriedhof in Halle begraben. Gepredigt wurde an seinem Sarg über 1. Korinther 1, 30: »Christus ist uns gemacht von Gott zur Weisheit und zur Gerechtigkeit und zur Heiligung und zur Erlösung.«

Nach seinem Tode ist eine Spruchkarte gedruckt worden, durch die Schniewind als Theologe und Seelsorger zu uns redet: »Der Weltenrichter ist der Kyrios, der uns mit der Hingabe seines Lebens zum Eigentum erworben hat, der alle unsre Versäumnis, Irrung und Sünde auf sich genommen hat: der uns zu sich rechnet, so wie wir sind.«

*Zweites Kapitel*

## Der theologische Lehrer: Martin Kähler

Zahllose Male hat Julius Schniewind in seinem Leben von Martin Kähler (1835–1912) in Aufsätzen, Vorträgen und Erzählungen berichtet. Seine erste Veröffentlichung war eine »Würdigung Professor D. Kählers« (1906 vgl. Nr. 1). Die letzte Skizze war bestimmt für das Sammelwerk »250 Jahre Universität Halle, Streifzüge durch ihre Geschichte in Forschung und Lehre« (1944). Ernst Kähler hat diese letzten Aufzeichnungen in den »Nachgelassenen Reden und Aufsätzen« publiziert (51 S. 166 ff.). In den Kollegs und Seminaren, in den »offenen Abenden« und in Gesprächen fiel immer wieder der Name *Martin Kähler*. Ich entsinne mich eines Abends, an dem ich mit Schniewind in dessen Arbeitszimmer saß. Bis tief in die Nacht hinein hat er mir von Kähler erzählt; sein Leben und seine Worte waren ihm stets gegenwärtig. Unbeschreiblich war die Tiefe der Gemeinschaft, die zwischen dem theologischen Lehrer und seinem Schüler bestand, unübersehbar die Fülle der Übereinstimmungen und Gemeinsamkeiten im Wandel und Wort. Diese innige Verbundenheit, Liebe und Verehrung ist in der Theologiegeschichte wohl ein einzigartiges Ereignis. Wer darum einen Zugang zu Schniewinds Forschung und Lehre suchen will, der wird sich zunächst einmal sehr eingehend Martin Kähler zuwenden müssen. Im Rahmen unserer Darstellung kann es sich freilich nur darum handeln, einige wichtige Grundlinien der Lehre Kählers nachzuzeichnen und insbesondere diejenigen Lehrstücke hervorzuheben, die Schniewind immer wieder zur Sprache gebracht hat.

In einer Einführung zu dem kleinen, im Jahre 1937 herausgegebenen Band »Der Lebendige und seine Bezeugung in der Gemeinde« – es handelt sich um Auszüge aus den Werken Martin Kählers – schreibt Schniewind über seinen Lehrer: »Kählers innere Entwicklung wurde aufs tiefste durch den deutschen Idealismus bestimmt. Goethe verkündete in allem Dichten und Sinnen nur das Eine: Gott-Natur; und was von den großen Philosophen des beginnenden 19. Jahrhunderts in unsere Bildung hineingewirkt hat und wie ein selbstverständliches Vorurteil noch gegenwärtig unser Denken und Urteilen bestimmt – es stammt letztlich von Goethe. Es scheint wie selbstverständlich, daß man von Gott nur mit Fausts Bekenntnis reden dürfe:

Wer darf ihn nennen?
Und wer bekennen:
Ich glaub' ihn?
Wer empfinden
und sich unterwinden
zu sagen: ich glaub' ihn nicht?
. . . Nenn es dann, wie du willst,
nenn's Glück! Herz! Liebe! Gott!
Ich habe keinen Namen
dafür! Gefühl ist alles;
Name Schall und Rauch,
umnebelnd Himmelsglut.

Bis ins hohe Alter hat Kähler immer wieder diese Verse ins Kolleg hineingesprochen. Sie waren das Bekenntnis seiner Jugend und, er wußte es, das Bekenntnis, zu dem seine Hörer bewußt oder unbewußt durch Schule oder eigene Bildung oder durch die Meinung aller erzogen waren. – Aber dieses Bekenntnis steht in leidenschaftlichem Gegensatz zur Verkündigung der Bibel und zum Glauben der Gemeinde Christi. Die Bibel verkündet den lebendigen Gott; ja, ihre gesamte Verkündigung ist nur dies Eine: Der lebendige Gott!« (28 S. VI f.). Diese Auseinandersetzung mit der Naturreligion Goethes und den urtypischen Äußerungen des deutschen Bildungsgutes hat Schniewind aufgenommen. Sehr häufig hat er die zitierten Verse aus Goethes »Faust« als Exempel einer hochgestimmten Religiosität vorgetragen. Das Ringen Kählers um die Freiheit des biblischen Glaubens von der Weltfrömmigkeit der Gebildeten wirkte bei Schniewind nach. Die inneren Kämpfe, die der verehrte Lehrer in jungen Jahren durchlitt, wurden durch den Schüler weiter ausgetragen. Und stets wurde das Bezeichnende menschlicher Frömmigkeit apostrophiert. Nie waren es geistesgeschichtliche Reminiszenzen; alle Auseinandersetzungen drangen in die Gegenwart vor, bezogen neue Aufbrüche der Weltfrömmigkeit und Ideologie ein und wurden mit der biblischen Botschaft konfrontiert – nicht apologetisch, sondern in der akuten Antithese, die das Evangelium setzt. Wenn Schniewind über Martin Kähler schreibt: »Sein Denken war bis zuletzt ein Gespräch« (51 S. 167), so gilt diese Charakterisierung auch für ihn selbst.

Mit leidenschaftlicher Erregung sprachen Kähler und Schniewind von der starrenden Hilflosigkeit des Menschen, für den Gott nur der große Unbekannte, das X hinter der Welt und ihrem Lauf sein kann – das große Unbekannte hinter unseren tiefsten Ahnungen und unseren Verpflichtungen, das Unbekannte, auf das Religiosität und Ethik hindeuten. Wo ist Gott? Wer ist Gott? »Gott ist der Lebendige. Er selbst ist zu uns Menschen gekommen:

Fragst du, wer der ist?
Er heißt Jesus Christ,
der Herr Zebaoth.

Wer mich gesehen hat, hat den Vater gesehen! Gott selbst hat sich einen Namen gegeben, bei dem man ihn nennen kann als den bekannten Gott: Er ist der Vater Jesu Christi. Gott selbst ist in unser Menschsein, in unsere Zeit hineingekommen – in unsere Geschichte, in unser menschliches Geschehen hinein« (28 S. VIII). Diese Sätze zeigen die Mitte der Theologie Kählers an. Wo aber Gott sich der verlorenen Sache des Menschen angenommen hat, seine Gottferne überwunden und zu ihm gekommen ist, da ereignet sich zuerst und zuletzt nur eines: Gottentfremdung und Schuld werden abgetan. »So ist der ganze Christenstand mit dem Einen Wort umschrieben, in dem die Reformatoren alles, was die Bibel sagt, zusammenfassen: Vergebung der Sünden. Sie ist nicht ein Stück unseres Glaubens, sondern das Ein und Alles. Wir können beständig zu Gott kommen, so wie wir sind, aus aller Ferne, Fremdheit und Anklage heraus: das heißt Vergebung der Sünden. Sie bedeutet Gewißheit des Heils, die Gewißheit, daß Gott für uns ist. Das ist abermals ein Lieblingswort der Reformation; und Kählers letzte Schrift handelt von der Heilsgewißheit« (28 S. X).

Die Tatsache, daß Gott in die Geschichte unserer Welt hineingekommen ist, wurde für Kähler der Dreh- und Angelpunkt alles theologischen Denkens. Immer wieder sprach er von »Geschichte« – im Gegensatz zu allem monistischen Naturverständnis der Bildungsreligion, das auch die Geschichte als »Entwicklungsprozeß« zu usurpieren drohte. Zudem war der menschliche Geist unausgesetzt bemüht, vom wirklichen Leben fort nach Abstraktem und Absolutem zu fragen, wenn er die Fährten des unbekannten Gottes suchte.

Schniewind zitierte oft das Gedicht Kählers:

»Abstraktion und Absolutes,
Vampir alles Lebensblutes,
wo der wohlgeschulte Knecht
sich erschleicht das Herrscherrecht.
Gott, der Feind des Absoluten,
läßt um uns die Liebe fluten,
setzt in Lebensrelation

Menschen, Menschheit und Nation,
rafft die Abstraktionsgedichte
fort in strömender Geschichte,
setzt lebendige Person
selbst zu Ostern auf den Thron« (66 S. 309).

In die »strömende Geschichte« ist Gott hineingekommen. Die Bibel Alten und Neuen Testaments enthält das Zeugnis dieses Geschehens, sie ist »die Urkunde der kirchengründenden Predigt einer Gemeinde von Augenzeugen«. Bis in den Tod hinein hat Kähler gefragt: Was geschieht dort, wo Gott sich in der Geschichte offenbart? Wie ist dieses Geschehen in der Geschichte zu verstehen? Er hat den Begriff des »Übergeschichtlichen« geprägt und damit auszudrücken versucht, welches von Gott ausgehende und von Gott gewirkte Geheimnis sich in der Geschichte auftut. Schniewind hat zeit seines Lebens auf dieser Spur weitergefragt. Auch die Entdeckung der Eschatologie hat ihn nicht zur Ruhe kommen lassen; fort und fort hat er nach den theologischen Begriffen und Ausdrucksmöglichkeiten gesucht, die im Grenzbezirk des Problems »Geschichte und Übergeschichte« eine sachgemäße Interpretation einleiten könnten. Man würde Kähler nicht gerecht werden, wenn man, wie das bisweilen geschieht, seinen Begriff der »Übergeschichte« mit dem Hinweis auf die Befangenheit in idealistischen Kategorien abweisen würde. Alles Forschen war streng auf die Offenbarung in der Geschichte ausgerichtet — auf die »Offenbarung des Unfindbaren und Unerfindbaren« (65 I S. 67). »Die Gegenstände, welche die christlichen Lehrsätze aussagen, tragen die Bestimmtheit des Übergeschichtlichen an sich und werden dadurch den Gegenständen sonstiger Erfahrungskunde ungleichartig« (65 I S. 55). Unablässig umkreiste eine wechselnde Terminologie das, was mit »Übergeschichte« gemeint war. Als Beispiel zitiere ich einen Passus, der sich auf die Jungfrauengeburt, die Auferstehung und die Himmelfahrt bezieht. Kähler schreibt: Diese Ereignisse »sind zwar für einen altgläubigen Christen tatsächliche Tatsachen, aber keinesfalls geschichtliche Tatsachen, wie man sie sonst in der Geschichte antrifft. Denn sie sind in ihrer Ursache und in ihren wesentlichen Wirkungen nicht in den geschichtlichen Zusammenhang eingeschlossen. Dagegen sind sie zweifellos biblische Tatsachen, und wie alle vergangenen Ereignisse, so sind auch diese uns nur durch Überlieferung, durch das Zeugnis der Bibel bekannt« (65 I S. 47). Weil es aber so steht, weil die biblischen Tatsachen nur durch die Überlieferung, durch das Zeugnis der Bibel bekannt werden, konzentrierte sich das gesamte theologische Forschen und Denken auf das biblische Wort. »Kähler sagt wiederholt, daß ›die biblische Anschauung von dem Worte Gottes‹ ihn aufs tiefste bestimmt habe. Die Bibel weiß, daß Gott redet. Die Taten, in denen Gott sich offenbart, sind nicht dunkel und unverständlich. Sie geschehen durch Gottes Wort und Befehl, geschehen vom prophetischen Wort her, das Gottes Plan und Rat enthüllt. Jesus Christus kommt zu uns Menschen nicht wie eine einsame Gestalt, von der unbestimmte Eindrücke auf uns ausgehn, denen wir dann selbst tastend und suchend eine Deutung geben müßten. Er kommt vielmehr zu uns im Wort seiner Gemeinde und nur im Wort seiner Gemeinde« (28 S. XI). In diesen Sätzen wird deutlich, wie der Bibelglaube Kählers zu verstehen ist. Die Bibel ist Bericht von der »Geschichte, in der Gott zu uns redet und zu uns kommt« (65 I S. 45). Sie ist Bekenntnis und Zeugnis. »Sie berichtet von Gottes Taten immer nur so, daß diese Taten unmittelbar auf uns Menschen bezogen sind und unser Leben oder Sterben bedeuten. Die Evangelien bezeugen, wer Jesus Christus ist; sie erzählen von seinen Taten und überliefern seine Worte, aber nicht, um ein ›Leben Jesu‹ zu schreiben, wie ein unbeteiligter Geschichtsforscher es schreibt, sondern sie bezeugen, wer der Jesus Christus sei, dem die Gemeinde als ihrem lebendigen Herrn übergeben ist« (28 S. XII f.). Damit wird hingewiesen auf Martin Kählers berühmte Schrift »Der sogenannte historische Jesus und der geschichtliche biblische Christus«, die im Jahre 1892 zuerst erschienen ist. Der verkündigte Christus als der Herr seiner Kirche — das ist der eigentliche Inhalt der Evangelien. Wer aber sind die Glieder dieser Kirche? Es sind die Armen, denen das Evangelium gilt (Mt. 5, 3; 11, 5). Und hier stehen wir nun an einer entscheidenden Stelle der theologischen Arbeit Kählers und Schniewinds. Kähler wußte sich stets dazu berufen, als Theologe der Anwalt der Armen und Laien zu sein. Diese Berufung durchströmte sein ganzes Denken. Er war erfüllt von »Mitleid mit den Armen, denen das Evangelium gehört« (65 I S. 52). Ja, er wußte sich zeit seines Lebens selbst als ein Armer, der von dem Zuspruch des biblischen Wortes täglich abhängig war. Dieser Aspekt bestimmte die ganze Theologie. Nicht anders stand es bei Schniewind.

Alle Auseinandersetzungen Martin Kählers mit den zerstörenden Auswirkungen der »liberalen Theologie« können nur dann recht gewürdigt werden, wenn sie angesichts der Gefahr und Bedrohung des Zuspruchs an die Armen in ihrer leidenschaftlichen Bemühung verstanden sind. Kähler hat zahlreiche »Aufsätze zur Bibelfrage« verfaßt, in denen in äußerster Gewissenhaftigkeit und Klarheit alle Gedanken um die Autorität der Bibel kreisen. Schon früh hat er auf jede Inspirationslehre verzichtet und sich vorbehaltlos den Ergebnissen der kritischen Forschung gestellt: »Die historisch-kritische Forschung zerstört unerbittlich das Vorurteil, daß in ihr ein Wunderbuchstabe für die Offenbarung bürge« (65 I S. 206). Aber hat die Bibel mit der Abweisung des Inspirationsdogmas nicht an Ansehen und Würde eingebüßt? Kähler behandelt immer wieder das Thema »Das Offenbarungsansehen der Bibel«. Worauf will er hinaus? Wir lesen: »Auf die Autorität der Bibel kann die Christenheit in dieser zerfahrenen Zeit nicht verzichten, denn es handelt sich für den Christen um die Wahrheit, die ihm vermag Voraussetzung und tragender Grund seines Lebens zu sein, nicht aber nur Strebziel seiner Forschung« (65 I S. 182 f.). Später heißt es in diesem Zusammenhang: »Wir bedürfen ja vielmehr der Wahrheit. Und damit meinen wir nicht die treffende Erkenntnis der Vergangenheit; die ist sehr fesselnd und kann unter Umständen wichtig sein, um die Vergangenheit zu verstehen und die Zukunft zu beurteilen . . . Allein wir Christen brauchen für den Bau unseres Lebens ein sicheres Fundament; das bietet nicht eine am Ende des Arbeitens vielleicht zu erkennende Wahrheit, sondern nur die, nach der ich den Riß meines Lebensbaues von Anbeginn einrichten kann« (65 I S. 183). Noch deutlicher spricht der folgende Abschnitt: Die Bibel »soll uns nicht zum bloßen Gegenstand des Forschens herabsinken, sondern Widerstand wider unseren Unglauben, Unterstand (Hypostasis) für unseren Glauben bleiben. In diesem Punkte, das scheint mir das Wichtigste, muß das wissenschaftliche Urteil mit dem schlichten Bibellesen zusammentreffen. Ist jener Punkt gewonnen, dann hat jeder von uns Muße und Möglichkeit, unter den gewonnenen Gesichtspunkten die einzelnen auftauchenden Fragen ohne Beunruhigung unbefangen zu betrachten und zu beantworten« (65 I S. 177). Die Zitate geben ein eindrückliches Bild von dem Bibelglauben Martin Kählers. Seine eigentliche Intention ist auch für Schniewind stets bestimmend gewesen.

Nun könnte man freilich fragen, ob es sich in den vorgetragenen Stükken nicht durchgängig um Postulate und Wünsche handelt, die zum Zwecke eines unangefochtenen Bibelbesitzes geäußert werden. Läßt hier der »Biblizismus« nicht doch eine tiefe Problematik zutage treten, indem sich eine securitas des Festhaltens äußert? Aber man würde Kähler völlig mißverstehen, wenn man ihn in dieser Weise interpretierte. Die Bibel wird als das gesehen, was sie wirklich ist: Die Urkunde der kirchengründenden Predigt einer Gemeinde von Augenzeugen. Sie ist für die Kirche und für jeden Christen Voraussetzung und tragender Grund des Lebens. Dieses Verhältnis ist schlechterdings bestimmend. Wissenschaftliche Forschung und Kritik haben innerhalb dieser unumkehrbaren Lebensbeziehung ihren Ort, und es wird sich dann schnell zeigen, »daß eine einfache sachliche Auffassung des Geschichtlichen in der Bibel ihrer Schätzung als Wort Gottes nicht entgegensteht« (65 I S. 64). Höchste Gefahr aber besteht sogleich, wenn die Bibel nicht mehr Voraussetzung und tragender Grund, sondern ein aus dem fundamentalen Lebenszusammenhang der Kirche und des Christen herausgerissener, auf seine Wahrheit und Zuverlässigkeit erst noch zu überprüfender Gegenstand wird. »Was in Frage steht, sind unsre sogenannten Prinzipien. Liegen die Fundamente nicht sicher, wer kann erfolgreich fortbauen?« (65 I S. 182). Das eigentlich zerstörende Prinzip aber, das sich in der liberalen Theologie immer wieder zu Wort meldet, ist nach Kähler der »Anthropozentrismus«: »Die große Bewegung des Anthropozentrismus hat mit ihrem sich selbst vertrauenden Denken alle Autoritäten entthront« (65 I S. 329). Kähler nimmt dann eine doppelte Relativierung der historischen Kritik vor. Die Kritik wird sich zuerst auf die Tatsache beziehen müssen, daß die Bibel, die sie forschend durchdringt, der Lebensgrund der Kirche war und ist. Respektiert die kritische Forschung aber diese Voraussetzung, weiß sie sich auf sie bezogen und macht sie sich an die Arbeit, das Geschichtliche und Literarische in der Bibel zu durchforschen, so wird sogleich auch die Relativität aller erzielten Ergebnisse ständig ins Bewußtsein treten müssen. »Wo man keine unanfechtbare und unmißdeutbare Urkunde hat, wo die kritische Kunst erst prüfend und sichtend eingreifen muß, kommt es nie zu endgültigen Ergebnissen. Anstelle des überlieferten anfechtbaren Berichtes tritt eine Vermutung; ihr folgt vielleicht bald eine zweite, eine dritte. Ist einmal der zugrunde liegende Text zweifelhaft geworden, so liegt an sich kein Grund vor, eine ihm günstigere Vermutung für sicherer zu halten als die gegenteilige. Deshalb ist mit einer — wie man sagt — positiveren Lösung einer geschichtlichen Schwierigkeit in der Bibel nicht so viel gewonnen, als man anzunehmen geneigt ist« (65 I S. 179). Die kritische Forschung wird hier nicht eingegrenzt, doch wird sie fortgesetzt auf die Voraussetzungen und Möglichkeiten hingewiesen, ohne deren klare Einschätzung sachgemäßes theologisches Arbeiten nicht durchführbar ist. Niemals aber kann und wird es dahin kommen, daß irgendein Beweis für die Wahrheit der biblischen Zeugnisse erbracht werden kann.

Auf der anderen Seite wird man jetzt fragen müssen: Hat die historische Forschung nicht längst die Glaubwürdigkeit der Bibel von Grund auf erschüttert und wird sie nicht fortgesetzt auf dem Wege sein, die Autorität der Heiligen Schrift zu untergraben? Schniewind sieht die Antwort, die

Martin Kähler in seinen Aufsätzen zur Bibelfrage vorgelegt hat, in einer zusammenfassenden Erklärung folgendermaßen: »Soweit die Geschichtsforschung wirklich reicht, bleibt ihr freie Bahn. Untersuchungen über die Herkunft der biblischen Bücher (oder ähnliches) reichen nie an die eigentliche Frage der Bibel heran, an die Frage nach der Selbsterschließung Gottes. Behauptet die Forschung dennoch, das Offenbarungsansehen der Bibel erschüttert zu haben, so ist sie, vielleicht unbewußt, durch den Monismus bestimmt, der in allem, was geschieht, nur die große Einheit der Gott-Natur sieht« (28 S. XIII). Die Bibel aber bürgt selbst für sich und braucht keine Verbürgung durch unsere Meinungen, sondern lediglich einen offenen Sinn für das, was ihr eigentlicher Inhalt ist: die Geschichte, in der Gott zu uns redet und zu uns kommt (65 I S. 79. 45). Das Zeugnis der biblischen Bücher steht also auf sich selbst. Was Gott als der Lebendige tut und wirkt, ist den Maßstäben menschlicher Beweise unzugänglich. »Unsere Beweise bleiben immer im Bereich unsrer menschlichen Erfahrung in Natur und Geschichte; daß Gott sich selbst offenbart, sich selbst erschließt, steht jenseits aller menschlichen Analogien, ist ›übergeschichtlich‹« (28 S. XIII). In diesem Zusammenhang betont Kähler, daß die Bibel das in der Christenheit fortdauernde Pfingstwunder sei (65 I S. 259). Denn nur im »testimonium spiritus sancti internum« liegt der Erweis ihrer Glaubwürdigkeit.

Wie kein anderer Theologe seiner Zeit hat Martin Kähler auf den unerschöpflichen Reichtum der Bibel hingewiesen. Er war es auch, der mit seiner Schrift »Jesus und das Alte Testament« einen neuen Zugang zum ersten Teil der Bibel eröffnete. Wie wir im fünften Kapitel noch sehen werden, hat Julius Schniewind gerade in dieser Frage des inneren Zusammenhanges zwischen dem Alten und dem Neuen Testament Wege gewiesen, die in der neutestamentlichen Wissenschaft bis auf den heutigen Tag nur selten gesucht und beschritten werden. Aber wenden wir uns auch hier zuerst Kähler zu, der die Tore zum neuen Hören auf das alttestamentliche Wort weit geöffnet hat! »Das Heilandswerk Jesu ist in der Geschichte Israels planvoll vorbereitet und durch die in der heiligen Schrift des Alten Bundes niedergelegte Erkenntnis dieser Vorbereitung in seiner offenbarenden Bedeutung bedingt« (65 I S. 111). Doch bleibt im Hinblick auf die Erfüllung zu beachten: »Nicht schon der irdische Jesus in willkürlicher Ablösung von seiner Vollendung, sondern der erhöhte und gepredigte Christus ist die beglaubigende und verständigende Erfüllung für die Offenbarung des Alten Bundes, während ihr schriftlicher Niederschlag allein die genügenden Darstellungsmittel für die Auseinanderlegung der Bedeutung Christi bietet. Deshalb stammt das Ansehen der ihn verkündigenden zweiteiligen Bibel nicht allein aus der geschichtlichen Überlieferung von ihm, sondern fließt aus seiner Wirksamkeit durch seinen Stellvertreter, den Heiligen Geist . . .« (65 I S. 114). Wird das Alte Testament in diesem Sinn als hinführende, planmäßige Vorbereitung der neutestamentlichen Erfüllung und zugleich als das durch Christus und den Heiligen Geist eröffnete Buch der Kirche angesehen, dann ist wiederum jedes nur historische und kritische Verstehen der alttestamentlichen Bücher in die Schranken gewiesen und relativiert: »Die bloß zeitgeschichtliche Erforschung des Alten Testaments muß entweder das für ihre Erkenntnismittel unlösbare Rätsel in seiner Gesamterscheinung anerkennen oder ist dazu verurteilt, es mißzuverstehen und gewaltsam zu behandeln. Das Verhältnis Christi zur alttestamentlichen Schrift, in seinen unumstößlichen Grundzügen und befremdlichen Einzelheiten, ist der Stein, an welchem die die Offenbarung leugnende Behandlung des Alten Testaments zu Falle kommt« (65 I S. 114). Sehr scharf und klar sieht Kähler, was auf dem Spiele steht, wenn die Kirche in der Erkenntnis Jesu Christi sich von dem Alten Testament lossagt. Dieses Buch ist nicht nur in seinem Inhalt fort und fort die Voraussetzung für den Glauben an Jesus als den Messias Gottes, es ist ebendamit auch der einzige Weg »für einen Glauben an ihn ohne Willkür und Schwärmerei« (65 I S. 136). Wird demnach die alttestamentliche Hinführung zum neutestamentlichen Geschehen mißachtet, so droht die Gefahr, daß bibelfremde Kategorien nach dem Christusereignis greifen und neue Interpretationen ins Leben setzen, die einen uneingeschränkten Spielraum in Anspruch nehmen. »Man versteht das biblische Evangelium nicht ohne das Alte Testament; denn sein Inhalt ist der Sohn Gottes, der Juden Messias und des Gesetzes Ziel. Aber man versteht auch Gesetz und Verheißung nicht ohne die Erfüllung durch den unter das Gesetz getanen schriftgemäßen Erfüller« (65 I S. 412). Wie wichtig diese grundlegenden Erkenntnisse für die Arbeit Schniewinds am Neuen Testament geworden sind, wird später zu zeigen sein.

In seiner Stellung zur Bibel gelangt Kähler unablässig zu Bekenntnissen, in denen er seine Liebe und Ehrfurcht äußert: »Wir Pietisten und Konfessionelle in den Gemeinden, auf den Kanzeln, auf den Kathedern sind ›Bibelverehrer‹. Der tiefste Grund aber dieser Verehrung ist doch der, daß wir in dieser unsrer Bibel unsern Gott zu uns reden hören und nicht nur andre fromme Menschen über Gott« (65 I S. 46). Von dieser Grundeinstellung aus ist das ganze theologische Lebenswerk Kählers zu verstehen. Schniewind schreibt: »Biblische Verkündigung wollte darum alles sein, was Kähler selbst lehrte. Dies einfach so, daß alles, was als christliche Lehre in die Gegenwart hineingesprochen sein soll, aus dem beständigen Umgang mit der Bibel Inhalt und Gestalt gewinnt . . . Und man konnte oft feststellen, daß Laien, die (wie er es gern nannte) ›Bibelverehrer‹ waren, ihn verstanden, während Theologen über seine Unverständlichkeit klagten. Kähler hat seinen Hörern und Lesern nie scharfe Denkarbeit erspart; aber deren Schwierigkeit lag zumeist daran, daß uns die Denkweise der Bibel so fremd geworden ist. Muß es nicht so sein, daß für unser menschliches Urteil hier alles in Rätseln endet, deren Lösung auf Christi Wiederkunft wartet? Diese Rätsel sind damit gegeben, daß der lebendige Gott selbst zu uns, seinen Feinden, kommt; dies kann nur bezeugt, aber nie bewiesen oder ›verständlich‹ gemacht werden« (28 S. XV).

War Martin Kähler modern? Oder war er unmodern in seinen Ansichten? Es sind seltsame Kriterien, nach denen Theologen in ihrer Lehre gemessen und beurteilt werden. Im nächsten Kapitel werden diese Fragen uns im Blick auf Julius Schniewind beschäftigen. Darum wird es gut sein, an dieser Stelle Kähler zu befragen, was er selbst zu der »Modernität« seiner Vorlesungen, Reden und Veröffentlichungen erklärt hat. »Alle wirkliche Theologie ist modern«, konnte Kähler sagen (28 S. 95). Doch Aktualität der Botschaft und Lehre wie auch Erneuerung des Denkens bedeuteten ihm alles, auf das gewollt »Moderne« legte er wenig Wert. Seine Lebensarbeit stand im Zeichen der reformatio, der inneren Erneuerung von der Macht des biblischen Wortes her. So lesen wir denn in dem Aufsatz »Das Offenbarungsansehen der Bibel« die Sätze: »Die Reformation wollte gar nicht modern sein. Modern, wenn auch durchaus nicht ursprünglich neu, war der Humanismus mit seinem Heidentume« (65 I S. 178). Der Weg aber zur wirklichen inneren Erneuerung von Theologie und Kirche führt zurück zum ursprünglichen Christentum und in ihm auf die geschichtliche Offenbarung Gottes. Umkehr und Erweckung – das waren die Ereignisse, nach denen Kähler ausspähte, auf die er hoffte. Der Pietismus war für ihn dem Durchbruch der Wahrheit am nächsten. Er nannte sich selbst einen Pietisten und ersehnte eine »neue bibeltreue Theologie« (65 I S. 178). Und immer wieder wird die Heilsgewißheit als die innigste Mitte theologischen Denkens genannt. Es soll darum auch dieses Kapitel abschließen mit einem Abschnitt, der von dieser Heilsgewißheit spricht und uns erkennen lehrt, aus welchem Geist die Lebensarbeit Kählers erwachsen ist: »Für den Gewinn der Heilsgewißheit ist die eine der Voraussetzungen der unbegrenzte Verzicht auf ein der Berufung vorausgehendes besonderes Verhältnis zu Gott, die Entkleidung von allem eigenen Wert und die anspruchslose Selbsteinreihung in die Masse der in Unheilsgewißheit Verlorenen. Nur der gewinnt und bewahrt den Mut zur Aneignung der Berufung, der die Zuversicht faßt: dieser Ruf gelte allen, auch dem ersten aller Sünder (1. Tim. 1, 15)« (28 S. 53 f.).

Martin Kähler wird in den folgenden Kapiteln noch häufig erwähnt werden. Vorerst mag es genügen, wenn die grundlegenden Lehrstücke von der Autorität der Bibel, vom Verhältnis zur historischen Kritik, von Geschichte und Übergeschichte, vom Alten und vom Neuen Testament, vom Selbsterweis des biblischen Wortes und schließlich von der Heilsgewißheit eine Vorstellung vermitteln, wo Julius Schniewind gelernt und die Fundamente seiner theologischen Arbeit gelegt hat. Man wird immer wieder erstaunt sein zu sehen, wie eng der Schüler mit seinem Lehrer verbunden ist. Und doch kommt alles, was Schniewind zu sagen hat, aus einer sehr selbständigen und tief in seiner Existenz verwurzelten Aneignung hervor. Neue Impulse sind in das Forschen und Lehren des Kählerschülers hineingekommen. In harter, kritischer Arbeit hat er neue Wege gesucht, die Ansätze und Anregungen weiterverarbeitet und die großen Wandlungen der Theologie nach dem ersten Weltkrieg in sein theologisches Denken einbezogen. Aber das soll auf den folgenden Seiten entfaltet und dargestellt werden.

*Drittes Kapitel*

## Theologia semper reformanda

Was ist Theologie? Unter welchen Voraussetzungen geschieht sie? Welche Aufgaben sind ihr gestellt? Diese Frage hat Julius Schniewind in ihrer fundamentalen Bedeutung und in ihren weitreichenden Konsequenzen unablässig beschäftigt. Sein Leben und Lehren wußte sich auf die stets neu zu prüfenden Grundlagen alles Denkens und Wirkens bezogen. Zu den schönsten Vorlesungen, die wir bei ihm erleben konnten, gehörte die »Einführung in die Theologie«. Eine Thesenreihe wurde diktiert, und dann schlossen sich an die kraftvollen und kernigen Sätze frei vorgetragene Erklärungen an, die durchdrungen waren von der neutestamentlichen Botschaft, vom ständigen Aufmerken auf das, was in der apostolischen Lehre über die Probleme der »Theologie« gesagt ist. Die Bibelgebundenheit des Forschens und Fragens Schniewinds war so unbedingt, daß er uns zahllose Male aufforderte, ein Problem oder einen Begriff, dem nachzugehen wir uns anschickten, zuerst einmal in das neutestamentliche Griechisch zu übersetzen und die Fragestellung bereits in diesem Vorgang kritisch zu überprüfen. Alsdann sollte es gelten, in strenger Zuwendung zur biblischen Botschaft die Antworten zu suchen – in ständiger Antithese zum Vorwissen und zu den geläufigen, geprägten Vorstellungen. – Ich möchte an dieser Stelle in der Weise in die Gedanken Schniewinds einführen, daß zuerst die unveröffentlichten Aufzeichnungen seiner Thesen zum Kolleg »Einführung in die Theologie« vorgelegt werden (vgl. Nr. 57).

Die Vorlesung bestand aus sieben Teilen, die folgende Überschriften trugen: 1. Die Frage nach Gott. 2. Warum muß es eine Theologie geben? 3. Christliche und nichtchristliche Theologie. 4. Die christliche Theologie und die Wissenschaft. 5. Die christliche Theologie und akademische Erziehung. 6. Theologie und Kirche. 7. Über die fünf Fächer der Theologie. – Zu den Abschnitten 5 und 6 sind leider keine schriftlichen Unterlagen vorhanden.

EINFÜHRUNG IN DIE THEOLOGIE

1. Die Frage nach Gott:

Die Sache der Theologie ist Lehre von Gott. Die Frage, ob es diese Lehre geben könne, ist die Frage nach Gott. Die Frage nach Gott ist die Frage, ›ob er sei‹ (Hebr. 11, 6), sofern wir ihn als den Lebendigen, der unser Richter ist (Hebr. 12, 22 f.), leugnen. Die Feindschaft gegen Gott ist bei den Frommen (Tit. 1, 16 Mt. 23, 3; 5, 20) die gleiche wie bei den Heiden (Rm. 1, 21 ff.): ›velle Deum non esse.‹ Der Logos Gottes, Fleisch geworden, ist die Versöhnung Gottes mit seinen Feinden. Nur das uns selbst zugesprochene Wort der Versöhnung läßt uns die Frage nach Gott in der Weite aller Welt verstehen und läßt uns den Logos Gottes ausrichten.

2. Warum muß es eine Theologie geben?

Evangelisches Christentum ist Theologie, weil es Lehre ist. Denn der lebendige Gott wird als der Offenbare verkündet; dies geschieht in dem Logos, der in Herz und Mund der Christen lebt (Rm. 10, 8. 10). Von da aus erwächst ein besonderes Charisma der Lehre; von diesem ist auch jedes Laienchristentum getragen. Dieses Charisma wirkt sich aus in der jeweiligen Lehre der jeweiligen Generation der Kirche. Der Gegensatz zwischen Lehre und Leben bedeutet tatsächlich den Zwiespalt zweier Lehren, d. h. zweier Willensäußerungen. Wird die Theologie abgelehnt, weil die Religion es mit einem Unaussprechlichen zu tun habe, so wird vergessen, daß schon der ›unbekannte Gott‹ ein Verhalten und Tun bedingt, das dem Urteil, dem Logos unterliegt.

3. Christliche und nichtchristliche Theologie:

Christliche Theologie ist Lehre des Christus (2. Joh. 9), der die Epiphanie Gottes ist (Tit. 2, 11–14; 3, 4–7), der fleischgewordene Logos (Joh. 1, 14 2. Kor. 4, 4.6 Kol. 1, 15; 2, 9 Hebr. 1, 3 Joh. 14, 9). In der Predigt Jesu auf Erden bekundet sich Gottes Kondeszendenz. Jesus redet von einsichtigen Dingen (Gleichnisse; Bergpredigt); aber darin kommt die endzeitliche, Himmel und Erde umspannende Herrschaft Gottes zu den Menschen (Mt. 4, 17; 12, 28 Lk. 10, 9 Mt. 11, 5 f. Lk. 17, 21). Dieses Wort gilt nur den Armen (Mt. 11, 5 f.; 5, 3–10), denen, die vor Gott wie Kinder sind (Mt. 5, 45. 48; 16, 9 Mk. 10, 15 Mt. 18, 3 f.); Jesu Bußruf (Mt. 18, 3; 7, 11 u. ö.) bedeutet eine neue Existenz (Joh. 3, 5 u. ö.) und eine neue Gerechtigkeit (Mt. 5, 20). Dieses Wort stößt auf den Widerstand derer, die groß sein wollen (Lk. 16, 15). Jesus ist ihnen ein ›Ärgernis‹ (Mt. 11, 6) als der ›Arme‹ (Mt. 11, 29; 21, 5), der der Gekreuzigte bleibt (1. Kor. 1, 18 ff.; vgl. auch Luthers ›theologia crucis‹). Diese christliche Theologie ist in sich kerygmatisch und antithetisch (2. Kor. 10, 4 f.).

Nichtchristliche Theologie ist der Versuch, die Botschaft Jesu (Mt. 11, 5. 6; 12, 28; 7, 11; 12, 25 ff.) abzuschwächen. Dies kann bis zur völligen Leugnung Jesu gehen (1. Joh. 4, 2 f. 1. Kor. 12, 3). Es geschieht in der Form heidnischer oder jüdischer Theologie. Heidnische Theologie geht vom Alleinheitsglauben aus. Aber dieser Glaube ist in Wahrheit nur eine offene Frage, auf die in der Verkündigung von Rm. 1, 18 ff. (Act. 17, 23 ff. Eph. 4, 6 Rm. 11, 36) geantwortet wird. Jüdische Theologie (Kampf des Neuen Testaments gegen die Pharisäer) macht aus Gottes Gesetz, Verheißung und Gnade eine securitas. Beide Theologien setzen den Menschen an Gottes Stelle.

4. Die christliche Theologie und die Wissenschaft:

Theologie ist geordnetes christliches Denken. Das Verfahren lehrhafter christlicher Verkündigung besteht seit den Tagen der Apostel darin, daß die jeweiligen Fragen und Anliegen auf die eine Hauptfrage zurückgeführt werden: urteilen, scheiden, unterscheiden, grundsätzlich, methodisch, prinzipiell denken. Geordnetes Denken ist Wissenschaft. Wissenschaft heißt nicht Anhäufung von Wissen, sondern gestaltetes Wissen. Das Wissen dient der Bildung zur Tat. Aufgabe der Universität ist ›Bildung an der Wissenschaft‹ (Martin Kähler). Aber ›alles hat seine Wissenschaft‹, jedes ›Handwerk‹ setzt ein ›Kopfwerk‹ voraus. Wissenschaft heißt: Fragen stellen. Jedes Fortschreiten unseres Erkennens und Wissens vollzieht sich so, daß immer neue Fragen gestellt werden. Darin steht es mit der Theologie nicht anders als mit den Geistes- und Naturwissenschaften. Die Bereitschaft, die jeweiligen Voraussetzungen in Frage zu stellen, eröffnet die Möglichkeit, immer neue Beobachtungen und Erkenntnisse zu gewinnen. Jedoch, alle wissenschaftlichen Fragen gehen von Antworten aus. Eine ›absolute Voraussetzungslosigkeit‹ gibt es in den Naturwissenschaften so wenig wie in den Geisteswisenschaften. Die unsrem Leben und Sterben vorausgegebene Wirklichkeit ist größer als Erkennen und Denken (Karl Heim). Daher sind alle wissenschaftlichen Fragen letztlich Frage nach Gott.

7. Über die fünf Fächer der Theologie:

In aller Exegese (Auslegung der Bibel) geht es um das Hören und Weitersagen des Wortes Gottes mit der diesem eigenen Dynamik. Das haben die Reformatoren wieder entdeckt, wenn sie von der ›viva vox evangelii‹ reden (vgl. Luthers ›Vorreden zum Neuen Testament‹).

Das Neue Testament entfaltet diesen ›Wort-Gottes‹-Begriff, er erweist sich in ihm durchgängig als das lebendige Kerygma. Das Neue Testament ist die Urkunde der kirchengründenden apostolischen Predigt. Der Begriff des ›Wortes Gottes‹ wurzelt in der Einmaligkeit des Neuen Testaments und in der Unwiederholbarkeit Christi. – Zur Einführung in die eigentliche wissenschaftliche Arbeit ist einmal vom Sinn der Exegese zu sprechen, zum andern vom Sinn des wissenschaftlichen Betriebes in den theologischen Disziplinen überhaupt. Für die theologische Exegese ist die historische Forschung unumgänglich notwendig, da sie in die einmalige Situation der Zeit Jesu und der ersten Gemeinde einführt. Sie bringt uns nur um so intensiver dahin, die Sache selbst reden zu lassen und uns von dorther fragen zu lassen, anstatt vorschnell eigene Antworten als ›Auslegung‹ parat zu haben. Zum wissenschaftlichen Arbeiten gehört mancherlei Rüstzeug (Literatur, Textkritik, Wörterbuch, Grammatik, Einleitungsfragen, Parallelinterpretation), mit dem die Hörer bekannt gemacht werden.

Bei der Besprechung des Alten Testaments erhebt sich die Frage nach seiner Bedeutung, seinem Wert. Der Anstoß, den man am Alten Testament nimmt, ist so alt wie die Kirche selbst. Sollte man es nicht doch abschaffen? Aber es weist über sich hinaus und ist die existentielle Fragestellung für das Neue Testament. Jesu Verkündigung ist ohne das Alte Testament nicht denkbar, ist es doch die ›Bibel Jesu‹. Es geht in ihm um die Offenbarung Gottes; diese Offenbarung ist ein Geschehen, das in sich kontingent ist und über sich hinausdrängt. Das Neue Testament zeigt zwei Wege zum Verständnis des Alten: Weissagung und Erfüllung; Gesetz und Evangelium.

Kirchengeschichte ist eine theologische Disziplin. In ihr stellt sich die Entfaltung des Kerygmas in der ›ecclesia perpetuo mansura‹ dar. Wir erkennen in ihr die verschiedengeformte Ausrichtung der gleichen Botschaft in der jeweils durch die historischen Fakten bedingten Situation. Auf die Bedeutung der Biographie in der Kirchengeschichte ist hinzuweisen. Wichtig ist das Problem unseres Daseins als eines geschichtlichen und das Problem der historischen Forschung überhaupt. Über Grundlage und Methode dieser Problematik ist zu referieren, ferner muß in die Quellenkunde und Fachliteratur eingeführt werden. – Zur Kirchengeschichte gehört als besonderer Zweig die Dogmengeschichte, der es speziell darum geht, die Entwicklung der christlichen Lehre durch die Jahrhunderte hindurch zu verfolgen. Hier gilt es, sich in gleicher Weise von dem Verabsolutieren vergangener Fragestellungen wie von dem Relativismus freizuhalten, der überall auf Zeitbedingtes sieht.

In der Systematischen Theologie geht es um die Wahrheitsfrage; sie ist somit der eigentliche Gegenstand der Theologie überhaupt. Sie entfaltet das System der christlichen Lehre nach zwei Hauptrichtungen, die aber in sich zusammenhängen: Dogmatik (Lehre vom Dogma, d. i. eigentlich ›christliche Lehre‹) und Ethik (Lehre vom praktischen Handeln des Christen in der Welt). Ferner gehört zum Bereich der Systematischen Theologie noch die christliche Apologetik (Entfaltung der christlichen Lehre im Gespräch mit Nichtchristen und in der Auseinandersetzung mit den

EINFÜHRUNG IN DIE THEOLOGIE

gegen sie vorgetragenen Angriffen) und die Symbolik (vergleichende Konfessionskunde). – Da die Systematische Theologie in jedem Fall die drei anderen Disziplinen voraussetzt, kann die Einführung der Anfänger in die Fachliteratur hier nur propädeutisch sein. Doch wird darauf hingewiesen, daß die gesamte Arbeit unseres Kollegs selbst schon eine propädeutische Übung in der Systematischen Theologie darstellt. – Besonders hingewiesen wird auf die Wichtigkeit der philosophischen Studien zur Schulung des grundsätzlichen Denkens und zum Verständnis der Fragestellung unserer Zeit und der verflossenen Epochen.

Als letzte Einzeldisziplin ist die Praktische Theologie zu besprechen; sie ist die Vorstufe zum Pfarramt im Rahmen des wissenschaftlichen Betriebes der Theologischen Fakultät. Zwei Hauptprobleme zeichnen sich ab gemäß dem Gesamtverlauf unseres Kollegs: a) Die Realität der Kirche ist die Voraussetzung der Theologie. Gäbe es keine Gemeinden, die sich um das Wort Gottes sammeln, so gäbe es auch keine Theologen. Ebenso zeigt sich aber alsbald b) die Unmöglichkeit, Kirche, Praxis und Leben gegen die Theologie auszuspielen; denn dieses alles empfängt seine eigene christliche Gestaltung von dem entfalteten Worte Gottes in der ›Theologie‹ her.

Was also ist Theologie? Sie ist das, was das Neue Testament mit διδαχή bezeichnet. »Διδαχή ist aber das Wort Gottes selbst. Die Lehre ist wie eine Herrin, der die Christen übergeben worden sind, da sie die Taufe empfingen (Rm. 6, 17)« (42 S. 22). Sie ist »das Wort der Lehre, der Weisung und der Erkenntnis« (51 S. 199). – Verschieden können die Motive sein, aus denen heraus der Eintritt in das Theologiestudium erfolgte. Schniewind sagte: »Es schadet nichts, wenn die Motive äußere sind, das Studium selbst könnte die eigentlich gemeinte Sache enthüllen« (42 S. 18). Er fuhr dann fort: »Das reformatorische Anliegen wurde uns in Halle durch Kähler und Loofs lebendig gemacht. Manchem ist Ähnliches nie begegnet. Jetzt, vor zwanzig Jahren, war es anders. Es gab kaum eine Hochschule mehr, wo man ohne Begegnung letzter Fragen studieren konnte, überall hatte die Entdeckung zuerst Kierkegaards, dann der Reformatoren Früchte getragen und wurde wieder gute Saat. Aber wieviel davon ist, soweit unsere Menschenaugen sehen, schon in den Halmen vernichtet worden!« (42 S. 18 f.). So stellte sich für Schniewind in allem Wirken fortgesetzt die Frage nach der Umkehr und der inneren Erneuerung alles theologischen Denkens und Arbeitens: Umkehr und Rückkehr zur διδαχή; Erneuerung durch die Macht des Geistes, der in dem Logos Gottes waltet.

Alle Theologie muß von Grund auf in ihren inneren Voraussetzungen, in ihren Anfängen und in ihrer Durchführung von einer reformatio ergriffen werden. Wie kann das geschehen?

Vorbehaltlos wandte Julius Schniewind sich dem Neuen Testament zu. Die Erneuerung der Theologie geht allein von dem Herrn der Kirche und seinem lebendigmachenden, schöpferischen Geist aus: »Siehe, ich mache alles neu« (Apc. Joh. 21, 5). Und das apostolische Wort mahnt: »Verändert euch durch Erneuerung eures Denkens« (Rm. 12, 2). Die ganze Existenz ist betroffen. Es gilt, »das Wort ins Herz zu nehmen« (42 S. 16). Denn nur in dem Maße, wie dieses Wort in seiner pneumatischen ἐνέργεια in das Herz genommen wird, versteht man es überhaupt und kommt es in seiner erneuernden Kraft zur Wirkung (42 S. 16). »Aber die Vorbildung und Fortbildung unserer Theologen war und ist weithin dadurch gekennzeichnet, daß es uns eben nicht um unsere Existenz und nicht an unsere Existenz geht«, klagte Schniewind in seinem Vortrag über die »Geistliche Erneuerung des Pfarrerstandes« (42 S. 21). Er fuhr fort: »Freilich, die Verachtung der eigentlichen Wahrheitsfrage schien in den zwanziger Jahren schon überwunden; aber diese Verachtung feierte neue Triumphe. Eine geistliche Erziehung unserer Theologen wollte eben einsetzen in Freizeiten und Studentenseelsorge, da kamen die Jahre des Kampfes, dann des Krieges. Was in den nordischen und angelsächsischen Ländern selbstverständlich ist, Theologiestudium von Kirche und Kerygma her, gab es bei uns eigentlich nur in Bethel« (42 S. 21). In diesen Sätzen ist die Tradition des Pietismus und der Hallischen Fakultät lebendig. Wir denken an Tholuck und an Kählers Bekenntnis: »Erbauung ist für mich das Wichtigste beim Dienst am Wort, und zwar in allen seinen Gestalten. Darum kann sie auch in sehr verschiedener Art geführt werden, selbst in wissenschaftlichen Formeln. Denn die Wissenschaft der christlichen Lehre gehört auch zum Dienst am Wort« (28 S. 94). Nun würde man allerdings alle diese Intentionen und Bemühungen gründlich verkennen, wenn beispielsweise der von Kähler benutzte Begriff der »Erbauung« im frömmelnden Sinne des »Erbaulichen« aufgenommen würde. Man könnte zur Erläuterung des Gemeinten an Sören Kierkegaards Schrift »Zur Erbauung und Erweckung« erinnern, in der es heißt: »Die Art Wissenschaftlichkeit, die nicht zuletzt doch auch erbaulich ist, ist gerade deshalb unchristlich. Alles Christliche muß in der Darstellung Ähnlichkeit haben mit den Ausführungen des Arztes am Krankenbett; ob sie auch nur der Mediziner versteht, so darf doch niemals vergessen werden, daß sie am Krankenbett gesprochen werden. Dieses Verhältnis des Christlichen zum Leben (im Gegensatz zu einer wissenschaftlichen Ferne vom Leben) oder diese ethische Seite des Christlichen ist gerade das Erbauliche, und diese Art der Darstellung, wie streng sie auch sein mag, ist gänzlich verschieden, qualitativ verschieden von dieser Art Wissenschaftlichkeit, die gleichgültig ist, deren erhabener Heroismus nach christlichen Maßstäben so weit davon entfernt ist, Heroismus zu sein, daß er, christlich gesehen, eine Art unmenschlicher Neugier ist.« Bei Kähler und Schniewind stand die Theologie in ihrer Bezogenheit auf die διδαχή im Dienste der οἰκοδομή, der Gründung und Auferbauung; im Dienste der Kirche. Von der inneren Erneuerung des theologischen Arbeitens ist die Wahrheitskraft und Vollmacht alles Wirkens abhängig. Das Wort der höchsten Autorität wird nur im eigenen Gehorsam recht ausgerichtet (42 S. 37). Gehorsam aber ist im Neuen Testament ständiges Begleitwort der Begriffe »Evangelium« und »Glaube«. Es bedeutet ein Hin-Horchen, es bedeutet Unterwerfung. »Begegnung mit dem Wort ist Begegnung mit der Majestät, die höher als Erde und Himmel ist« (42 S. 37). Aber wer ist dazu bereit? Wer ist dazu fähig? Das Evangelium kommt zu den Armen, die schöpferische Erneuerung hebt an bei den Schwachen. »Meine Kraft ist in den Schwachen mächtig« – so spricht es der κύριος seinen Knechten zu (2. Kor. 12, 9). Die »Lehre in Vollmacht« geht aus von dem, der in Schwachheit und Armut in dieser Welt wandelte. Schniewind kehrte immer wieder zur ersten Seligpreisung zurück. Wir besitzen den »Geist« nicht, wir sind ganz und gar abhängig von dem, was uns als den Hörern des Wortes gegeben wird. Die γνῶσις, die sich ihres Erkenntnisbesitzes rühmt, »bläht auf«; nicht im Erkennen, sondern im Erkanntwerden durch Gott liegt aller Anfang beschlossen (1. Kor. 8, 1 ff.). »Jede rechte Erkenntnis weiß nichts anderes als zu umschreiben, daß Gott uns kennt und liebt« (42 S. 30). Das ist der Herzpunkt aller Theologie. Nur von hieraus kann sie neu werden.

Wo immer von »Erneuerung« gesprochen wird, da drohen Abirrungen und Versuchungen. Es könnte sein, daß von einem Allgemeinbegriff der renovatio aus alle Ansätze in die Irre geführt werden. »Unsere Gefahr besteht eben darin«, schreibt Schniewind, »daß der Begriff einer geistigen Erneuerung uns nur allzu vertraut ist. Mag sein, daß hier christliche Wörter säkularisiert wurden; mag sein, daß die Hoffnung der Wiedergeburt, die so weit verbreitet ist, durch alle Zeiten und Zonen wie die Menschen selbst, uns alle bestimmt, aber in ihrer vorchristlichen, nichtchristlichen Gestalt: ... ›Und so lang du das nicht hast, dieses Stirb und Werde‹ ... ›Der Mensch ist etwas, das überwunden werden muß.‹ Es gibt sogar ein

Kokettieren mit unserer Fähigkeit zur Wandlung, Erneuerung und Selbstkorrektur« (42 S. 9). Im Kraftfeld dieser allgemeinen Ahnungen, Hoffnungen und Bestrebungen befindet sich auch die Theologie. Jeder gewollte »Modernismus«, jedes auf den Menschengeist gegründete neue Wollen, neue Sprechen, Einführen neuer Kategorien und neuer Prinzipien stellt sich dar als Abschattung des vorchristlichen, nichtchristlichen Phänomens. Die Tragweite dieser grundlegenden kritischen Einsichten ist unabsehbar. Welche Kräfte bewegen die »moderne Theologie«? Wie ist die »Erneuerung des Denkens« (Rm. 12, 2) orientiert? Der Theologe und Christ steht unter der ständigen Versuchung, sich diesem Äon anzupassen (Rm. 12, 2), unter seine Gesetze, Kräfte und Prinzipien zu treten. Kähler hatte vor dem Anthropozentrismus und Säkularismus, der sich in der theologischen Forschung durchzusetzen suchte, gewarnt. Schniewind nahm die Stichworte auf. Er machte ständig auf die humanistische incurvatio aufmerksam, in der Gott zwar prinzipiell nicht aufgehoben, aber doch in den Umkreis des souveränen menschlichen Selbstbewußtseins einbezogen wurde. Hier wird die von außen an den Menschen herantretende Wirklichkeit der Botschaft in eine innerlich erlebte und entsprechend verstandene Gegebenheit umgewandelt. Der Säkularismus aber geht mit dem Anthropozentrismus Hand in Hand. Jedoch, Schniewind griff tiefer als in die Bereiche einer Kulturkritik und einer geistesgeschichtlichen Analyse. »Säkularismus« bedeutete für ihn, daß alle Maßstäbe des Denkens, Planens und Tuns vom Irdischen, Diesseitigen her gewonnen werden; daß man sich »diesem Äon anpaßt« (Rm. 12, 2), sich ganz und gar in seinen Bann ziehen läßt und seine Urteile und Zielsetzungen als verbindliche Leitideen übernimmt (42 S. 19 f.). »Dieser Säkularismus hatte auch unser theologisches Denken erfaßt. Gewiß nicht ohne berechtigten Protest gegen Weltfremde und Unwissenheit waren wir stolz darauf, unsere theologische Arbeit den streng ›säkularen‹ Methoden anderer Wissenschaften anzupassen« (42 S. 20). Mit dem letzten Satz wird die Frage nach der Theologie als Wissenschaft berührt, ein Problem, auf das später noch eingegangen werden muß.

Wir kommen zurück zu der Frage, wie denn eine wirkliche Erneuerung der Theologie aussehen müßte. Schniewind schreibt: »Diese Erneuerung darf nicht von einem Allgemeinbegriff der renovatio noch von einem Allgemeinbegriff des Geistigen erhofft werden, sondern nur von einer Rückkehr zur neutestamentlichen ἀνακαίνωσις und vom Glauben an den Heiligen Geist« (42 S. 9). Es geht also um die ἀνακαίνωσις πνεύματος ἁγίου (Tit. 3, 5), die im Heiligen Geist geschenkte und gewirkte Neuheit der ganzen Existenz. Nicht darum kann es sich handeln, daß der Mensch in der geistigen Sphäre von Erkenntnis zu Erkenntnis, von einer Lebenskunst zur andern fortschreitet, sondern nur um den Heiligen Geist, d. h.: »Es geht um Gott und seine Gegenwart« (42 S. 10). Die »Lehre in Vollmacht« bewirkt die reformatio, auf die Schniewinds ganzes Hoffen und Beten ausgerichtet war. »Heilige uns! Heilige uns in Deiner Wahrheit!« Diese Bitten erheben sich aus der Predigt, die anläßlich der Einführung in das Propstamt im Jahre 1946 gehalten wurde. Die Bittworte wurden angesichts der Theologie, angesichts der Lehre der Kirche ausgerufen (51 S. 199). »Heiligen« aber hieße: dem herrschenden σχῆμα des Kosmos und den Bestrebungen des παλαιὸς ἄνθρωπος entnommen, in einer neuen Wirklichkeit, unter neuen Voraussetzungen und auf ein neues Ziel hin in Dienst genommen sein. Alles aber, was Schniewind zur Erneuerung ausführte, alle neutestamentlichen Aussagen, die er zum Thema ἀνακαίνωσις zitierte, »sind streng eschatologisch. Sie bedeuten, daß in Christi Tod und Auferstehung die Gott feindlichen Mächte des gegenwärtigen Äons überwunden sind, damit auch der alte Mensch, und daß die Christen ›in Christus‹ dem Bilde Gottes, nach Gottes Bild neu geschaffen werden und dem zukünftigen Äon angehören ...« (42 S. 10). Die Gedanken über die ἀνακαίνωσις greifen also wahrhaftig »ins Letzte«. Nicht um Renovierung oder Restaurierung der theologischen Wissenschaft war er bemüht. Sein ganzes Sinnen ging aus, eine Reformation der Theologie zu erfragen, zu lehren und zu erhoffen. Seine ins Letzte vordringende Leidenschaft des Suchens aber wirkte zurück auf Wort und Tat. Es waren neue Worte, in denen er sprach – ohne aus einem angelegten Resevoir zu schöpfen. Er fand spontan überraschende, klare und treffende Formulierungen. Und all sein Tun war beständig ein neues Anfangen. Seine Vorlesungen und Vorträge waren modern, jedoch in einem tieferen Sinne. Ihre Neuheit war der Abglanz eines unablässigen Fragens nach dem letzten Geheimnis und Wunder der ἀνακαίνωσις. Man konnte einen der Theologie völlig fremden, vielleicht sogar feindlich gesonnenen Kommilitonen in die Kollegs Schniewinds mitnehmen. An irgendeiner Stelle wurde er angerührt und bewegt von der gewaltigen Macht und Klarheit der Rede. – Theologie hat es unablösbar und unabweisbar mit dem Heiligen Geist zu tun. Schniewind verstand die διδαχή, den eigentlichen Inhalt der Theologie, als Charisma, als Gabe des Geistes. In einer seiner letzten Veröffentlichungen hat er Thesen unter dem bezeichnenden Thema »Der Verkündigungscharakter der Theologie« vorgelegt (43 Sp. 167 f.). Doch ist auch in diesen Thesen von der Theologie als Lehre, als Charisma und als Wissenschaft die Rede.

Noch einmal wird die Begründung der Theologie als Lehre im Hinweis auf den historischen Jesus gegeben: »Jesus ist in seinem Erdenleben Lehrer.« Dieser historische Jesus als der Lehrende ist für Schniewind die Begründung und Wesensbestimmung für die Armut der Theologie, weil der historische Jesus der Arme war. Doch »in der Armut Jesu des Lehrers bekundet sich die Kondeszendenz Gottes. Die Gegenwart Gottes, in Jesus erschienen, wird nur von den Armen aufgenommen. Diesen Charakter des Skandalons trägt auch die Lehre des erhöhten Christus (2. Joh. 9 Rm. 6, 17 Eph. 4, 21), der als der Erhöhte der Gekreuzigte bleibt« (43 Sp. 167; vgl. jetzt auch: E. Jüngel, Ev. Theol. 8, 1964, S. 434 ff.).

Die Frage, die sich angesichts aller dieser Äußerungen zur Theologie und zur Erneuerung des Lebens und Lehrens stellt, ist nicht mehr länger zurückzuhalten: Was hat die in dieser Weise verstandene Theologie noch mit Wissenschaft zu tun? Wie kann eine solche weltentnommene, unter völlig singuläre Voraussetzungen gestellte Lehre im Bereich der Universität überhaupt noch einen Platz erhalten? Läuft nicht alles darauf hinaus, daß hier eine »pneumatische Theologie« sich durchsetzt? Ja, werden nicht die »nüchternen Köpfe« anheben können, den schwärmerischen Enthusiasmus zu tadeln, die »Überspanntheit« zu verurteilen und dieses überzogene, immer zum Letzten hinstrebende Denken in die Schranken zu weisen? Wo ist denn eigentlich die Offenheit dieser Theologie zur Welt hin zu erkennen? Wo findet der Nichttheologe die Brücke, den Zugang? Handelt es sich nicht um eine esoterische Welt? – Wie oft hört man doch die ganz anderen Stimmen, die entschlossen erklären: Theologie hat zunächst nichts mit dem Heiligen Geist zu tun! Ihr müßt euren eigenen Geist bemühen! Nüchterne Denkarbeit muß geleistet werden, strenge historische und philologische Forschung! Statt nach einer ἀνακαίνωσις auszuschauen, sollte es zuerst einmal gelten, mit einer modernen, verständlichen Sprache den Menschen unserer Zeit anzureden, ihm Denkhindernisse aus dem Weg zu räumen und ihm zu begegnen!

Wo jedoch alle diese Fragen geäußert und die Gegensätze herausgearbeitet werden, da hat man Schniewind nicht im mindesten verstanden. Es wird jetzt – zunächst in grundsätzlichen Vorerwägungen – zu prüfen sein, wie Julius Schniewind die wissenschaftliche Funktion der Theologie sah und wie er sich z. B. der historischen Kritik gegenüber verhielt. In den späteren Kapiteln dieses Buches werden die Berichte über seine Forschungen für sich sprechen und sehr eindrücklich zu erkennen geben, welche überragende Bedeutung Schniewind als theologischer Gelehrter tatsächlich gehabt hat.

Ich gehe aus von der Thesenreihe 4 des Kollegs »Einführung in die Theologie«. Dort hieß es: »Theologie ist geordnetes christliches Denken.« Alle theologische Forschung und Lehre hat eine systematische Funktion: Sie ordnet, scheidet, unterscheidet und urteilt; sie ist grundsätzlich, methodisch straff und prinzipiell gerichtet. In diesem Verfahren ist Theologie – Wissenschaft. Die ständige Bereitschaft, neue Fragen zu stellen und die jeweiligen Voraussetzungen aufs Spiel zu setzen, eröffnet immer neue Möglichkeiten zu Beobachtungen und Erkenntnissen. Jedoch schließt Schniewind – wie vor ihm Kähler – den idealistischen Wissenschaftsbegriff, der eine »absolute Voraussetzungslosigkeit« vindizierte, in einer auch den anderen Wissenschaften heute selbstverständlichen Bestimmtheit aus. »Alle wissenschaftlichen Fragen gehen von Antworten aus.« Die allem Leben und Sterben vorausgehende Wirklichkeit ist der lebendige Gott. Seine Selbsterschließung im Logos ist die Voraussetzung jedes theologischen Denkens, ja sogar alles Denkens überhaupt. Darum gibt es keine Wissenschaft, die nicht im Ersten und im Letzten mit der Theologie in Berührung käme. Nur fragt es sich, ob die christliche Lehre in allem, was sie denkt, sagt und schreibt, unablässig auf diesen Logos bezogen bleibt: auf den Logos Gottes, der Fleisch geworden ist und die Versöhnung Gottes mit seinen Feinden bedeutet. Weiß die Theologie um die dem denkenden Menschen innewohnende Macht der Feindschaft? Läßt sie sich ohne Unterlaß von den Antithesen der biblischen Botschaft treffen, richten und bestimmen? Hat die vorgegebene Voraussetzung Gewalt über jede Nuance der Antworten und Aussagen, die gesucht, in Frage gestellt und neu erforscht werden? Ist der lebendige Gott der »Erste und der Letzte« (Jes. 44, 6)? Ist er der Eine, vor dem jeder Schritt verantwortet werden muß? Zielt das Denken wirklich fortgesetzt auf »das Letzte« – auf »den Letzten«? Oder ist »die Wissenschaft« zu einer Hypostase, zu einer eigenen Wesenheit und Macht geworden, die man scheu verehrt und der man dient? Was ist denn Wissenschaft? Schniewind antwortet: »In Wirklichkeit versteht sich wissenschaftliches Denken von selbst, wo überhaupt gedacht und gehandelt wird: daß man die Strenge der Kausalitäten bis zum letzten verfolgt; daß jede gefundene Antwort schon in sich eine neue Frage ist; daß man das platonische Staunen immer neu lernt und also niemals aus dem Entdecken herauskommt« (42 S. 20). Aber wie weit reicht das alles? Bis zu einer letztlich belanglosen Aufhäufung historischen Wissens? Schniewind fragt: »Kommt man wirklich bis zur eigentlichen Wahrheitsfrage?« Und er fährt fort: »Die Frage, was eigentlich geschieht bei uns Menschen und in der Welt da draußen, war und ist mit wissenschaftlicher Methode nicht zu beantworten. Hier meldet sich das Problem unserer Existenz, wie es unter dem Einfluß Kierkegaards, auch Nietzsches, zuerst unsere Theologie, dann auch die Philosophie neu bestimmt hat« (42 S. 20). Damit aber sind wir wieder in den zuvor erwähnten Zusammenhängen. Für Schniewind war das »Existentielle« kein irgendwie gearteter sublimer Gegenstand, kein Lehrstück, keine Kategorie seines Denkens, keine wissenschaftlich zu provozierende, zu regulierende oder intentional einzuleitende Bestrebung. Das »Existentielle« war für ihn lebendig im Vollzug des Hörens, Glaubens und Gehorchens.

Die wissenschaftliche, insbesondere die geschichtliche Forschung konnte Schniewind auch mit einem Gespräch vergleichen. Am 8. Juli 1934 hielt er vor der Königsberger Gelehrten Gesellschaft einen Vortrag über »Die Kirche im Urchristentum«. In den Prolegomena heißt es da: »Alles geschichtliche Forschen bedeutet Gespräch mit einem Vergangenen, ähnlich dem Gespräch mit einem lebendigen Menschen, und die Uninteressiertheit der historischen Arbeit kann nur bedeuten, daß wir den anderen erst einmal ruhig anhören, ihn erst einmal ausreden, ihn in seiner Eigenart gelten lassen. Aber das Anhören wird in sich selbst ein Fragen und das Fragen ein Gespräch, und die historische Arbeit ist nicht am Ziel, ehe sie nicht dem geschichtlichen Leben gegenüber die jeweils letzte erreichbare Frage stellt: ›Wer bist du eigentlich?‹ Wir nennen diese Frage die Wahrheits-, die Geltungsfrage, und immer dann, wenn diese letzte Frage leidenschaftlich gestellt wurde, gewinnt die historische Erkenntnis ihre schönsten Ergebnisse.«

Doch kommen wir noch einmal zurück auf die wissenschaftliche Arbeit, wie sie, insbesondere in der neutestamentlichen Forschung, mit literarischer und historischer Kritik tätig ist. Mit methodischer Strenge und denkerischer Schärfe hat Schniewind seine Studien durchgeführt. Keiner Frage ging er aus dem Wege. Auch die härtesten Infragestellungen nahm er auf. Wir konnten immer wieder beobachten, wie er insbesondere auf die liberalen und die »das Fundament des Glaubens anrührenden Auffassungen« horchte. Ja, er konnte sagen: »Die Liberalen haben Diamanten gefunden – sie hielten sie nur für Kieselsteine.« Zu einer neutestamentlichen Forschungsrichtung schrieb er: »Diese Theologen haben Zentrales im Wort der Evangelien und im Wort des Paulus überhört; doch haben sie den Weg eben zu diesem Zentrum besser gezeigt als andere, die allzu vertraulich mit der Bibel umgingen, allzu schnell mit den Männern des Neuen Testaments eins zu sein meinten. Das Anliegen auch der kritischen Theologie könnte ein Anliegen der Gemeinde und ihrer Verkündigung sein, daß wir uns nämlich nicht an eine securitas gewöhnen, aus der uns Gott vielleicht recht unsanft aufrütteln muß« (51 S. 20).

Schniewind unterschied – wie wir an anderer Stelle noch sehen werden – im Anschluß an Martin Luther gern zwischen certidudo und securitas; es handelt sich auch hier um eine auf Kähler zurückgehende Tradition. Theologische Forschung steht im Zeichen der certitudo. Gewißheit aber ist das Gegenteil von Sicherheit, sie will immer neu empfangen und bewährt werden. Die kritische Forschung zerstört in einer heilsamen Weise den »allzu vertraulichen Umgang mit der Bibel«, sie verhilft dazu, das biblische Wort in seiner Fremdheit als verbum externum neu zu sehen und staunend zu befragen und zu empfangen; sie leitet dazu an, nie stehenzubleiben, einen Standort zu beziehen oder auf Erkenntnisbesitzen auszuruhen. Die historische Kritik führt in die Strenge der Kausalitäten hinein, denen bis zum letzten standgehalten werden muß. In zahlreichen Exkursen hat Schniewind uns in den Vorlesungen und Seminaren gezeigt, welche unerhörten Entdeckungsmöglichkeiten die radikale Fragestellung in sich trägt und wie gerade dann, wenn eine gefundene Antwort wieder aufs Spiel gesetzt und in Zweifel gezogen wird, sich neue Tore des Verstehens und der Gewißheit auftun. »Die Strenge wissenschaftlichen Denkens ist ein höchst ernsthaftes Anliegen« (42 S. 24). Schniewind erinnerte daran: »Es gab eine Theologie, die an ernsten Schwierigkeiten und Fragen unbewußt oder auch bewußt vorüberging und dadurch uns Christen in den Verdacht brachte, unwahrhaftig zu sein« (42 S. 24). Aber was ist Wahrheit? »Wahrheit ist doch nicht Faktizität« (42 S. 20). In den letzten Fragen helfen die wissenschaftlichen Methoden nicht weiter, sie können nur an sie heranführen, sie ertasten, sie von ferne erkennbar machen, in ihre Richtung weisen. »Das Wissen um die Ungesichertheit unseres historischen Erkennens ist . . . ein Anliegen der theologia viatorum, ist das Anliegen des ἐκ μέρους γινώσκομεν (1. Kor. 13, 9). Im einzelnen kann das zur Selbstbescheidung nötigen. Wir wissen z. B. nicht den Wortlaut der Herrenworte beim Abendmahl, können ihn auch nicht rekonstruieren. Wir können die Erscheinungen des Auferstandenen nicht fixieren. Gewiß ist es Gottes Wille so. Wir werden dahin gedrängt, im πιστεύειν zu stehen, wir empfangen keine securitas des Wissens und Schauens« (42 S. 24 f.).

In einem Aufsatz unter dem Thema »Gewißheit – nicht Sicherheit« (25) ist Schniewind im Jahre 1935 der Frage nach der Bedeutung der Bibelkritik nachgegangen. Er zeigt in dieser Abhandlung, wie das Inspirationsdogma den Inhalt der Bibel gegen alle Einwände sicherstellen wollte und damit eine securitas erstrebte. Die Bibelkritik hat diese Sekurität zerstört.

Doch welche Funktion hat sie übernommen? Wir finden folgende Erklärung: »An die Stelle des Inspirationsdogmas mußte die Autorität der historischen Forscher treten! Sie sollten ausmachen, was von Jesu Worten echt wäre und darum für uns verbindlich und heilbringend. Bis in die neueste Zeit hat die historische Kritik so Großes von sich gedacht. Aber wenn wirklich Jesus der einzige Weg zu Gott ist, so kann niemals die historische Forschung mit all ihrem Relativismus der Führer sein, der uns zu diesem Wege weist. In Wahrheit hat die historische Kritik das auch niemals getan. Sie hat nur negativ gezeigt, daß wir mit historischer Sicherheit sehr wenig darüber ausmachen können, in welcher Form oder bei welcher Gelegenheit Jesus ein bestimmtes Wort gesprochen hat oder ob und wie eine bestimmte Geschichte geschehen ist. Und sie hat positiv gezeigt, wie in der ersten christlichen Gemeinde die Überlieferung der Worte und Geschichten von Jesus als dem Sohn Gottes jeweils weitergegeben wird als eine bestimmte Predigt, als ein bestimmtes Zeugnis, nicht anders wie Paulus in seinen Briefen seine Predigt und sein Zeugnis weitergibt« (25 S. 479). Aber man könnte fragen, ob nicht die religionsgeschichtliche Forschung, weit über die Erschütterung der securitas hinaus, die Gewißheit zerstört hat. Dazu schreibt Schniewind: »Auch sie hat uns nur in die Lage der ersten Hörer zurückversetzt. Für die ersten Hörer war Jesus zunächst ein Rabbi wie irgendein anderer. Wer merkte die Vollmacht (ἐξουσία) seines Wortes? ein Wort wie keines Propheten; ein Wort, in dem Gottes zukünftige Welt Gegenwart wird? Je genauer wir das damalige Judentum kennenlernen, um so deutlicher wird, daß das Neue in der Botschaft Jesu nicht irgendein neuer Intellektualinhalt ist, sondern Er selbst, als Person. Wer aber vernimmt aus Jesu Worten, was er ist!« (25 S. 480).

Es wäre viel davon zu berichten, wie zurückhaltend Schniewind stark ausgebauten Hypothesen gegenüber war. Die Selbstbescheidung seines Forschens verzichtete auf alle durchgreifenden »Klärungen« verwickelter und undurchsichtiger Sachverhalte. Wohl wurden, wenn ein unbeweglicher Brocken des Unerkennbaren im Wege lag, alle zur Verfügung stehenden Hebelarme der wissenschaftlichen Hypothesen herbeigeholt; aber es wurde nie ein »Kraftakt« demonstriert, der durch seinen bloßen Vollzug imponieren konnte. Schniewind war überaus kritisch. Auch »bewährte Methoden« wurden sorgfältig geprüft und immer wieder beschrittene Wege auf ihre Gangbarkeit hin untersucht. Der Schüler bekam keine Schlüssel in die Hand, mit denen er überall »durchkommen« konnte. Hermeneutische Anweisungen waren spärlich und immer wieder zugeschnitten auf den einen Satz: »Die Heilige Schrift ist ihr eigener Ausleger.« Auch in den Fragen der Methode und der Hypothesen gab es bei ihm keine securitas. Die Sache selbst, die es zu erforschen galt, stand in ihrer souveränen Gewalt im Mittelpunkt. Man rechnet Schniewind gewöhnlich unter die Repräsentanten der »formgeschichtlichen Schule«. Ganz gewiß war er »Formgeschichtler«. Aber er teilte nicht die unbedingte Zuversicht, mit der die Methode zumeist angewandt wird und in Geltung steht. Die Vorläufigkeit und Relativität alles historischen Forschens wurde von ihm nachdrücklich unterstrichen. Nie aber sollte damit die Intensität der Arbeit gedämpft werden.

Eine der letzten Veröffentlichungen Schniewinds unter dem Thema »Theologie und Seelsorge« nahm die grundlegenden Hinweise auf die Bedeutung der neutestamentlichen διδαχή für das Verständnis der Theologie noch einmal auf und formulierte sie in folgender Weise: »Lehre ist nichts Sekundäres, das hinter dem Leben oder hinter der Unmittelbarkeit des Zeugnisses zurücktreten sollte. Wenn über hundertmal von Jesus gesagt wird, daß er ›lehrt‹, daß er ›Lehrer‹ heißt; wenn nach Rm. 6, 17 die Lehre wie eine Herrin ist, der die Christen übergeben wurden, der sie sich im Gehorsam unterwarfen und dadurch von der Sklavenherrschaft der Herrin Sünde befreit wurden; wenn in den Johannesschriften der Kampf zwischen der Lehre des erhöhten Christus und der libertinistischen Lehre durchkämpft wird; so reicht unser Gegensatz ›Leben und Lehre‹ nicht aus. Es geht beim Gegensatz von ›Leben und Lehre‹ faktisch um zwei Lehren, eine Lehre Christi, die ewiges Leben ist, und eine ›Lehre der Dämonen‹, die ewigen Tod bedeutet« (40 S. 5). Mit großer Entschiedenheit hat Schniewind es stets abgelehnt, von einem Unterschied oder sogar Gegensatz zwischen Lehre und Leben auszugehen. Die neutestamentliche διδαχή, die eine »Lehre in Vollmacht« ist, erfaßt immer das ganze Leben – oder sie ist nicht die »Lehre Christi«. Die Dämonen glauben auch, daß es Einen Gott gibt (Jak. 2, 19). So ist denn das Existentielle keine Intention, die zur Lehre erst noch hinzutreten müßte, es ist vielmehr in die διδαχή eingeschlossen. »Auch unser Gegensatz ›Lehre und Zeugnis‹ reicht nicht aus. Im Neuen Testament sind Lehre und Zeugnis identisch. Denn was lehrt Jesus? Er lehrt über die βασιλεία τοῦ θεοῦ, er redet in verständlicher, einprägsamer Sprache, als Lehrer, von der zukünftigen Welt Gottes, da Gott allein herrscht, da der Tod nicht mehr sein wird, und Leid und Geschrei und Schmerz wird nicht mehr sein, die Schuld wird getilgt und der Ankläger wird verworfen sein; – und unbegreiflicher, unerhörter Weise ist diese zukünftige Welt Gottes in Jesu Wort und Wundern schon

Gegenwart. Wer versteht das, wer hat Augen zu sehen und Ohren zu hören? Diese Lehre ist ein σκάνδαλον, und ihre Verkündigung führt den Verkündiger ans Kreuz« (40 S. 5 f.). Nicht um Fingersbreite darf sich die Theologie von dieser »Lehre« entfernen, sich von ihr distanzieren. Sie muß in der διδαχή leben und von ihrer ἐξουσία durchdrungen sein. Nur so kann die Theologie im Zeichen der Erneuerung stehen und den ihr aufgetragenen »Dienst am Wort« wahrnehmen.

*Viertes Kapitel*

## Wort Gottes und Evangelium

»Wort Gottes« – um diese kirchengründende und das Leben eines jeden Christen tragende Wirklichkeit kreiste die gesamte Theologie Martin Kählers. Er ging aus von dem Geheimnis und Wunder der Kondeszendenz: Gott faßt seine Selbstoffenbarung in das Wort seiner Boten, in ihre lebendige Rede (viva vox), die wirklich Gottes Wort ist (65 I S. 189). Dieses Wort ist »die Leben schaffende und bestimmende Selbstbekundung des lebendigen Gottes durch die menschliche Rede in allen ihren denkbaren Gestalten« (64 S. 36). Für Kähler bedeutete die in menschlicher Kunde ertönende Botschaft von der Selbstoffenbarung Gottes in Christus das »unerläßliche Mittel für die zueignende Gnadenwirkung« (65 I S. 366). »Die in die Menschheit gefaßte heilige Liebe Gottes oder das Fleisch gewordene Wort Gottes bildet den Inhalt menschlicher Rede und macht dieselbe zum Gottesworte . . .« (65 I S. 367). Von der efficacia verbi divini wird darum fortgesetzt zu sprechen sein; denn das Wort ist die Macht, mit welcher der erhöhte König in seiner Verborgenheit regiert (65 I S. 195). Kählers Lehre war »Theologie des Wortes Gottes«. Zeit seines Lebens stand alles Denken, Reden und Kämpfen unter diesem Thema. »Wir streiten um das Vertrauen zur Bibel als dem Worte Gottes. Es zu bewahren, wo es lebt; es zu festigen, wo es wankt; es zu wecken und zu gründen, wo es verloren ist oder nie verstanden war, das ist unser Ziel; und dieses Ziel ist der Beweggrund unseres Kampfes« (65 I S. 99). Zahlreich waren die Fronten, an denen dieser Kampf um die Autorität des biblischen Wortes geführt wurde. Die Aufsätze zur Bibelfrage sind eindrucksvolle Zeugnisse für die Kraft und Unbedingtheit, mit der gestritten wurde. In der Dissertation Julius Schniewinds sind die ersten Sätze Worte des Dankes an Martin Kähler: »Besonderen Dank schulde ich D. Kähler. Nicht allein, daß er in seiner Dogmatik bei der Bibelfrage die Wort-Gottes-Frage in den Vordergrund gerückt hat; er hat auch direkt auf den ›biblischen Begriff des Wortes Gottes‹ hingewiesen, als auf den Quell seiner Überzeugung« (7 S. 7). Das Thema der Untersuchung, mit welcher Julius Schniewind im Jahre 1910 in Halle zum Lic. theol. promovierte, hat die ersten Akkorde seines theologischen Lebenswerkes angeschlagen: »Die Begriffe Wort und Evangelium bei Paulus.« Von Martin Kähler her ist die Leidenschaft des Fragens und Forschens nach dem Wort Gottes zu verstehen.

## 1. Die Dissertation aus dem Jahre 1910

Schniewind hat als Exeget des Neuen Testaments in den Spuren Kählers weitergearbeitet. Die Dissertation wendet sich zuerst dem Begriff λόγος in den Briefen des Apostels Paulus zu. Sogleich stößt der Doktorand auf die »Wirkungskraft« dieses λόγος (7 S. 22 ff.). Mit einem unverkennbaren Staunen wird die δύναμις des Wortes wahrgenommen. – Zwei Beobachtungen aber treten zunächst in den Vordergrund: 1. ὁ λόγος ist bei Paulus »ein anderer Ausdruck für das Gottes- oder Herrenwort« (7 S. 24 f.); 2. zeigt es sich, »daß sich ὁ λόγος an allen Stellen auf die Missionspredigt bezieht« (7 S. 25). Damit werden die Autorität und die Zielrichtung des Wortes betont. Der λόγος ist Gottes und des κύριος eigenes Wort, Mitteilung der höchsten Majestät. Doch im Blick auf den missionarischen Charakter der Kunde »wird niemals darauf reflektiert, daß hier ein verbum externum ertönt, welches durch Sendboten von Ort zu Ort getragen wird, vielmehr ist diese Missionspredigt nach ihrer inneren Beschaffenheit gemeint, wenn sie als λόγος bezeichnet wird: in ihr wird das Gotteswort ausgeteilt und empfangen . . .« (7 S. 25). Was meint Schniewind mit der »inneren Beschaffenheit«? Er meint die »Wirkungskraft« des Wortes: ». . . überall schimmert die Vorstellung von der Wirksamkeit des Gotteswortes durch« (7 S. 25); »ein Wort ist das Wort aus Gottes resp. Christi Munde, und darum ist es ein wirksames Wort; und zwar ist dies immer Wesensbestimmung für ein konkretes Missionswort« (7 S. 27).

Die griechischen und hebräischen Wurzeln des λόγος-Begriffs werden in diesem Zusammenhang erarbeitet. Hier zeigt es sich, wie hoch Schniewind die im Alten Testament gegebenen Voraussetzungen zum Verständnis des neutestamentlichen λόγος einschätzt. Fortgesetzt fragt er in die alttestamentlichen Texte hinein. – Wir werden noch sehen, welche Bedeutung die Hinwendung zum Alten Testament in der theologischen Arbeit Schniewinds hat. Auch in dieser Hinsicht kündigt die Dissertation eine wesentliche Intention aller seiner Forschungen an.

In einer genauen philologischen Untersuchung werden die Genetiv-Verbindungen, die der Begriff λόγος in den paulinischen Briefen eingeht, erarbeitet. Es wird festgestellt, »keiner der mit λόγος verbundenen Genetive ist ein bloßer Objektsgenetiv« (7 S. 44). In der Bemühung um eine sachgemäße Bestimmung der Genetiv-Verbindung werden neue Termini eingeführt. Unterschieden wird vor allem zwischen zwei Arten der Beziehung. 1. λόγος καταλλαγῆς (2. Kor. 5, 19) z. B. ist ein »genetivus efficaciae« (7 S. 45): der λόγος wirkt Versöhnung. 2. Verbindungen wie λόγος ἀληθείας, σωίας, γνώσεως aber werden als »genetivus essentiae« bestimmt (7 S. 46): der Genetiv dient zur Bezeichnung der Eigenart des λόγος. Und immer wieder stößt Schniewind auf die Wirkungskraft des Wortes, so z. B. auch in der Wendung ῥῆμα πίστεως (Rm. 10, 8), Hier lautet die Erklärung: »Das ῥῆμα ist eine Auswirkung der πίστις« (7 S. 49). So kann der Schluß gezogen werden: »Zur Definition des λόγος gehört, daß er ein wirkungskräftiges Wort ist« (7 S. 51). – Deutlich ist zu erkennen, wie in der Dissertation die Grundlagen einer neutestamentlichen Theologie erarbeitet werden, die aus der Sache selbst, aus den Begriffen und Aussagen der apostolischen Briefe, ein Verständnis der Eigenart des biblischen Wortes zu gewinnen suchen. Der Theologe hat es stets mit dem unvergleichlichen λόγος zu tun, der δύναμις und ἐνέργεια ist. »Wer kann sich dieser Macht entziehen? Wer kann diese innere Kraft des Wortes verkennen?« So hat Schniewind später immer wieder gefragt.

Neben dem Begriff λόγος wird der Begriff εὐαγγέλιον bei Paulus in der Dissertation untersucht. Die Aussage in Rm. 1, 16 bestimmt alle Erklärungen: Das εὐαγγέλιον ist eine δύναμις θεοῦ, es bringt und wirkt σωτηρία, es ist »Wirkung und Wirksamkeit Gottes«, Inbegriff der »neuen Heilsordnung« (7 S. 81). Wieder orientiert Schniewind sich am Alten Testament und erklärt, »daß die innere Wirkungsmacht des Evangeliums nach der Analogie des prophetischen Gotteswortes gedacht wird« (7 S. 90); vgl. 1. Kor. 5, 15 2. Kor. 10, 14 Rm. 1, 9. Doch »εὐαγγέλιον bedeutet das gebotschaftete Heil selber« (7 S. 96). »Demnach ist das εὐαγγέλιον realiter gleich seinem Inhalt; es wird seinem Inhalt faktisch gleichgesetzt« (7 S. 98).– Mit diesen Zitaten sollten nur einige Kernsätze herausgehoben werden. Das Thema »Evangelium« hat Schniewind nicht mehr losgelassen. Die große Monographie, der wir uns später zuwenden werden, hat in einer umfassenden Weise die Forschungen am Begriff εὐαγγέλιον wieder aufgenommen. Da kehren dann die ersten Entdeckungen der Dissertation in einem größeren Zusammenhang und in einer tieferen Nachfrage wieder. Hier soll nur noch auf einen wesentlichen Gedanken in den »Schlußfolgerungen« hingewiesen werden. Schniewind fragt nach der Bedeutung der Begriffe λόγος und εὐαγγέλιον in ihrer Beziehung zum Apostolat und erklärt: »Bei λόγος waren die Beziehungen auf den Apostolat nur mittelbare; der apostolische λόγος mußte Träger des λόγος Gottes sein, und damit war die Autorität des Apostels gegeben; hingegen für εὐαγγέλιον muß der Gedanke des Apostels, als der Sendung, konstitutiv sein . . .« (7 S. 115 f.). Die Dissertation schließt mit dem Hinweis des Verfassers auf das Ungenügende der Teiluntersuchung, die wesentliche Zusammenhänge nicht einbeziehen konnte: »Dürfen wir hiermit unsre Abhandlung schließen, so geschieht es mit dem lebhaften Bedauern, daß das außerpaulinische Material nicht berücksichtigt werden konnte; besonders die Resultate unsres ersten Hauptteils müssen schwankend bleiben, weil die Begriffsgeschichte von λόγος nicht untersucht werden konnte – aber welch unendliche Aufgabe wäre das gewesen!« (7 S. 117). Diese letzten Sätze zeigen zugleich an, welchen Fragen und Aufgaben Schniewind sich noch verpflichtet sieht. Eines aber ist deutlich zu sehen: die Dissertation ist der Auftakt zu einer theologischen Arbeit, die in aller Konsequenz bezogen ist auf »Wort Gottes« und »Evangelium« als die zentralen Realitäten der neutestamentlichen Forschung.

## 2. Ein Vortrag aus dem Jahre 1918

Am 12. Juni des Jahres 1918 hielt Schniewind in Wilna auf einer Konferenz evangelischer Feldprediger einen Vortrag unter dem Thema »Die neutestamentliche Auffassung vom Worte Gottes und ihre Bedeutung für unsere Praxis«. Bei der Durchsicht des von Ernst Kähler übernommenen und verwalteten Nachlasses stieß ich auf das Manuskript dieses Referates, das nicht veröffentlicht worden ist, sich wohl auch kaum zur Einzelpublikation eignet, da es alle Züge der Kriegssituation trägt. Dennoch kann man den Vortrag als ein Dokument betrachten, das charakteristische Überlegungen und Gedankengänge Schniewinds aus den Anfangsjahren erkennen läßt. Es soll darum an dieser Stelle der größte Teil des Manuskriptes im Wortlaut zitiert werden:

VORTRAG AUS DEM JAHRE 1918

*Das Alte Testament. Die Propheten.* Die Anschauung vom Worte Gottes muß in ihre Zusammenhänge hineingestellt werden. »Wort Gottes« nach der Anschauung des Alten Testaments: sofort denken wir an die Propheten und ihre Eigenart. »Träger des Jahwe-Wortes«, das wäre geradezu ihre Selbstbeschreibung. »Das Wort Jahwes zu erfragen«, wendet man sich an einen Propheten. Es sind die Männer, »bei denen das Wort Jahwes ist«, »zu denen das Wort Jahwes geschieht«, Männer, die reden, was Jahwe sagt; »Gottes Worte zu hören« und dann weiterzugeben, das ist ihnen verliehen: »So spricht Jahwe ...«

Es sind besondere Erlebnisse, die dieses Vorrecht vermitteln. Wenn man es zuerst erlebt, versteht man wohl selber kaum, was geschieht – wie der junge Samuel. Es gibt Zeiten, in denen das Wort Jahwes selten ist; die

Propheten verstummen; man sucht das Wort Gottes von einem Meer bis zum andern und findet es nicht. Über den einzelnen Propheten kommt dann das Wort ohne sein Zutun, seinem eigenen Handeln womöglich entgegengesetzt, gar völlig gegen den eigenen Willen. Mannigfach vermittelt: durch Traum, durch Engel, in Visionen, in Auditionen. Doch wird das Wort stets als etwas unmittelbar von Gott Stammendes, Objektives, außer dem Propheten Stehendes empfunden. Hinter allen Vermittlungen steht das Wort Jahwes selber, »wie eine objektive Macht« (Sellin). Der »Mund Jahwes« redet, und der Prophet selbst wird »Mund Jahwes«. Jahwe »sendet« sein Wort, legt es seinen Knechten in den Mund; er gibt sein Wort, er gibt seinen Geist. Er offenbart den Propheten sein Geheimnis, seinen Rat, seinen Plan, seine Wege, sein Werk, seine Gedanken.

Jahwes Wort ist ein Befehlswort. Er befiehlt den Propheten, er befiehlt durch die Propheten. Daß man sein Wort beachtet, erwartet er; daß man ihm gehorcht, daß man es hält, daß man sich davor fürchtet. Gar keine fernliegenden Dinge enthält sein Befehl: »Nahe ist dir das Wort« und »es ist nur Leben«. Dennoch stößt das Wort beständig auf Widerstand. Das Befehlswort ist Strafwort, von den »Zehn Worten« des Sinai an; Verachtung, Hohn und Spott, Lästerung: so wird das Wort aufgenommen.

Neben dem Befehl steht die Verheißung. In beidem steht das Jahwewort im Gegensatz zum Wort der falschen Propheten. Das Wort der falschen Propheten stammt »aus dem eigenen Herzen«. Wo Jahwe straft, da sagen sie »Friede, Friede«. Wo sie verheißen, da bleibt die Erfüllung aus. – Eintreffen der Erfüllung, das ist das Kennzeichen des Jahwewortes, ausdrücklich im Gegensatz zum gefälschten Wort. Auch im ausdrücklichen Gegensatz zum selbstgewissen und zum verzagenden Unglauben. Jesaja verheißt die Rettung Jerusalems, sie trifft ein; Deuterojesaja die Lösung der Gefangenschaft, sie trifft ein. Kann ein Heidengötze so vorhersagen?

Schließlich nur Eins erwarten alle Propheten: das neue Zeitalter der Welt, die uneingeschränkte Herrschaft Jahwes, sein Friedensreich. Dann kommt die Sündenvergebung, die Gerechtigkeit und jeder Segen. Das Gericht geht vorher, das Gericht über Israel und über die ganze Welt. Aber der heilige Rest aus Israel ererbt das Reich, und alle Völker kommen mit hinzu. Der Herold kündet den König an: »Wie lieblich sind die Füße des Freudenboten, der frohe Kunde bringt; den Frieden verkündet er; er spricht zu Zion: König ist dein Gott!« (Jes. 52, 7). Dies Wort faßt die Hoffnung Israels zusammen. Es spielt eine bedeutsame Rolle in der jüdischen Tradition und jedenfalls im Neuen Testament. Die Vorstellung vom »Evangelium« knüpft daran an: die Frohe Botschaft, die das mit sich bringt, was sie verkündet. Denn Reden und Tun trifft bei Gott überein. Jahwe wacht über seinem Wort; es ist »gerade«, Gerechtigkeit, d. h. Richtigkeit, es ist Wahrheit, d. h. Zuverlässigkeit. Es verfällt nichts von dem, was Jahwe sagt, es trifft ein, der Fluch wie die Verheißung. Es ist wirksam, das Wort, wie ein zermalmender Hammer. Es ist wie eine Naturmacht, das Wort; wie eine Speise, die man genießt, wie ein Regen, der die Erde fruchtbar macht; wie ein Feuer, das alles verzehrt. Es enthält das, was es sagt, seine Erfüllung, schon in sich; sie ist — wörtlich — sein »Inhalt«: so darf man das, was wir an den Propheten beobachtet haben, zusammenfassen.



*Das Alte Testament. Die Gemeinde.* Deutlich ist dies ins Bewußtsein der Gemeinde übergegangen. Jahwes Wort ist Jahwes Tat. Sein Wort ist die Weltschöpfung. »So er spricht, so geschieht es« (Ps. 33, 9). »Der Himmel ist durch das Wort Jahwes gemacht und all sein Heer durch den Hauch seines Mundes« (Ps. 33, 6). Naturmächte richten sein Wort aus: Engel, Feuer, Schnee und Sturmwinde. Er spricht zur Sonne, und sie verdunkelt sich. Er sendet sein Wort, und der Mensch wird gesund. Fehlt das Brot, so braucht nur ein Wort aus Jahwes Mund zu ergehen, und der Mensch bleibt erhalten. — Die Befehlsmacht Jahwes in der Natur und in der Thora wird in mehreren der erwähnten Stellen verknüpft. Beide Male ist das Wort eine »objektive Macht«, eine »wirksame Macht«. Man redet von ihm wie von einer Hypostase, d. h. einer selbständig existierenden Größe. Dabei ist es nicht nötig, zu entscheiden, wie weit das nur Redeweise ist oder wirkliche Vorstellung. Hypostasierung steckte schon in mehreren der erwähnten Stellen. Auch wohl in den folgenden: »Jahwes Wort will ich rühmen« oder: »Du hast groß gemacht deinen Namen und dein Wort.« Oder darin, wenn Gottes Wort als das Bleibende gedacht wird, während alles vergeht und die Menschen verblühen wie die Blumen. Oder wenn es heißt, daß Gottes Wort durch den Kosmos und durch die Völkerwelt läuft.

Es ist wirksame Macht auch in der Erfahrung des einzelnen. Man kann in den Aussagen der Psalmen, besonders des 119. — dessen religiösen Gehalt man nicht unterschätzen sollte! — nicht unterscheiden, ob das Wort nur als Geheiß und Befehl oder aber als Kraft gemeint ist: Das Wort bewahren, sich durchs Wort erleuchten, beleben, erfreuen, leiten lassen, das bezeichnet das Wort als Kraft. Gemeint ist aber das Befehlswort des Gesetzes, wie die bekannte Synonymik (Befehl, Gesetz, Rechte, Weg, Zeugnisse usf.) zeigt. — Sehr nahe steht die mehr intellektualistisch gewandte Ausdrucksweise der Proverbien. Diese Ausdrucksweise ist keineswegs

VORTRAG AUS DEM JAHRE 1918

gnostisch. Gemeint ist, daß man die Dinge des Alltags richtig ansieht; ebendiese höchst konkrete »Weisheit« aber – der Ausdruck »Wort Gottes« ist selten – ist zugleich Hypostase, die in Gottes Ewigkeit thront.

Nebenher geht in den Psalmen die Anschauung vom Verheißungswort, auf den einzelnen angewandt; und hier schöpft noch unser praktischer Sprachgebrauch unmittelbar aus den Psalmen. »Gott hat ein Wort geredet: daß Gott allein mächtig ist«; Hilfe hat er zugesagt; »Mein Herz hält dir vor dein Wort ›Ihr sollt mein Angesicht suchen‹, darum suche ich, o Herr, dein Antlitz.« Es scheint ein Rückgriff auf das geschriebene Wort zu sein; entsprechend sagen die Proverbien, man dürfe zu Gottes Worten »nichts hinzusetzen«. Doch redet Gott noch beständig, wohl manchmal noch in der Weise der alten Propheten, aber auch zu jedem einzelnen Gemeindeglied: er tut die Ohren auf, er tut die Lippen auf, er warnt den Gottlosen, er hütet seine Heiligen vor Versündigung, er spricht dem Verlangenden zu: »Ich bin deine Hilfe!«

*Judentum und Hellenismus.* Mit dem Dargestellten sind die Voraussetzungen der neutestamentlichen Anschauungen im wesentlichen gegeben. Über Judentum und Hellenismus ist jetzt wenig zu sagen. Indirekte Beziehungen zu unserm Thema finden sich zwar in der jüdischen Vorstellungswelt; die direkten Parallelen aber enttäuschen.

Sieht man in die Weisheitsliteratur, so findet man die Fortsetzung der Gedanken aus Psalmen und Proverbien. Aber wir geraten immer mehr aus dem Bereich einer starken inneren Erfahrung in den Bereich der Ehrbarkeit. Bei Jesus Sirach glaubt man manchmal die bürgerliche Orthodoxie Deutschlands reden zu hören: das Wort Gottes ist das buchmäßig Gegebene; man muß sich im Lebenswandel danach richten. Die Hypostasierung hingegen kommt ganz auf fremde Wege. Sowohl die rabbinische Vorstellung von dem ewigen Wort wie der alexandrinische Logos entfernen sich von dem konkreten »Wort«, das lebendig geredet wird oder – schriftlich – überliefert ist. Die Spekulation steigt in die Hintergründe; Propheten wie Psalmen aber hatten ihre gewaltigen Aussagen vom greifbaren Wort, vom wirklichen »Wort« gemeint. Das lebendige Prophetenwort verschwindet; das Tradierte verknöchert; die Apokalyptiker aber fühlen sich bezeichnenderweise nicht als Träger des »Wortes Gottes«.

Bei allen Untersuchungen zur Logos-Vorstellung im Hellenismus tritt das Philosophische bzw. Christologische in den Vordergrund. Wie aber ist die Vorstellung von der Bedeutung und Kraft des konkreten »Wortes«? Wie ist die volkstümliche Vorstellung? Heitmüller hat s. Z. ein sehr weitschichtiges Material über den Begriff »Name« gesammelt: der Name ist eine wirksame Macht, so denkt man es allenthalben, hat man den Namen, so hat man ebendamit das Benannte selbst. Man könnte vermuten, daß die Vorstellung vom »Namen« nur ein Einzelfall der Vorstellung vom »Wort« ist. Das Wort wird stets gedacht als eine wirksame Macht; es ist Kraft; es schließt seinen Inhalt in sich. Diese Vorstellung braucht keineswegs in primitivem Aberglauben aufzugehen (Wunder, Zauberei u. ä.), sondern sie enthält Tatsachen, die noch unsere Psychologie und Erkenntnistheorie vor entscheidende Aufgaben stellt.

Für das formale Verständnis des Neuen Testaments können uns Judentum und Hellenismus bei vielen Einzelheiten helfen. Die Inhalte des Neuen Testaments aber stammen aus dem Alten Testament; fast alle Aussagen des Alten Testaments über das »Wort« werden uns im Neuen Testament wieder begegnen; und schon die Entwicklung innerhalb des Alten Testaments stellt die neuen Fragen für das Neue Testament. Formale Eigentümlichkeit der Begriffsbildung im Neuen Testament, dann auch im Alten Testament (Eschatologie, Mystik, Hypostasierung) sind der Forschung, wie es scheint, zuerst an der religionsgeschichtlichen Umgebung erkennbar geworden; vom Inhalt her aber wollen sie verstanden werden.

*Jesus als Träger des Wortes Gottes nach den Synoptikern.* Die Tatsache der Person Jesu gibt allen Aussagen des Neuen Testaments ihren Inhalt. Sehr deutlich zeigt sich das sofort, wenn wir die Synoptiker untersuchen. Eine »Lehre Jesu vom Wort Gottes« gibt es kaum; wohl aber ist seine Person in allem Verhalten dadurch bestimmt, daß er der Träger des Wortes sein will. — »Es ging ein Sämann aus, zu säen seinen Samen« — mit diesem Anfang des Sämannsgleichnisses eröffnet Wellhausen seine Schilderung der Person Jesu. In der Tat läßt sich Jesu Tätigkeit damit erschöpfend beschreiben. Der Sprachgebrauch der Evangelien weist dahin: Lehrer, Rabbi, das sind Jesu Titel; »Prophet« wird er genannt; er nennt sich auch selbst so; lehren, predigen, evangelisieren — damit wird seine Tätigkeit bezeichnet. Der Inhalt der Predigt ist »das Evangelium«, ist »das Reich«: Evangelium vom Reich, das Reich verkünden, Predigt vom Reich — das sind die stehenden Ausdrücke.

*Wort und Wunder.* Es könnte scheinen, als wäre unsere Statistik ungenau. Neben Jesu Worten stehen Jesu Taten! Eine Zusammenfassung der Tätigkeit Jesu heißt wohl »Dämonen austreiben und lehren« o. ä.; das »Heilen« steht neben der Predigt. Und ebenso, doppelseitig, ist der Auftrag, den Jesus den Jüngern bei ihrer Aussendung gibt. Allein, diese Zweiheit fällt in eins. Markus beginnt mit einer farbigen Schilderung der

VORTRAG AUS DEM JAHRE 1918

Wundertätigkeit Jesu. Am anderen Morgen, als die Jünger Jesus aus der Einsamkeit holen, bricht Jesus auf in andere Orte: ». . . daß ich auch dort predige; denn dazu bin ich gekommen.« Wie beides in eins fällt, lehrt die sofort folgende Geschichte vom Gichtbrüchigen. »Was ist leichter zu sagen: ›Dir sind deine Sünden vergeben‹ oder ›Stehe auf und wandle‹?« (Mk. 2, 9). Ja, was ist leichter? Beides verlangt »Vollmacht« — d. h. Gewalt des Heiligen Geistes; beides ist Vorrecht des Menschensohnes. Beide Male ist das Wort Kraft — d. h. Geist —: es bewirkt unmittelbar, was es sagt, die Heilung, die Sündenvergebung. Beides, die Heilung wie die verkündete Vergebung, sind die Anzeichen des verheißenen Reiches. Genauso spricht Jesus das aus in der Antwort an den Täufer und ähnlich in der Antrittsrede zu Nazareth bei Lukas.

Aber in dem Paar »Wort und Wunder« ist das Wort das Wesentliche. Bezeichnend dafür ist der ganze Aufriß des Markusevangeliums. Immer wieder legt Markus den Ton auf die »Predigt«, obwohl im ganzen Evangelium die Wundergeschichten überwiegen. Markus gibt wohl einen Rahmen ohne Bild: »Jesus begann eine lange Belehrung«, aber deren Inhalt wird verschwiegen. — Bezeichnend ist auch die Art der Wundererzählungen. Er treibt die Geister aus durchs Wort, er »bedroht« sie, er »bedroht« die Krankheit, die Naturgewalt, er »befiehlt«; der bezeichnende aramäische Wortlaut des Wunderwortes wird festgehalten. Er redet mit den Leuten, denen er helfen soll, mit der Syrophönikierin, mit dem Vater des Mondsüchtigen, mit dem Blinden: das Wort sucht den Glauben, der ist die Voraussetzung des Wunders. Der Hauptmann von Kapernaum erweist seinen starken Glauben ebendarin, daß er nur das Wort sucht: »Sprich nur ein Wort!« Befiehl nur! . . . und so wird ihm geholfen.

*Predigt und Reich Gottes: Markus 4.* Doch ist der Zusammenhang zwischen Wunder und Predigt noch enger: »Predigt« ist der übergeordnete Begriff in dem Paar »predigen und heilen«. Das Wunder ist das Anzeichen des Reiches. Aber die Predigt bringt das Reich. »Predigen« und »Reich« sind Komplementärbegriffe; das ist so gemeint, daß in der Predigt das Reich naht. Das Sämanns-Gleichnis ist dafür in der Tat entscheidend. Nicht nur Wellhausen nimmt bei ihm seinen Ausgang, auch Schweitzer tut es in seiner berühmten Darstellung des Lebens Jesu. Aber die beiden Gelehrten gehen vom Ausgangspunkt in durchaus entgegengesetzter Richtung weiter, und wir müssen uns selbst unsern Weg suchen.

Das Sämanns-Gleichnis, die drei Gleichnisse von Mk. 4: Jetzt wird der gute Same ausgesät, da Jesus predigt; er geht auf wie die von selbst wachsende Saat; die Saat geht auf, und das Reich ist »in Kraft« erschienen.

Jetzt wird der gute Same ausgesät wie ein geringes Senfkorn; die Saat geht auf, und »das Reich« ist da, der neue Zustand der Dinge im neuen Äon, da Gott allein herrscht. Jetzt wird der gute Same ausgesät; aber wo ist der gute Acker, der ihn aufnimmt? Dreifach ist der schlechte Acker; wo ist der gute Acker? – Verstockte Herzen, unverständige Herzen, verschlossene Sinne, Ohren, die nicht hören, Augen, die nicht sehen: das ist die Aufnahme, die das Wort zumeist findet. Ja, das Wort selbst verschärft noch die Verstockung: die Gleichnisse dienen der Verhüllung; so wird mit Anspielung auf Jes. 6 gesagt. Dort heißt es: »Verstocke das Herz dieses Volkes und laß ihre Ohren hart sein und blende ihre Augen, daß sie nicht sehen mit ihren Augen, daß ihre Ohren nicht hören und ihr Herz sich nicht bekehre!« – Nur wenigen hingegen ist es verliehen, die Geheimnisse des Reiches Gottes zu erkennen.



Ob diese Sätze der Evangelisten Jesu eigene Meinung treffen und wie sie gemeint sind, darüber ist viel verhandelt worden. Wir dürfen zunächst darauf verweisen, daß Jesus, wenn er das Wort gesprochen hat, damit nur der alttestamentlichen Auffassung vom Worte Gottes gefolgt ist. Er tut das durchweg. Er tritt auf mit der Botschaft: »Das Reich Gottes ist nahe herbeigekommen; wendet euch zu Gott – tut Buße – und glaubt an das Evangelium!« Das entspricht genau dem alttestamentlichen Befund: das Bußwort, das Verheißungswort; und dessen Inhalt, das Reich Gottes. Und auch die Aufnahme des Wortes entspricht nur dem alttestamentlichen Befund: Abweisung, Verstockung, dort wie hier; nur daß an der Stelle der falschen Propheten die Frommen stehen. Auf der anderen Seite die wenigen, die das Wort aufnehmen; bei den Propheten – der heilige Rest, in den Evangelien – die kleine Herde.

Ferner aber entspricht das Gesamtbild der Wirksamkeit Jesu ebenfalls durchaus dem Programm von Mk. 4.

*Predigt und Reich Gottes. Der Bußruf.* Am Bußruf Jesu zunächst läßt sich beobachten, was »Verhüllung« heißt. Wer versteht, daß der Bußruf ihn angeht? Wie ist das wohl gemeint: »Ärgert dich deine rechte Hand, so haue sie ab«? Wie ist das gemeint: »Laß die Toten ihre Toten begraben«? Wie ist gemeint: »Wer zu mir kommt und haßt nicht Vater und Mutter, Frau und Kinder und sein eigenes Leben, der kann mein Jünger nicht sein«? Man könnte die Aufzählung fortsetzen: Jesu Worte sind in vielen, wenn nicht in den meisten Fällen so zugespitzt, daß sie rätselhaft, zunächst einmal unverständlich bleiben. »Das eigene Leben hassen« – wer versteht, was das heißt, der hat den Bußruf Jesu vernommen. – Die Gleichnisse im engeren Sinn sind nur ein Sonderfall. Wer versteht, daß

VORTRAG AUS DEM JAHRE 1918

das Gleichnis ihn angeht? »Die Gesunden bedürfen des Arztes nicht, sondern die Kranken.« Ganz selbstverständlich! sagen Jesu Hörer. Wir sind gesund, die Sünder sind krank! »Es wird Freude sein über einen bußfertigen Sünder vor neunundneunzig Gerechten, die der Buße nicht bedürfen.« Selbstverständlich, wir sind gerecht und bedürfen der Buße nicht! – »Simon, ich habe dir etwas zu sagen.« Sonnenklar scheint das Gleichnis von den zwei Schuldnern. »Wem wenig vergeben ist, der liebt wenig«, sagt die Anwendung. Ganz recht! Simon hat wenig Sünden, also auch keine Veranlassung zu solch überschwenglichen Dankbezeugungen wie die große Sünderin.

Wer es aufgibt, »sich selbst zu rechtfertigen«, vor Gott und Menschen »groß« zu sein, wer »Gott recht gibt«, der hat den Bußruf Jesu vernommen.

*Predigt und Reich: Das Evangelium.* Neben dem Bußruf steht das Evangelium vom Reich. Beides fällt in eins. Die oben erwähnten Gleichnisse zeigen es. Wer sich selbst nicht rechtfertigen kann, der bedarf des Arztes, er bedarf des Helfers wie die Sünder (Luk. 15) und die Sünderin (Luk. 7). – Den Weisen und Klugen ist es verborgen, den Unmündigen ist es offenbart. Solche, die Kindern gleichen, die umkehren und Kindern gleich werden: denen offenbart der Sohn den Vater, die gehören zum Reich der Gottesherrschaft. Denen offenbart Jesu Vater, der in den Himmeln wohnt, seinen Sohn Jesus, den Messias. »Dies ist mein auserwählter Sohn«, spricht eine Stimme, »auf ihn hört!« Ja, selig eure Augen, daß sie sehen! Selig eure Ohren, daß sie hören! Siehe wohl zu, daß das Licht in dir nicht Finsternis sei! Seht wohl zu, wie ihr hört! Wer Ohren hat zu hören, der höre! – Dieses Hören und Sehen, diese Offenbarungen, sind nichts weniger als mystische Vorgänge. Es sind vielmehr die konkreten Ereignisse, die Jesus in seiner Seelsorge erlebt, und was beim Menschen unmöglich ist, nämlich Menchen zu retten, das ist nicht unmöglich bei Gott – so spricht Jesus nach der Begegnung mit dem reichen Jüngling; aber diese Erfahrung ist die durchgängige Erfahrung seiner Seelsorge.

Unerschöpflich ist diese Seelsorge! So mannigfaltig die Menschen sind, die Jesus begegnen, so mannigfaltig ist sein Wort. Es ist ein Wort in Vollmacht. Was Jesus sagt, das ist eben damit Wirklichkeit geworden. »Dir sind deine Sünden vergeben, gehe hin in Frieden!« Wem er das zuspricht, der hat es damit wirklich. Sündenvergebung, Frieden, frohe Botschaft: die bei den Propheten angekündigten Zeichen der Königsherrschaft Gottes treffen in Jesus ein. Er will es selbst so aufgefaßt sehen. Es soll etwas Unerhörtes sein, daß er die Vergebung bringt. – Wir greifen gerade das Wort

»Vergebung« heraus, weil sich daran der Widerstand der Gegner heftet. Aber man könnte alle Einzelgeschichten, ja fast alle Einzelworte durchgehen und daran zeigen, was das heißt: Wort mit Vollmacht – mit der Vollmacht des Zuspruchs und der Versicherung: du gehörst zum Himmelreich! Dir gehört das Himmelreich!



Das oben Dargestellte stellt uns vor ein Problem. Ist wirklich Jesu Wort in »Vollmacht« etwas Unerhörtes und Neues; war es nicht schon im Alten Testament das Kennzeichen des Gotteswortes: was Gott sagt, das ist eben damit Wirklichkeit geworden? Aber im Alten Testament lag hier noch eine ungelöste Spannung. Es blieb in unserer Darstellung mit einer gewissen Notwendigkeit undeutlich, in welchem Verhältnis das Befehlswort des Alten Testaments und sein Verheißungswort zueinander stehen. Und es blieb undeutlich, wie sich verhalten das Bewußtsein gegenwärtigen Wortbesitzes und die Hoffnung (die »Verheißung«), die noch unerfüllt ist. Diese Spannungen bestanden innerhalb der einzelnen Schichten des Alten Testaments, innerhalb des prophetischen Erlebens wie innerhalb des Gemeindebewußtseins; diese Spannung ergab sich jedenfalls für den, der zur Zeit Jesu das Alte Testament las, und es dürften nur die Worte »Rabbinismus« und »Apokalyptik« genannt werden, um daran zu erinnern, daß diese Spannung empfunden wurde, jedenfalls vom ganzen Zeitalter, oft auch vom einzelnen.

Beides, die gespannte Frage und ihre Lösung, erscheint in Jesu Selbstbewußtsein vereinigt. »Jesus und das Alte Testament«: dieses Thema enthält Frage und Lösung zugleich. Die Erörterung dieses Themas führt uns auf die Bahn unseres Überblicks. Wir sprachen vom Bußruf Jesu und vom Zuspruch der Vergebung. Bußwort, Freudenwort – und dessen Inhalt, das Kommen des Reiches, bleibt noch zu erörtern. Welche Bedeutung hat das Wort Jesu für das Kommen des Reiches? Es ergeben sich zwei Gesichtspunkte: der Rückblick und der Vorblick.

Der Rückblick: Wie verhält sich Jesu Wort zum Wort Gottes, das schon da ist, zur »Schrift«, zum Alten Testament? Jesu Zuspruch versetzt den, dem er gilt, ins Himmelreich. Darum setzt mit Jesu Wort etwas ganz Neues ein gegenüber allem, was bis dahin Wort Gottes war. »Gesetz und Propheten gehen bis auf Johannes; von da an wird die Herrschaft Gottes im Evangelium verkündet.« Das scheint eine klare Scheidung: bis zu Jesus ging das Alte Testament, »Gesetz und Propheten«; mit ihm kommt das Evangelium und das Reich. Damit scheint Jesu Evangelium in Gegensatz zu treten zum Alten Testament. Aber so einfach liegen die Dinge nicht. Jesus bejaht die Schrift durchaus. Sie ist für ihn selbst die Waffe in der Versuchung; sie ist ihm der Wegweiser für den Gang durchs Leiden; sie gibt ihm das Gebet noch im Sterben. – Jesus bejaht die Gültigkeit der Schrift: auf Mose und die Propheten hören, das ist der Weg zur Errettung; die Gebote erfüllen, die jeder kennt, das ist der Weg zum Leben. Jesus bejaht das Gesetz durchaus. Er verteidigt das Gottesgebot des Gesetzes, das »Wort Gottes«, gegen die Überlieferung der Menschen; er schützt den Tempel Gottes vor Entweihung; er bejaht sogar die Lehre der Schriftgelehrten gegen ihr eigenes Werk.

Dennoch: der Kampf gegen die Hüter des Gesetzes bringt ihm den Tod; den Tempel will er abbrechen, er ist mehr als der Tempel, er ist der Herr des Sabbats, er ist der Bräutigam, der das Neue bringt, und die alte Ordnung des Trauerns hört nun auf. Dem Wort der Schrift setzt er sein »Ich aber sage euch« entgegen. Er ist der Eine Sohn nach all den Knechten, die Gott bis dahin sandte. Schon Johannes der Täufer ist mehr als irgendein Prophet; denn er ist Jesu Vorläufer. Dennoch ist er kleiner als der Kleinste in dem Reich Gottes, das mit dem Evangelium anhebt. – Jesu Worte, das sind selbständige Größen, die Autorität besitzen – *wie* die Schrift, sagen wir zunächst, und neben der Schrift. – Jesu Evangelium: es fordert den Glauben; es hängt unlöslich zusammen mit allem, was Jesus durchlebt. Werden Jesu Jünger um Jesu und seines Namens willen verfolgt, so auch seines Evangeliums, seiner Worte willen. Seine Worte! Auf Jesu Wort hören, das ist das Beste, was man wählen kann; seine Rede hören und tun, das ist Klugheit; das Wort Gottes, das er verkündet, hören und bewahren, das ist Glückseligkeit; wer den Willen Gottes tut, wer Gottes Wort hört und tut, der gehört zu Jesus, zu seinen Freunden, zu seiner Familie.

Alles Angeführte macht es uns möglich, die zwei anscheinend auseinandertretenden Gänge in eins zu sehen: »Den Willen Gottes tun«, darauf läuft Jesu Wort hinaus. Aber Jesu Wort ist Vollmacht, Gewalt und Kraft; es gibt die Kraft, den Willen Gottes zu erfüllen. Wieder könnte man all die Erzählungen aus Jesu Seelsorge durchgehen und zeigen, wie der Ruf zur Nachfolge zugleich die Kraft der Nachfolge in sich schließt.

Jesus ist die Erfüllung des Gesetzes. Den Willen Gottes findet er im Alten Testament; dort ist Gottes Wille deutlich zu erkennen. Aber er wird nicht erfüllt! Einfach dies ist der Kampf Jesu gegen die Pharisäer, so hat uns Schlatter gezeigt, daß sie den erkennbaren, deutlichen Willen Gottes nicht tun wollen. – Jesus ist die Erfüllung des Alten Testaments. Er nimmt es, möchte man sagen, in sein Selbstbewußtsein auf. Zum Beleg dürften wir uns auf die Streitreden der letzten Tage in Jerusalem beschränken. Jesus schlägt seine Gegner mit überlegener Erfassung der Schrift. Er kennt Gott und seine Kraft; sie aber kennen ihn nicht; und das war Jesu Bußruf, der ihnen verborgen blieb. Beides ist schon in der Schrift.

VORTRAG AUS DEM JAHRE 1918

Doch die bisher gebotene Lösung »Jesus bringt die Erfüllung für Gesetz und Propheten« ist noch nicht vollständig. Bis Himmel und Erde vergehen, vergeht kein Häkchen vom Gesetz. Wenn aber Himmel und Erde vergehen, dann vergehen Jesu eigene Worte nicht. Diese beiden auf den ersten Blick so ähnlichen Worte lassen sich möglicherweise zusammenschließen. Nämlich: solange dieser Äon besteht, besteht das Gesetz; wenn aber dieser Äon vergeht, so bleiben noch Jesu Worte. Diese Auffassung würde genau einem Rabbinenwort entsprechen: »Die ganze Thora, welche ein Mensch in diesem Äon lernt, ist Tand gegen die Thora des Messias.« Demnach würde sich ergeben: Der Unterschied vom Alten Testament und Jesu Worten entspricht dem Unterschied der beiden Äonen. Solange der alte Äon besteht, so lange gilt das Gesetz. Der neue Äon ist noch nicht erschienen. Aber Jesus wird ihn bringen; dazu muß er in den Tod gehen und auferstehen. Damit kommt die neue »Gottesordnung« in Gegensatz zur alten, so sagt es Jesus ausdrücklich bei der Stiftung des Abendmahls im Anschluß an das große Jeremia-Wort vom »Neuen Bund«, d. h. von der neuen Ordnung der Dinge zwischen Gott und den Menschen.

Hier öffnet sich der Ausblick, in dem unsere Überschau sich vollendet. Vor Jesu Augen liegen Tod und Auferstehung. Sein Wort aber, das davon spricht, ist vollends verhüllt; nicht einmal der engste Jüngerkreis versteht ihn. Der engste Jüngerkreis versteht ihn durchaus falsch. Der Unterschied zwischen Verstehenden und Verstockten, von dem wir ausgingen, wird damit fließend. Dennoch bleibt der Kreis der Jünger der Bereich derer, die das Wort aufnehmen und damit sofort selbst Wortträger werden. »Du aber gehe hin und verkünde das Reich Gottes«; »Folgt mir nach, ich will euch zu Menschenfischern machen«: das sind Worte Jesu gleich bei der Berufung zur Nachfolge. Wo Jesu Jünger nahen, da naht das Reich, da naht die Gabe des Reiches, der Friede. »Wer auf euch hört, der hört auf mich!« Und die Seelsorge der Jünger verfährt mit der gleichen Vollmacht wie Jesu eigene Seelsorge. Nur klafft hier überall die Lücke zwischen Wirklichkeit und Aufgabe. Die Lösung liegt in der Verheißung des Geistes – der wird den Jüngern das Wort geben.

Man wird der reichen Überlieferung von Sprüchen Jesu an seine Jünger nicht gerecht, wenn man für Jesu Bewußtsein seine Auferstehung zusammenfallen läßt mit seiner Wiederkunft, mit dem Hereinbrechen des anderen Äon »in Kraft«. Wann das Reich kommt, das bleibt dem Sohn selbst verborgen. Nur ergeht vorher, genau den Hoffnungen des Alten Testaments entsprechend, die Verkündigung des Evangeliums an alle Völker. Und eines ist sicher: alles, was gesät wird an guter Saat, das geht einst auf im kommenden Reich.

*Die Urgemeinde.* Die Anschauung der Urgemeinde vom »Wort« ist lediglich das Ergebnis des bisher Dargestellten. Die Quellen, aus denen die weitere Darlegung schöpft, sind reich. Unsere Methode entspricht der bisher angewandten. Wir haben bisher das Material der Synoptiker verwendet, soweit es sich irgend als Einheit aufbauen läßt; wir haben unbedenklich das Sondergut der einzelnen Synoptiker mit eingefügt. Entsprechend wird bei der Darstellung der Gemeindegedanken der Umkreis möglichst weit gezogen: gerade solche Vorstellungen wie »Wort Gottes« sind stetig, daher wird hier das ganze Neue Testament als Einheit behandelt, und selbst Äußerungen des Paulus und Johannes werden einbezogen, die nicht zu der besonderen Anschauungswelt dieser beiden gehören.

Womit wir bei der Darstellung Jesu schlossen, damit beginnen wir jetzt: wer Christ wird, schmeckt damit die Kräfte des zukünftigen Äons; er schmeckt sie, da er das gute Wort Gottes schmeckt, in Erleuchtung und Buße und Geistesempfang. Das Wort ist Kraft, das Wort selbst ist Leben. Es ist selbst lebendig und erzeugt seinerseits Leben, – es ist »das Wort des Lebens«: dieses Wort schenkt die Wiedergeburt. Der Gedanke, daß die Taufe die Neugeburt sei, ist insofern verwandt, als Anrufung und Bekenntnis des Namens Jesu die Kraft der Taufe sind. – Der Geist wirkt das Wort – durch mancherlei Verwicklung – wie im Alten Testament. Im Alten Testament selbst, so weiß die Gemeinde, ist das Wort Gottes, aus dem der Geist redet. Das Alte Testament enthält die Sprüche Gottes, und die Gemeinde weiß, daß an den einzelnen Propheten das Wort Gottes erging. Aber derselbe Geist redet jetzt in der Gemeinde, sie steht mitten in der Erfüllung der alten Weissagungen, und der Geist wirkt in ihr die rechte Auslegung des Alten Testaments. Der Geist wirkt die Wunder, die in der Gemeinde geschehen. Paulus redet von den Wundern, die er selbst getan habe: sie sind der Ausweis für das Wort und geschehen durchs Wort. Der Geist redet in der Gemeinde durch besondere Offenbarungen und durch besondere Männer. Wer in der Gemeinde redet, soll es reden als Gottes Wort, sagt der erste Petrusbrief. Aber auch, was die Katechumenen von ihren Lehrern empfangen, das heißt »Gottes Wort«.

Das Wort wird aufgenommen, je nachdem die Sinne geöffnet oder verschlossen sind, je nachdem Blindheit oder Licht, Taubheit oder Gehör das Wort empfangen. Das gehörte Wort soll durch den Glauben mit den

Hörern verschmelzen, sagt der Hebräerbrief. Man denkt also die Aufnahme des Wortes nach Analogie der Sinneswahrnehmung, ebenso wie schon das Alte Testament und Jesus. – Speziell von der Verstockung, von der Abweisung des Wortes, denkt das ganze Neue Testament wie die Propheten, wie Jesus selbst. Das Zitat von Jes. 6 ist stehend. Das Wort fordert die Entscheidung heraus; es ist wie ein scharfes Schwert, es geht durch das Herz. Des Wortes wegen wird man verfolgt. Verfolgung und Ketten gehören notwendig zum Evangeliumsdienst; »aber Gottes Wort ist nicht gebunden«.

Das Wort ist wirksame Macht, und die Prädikate, die es im Alten Testament bekam, bekommt jetzt das in der Gemeinde lebendige Wort: es bleibt. Das Apostelwort wird ausdrücklich in die Würde des alttestamentlichen Wortes erhoben; es läuft durch die Welt, es wird gepriesen. Das Zitat von Jes. 52 ist stehend. Bezogen wird diese Stelle entweder auf die Sendung der Apostel oder auf Jesu ganze Erscheinung: seine Erscheinung selbst wird als die »Verkündigung des Friedens« gedacht. – Jesus ist der Gegenstand des Wortes, und er selbst redet im Wort vom Himmel her – wehe dem, der ihn abweist! Seinen Namen trägt das Wort durch die Welt, in seinem Namen lehren die Verkünder. Damit ist dem Wort ein bestimmter geschichtlicher Inhalt gegeben. »Diener des Wortes« waren die, welche die Überlieferung von Jesus pflegten, sagt Lukas. Die Überlieferung der Ereignisse von Jesu Leben und Sterben, die Kette der Überlieferung von Jesus zu den Aposteln und zur Gemeinde, die besondere Überlieferung der Herrenworte; das »Zeugnis«, die Bezeugung dessen, was war und was wirklich ist; das Zeugnis der Auferstehung insbesondere: das sind die bestimmten geschichtlichen Inhalte des Wortes, da sein Inhalt ist: Jesus als der Christus. Das aber heißt: ein Mensch einer bestimmten geschichtlichen Lage – der unter Pilatus Gekreuzigte – hat übergeschichtliche Bedeutung.

Dadurch aber kommt eine gewisse Spaltung in die Auffassung vom Wort. Es kann als unmittelbar wirksam gedacht werden. Es kann aber auch bewußt unterschieden und nebeneinander gestellt werden: 1. die geschichtliche Überlieferung von Jesus, gehoben durch das Zeugnis der Apostel, 2. das innerlich wirkende Zeugnis des Geistes. – Das altkatholische Zeitalter wird diese Zweiheit immer mehr verknöchern lassen. Es wird die Worte des Herrn sowohl wie die der Apostel immer mehr zu äußeren Autoritäten erheben, zugleich aber auch die Autorität des Alten Testaments mechanisieren, da das in der Gemeinde lebendige Wort nach und nach verstummt. An der Wirksamkeit des Wortes wird die Analogie der Sin-

VORTRAG AUS DEM JAHRE 1918

neswahrnehmung nicht mehr verstanden werden. An deren Stelle treten mechanisierte »Lehren« und, als Rückschlag, ausschweifende Gnosis.

Es durfte dieser Entwicklung jetzt schon vorgegriffen werden. Denn bei den drei Individualitäten Lukas, Paulus, Johannes, die jetzt zu Wort kommen sollen, handelt es sich, wenigstens bei der Wort-Gottes-Anschauung, nicht um ein Nacheinander, sondern um ein Nebeneinander.

*Die Apostelgeschichte.* Der erste, von dem besonders zu reden ist, ist Lukas. Schon sein Sondergut im Evangelium hatte die reichsten Wort-Gottes-Logien; eine scharf umrissene Anschauung vom Wort Gottes schenkt uns die Apostelgeschichte. Worauf wir durchweg fußen, daß das Wort eine unmittelbar in sich selbst wirkende Macht ist, das hat Harnack zuerst gezeigt, und zwar an der Apostelgeschichte. »Ich befehle euch Gott und dem Wort seiner Gnade«, sagt Paulus in Milet. Das Wort ist eine schützende Macht, dem die Gemeinde befohlen ist, es hat die Macht der Bewahrung wie Gott selbst. Das Wort ist Wort der Gnade, es vermittelt Gottes Gnade; Jesus, der Erhöhte, steht selbst hinter dem Wort seiner Gnade. Das Wort ist eine lebendige Macht. »Es mehrt sich und breitet sich aus«, »es mehrt sich und gewinnt Macht«: das sind Formulierungen des Lukas für das, was wir abstrakt »Ausbreitung des Christentums« nennen. Daneben stehen Formulierungen wie in den Evangelien: »das Evangelium vom Reich verkünden«, »das Reich Gottes bezeugen«. Das Wort ist Lehre, ist »Weg«, Weg der Rettung. Hören verlangt es, Aufnehmen, Forschen — und Gehorchen. Dann wirkt es Umkehr, es wirkt Glauben: es überzeugt davon, daß Jesus der Messias ist, der die Vergebung bringt. Der weitere Weg kann verschieden sein: der Geist kann über dem Hören des Wortes die Herzen erfüllen, dann folgt die Taufe; es kann aber auch sein, daß nach der gläubigen Annahme des Wortes die Taufe empfangen wird, mit ihr oder nach ihr der Geist. Aber schon, daß das Wort überhaupt beachtet wird, ist eine Wirkung des Herrn.

Ja, der erhöhte Herr selbst steht hinter seinem Wort. Das Wort wohnt in seiner Gemeinde: Apostellehre, Gemeinschaft, Abendmahl, Gebet, darin lebt sie. Der Herr erweckt die geisterfüllten Verkünder, die es »gar nicht lassen können«, das Erlebte zu bezeugen; er schenkt Freimut, zu reden in jeder Gefahr, vor jedermann. Er fügt Neuerrettete zur Gemeinde; er läßt der Gemeinde seinen ganzen Reichtum verkünden.

*Paulus. Die Sendung des Evangeliums.* Das bei Lukas Dargestellte entspricht weithin genau dem Bild, das uns die Paulinischen Briefe bieten. Paulus ist Missionar. Die Ausdrücke »Evangelium« und »evangelisieren« sind bei ihm so häufig wie sonst nirgend. Das Wort Gottes, das Wort des

VORTRAG AUS DEM JAHRE 1918

Herrn, ist Evangelium, d. h., es ist lebendige, konkrete missionarische Verkündigung. Die Vokabel »Evangelium« hat bei Paulus in erster Linie die Bedeutung: die Evangelisation, d. h. die Verkündigung, Ausrichtung der guten Botschaft. Erst in zweiter Linie steht die Bedeutung, die wir allein kennen: der Inhalt der Verkündigung. Der Gedanke an die Tätigkeit des Verkündens, an die viva vox evangelii, fehlt bei Paulus nie. – Das Evangelium ist »Evangelium Gottes«, von Gott geht es aus; es ist zugleich »Evangelium Christi«, vom erhöhten Christus geht es aus. Was der Inhalt des Evangeliums ist? Eben der Christus, der Sohn Gottes; er wird im Kerygma verkündet; es wird »bezeugt«, wer er ist und daß er lebt; Gottes Tat wird im Evangelium »bezeugt«, daß er ihn von den Toten auferweckt hat. Der ganze Inhalt des Evangeliums ist: Herr ist Jesus, d. h.: Jesus, der Davidssohn, der im Sündenfleisch war, gekreuzigt in Schwachheit, der ist der Herr, der Messias, der kommende Weltrichter. – Sooft Paulus von den seligen Anfangszeiten seiner Gemeinde redet, in Thessalonich, Galatien, Kolossä, spricht er vom »Evangelium«. Zum Evangelisieren hat ihn Christus gesandt; wie ein »Muß« steht das Evangelium hinter ihm. »Wehe mir, wenn ich es nicht ausrichte!« »Ein Schuldner bin ich den Griechen und Barbaren!« Seinen Gang geht das Evangelium durch die Welt, schafft Frucht und mehrt sich; und er, Paulus, bringt es zur Vollentfaltung. Priesterlich waltet er über dem Evangelium Gottes und bringt dadurch die Heiden Gott zum Opfer, geheiligt im Heiligen Geist.

Das Evangelium ist Offenbarung des Geheimnisses Gottes, das durch die Äonen verschwiegen war, jetzt aber ist es offenbart; das Wort Gottes und, sagt Paulus in einem Atem, Christus selbst, die Hoffnung der Lichtherrlichkeit Gottes, er ist das Geheimnis. Christus selbst lebt und wirkt im Evangelium: wir reden in Christus vor Gott; verlangt ihr erst die Probe des in mir redenden Christus? »Ich würde nicht wagen, etwas zu reden, was nicht Christus in mir wirkte!« Im Namen Christi, durch den Namen Christi ermahnt und befiehlt und straft Paulus. – Und die Liebe Christi ist es, die ihn drängt. Gott, der Versöhner, hat ihn zu seinem Mitarbeiter gemacht, hat ihm den Dienst der Versöhnung gegeben. »Gott war in Christus und hat die Welt mit sich versöhnt und rechnete die Übertretungen nicht an und richtete unter uns auf das Wort von der Versöhnung.« Also wieder, wie bei Jesus, ist die Sündenvergebung der große Inhalt des Wortes, und wieder, wie bei Jesus, ist das Wort die Vollendung der Gottestat: durch das Wort erst wird Gottes Gabe den einzelnen zugänglich. »An Christi Stelle stehen wir, seine Abgesandten; ja, Gott selbst mahnt durch uns; an Christi Stelle bitten wir: Laßt euch versöhnen mit Gott!« – Die Kraft

VORTRAG AUS DEM JAHRE 1918

des Kreuzes Christi erfährt man im Wort vom Kreuz. Christus eben als der Gepredigte ist Ja und Amen zu allen Verheißungen Gottes; ja, die Predigt und ihre Wirkung bürgt für die Tatsächlichkeit seiner Auferstehung.

In der Sendung des Evangeliums vollendet sich Gottes Tat. Das ist der Grundton des großen Präludiums zum Römerbrief (1, 1–16) und des großen Wort-Gottes-Kapitels Rm. 10; es ist der Klang der ganzen machtvollen Erörterung 2. Kor. 2–3. Der Gedanke bleibt bis in die Pastoralbriefe hinein klar und einheitlich. Wir greifen die zwei wichtigsten Stellen heraus: Rm. 10, 14 ff.: »Wie sollen sie den Herrn anrufen, an den sie nicht gläubig wurden? Wie sollen sie aber an den glauben, von dem sie nicht gehört haben? Wie sollen sie hören ohne Prediger? Wie sollen sie predigen, wenn sie nicht gesandt werden?« »Senden« bezieht sich auf den Apostolat. Der Sendende ist Christus. Es folgt das »stehende Zitat« Jes. 52. Dann faßt Paulus zusammen: Also, der Glaube kommt aus hörbarem Wort; hörbares Wort aber gibt es, weil der Christus redet. – 2. Kor. 2, 14 ff.: »Gott führt uns allezeit in seinem Triumphzug einher in Christus und verbreitet durch uns allenthalben den Geruch seiner Erkenntnis; Todesgeruch zum Tode sind wir den einen, Lebensgeruch zum Leben den anderen: und wer ist hierzu geeignet?« – – –

Es folgen in den weiteren Ausführungen des Vortrags Erklärungen zum Wort-Gottes-Verständnis des Apostels Paulus, die im wesentlichen in der Dissertation des Jahres 1910 erarbeitet worden waren; schließlich wird das johanneische Schrifttum behandelt. Die weitausgreifende biblisch-theologische Orientierung zum Thema »Wort Gottes«, die Schniewind in diesem Vortrag darbietet, ist in einer Hinsicht besonders wichtig. Schon früh wurde von ihm erkannt, daß die Einheit des Neuen Testaments an einer Stelle evident ist: in der auf das Alte Testament rekurrierenden Auffassung vom Worte Gottes. Mit einer leidenschaftlichen systematischen Erfassungskraft, die doch stets die analytischen Forschungen im Auge behält, hat Schniewind in einer assoziativen, die Einheit suchenden Methode die biblisch-theologischen Aufrisse vorgelegt. In dieser Weise leitete er zum Bibelstudium an, suchte er seine Hörer und Schüler hineinzureißen in die gewaltige Bewegung des wirkenden Wortes. Wie in der Dissertation, so wird auch in dem Vortrag des Jahres 1918 deutlich, wie die Frage nach dem εὐαγγέλιον in den Vordergrund tritt.

## 3. Forschungen zum Begriff εὐαγγέλιον

Im Jahre 1927 erschienen zwei Lieferungen einer Monographie unter dem Titel »EUANGELION – Ursprung und erste Gestalt des Begriffs Evangelium«. Die erste Lieferung behandelt auf 112 Seiten die Vorgeschichte des Begriffs εὐαγγέλιον im Alten Testament, in der Septuaginta, bei Philo und Josephus. Die zweite Lieferung, 258 Seiten umfassend, wendet sich dem Griechentum und Hellenismus zu: dem profanen Sprachgebrauch, den Euangelienopfern sowie dem Thema »Sakrale Boten und Götter als Boten«. Diese Monographie steht im Zenit des Lebenswerkes und ist nach Umfang und Inhalt die wissenschaftlich bedeutendste Untersuchung, die Schniewind geschrieben hat. Leider sind die Forschungen nicht abgeschlossen worden. »Das ἐκ μέρους γινώσκομεν schattet sich darin ab, daß alles, was wir tun, fragmentarisch bleibt«, sagte Schniewind später einmal. Er konnte kein planvoll angelegtes Gelehrtendasein führen. Neue Aufgaben rissen ihn in neue Fragen und Forschungen hinein. Vor allem aber waren es die Nöte der Kirche und die Sorge um die Studenten, die seinen Alltag bestimmten.

Fragt man nach den Wurzeln und Motiven der Forschungen zum Begriff εὐαγγέλιον, so wird zuerst auf die Ansätze in der besprochenen Dissertation hinzuweisen und erneut zu bedenken sein, wie stark die Wirkungen Kählers im Fragen nach dem biblischen Wort-Gottes-Begriff zum Austrag kommen. Doch ist noch ein anderer Ansatz zu bedenken. Schniewind hat die Impulse zur begriffsgeschichtlichen Forschung von Hermann Cremer empfangen. Das »Biblisch-Theologische Wörterbuch der Neutestamentlichen Grācität« war für ihn ein Vorbild und Musterbeispiel der Wortuntersuchungen. Dieses Werk wies einen Weg, über die lexikographische Erfassung einer Wortbedeutung hinaus nach den biblisch-theologischen Sachzusammenhängen zu fragen, aus denen ein Begriff zu erklären und zu verstehen ist. Zugleich war Cremer bemüht, die »Gräcität«, die im Griechentum und Hellenismus wurzelnde Vorgeschichte der neutestamentlichen Begriffe, zu erforschen. Cremers Werk ist bekanntlich durch das von Gerhard Kittel begründete und später von Gerhard Friedrich herausgegebene »Theologische Wörterbuch zum Neuen Testament« abgelöst worden. Schniewinds Monographie über »EUANGELION« aber liegt – neben anderen begriffsgeschichtlichen Einzeluntersuchungen – zwischen den beiden Wörterbüchern. Nachdem unlängst James Barr in seinem Buch »The Semantics of Biblical Language« (1961) an der Methode des »Theologischen Wörterbuches zum Neuen Testament« heftige Kritik geübt hat, könnte es von großer Bedeutung sein, die Grundlinien der begriffsgeschichtlichen Untersuchungen Schniewinds genau zu beobachten. Barr wirft dem »Theologischen Wörterbuch« vor, daß es die Grenzen einer semasiologischen Forschung fortgesetzt überschreite. Es sei für das deutsche Sprach- und Wortverständnis charakteristisch, daß es im Gefolge der grundlegenden Wegweisungen Wilhelm von Humboldts jedem Begriff eine ideologische Fracht auflade. Dies präge sich im »Theologischen Wörterbuch« in der Weise aus, daß den Wörtern ein viel zu umfassender theologischer Sinngehalt zugeschrieben werde, der als ständige Begleitlast an die Begriffe geheftet worden sei. Tatsächlich liegt hier eine nicht zu unterschätzende Gefahr – das wird man Barr zugestehen müssen. Trifft die Kritik auch Schniewind? Wie wir im einzelnen noch sehen werden, sind die Untersuchungen zum Begriff εὐαγγέλιον durch ein methodisches Vorgehen gekennzeichnet, das besondere Beachtung verdient und von der Kritik Barrs nicht getroffen wird:

1. Schniewind läßt an keiner Stelle seines Werkes die Tendenz erkennen, Begriffsgehalte zu kumulieren oder theologische Inhalte zu verdichten. 2. Fragt Schniewind nach der Bedeutung eines Wortes, so folgt er unablässig und in großer Beweglichkeit dem Hindeuten des Begriffs auf die je verschiedenen Sachzusammenhänge. Ein »Begriff« wird also nicht mit dem Ziel befragt, was er umgreift, was er als »Terminus« umgrenzt und in sich schließt, sondern was er in actu zu erfassen sucht, worauf er hindeutet. Diese ständige »Offenheit« eines Begriffs zu geschichtlich verschiedenen Zusammenhängen und geistesgeschichtlich differenzierten Gegebenheiten hin ist charakteristisch für das methodische Vorgehen. Die formgeschichtliche Fragestellung nach dem besonderen »Sitz im Leben«, nach den verschiedenartigen »Orten« und »Feldern«, unterbindet jede »ideologische Kontraktion« oder theologische Fixierung. 3. So sieht Schniewind die Begriffe stets in den jeweiligen Sachzusammenhängen. Er schnürt die Sachzusammenhänge nicht zusammen, um sie als »Pakete« den Wörtern aufzuladen, sondern erfaßt die Funktion der Begriffe im Blick auf die Gegenstandsbereiche. Dadurch wird der Sachkomplex die Dominante. – Man kann sich dieses Vorgehen am besten veranschaulichen an der Art und Weise, wie Schniewind die für das Verständnis des neutestamentlichen Begriffs εὐαγγέλιον bestimmende Vorgeschichte bei Deuterojesaja untersucht. Das hebräische Äquivalent wird im weiten Zusammenhang der prophetischen Botschaft vom endgeschichtlichen Gotteshandeln gesehen. Diese Sachbezogenheit auf das eschatologische Kerygma von der Theophanie und vom kommenden Heil sprengt jede terminologische

Engführung; sie eröffnet einen Ausblick auf das gesamte Geschehen, ruft den ganzen Ereigniszusammenhang auf und setzt an die Stelle einer »theologischen Integration« des Kontextes in den Begriff ein neues Verständnis der alttestamentlichen Botschaft. 4. Unmittelbar in dieses funktionale und intentionale Verstehen des Begriffs greift die Frage nach der inneren Mächtigkeit des Wortes hinein. Schon in seiner Dissertation hatte Schniewind die »Wirkungskraft« von λόγος und εὐαγγέλιον entdeckt. Dieser Frage geht er in seiner Studie »EUANGELION« beharrlich nach.

Die Bedeutung der Forschungen Schniewinds kann nicht hoch genug bewertet werden. »Terminus« und »Begriff« — diese Worte stehen in einer griechisch-abendländischen Denktradition, sie wecken die Abstraktionskraft und die Neigung zu einer geschehnisfremden Verdichtung ideologischer Sinngehalte. Durch Martin Kähler aber wurde Schniewind ein neues Verständnis für Geschichte vermittelt. Die an der biblischen Geschichte geläuterte Theologie erkannte in den Auseinandersetzungen mit den geistigen Strömungen des 19. Jahrhunderts die alle herkömmlichen Denkkategorien sprengende Bezogenheit von Wort Gottes und Geschehen. Schniewinds Forschen und Denken war fortgesetzt auf Geschichte gerichtet; und hier kommt der leidenschaftlichen Bemühung um die Geschichte im Alten Testament ein besonderes Gewicht zu. »Das Wort« erscheint in einem neuen Licht. Häufig zitierte Schniewind aus Goethes »West-Östlichem Divan«:

»Wie das Wort so wichtig dort war,
weil es ein gesprochenes Wort war.«

Die Wichtigkeit und das Gewicht des Wortes — darauf war sein Leben und Denken gerichtet. Vom Wort her, von der Sache her, die es kündet, wird die ἀνακαίνωσις wirksam. Sich der Macht des Wortes aussetzen, sich von ihr bestimmen lassen — das ist der Herzpunkt aller Theologie.

Wir folgen jetzt den Ausführungen der Monographie »EUANGELION« und werden im einzelnen sehen, wie sich die zusammengestellten Leitsätze zum Verständnis der Methode und Arbeitsweise Schniewinds ausprägen.

In der ersten Lieferung des Werkes wird zuerst nach der Vorgeschichte des Begriffs εὐαγγέλιον im Alten Testament gefragt. Die hebräische Wurzel *bṣr* hatte man früher in der Weise gedeutet, daß, von der Grundbedeutung »botschaften« ausgehend, der Inhalt der Botschaft erst durch die Adjektive »gut« oder »böse«, »heilvoll« oder »unheilvoll« bestimmt werde. Demgegenüber macht Schniewind darauf aufmerksam, daß dem Stamm *bṣr* (auch in den anderen semitischen Sprachen) stets die Grundbedeutung des Guten, Heilvollen und Freudigen innewohnt (11 I S. 30). Die realistische Auffassung vom Wort hat für das Erfreuliche und Heilvolle einen besonderen Stamm gebildet. Nur ganz vereinzelt kann im Alten Testament *mbṣr* auch einmal (wahrscheinlich im euphemistischen Sinne) den Unheilsboten bezeichnen. Das Griechische nimmt eine Mittelstellung ein, indem es das Kompositum εὐαγγέλιον εὐαγγελίζεσθαι geprägt hat; eine solche Verstärkung des Stammes ist aber auch im Alten Testament nachzuweisen (vgl. Jes. 52, 7). Den Übergang vom profanen zum religiösen Gebrauch des Begriffs *bṣr* sieht Schniewind in 1. Sam. 31, 9: Eine freudige Botschaft wird den Götzen und dem Volk verkündet. Dieser Vorgang hat den Charakter des Feierlichen und könnte als »kultischer Akt« bezeichnet werden. Eine ähnliche Bedeutung findet sich in Ps. 68, 12 und in Ps. 40, 10. Entscheidend aber für das Neue Testament ist die Botschaft Deuterojesajas (Jes. 52, 7—10):

»Wie lieblich sind auf den Bergen
die Füße des Freudenboten,
der Frieden ausruft, gute Botschaft bringt,
Rettung ausruft,
der da sagt zu (der Tochter) Zion:
Dein Gott ist König geworden!
Alle deine Späher rufen,
insgesamt jubeln sie;
denn Auge in Auge sehen sie
Jahwes Rückkehr zum Zion.
Brecht aus, jubelt insgesamt,
ihr Trümmer Jerusalems;
denn Jahwe tröstet sein Volk,
erlöst Jerusalem.
Entblößt hat Jahwe seinen heiligen Arm
vor den Augen der Völker,
und sehen werden alle Enden der Erde
das Heil unseres Gottes.«

Schniewind erklärt: »Mit dem Ausruf des Freudenboten beginnt eine neue Zeit – die Königsherrschaft Gottes bricht an. Das Heil wird Israel und allen Völkern gebracht. Die Botschaft des *mbṣr* ist bezogen auf ein komplexes Geschehen, das als Ganzes gesehen werden muß. Der Freudenbote ruft die neue Zeit der Gottesherrschaft aus, und damit wird sie Wirklichkeit. Das Heil bricht an und erscheint in und mit dem verkündigenden Wort. Als wirkungskräftige Macht bringt die Kunde des *mbṣr* das, was sie sagt« (11 I S. 41 f.). Es wird später noch zu fragen sein, wie Schniewind diese für die neutestamentliche Botschaft entscheidende Erklärung des Deuterojesaja-Textes in seinen Kommentaren zu den Evangelien des Matthäus und Markus aufgenommen hat. – Im Anschluß an die Untersuchungen zu Jes. 52, 7 ff. wird vor allem die Bedeutung der Botschaft in Jes. 61, 1 ff. herausgestellt. Hier tritt der Prophet als Freudenbote auf. Er ist gesandt, den Armen die frohe Botschaft zu verkünden. Die Wirkung des Wortes tritt unmittelbar ein: Befreiung, Wende des Geschickes. Die gleichen Anschauungen wie bei Deuterojesaja sind festzustellen (11 I S. 44 f.).

Von der Geschichte des Begriffs in der Septuaginta, bei Philo und Josephus handeln die folgenden Abschnitte der ersten Lieferung. Wenige Hinweise mögen genügen. *bṣr* wird in der Septuaginta mit εὐαγγέλίζεσθαι wiedergegeben. Bemerkenswert ist die Tatsache, daß in der Septuaginta die Verben εὐαγγελίζεσθαι häufiger in Verbindung mit σωτηρία stehen als im hebräischen Text die entsprechenden Begriffe. Doch dem neutestamentlichen Verständnis bringt die Septuaginta nicht näher. – Im Abschnitt über Philo wird gezeigt, wie stark sich die griechische Gedankenwelt durchsetzt und wie groß der Einfluß der sakralen Sprache des Kaiserkultes auf den Bedeutungsmodus von εὐαγγελίζεσθαι ist (11 I S. 85 ff.).

In der neutestamentlichen Wissenschaft gilt Schniewind als Vertreter einer Forschungsrichtung, die vorwiegend der Judaistik zugewandt ist, wenn sie nach der Vorgeschichte des Neuen Testamentes fragt. Insbesondere im Zusammenhang mit der ständigen Rückfrage in das Alte Testament muß dieses vordringliche Interesse am Judentum verstanden werden. Durch die historischen und geistesgeschichtlichen Untersuchungen hindurch verfolgte Schniewind ständig das Problem: Wie wird im Judentum das alttestamentliche Kerygma angesichts der seit Deuterojesaja angekündigten eschatologischen Wende rezipiert? Doch dieses vordringliche Fragen nach der Welt des Judentums hat bei Schniewind nie das Kennzeichen irgendeiner Einseitigkeit und Ausschließlichkeit getragen. Wie tief er in die griechische und hellenistische Welt vorgestoßen ist, zeigt die zweite Lieferung des Werkes »EUANGELION«. In ihr wird die Weite und die Intensität des Forschens in die andere Richtung hinein besonders deutlich sichtbar.

Zuerst untersucht Schniewind in der zweiten Lieferung die mannigfachen Ausprägungen des profanen Sprachgebrauchs. Im Typos lassen sich manche Übereinstimmungen mit den entsprechenden hebräischen Ausdrucksweisen beobachten. Siegesnachrichten und politische Botschaften werden als εὐαγγέλιον bezeichnet (11 II S. 130 ff.). Der εὐάγγελος, der vom Schlachtfeld kommt, gleicht dem alttestamentlichen *mbṣr* (11 II S. 136). Sobald jedoch der Stamm εὐαγγελ- in eine Beziehung zu σωτηρία tritt, kommt der spezifisch religiöse Klang von σωτήρ, insbesondere in der Beziehung zum Kaiserkult (der Kaiser als der »Retter« und »Heiland«), zur Geltung (11 II S. 145). Die Andersartigkeit der griechischen und hellenistischen Heilsvorstellung wird in den jeweiligen Zusammenhängen scharf herausgearbeitet. Vor allem im religiösen und kultischen Sprachgebrauch von εὐαγγελ- zeigt sich auch dann, wenn eine phänomenologische Entsprechung zu einzelnen Vorgängen des Alten Testamentes aufweisbar ist, eine wesensmäßige Verschiedenheit in den Anschauungen vom »Heil«. Die Euangelienopfer z. B. sind ein Bereich, der sehr ausführlich erforscht wird, weil hier das religiöse Verständnis des Begriffs besonders klar hervortritt. Welche Bedeutung haben die Opfer, die auf das εὐαγγέλιον ausgerichtet sind? »Weil gute Botschaft in sich wertvoll ist, unterdrückt man sie am Unglückstage, denn sie raubt den Göttern die Ehre« (11 II S. 129). Es ist darauf hinzuweisen, daß Schniewind Feststellungen und Erkenntnisse dieser Art nicht fortgesetzt im Blick auf das Alte und Neue Testament interpretiert oder sie in das Licht einer theologischen Aufhellung und Unterscheidungslehre hineinzieht; sie sprechen für sich und stehen in ihrer scharf konturierten Eigenart im Zusammenhang des Ganzen. Nur sehr vereinzelt finden sich Erklärungen wie etwa die folgenden: Im Alten Testament gibt es keine Analogie zum εὐαγγέλιον θύειν; oder: Die Identifikation von Wort und Tat ist nirgendwo stärker als im Alten Testament (11 II S. 181). – Sehr ausführlich ist die Darstellung zum Thema »Sakrale Boten und Götter als Boten«, mit der die zweite Lieferung abschließt. »Den Griechen ist Bote und Botschaft sakrosankt« (11 II S. 243). Die kultisch-religiöse Zentrierung von εὐαγγελ- wird in diesem Schlußteil eindrücklich geschildert. Schroff hebt sich die alttestamentliche Kunde vom Wort und von der frohen Botschaft in ihrer Geschichtsbezogenheit ab. So kann Schniewind plötzlich, um auf die ebenso eigenartige wie einzigartige biblische Wirklichkeit von Wort, Tat und Geschichte hinzuweisen, Jes. 9, 7 zitieren:

»Ein Wort sendet der Herr in Jakob,
und nieder wird's fallen in Israel.«

»Jahwes Wort ist Jahwes Tat« (11 II S. 181). »Wenn Jahwe spricht, so greift er eben damit in die Geschichte ein ...« (11 II S. 182). »Das ist die Gesamtanschauung, die durchs ganze Alte Testament geht« (11 II S. 182). Gemeinsamkeiten und Unterschiede zwischen der griechisch-hellenistischen und der alttestamentlichen Welt aber werden in den entscheidenden Satz zusammengefaßt: »Gerade in der parallelen Formung wird die Antithese der Inhalte um so deutlicher« (11 II S. 182). Schniewind fährt dann fort: »Im Alten Testament ist es der souveräne Gott, der selbst in die Geschichte hineintritt, und der *mbṣr*, der ihn verkündet; im Hellenismus der Gott-Kaiser, der kultisch verehrt wird, und das εὐαγγέλιον, das ihn proklamiert. Aber das Ziel, da dies Antithetische sich entfaltet, liegt noch fern« (11 II S. 183). Gerade der letzte Satz dieses Zitats ist bezeichnend für die Forschungs- und Darstellungsweise Schniewinds. Das Antithetische des Inhalts wird nicht theologisch-prinzipiell herausgearbeitet in einem ständigen Vergleich oder in der Betonung der Unterschiede. Nur wenige Andeutungen werden an einzelnen Stellen gegeben. Das Antithetische soll sich entfalten, es soll im Vollzug der Darstellung zur Geltung kommen. Man wird es darum besonders bedauern, daß der neutestamentliche Teil fehlt, in dem alles zum Ziele hätte kommen müssen. Aber wir haben die schon in Aussicht gestellte Möglichkeit, Einzelheiten zur neutestamentlichen Erklärung des Begriffsfeldes εὐαγγελ- in den Kommentaren und Vorlesungsnachschriften aufzuspüren. Da wird es sich zeigen, wie – auch über die Ansätze der Dissertation hinaus – die Monographie über »Ursprung und erste Gestalt des Begriffs Evangelium« ihre exegetischen Auswirkungen hat. Doch soll zuvor ein Blick auf den Artikel des »Theologischen Wörterbuches zum Neuen Testament« geworfen werden, in dem die Begriffe ἀγγελία, ἀγγέλω usw. und καταγγελεύς von Julius Schniewind behandelt werden. Den Artikel über εὐαγγελ- hat der Schniewind-Schüler Gerhard Friedrich verfaßt.

Richten wir unser Augenmerk auf eine grundsätzliche Erklärung, die in das Begriffsfeld einführt: »Gottes Wort ist Botschaft; nicht Ratio noch Ekstase, noch Dogma oder Spekulation« (19 S. 57). Wir werden darauf hingewiesen, daß es sich in der ἀγγελία um eine Wirklichkeit handelt, die das eigentliche Wesen des Wortes Gottes kennzeichnet: Gottes Wort ist Botschaft. Mit dieser These sind zahlreiche Antithesen unmittelbar verbunden. Nur vier Stichworte fixieren die Abgrenzung. »Nicht Ratio.« Gewiß würde Schniewind Karl Barth folgen, wenn er in der »Kirchlichen Dogmatik« I, 1 betont, Wort Gottes sei ein rationales, kein irrationales Geschehen (S. 140). Aber der Akzent sitzt an einer anderen Stelle. Der Begriff ἀγγελία schließt in sich den Hinweis auf den, der aussendet, der sich mitteilt, sich selbst in der Botschaft der bevollmächtigten Menschen kundtut. ἀγγελία deutet ständig hin auf das ebenso geheimnisvolle wie wunderbare Geschehen der Sendung. Ratio aber ist das geistige Kraftfeld des Menschen. Das Wort Gottes hat hier weder seinen Ursprung noch seine eigentliche inhaltliche Prägung gefunden. Die Ratio ist ein Bereich des Adressaten der Botschaft, der vom λόγος getroffen wird. Wie die Ratio, so wird auch der Begriff des Dogmas bei der Wesensbestimmung des »Wortes Gottes« ausgeschieden. »Dogma« ist rationale Rezeption der Botschaft, Einbeziehung der Kunde in das bekennende, sich selbst verstehende und unterweisende Lehren der Kirche. Dieser Abgrenzung zum Rational-Dogmatischen hin steht die Antithese zur Ekstase und Spekulation gegenüber. Keine Überhöhungen des menschlichen Seins, keine Überschreitungen seines Bewußtseins oder Denkens erreichen den Ursprung und die Vollmacht dessen, was »Wort Gottes« ist. Diese Überlegungen im Anschluß an Schniewinds grundlegenden Satz folgen einer charakteristischen Bewegung seines theologischen Arbeitens. Die neutestamentlichen Begriffe und Aussagen rufen sogleich die Antithesen hervor. Auch die terminologischen Untersuchungen sind von dieser Denkweise begleitet.

Wenn Schniewind Funktion und Inhalt der Botschaft in den verschiedenen Ausprägungen zu erfassen sucht und wenn er über den Botendienst nachdenkt, stößt er im Neuen Testament auf ein Faktum, das stark herausgestellt wird: »Jesus als Messias kann unmöglich ἄγγελος heißen, weil er über alle ἄγγελοι erhaben ist, Hebr. 1, 4 ff.; 2, 5 ff.; . . . die Differenz zwischen Erwartung und Erfüllung liegt unmittelbar im johanneischen Christusbild« (19 S. 57). – In den Einzeldarstellungen seines Wörterbuch-Artikels führt Schniewind sowohl vom Alten Testament und vom Judentum wie auch vom Griechentum und Hellenismus her die Linien aus. Interessant ist die Schlußfolgerung: »Ob die Sprache des Neuen Testaments aus dem Judentum oder dem Hellenismus stammt, ist hier falsch gefragt. Von Botschaft und Sendung weiß man beiderseits. Die Frage ist nur, wer der Sendende, wer der Bote ist und was Sendung und Botschaft besagt. Das Neue Testament faßt alles im ὄνομα Jesu zusammen« (19 S. 58).

Zuletzt wäre nur noch die Frage zu stellen, ob Schniewinds Forschungen zum Wort-Gottes-Begriff in der neutestamentlichen Wissenschaft unserer Tage wirklich aufgenommen worden sind. Hat man seinen Untersuchungen zu εὐαγγέλιον, zu dem Kernbegriff neutestamentlicher Botschaft, den Platz eingeräumt, der ihnen gebührt? Wäre es wirklich geschehen, dann hätte die Forschung sich nicht jenem vagen κήρυγμα-Verständnis verschreiben können, das heute weithin bestimmend ist.

## 4. Aus den Kommentaren und Kollegs

In den Evangelien ist der Ruf in die Nachfolge das staunenerregende Machtwort. »Und er spricht zu ihnen: Kommt her, mir nach! so will ich euch zu Menschenfischern machen!« (Mt. 4, 19). Schniewind kommentiert: »Dieses Kernwort meint ›Dienst am Wort‹. Zu diesem Dienst werden die Jünger durch das bindende und verpflichtende Wort Jesu gerufen. Bezeichnender und bewußter Weise wird nichts zur Begründung gesagt, wenn die Jünger diesem Ruf unmittelbar folgen. Denn dieser Ruf ist so machtvoll und zwingend wie Gottes eigenes Wort, da es die Propheten traf und sie zum Dienst verpflichtete« (48 z. St.). Auf die Vollmacht Jesu, in der Jesus wie Gott redet und handelt, hat Schniewind immer wieder hingewiesen. Vor allem auf Mt. 7, 28. 29 kam er sehr häufig zu sprechen: »Und es geschah, als Jesus diese Worte vollendet hatte, entsetzte sich die Menge über seine Lehre. Denn er lehrte sie wie einer, der Vollmacht hat, und nicht wie ihre Schriftgelehrten.« Dazu aus dem Matthäus-Kommentar die Erklärung: »Das Nachwort der Bergpredigt beschreibt mit dem stärksten Wort den Eindruck der Lehre Jesu. Die Menge entsetzte sich. Sie merkt unmittelbar, hier sei Gottes eigene Gegenwart...« »So war die Rede auch gemeint. Sie war die Rede des Messias, der Gottes künftige Herrschaft in seinem Worte bringt und der es verleiht, aus der künftigen Gottesherrschaft schon jetzt zu leben ...« (48 z. St.) In die Interpretation unmittelbar einzubeziehen wäre an dieser Stelle der Abschnitt Mt. 7, 24–27, zu dem Schniewind betont, »daß Jesus vom Hören und Tun seiner eigenen Worte die Entscheidung abhängig macht. Das unterscheidet sein Wort auch von den höchsten Ansprüchen der alten Propheten. Diese wissen sich als Träger des Wortes Gottes, – nichts Geringeres. Aber keiner von ihnen sagt, daß ›seine Worte‹ nicht vergehen oder daß an ihnen die Entscheidung über seine Hörer falle« (48 z. St.). Vgl. zu Mt. 7, 24 ff. auch Mk. 8, 38; 13, 31 Mt. 11, 5 f. Der Vergleich zwischen der Macht des alttestamentlichen Prophetenwortes und der alles überbietenden Hoheit des Rufes und Wortes Jesu findet in der Erklärung zu Mk. 8, 38 seinen Höhepunkt. Zahllose Male hat Schniewind das Jesuswort aus dem Markusevangelium zitiert: »Wer sich meiner und meiner Worte schämt unter diesem ehebrecherischen und sündigen Geschlecht, dessen wird sich auch der Menschensohn schämen, wenn er kommt in der Herrlichkeit seines Vaters mit den heiligen Engeln.« Wir lesen in der Erklärung zu diesem Spruch: »Kein Prophet sagt je zu seinen Hörern: Schäme dich meiner Worte nicht. Der Spruch setzt also voraus, daß diese Worte ein besonderes Gut darstellen . . . Noch stärker ist das ›sich meiner schämen‹; es steht vollends jenseits aller Prophetenworte. Die Propheten treten vor ihrer Botschaft völlig zurück, Jesus aber ist seine Botschaft in Person, weil er selbst die Gegenwart der zukünftigen Himmelsherrschaft ist (Mk. 2, 1–3 Mt. 12, 28 u. v. a.), und dies ist in seinem Wort beschlossen (Mk. 4, 1–34). Daher ist Abweisung seiner Worte und seiner selbst dasselbe« (49 z. St.).

»Jesus ist seine Botschaft in Person« – auf diese Erkenntnis laufen die Erklärungen zum Ruf und Wort des Jesus von Nazareth fortgesetzt zu. Doch sollen jetzt einige interpretierende Ausführungen Schniewinds zum Begriff εὐαγγέλιον zusammengestellt werden. In den Zitaten wird sich zeigen, wie die Vorarbeiten der Dissertation aus dem Jahre 1910 und die Forschungen zum »Ursprung und zur ersten Gestalt des Begriffs Evangelium« (1927) in der Erklärung neutestamentlicher Texte zur Geltung kommen.

Gehen wir aus von einer Bemerkung zu Mt. 26, 13. Im Text heißt es: »Amen, ich sage euch: Überall, wo diese Freudenbotschaft verkündet wird in der ganzen Welt, da wird auch geredet werden (von dem), was sie getan hat, zu ihrem Gedächtnis.« Der Begriff εὐαγγέλιον tritt hier in einem sehr bestimmten und umfassenden Sinne hervor. Schniewind schreibt: »Das Wort ›Freudenbotschaft‹ müssen schon die Christen in Palästina gebraucht haben; die jüdischen Irrlehrer von 2. Kor. 11, 4 Gal. 1, 6 f. haben es benutzt, und in der Ursprache von Jesu Wort Mt. 11, 5 klingt es an« (48 z. St.). In der Vorlesung zum Römerbrief machte Schniewind zu Rm. 1, 16 f. darauf aufmerksam: »Was εὐαγγέλιον ist, kann Paulus auch in Rom voraussetzen« (60).

In seinen Forschungen zur Vorgeschichte des Begriffs εὐαγγέλιον bei Deuterojesaja hatte Schniewind mit Nachdruck die Botschaft des Propheten und die Kunde des *mbṣr* vom Anbruch der Königsherrschaft Gottes hervorgehoben; er hatte auf das Ganze des eschatologischen Geschehens hingewiesen – auf den Anbruch der neuen Zeit, in der Heil und Frieden herrschen werden. Auch die Erwartungen des Judentums im Hinblick auf das Kommen des Freudenboten wurden herausgearbeitet. Nun heißt es in Mk. 1, 14. 15: »Jesus verkündete die Freudenbotschaft Gottes: Erfüllt ist die Zeit, und genaht ist Gottes Herrschaft. Kehrt um und trauet auf die Freudenbotschaft!« Zu diesem Text wird erklärt: »Schon die alttestamentlichen Stellen von Gottes Thronbesteigung wissen davon, daß Gottes Herrschaft proklamiert wird, daß eben mit dem Wort, das den Herrscher ausruft, dessen Herrschaft beginnt. Und im Judentum erwartete man den kommenden ›Freudenboten‹, mit dessen Wort die Herrschaft Gottes hereinbricht. Wer wird der Freudenbote sein? Der kommende Elia? Der Messias? Es bleibt ein Geheimnis; und dasselbe Geheimnis liegt über Jesu Sprüchen von der Herrschaft Gottes (s. z. Mk. 4, 1 ff.): Wer vernimmt es, daß in Jesu Worten die zukünftige Herrschaft Gottes anbricht?« (48 z. St.). Die Fragen spitzen sich zu im Blick auf das Jesus-Wort: »Gehet hin und meldet Johannes, was ihr hört und seht: Blinde werden sehend und Lahme können gehen, Aussätzige werden rein und Taube hören, und Tote stehen auf und ›Arme empfangen die Freudenbotschaft‹, – und selig ist, der nicht an mir zu Fall kommt!« (Mt. 11, 4 ff.). In diesem Spruch stehen Wunder und Wort nebeneinander. Schniewind verweist auf Parallelen wie Mk. 2, 10 Lk. 4, 18 Mk. 1, 39 Mt. 4, 23 – Lk. 9, 11 und Act. 1, 1. Als »befremdlich« wird angesehen, daß die Freudenbotschaft mehr sein soll als alle Wunder. »Für Jesus aber ist dies die Hauptsache, ja, das Ein und All. Jesus ist der Freudenbote, der Gottes Herrschaft so ankündigt, daß sie eben in dieser Ankündigung erscheint. Jesus ist der Träger seines Wortes, und in diesem Wort ist die ewige Gotteskindschaft, der Friede der zukünftigen Welt, die Vergebung der Sünden, die Gegenwart Gottes – denen zugesprochen, die Ohren zu hören haben. Wie kann dieses Wort solche Macht haben? Es hängt unlöslich an Jesu Person. Darum ist hier wie in Mk. 8, 38 Jesu Wort und Jesu Person fest miteinander verbunden.« So wird es deutlich, »daß Gott selbst jetzt komme; und das Kommen des Freudenboten, von dem Deuterojesaja wußte, bedeutete, daß Gott selbst die Herrschaft antritt, indem er seinen Boten, den Messias (so hatte man Deuterojesaja zur Zeit Jesu verstanden), sendet« (48 z. St.).

Der unbekannte Prophet der Exilszeit, den wir »Deuterojesaja« zu nennen pflegen, hatte den Anbruch der Königsherrschaft Gottes und der Heilszeit in einer universalen Weite angekündigt:

»Entblößt hat Jahwe seinen heiligen Arm
vor den Augen der Völker,
und sehen werden alle Enden der Erde
das Heil unseres Gottes« (Jes. 52, 10).

Wenn es darum in Mk. 13, 10 heißt: »Unter allen Völkern muß zuerst die Freudenbotschaft verkündet werden«, so macht Schniewind sogleich auf die Zusammenhänge mit der prophetischen Botschaft in Jes. 52, 7 ff. aufmerksam: »Die Grundstellen der neutestamentlichen Worte vom Evangelium ruhen auf Jes. 52, 7; 61, 1; dort steht in den Urtexten der entsprechende Ausdruck, und die gesamte Gedankenwelt dieses zweiten Jesaja umspannt die ganze Völkerwelt. In Jes. 60, 6 werden Völkerwelt und Freudenbotschaft zusammen genannt und ebenso in einer Reihe von

Psalmen, etwa Ps. 96, 2. 3. Das bleibt ebenso in den Überlieferungen des Judentums: z. B. in Ps. Sal. 11, 1. 8; 17, 43 ist der Messias der Träger friedevoller Worte, die allen Völkern gelten« (49 z. St.).

Im Matthäusevangelium weckt der Bericht vom »Lehren« und »Predigen« Jesu die Frage nach dem Verhältnis dieser beiden Weisen der Wortmitteilungen zueinander. Es wird in Mt. 4, 23 erzählt: »Er zog umher in ganz Galiläa und lehrte in ihren Synagogen und predigte die Freudenbotschaft vom Königtum und heilte alle Krankheit und Schwachheit im Volk.« Schniewind gibt zu diesem Vers folgende Erläuterungen: »Matthäus unterscheidet Lehren und Predigen. Lehre meint die Form des Gotteswortes, wie Jesus es in den Synagogen verkündet; dabei ist wahrscheinlich an Streitgespräche gedacht, wie Markus sie in Kap. 2; 3; 7; 11; 12 bringt, Matthäus in Kap. 12; 15; 21; 22; denn hier handelt es sich um die in den Synagogen übliche Form der Lehre ... Im Gegensatz zu dieser Belehrung, die in Gespräch und Unterweisung verläuft, steht Verkündigung und Freudenbotschaft. Der Gegensatz ist kein inhaltlicher. In all den genannten Stücken unserer Evangelien klingt das, was Evangelium, Freudenbotschaft heißt: das Königtum, d. h. die Herrschaft Gottes, ist jetzt erschienen! Jesus ist der Herold der kommenden Gottesherrschaft. Indem der Herold Gott als den König, den Herrscher ausruft, bricht Gottes Herrschaft an. Dieser Ruf ist Freude« (48 z. St.).

In der Vorlesung zum Römerbrief stellte Schniewind zu Rm. 1, 16 f. den Zusammenhang von εὐαγγέλιον und σωτηρία im Rückverweis auf Jes. 52, 7 ff. deutlich heraus. Die Forschungen zur griechisch-hellenistischen Welt wurden einbezogen, wenn unter den Fragen »Wo ist das Heil? Beim Kaiser?« die Anschauungen dieses Bereiches durch eindrucksvolle Beispiele veranschaulicht wurden. »Im Evangelium ist die σωτηρία da. Gott selbst ist im ohnmächtigen Wort gegenwärtig. Die Gottheit Gottes ist im εὐαγγέλιον, darin besteht seine δύναμις« (60). Doch was ist δύναμις? Der primitive Glaube an die Macht in allen Dingen (Dynamismus)? Kann man von einem dynamischen Evangelium sprechen? Schniewind erklärt an anderer Stelle: »... wir gebrauchen den Ausdruck nur zögernd, weil das Mißverständnis naheliegt, als sei die machtvolle Wirkung als solche der Ausweis des Evangeiums. Für Paulus ist das Evangelium die δύναμις Gottes, Gottes unmittelbare Gegenwart im Heiligen Geist« (42 S. 13). »Nur der Glaube, der von sich selbst absieht und auf Gott geworfen ist, weiß, daß die Macht Gottes im Evangelium gegenwärtig ist« (59). Das Evangelium aber erweist sich als »dynamisch« darin, daß es den Freispruch des Jüngsten Gerichts, Gottes σωτηρία und δικαιοσύνη, jetzt schon bringt (60 und 42 S. 14). — Um die »Vollzugskraft« des εὐαγγέλιον zu kennzeichnen, hat Schniewind von Georg Hafner und Karl Barth die Formulierung »sakramentales Evangelium« übernommen (60 und 42 S. 13). Das Evangelium — so wird (wie in der Dissertation aus dem Jahre 1910) immer wieder betont — »wirkt, was es sagt«. »Dieser ἐνέργεια Gottes (1. Thess. 2, 13) steht die ἐνέργεια πλάνης 2. Thess. 2, 11) gegenüber, in die Gott selbst die Menschen hineinstoßen muß, wenn sie seiner Wahrheit (2. Thess. 2, 12), dem Evangelium, nicht glauben« (42 S. 13 f.).

Gottes Wort und das Evangelium sind Tat und wirkungsmächtige Kraft. In allen Schriften und Reden Schniewinds steht diese Erkenntnis im Mittelpunkt. Da konnte er auf Luther verweisen: »Das sprechen thuts, Wenn dieser Sprecher etwas spricht, das er haben will, So muß es geschehen. So nu Gott aus Nichts, allein durch sein sprechen Himmel und Erden und alle Creaturn geschaffen hat, wie solt er denn nicht vermögen durch sein Wort und Sacrament auszurichten, was er will, sonderlich weil sein Wort da stehet und solchs zeuget?« (W. A. 49 S. 405).

## 5. Thesen: Vom biblischen Begriff des Wortes Gottes

Im Nachlaß fand ich eine Thesenreihe unter der Überschrift »Vom biblischen Begriff des Wortes Gottes«; sie ist undatiert, stammt aber wohl aus den letzten Jahren. Diese Thesenreihe könnte an dieser Stelle geeignet sein, mit einer Vielzahl von Stellennachweisen das Ganze der Forschungen Schniewinds zum »Wort-Gottes-Begriff« zusammenzufassen.

THESEN: WORT GOTTES

1. Angesichts allen Kampfes hat die Gemeinde Christi ihre Verheißung an der Zusage des Herrn Mt. 16, 18. Diese Zusage ist die Verheißung, daß das Wort Christi bis zum Jüngsten Tage bleibt Mt. 16, 16—19 1. Pt. 1, 25 Mk. 13, 31 Apc. Joh. 11, 3—10; 14, 6.
2. Das Wort Christi ist die Kraft der zukünftigen Welt, ewiges Gericht und ewiges Heil sind darin beschlossen Hebr. 6, 5 Rm. 1, 16 f. 1. Kor. 1, 18 2. Kor. 2, 15 f. Mt. 10, 32 f.; 5, 3 ff. 21 ff. Das Wort ist Freudenbotschaft der Armen Mt. 5, 3 ff.; 11, 5 Lk. 4, 18 f., ist Gottes Friedenswort Eph. 2, 17 Act. 10, 36 Eph. 6, 15: die Verheißung von Jes. 61, 1 ff.; 52, 7 ist erfüllt. Es ist zugleich das Gericht Mt. 7, 24 ff. Mk. 8, 38 Joh. 12, 48; 15, 22 1. Kor. 9, 23. 27. Der Weltrichter richtet durch das Wort Jes. 11, 3 f. Apc. Joh. 1, 16; 19, 15; er spricht durchs Wort gerecht Mt. 25, 34 ff. Rm. 5, 16. 18. 19 Rm. 2, 16.

THESEN: WORT GOTTES

3. Gottes Wort ist Gottes Tat: »So er spricht, so geschieht's«; »so spricht der Herr«. Gott sendet Jesus als den Einen Boten. Sein Reden, Tun und Leiden ist Fleischwerdung des Wortes. Im Wort seiner Boten redet der Erhöhte selber Rm. 10, 17. 8. 14 2. Kor. 2, 17; 13, 3; im Wort seiner Boten ist der Gekreuzigte und Erhöhte wirksam gegenwärtig 1. Kor. 1, 18–25 2. Kor. 5, 18 f. 20 f. Gal. 3, 1–5 Eph. 1, 3. 13 Kol. 1, 25 – 2, 2 Rm. 15, 16 ff. 1. Tim. 3, 16. Daher ergeht das Wort als Gottes Tat (2. Thess. 3, 1) an alle Völker als Missionswort 1. Thess 1, 4 – 2, 13 Rm. 1, 16 – 3, 31 bis ans Ende der Tage Mk. 13, 10 Rm. 11, 28 Eph. 3, 6–8. Das Evangelium ist in sich selbst Macht des Heiligen Geistes 1. Thess. 1, 5; 2, 13 Gal. 3, 2. 5 Rm. 15, 18 f.
4. Die Gemeinde lebt allein vom Wort. Es ist Wort des ewigen Lebens Joh. 6, 68 Act. 5, 20 Phil. 2, 16, der neuen Geburt 1. Pt. 1, 23 Jak. 1, 18 1. Kor. 4, 15 Phm. 10. Es gilt, das Wort festzuhalten Phil. 2, 16 Apc. Joh. 2, 25; 3, 11 1. Kor. 15, 2, im Wort zu bleiben Joh. 8, 31, das Wort zu bewahren Apc. Joh. 3, 3. 8. 10 1. Joh. 2, 5. Das Wort wohnt in der Gemeinde Kol. 3, 16, in den Herzen Rm. 10, 8–10, es spricht gerecht Joh. 15, 3 Rm. 10, 10, ist Sieg über den Satan 1. Joh. 2, 14; es ist die Kraft der Sakramente Eph. 5, 26 1. Kor. 11, 26, ist die in der Gemeinde wirksame Epiklese 1. Thess. 2, 3. 12; 4, 1 f. 18, ist der die Gemeinde sammelnde und erhaltende Ruf 1. Kor. 1, 26 ff. Gal. 1, 6 2. Thess. 2, 14 Rm. 8, 30 1. Thess. 5, 24, es ist die Kraft des Wandels Rm. 12, 1 Phil. 1, 27 Eph. 4, 1 1. Thess. 2, 12, ist Kraft und Zeugnis des Leidens Mk. 8, 35 Phm. 13 Phil. 1, 12. 17 Apc. Joh. 1, 9; 12, 17.
5. Das Wort ist Bekenntnis Rm. 10, 9 f. Mt. 10, 32 Hebr. 4, 14, Zeugnis Act. 4, 33 1. Kor. 1, 6; 2, 1, Heroldsruf Mk. 1, 14 Mt. 10, 7 Rm. 10, 8 1. Kor. 1, 21 2. Kor. 1, 19, Lehre Rm. 6, 17 Kol. 1, 28. Das Wort lebt in den Charismen Rm. 12, 3–8 1. Kor. 12, 4–31 Eph. 4, 11. Das apostolische Charisma ist in sich unwiederholbar 1. Kor. 9, 1; 15, 5–11 Joh. 15, 27 Act. 5, 32.
6. Christus gibt den Aposteln an seiner Würde teil Mt. 10, 12–15 Lk. 22, 28–30. Im apostolischen Wort ist die Schrift erschlossen 1. Pt. 1, 11 Rm. 15, 4 1. Kor. 10, 11. Das Todesurteil des Gesetzes ist ins Evangelium eingeschlossen Gal. 2, 19 Rm. 6, 11. 14; 3, 27; 8, 2, das Verheißungswort wird im Evangelium vollgültig Rm. 1, 1–4 Eph. 3, 6 Act. 13, 32 Rm. 4, 23–25 Gal. 3, 6. 14. 29. So nimmt das apostolische Wort an der Würde der Schrift teil 1. Tim. 5, 18 2. Pt. 3, 16, will aber als das Neue Testament 2. Kor. 3, 6 ff. Mk. 14, 24 Hebr. 8, 8 f. in der viva vox evangelii verkündet und vernommen sein bis zum Ende der Tage.

*Fünftes Kapitel*

## Der Zusammenhang zwischen Altem und Neuem Testament

Wieder setzen wir auch in diesem Kapitel bei Martin Kähler ein. Seine Abhandlungen zur Bibelfrage beschäftigen sich fortgesetzt mit dem Problem, wie Altes und Neues Testament zusammengehören. Insbesondere die Studie »Jesus und das Alte Testament« (65 I S. 111 ff.) ist um eine tiefgreifende Klärung der biblischen Zusammenhänge bemüht. Es wird sich zeigen, daß Julius Schniewind in selbständiger Weiterarbeit fortgesetzt an die von Kähler eröffneten Voraussetzungen des Verstehens anknüpft; einzelne Begriffe, die der Lehrer prägte, kehren bei dem Schüler wieder, und wesentliche Perspektiven werden bestimmend.

Nehmen wir den im zweiten Kapitel bereits zitierten Satz aus der Schrift »Jesus und das Alte Testament« noch einmal auf: »Das Heilandswerk Jesu ist in der Geschichte Israels planvoll vorbereitet und durch die in der heiligen Schrift Alten Bundes niedergelegte Erkenntnis dieser Vorbereitung in seiner offenbarenden Bedeutung bedingt« (65 I S. 111). Diese grundlegende Erkenntnis ist für das Verständnis der Bibel in doppelter Hinsicht bedeutsam. Die neutestamentlichen Zeugen kommen her von den im Alten Testament gelegten Voraussetzungen; sie wissen sich gebunden an das vorbereitende Geschehen in Israel. Dann aber streben sie auch wieder zurück und sehen den alten Bund vom Christusgeschehen her in einem neuen Licht: »Vom Evangelium aus schätzen, beurteilen, verstehen und behandeln die apostolischen Männer den Inhalt ihrer Bibel« (65 I S. 138). Diese Doppelbewegung vom Alten Testament zum Neuen und vom Neuen Testament zum Alten bestimmt den Zusammenhang der Bibel. Sie kann und darf nicht zu einer eingleisigen Richtung werden, weder zur einen noch zur anderen Seite hin. Das Alte Testament ist die Bibel Jesu. Er lebte in ihr und aus ihr. »Bis in den Tod hinein hat er sein Werk in der Gestalt des Gottesknechtes oder als Prophet vollzogen, und so erschien er auch seinen Anhängern« (65 I S. 147). Darum muß man – Kähler betont das immer wieder – bei Jesus und dann auch bei den neutestamentlichen Zeugen »in die Schule gehen«, von ihrem Verhältnis zum Alten Testament lernen und die geschichtlichen Voraussetzungen des Endgeschehens, von dem das Neue Testament kündet, stets vor Augen haben. »In diesem großen geschichtlichen Verhältnis steht nicht nur Jesus zum Alten Testament, sondern auch wir. Denn deutlich mit klarem Bewußtsein an ihn zu glauben, das vermögen wir nur, wenn wir nicht Gott aus der Schule laufen, indem wir meinen, wir könnten uns die Auffassung für Jesus nach unsrem Empfinden und Geschmack zurechtmachen. Wir sollen und müssen den Weg gehen, den Gott selbst die Menschen durch die Erziehung im Alten Testament geführt hat« (28 S. 90). Die »planvolle Vorbereitung des Heilandswerkes Jesu« auf dem Weg in Israel und in der Geschichte des alten Bundes nennt Kähler eine »Erziehung«, die den Hörer und Forscher »in die Schule nimmt«. Angesichts dieser Erklärungen, die bei Schniewind – wie wir sehen werden – wiederkehren, erhebt sich die Frage nach der Legitimität eines solchen Aspektes. Kommen hier nicht Gedanken Lessings zur Wirkung? Worin unterscheidet sich die Auffassung von der paedagogia Dei bei Kähler von den Ideen der »Erziehung des Menschengeschlechtes« oder von der zu Beginn des 19. Jahrhunderts u. a. bei Johann Gottfried Herder nachweisbaren Rede vom »kindlichen Zeitalter der hebräischen Poesie«, in dem Gott die ersten erzieherischen Aufhellungen dem gläubigen Verstehen zuteil werden läßt? Zwei Gesichtspunkte klären die Situation. Erstens stellt Kähler den Begriff der »Erziehung« konsequent in den biblischen Zusammenhang und in die auf Jesus Christus zuführende, in ihm zum Abschluß und zur Erfüllung gelangende Perspektive. Damit wird der Gedanke der paedagogia vor jeder ideologischen Absolutsetzung bewahrt, auch jeder Zielbestimmung entnommen, die nicht auf das »Heilandswerk Jesu« bezogen ist. Zweitens aber sieht Kähler die Erziehung im Alten Testament streng auf die Wirkungen des Wortes Gottes bezogen. Nicht Ideen sind es, die der Aufklärung und Aufhellung des Menschen dienen, Gott selbst spricht mit der prophetischen Botschaft den Hörer an. Der Begriff der »Erziehung« will darum das existentielle Geschehen der Vorbereitung, Einübung und Hinführung zur neutestamentlichen Erfüllung betonen. Der Christ wird auf einen Weg gestellt, auf dem er allein den Zugang zum Ereignis des neuen Bundes findet; er wird in eine Schule genommen, in der ihm die einzig kompetente Unterweisung erteilt wird. In alledem ist es von einer schlechterdings entscheidenden Bedeutung, das Geheimnis der Geschichte kennenzulernen. Die »Schule« des Alten Testaments ist keine Lehrinstitution, sondern der Weg, der zum Ziel führt. In diesem Zusammenhang unterstreicht Kähler: »Der Ankündigung der letzten Dinge verdanken wir überhaupt den Sinn für die Geschichte. Dieser Sinn geht der antiken Welt ab ... Erst ein verbürgtes Ziel macht die Zuversicht zu einer zielmäßigen Entwicklung und einem nicht ergebnislosen Geschehen möglich« (28 S. 14).

Hieraus ergibt sich die Aufgabe der biblischen Forschung. Sie muß auf den Weg des Alten Testaments treten und dann fortschreitend von einer Erkenntnis zur anderen dem Ziel zuwandern. Es gilt, im Hören und Suchen Durchblicke zu finden, neue Zusammenhänge sich aufschließen zu lassen, nicht in Sackgassen einer isolierten Einzeluntersuchung zu geraten, immer das Ganze der Geschichte zu sehen. »Das ist das rechte, ›Schrift mit Schrift vergleichen‹, eine in das Verständnis fortschreitend eindringende Forschung, welche lernt, durchgehende Grundtatsachen und Grundgedanken vom Beiwerk zu unterscheiden, das Dunkle und Unsichere durch das Helle und Gewisse zu beleuchten, statt der weitverbreiteten Liebhaberei, an einzelnen dunklen Stellen zu haften und mit ihnen Verwirrung in das Verständnis des Ganzen zu bringen. Von unserer richtigen Stellung zu unserer Bibel, von unsren richtig gestellten Anliegen und von der richtigen Art des Umganges mit ihr hängt alles ab, ob die zweifellose Geschichtlichkeit ihres äußeren Bestandes uns ihr Offenbarungsansehen zweifelhaft macht oder nicht« (65 I S. 213 f.). Damit stellt Kähler die Aufgabe, biblisch-theologische Aufrisse und Perspektiven zu erarbeiten – Durchblicke, die vom Alten Testament her und zum Neuen Testament hin, aber auch wieder in die umgekehrte Richtung entworfen werden. Dieses »Programm« unterscheidet sich von dem Entwurf der heilsgeschichtlichen Theologie sehr wesentlich. Der Forscher wird an das Kerygma in der Geschichte, an die Botschaft der Geschichte gewiesen; er empfängt nicht den Auftrag, neben oder über der Bibel eine Linie der Offenbarungsentwicklung und Heilsdarbietung zu zeichnen. Die Geschichte, in der Gott dem Menschen begegnet, eröffnet sich nur im Hören auf das Wort. In der Schule der Bibel werden »kerygmatische Zusammenhänge« kund; jede securitas des Umgreifens und Durchschauens einer offenbarungsgeschichtlichen Entwicklung mit Hilfe geschichtstheologischer Entwürfe wird verbannt. Auch Schniewind hat sich immer wieder in dieser Weise gegen die heilsgeschichtliche Theologie ausgesprochen.

Wenn wir jetzt zu Schniewind übergehen, so soll zunächst ein Passus zitiert werden, in dem Kählers Auffassung von »Geschichte« erläuternd dargestellt wird. Gerade in diesem Zitat kann man sehr schön erkennen, wie wirkungsvoll die Impulse des Lehrers auf den Schüler an dieser entscheidenden Stelle des gesamtbiblischen Verstehens gewesen sind. Schniewind ist der Meinung, daß der Begriff der »Geschichte« sich bei Kähler in einem scharfen Gegensatz zu der im 19. Jahrhundert alles bestimmenden Natur-Idee ausgebildet habe; auch die Auffassung des geschichtlichen Lebens sei in diesem Zeitalter von dem auf »Natur« bezogenen Denken durchdrungen worden. Wie aber versteht Kähler »Geschichte«? Schniewind schreibt: »Geschichte ist der Bereich menschlicher Taten, menschlicher Schuld und menschlichen Unheils. Hier geht es nicht um Exempel einer Menschenmasse, sondern um jeden einzelnen; hier geht es nicht um Dinge oder Sachen; auch nicht um Gesetze und Ideen, nach denen sich die Menschen bewegen, als wären sie Dinge oder Sachen, als wären sie ein Stück Natur. Hier wird jeder einzelne zur Verantwortung gezogen, die ihm niemand abnimmt. Der Mensch ist Person – nicht Ding noch Sache, noch Natur –, und er steht vor dem persönlichen, lebendigen Gott« (28 S. IX). Sehr deutlich ist hier das Personhaft-Existentielle im geschichtlichen Leben herausgestellt, wie es vor dem lebendigen Gott ins Licht tritt. Im strengen Sinn des Wortes kann also nur dort von »Geschichte« gesprochen werden, wo der Mensch vor Gott steht. Das ist zutiefst biblisch und vor allem alttestamentlich gedacht.

In einer Studie unter dem Thema »Weltgeschichte und Weltvollendung«, die Ernst Kähler, ein Enkel Martin Kählers, nach dem Tode Schniewinds herausgegeben hat, stoßen wir sogleich auf folgende Erklärung: »Wenn wir im Gefolge der Bibel von Geschichte reden, so meinen wir ein Geschehen, das einmal geschieht und dann in seiner Einmaligkeit dasteht, sich nicht wiederholt, nicht zurückgenommen werden kann. Und zwar geht es bei dieser Geschichte um ein einmaliges Geschehen zwischen Gott und den Menschen« (51 S. 43). Diese Worte Schniewinds sind von großer Bedeutung für das Verständnis des Alten Testaments. In strenger Hinwendung zur biblischen Geschichtswirklichkeit hebt alles Nachdenken an. Gott »nimmt uns in unserem Geschehen, in unserer Geschichte bitter ernst, bis hin zur Einmaligkeit des Gerichts« (51 S. 46). Von dieser Erkenntnis ist auszugehen. Geschieht das, so werden sogleich auch die säkularisierenden Abirrungen und Verfälschungen dessen, was »Geschichte« eigentlich ist, ins Licht gerückt. »Gott ist der eigentlich Handelnde in den sogenannten Geschichtsbüchern der Bibel, in der alten Überlieferung, die hinter ihnen steht. Diese Anschauung von der Geschichte aber ist säkularisiert, ist verweltlicht worden. Man glaubt weithin, daß das weltgeschichtliche Geschehen berechenbar sei, – wenn wir nur die richtigen Methoden hätten; daß hier alles nach ehernem Zwang, nach unverbrüchlichen Gesetzen von Ursache und Wirkung verlaufe und sich entwickle. Ja, man versteht unter Geschichte geradezu Entwicklung, Entfaltung des in Mensch und Menschheit Angelegten bis hin zur ›Vollendung‹. In dieser Betrachtung fehlt Gott völlig; höchstens ist ›Gott‹ das Wort, um die innere Triebkraft der Entwicklung zu bezeichnen« (51 S. 43 f.). »Säkularisation« wird hier nicht in erster Linie als ein kultur- und geistesgeschichtliches Phänomen betrachtet, sondern als eine Grundentscheidung des anthropozentrischen Wollens und Denkens, das den lebendigen Gott entweder ausklammert oder ihn im Medium einer Idee in den souveränen menschlichen Machtbereich einbezieht. Hier muß die μετάνοια einsetzen. Es geht alles ins Grundsätzliche. Die Bibel ist eine einzige Infragestellung unseres gesamten geschichtlichen Denkens und Urteilens. Darum kann und darf es sich nicht darum handeln, daß allgemeine Vorstellungen und Anschauungen von Geschichte im Bereiche der Theologie »geschichtstheologisch« modifiziert oder »heilsgeschichtlich« umgesetzt werden, vielmehr ist eine ins Letzte greifende Umkehr zur Wirklichkeit der biblischen Geschichte geboten — zu jener Geschichte, die in der Botschaft des Alten und des Neuen Testaments aufgetan wird. Aber — und damit treten wir an einen wichtigen Punkt heran — es wäre ein unbiblischer Irrweg, wenn jetzt die Vertikale einer Gott-Mensch-Beziehung in der Theologie zur Geltung käme. »Die Bibel denkt horizontal. Wir sind auf einem Wege, der zu einem Ziele führt, wir durchleben eine einmalige Geschichte zwischen uns und Gott, zwischen Gott und Menschheit. Das Ziel aber ist das Gericht« (51 S. 46). Wir erkennen hier, wie Schniewinds biblische Theologie entscheidend vom Alten Testament her ihre Prägung empfängt.

Nach drei Seiten hin hat Schniewind das zunächst in Umrissen skizzierte Geschichtsdenken abgegrenzt: Gegenüber der heilsgeschichtlichen, der existenzdialektisch-eschatologischen und der christozentrischen Verstehensweise. Zur heilsgeschichtlichen Theologie ist das Nötige schon ausgeführt worden. Auch Schniewind sprach sich — wie Martin Kähler — gegen jede securitas eines durchgängigen Erfassenwollens der biblischen Geschichte aus. Die heilsgeschichtlichen Entwürfe entfernen sich von der je neuen Begegnung mit dem biblischen Wort; sie wandern nicht auf dem Weg der Geschichte, sondern sie zeichnen ihn. Um mit Bultmann zu sprechen: sie »verobjektivieren« das Geschehen. Die existenzdialektisch-eschatologische Sicht aber, wie sie z. B. in Bultmanns Aufsätzen über das Alte Testament hervortritt, hat die neutestamentliche Eschatologie in einem zeitlosen Sinne verabsolutiert und damit den Menschen aus der Geschichte mit Gott herausgenommen. In den Kollegs und Seminaren hat Schniewind häufiger von dem »Gnostizismus« Bultmanns gesprochen und für das geschichtslose Existenzverständnis — wie wir noch sehen werden — Sören Kierkegaard verantwortlich gemacht. Mit dem in neuerer Zeit aufgekommenen Stichwort »Christozentrismus« schließlich ist eine Auffassungsweise gemeint, wie sie z. B. bei Wilhelm Vischer zutage tritt.

Schniewind machte des öfteren auf die unbiblische Theologie aufmerksam, die sich in dem Buch »Das Christuszeugnis des Alten Testaments« beispielsweise in den folgenden Sätzen äußert: »Nehmen wir an, die beiden Teile der biblischen Urkundensammlung hätten wirklich den gleichen Inhalt, die alttestamentlichen und neutestamentlichen Zeugen stünden sich wie zwei Halbchöre im Kreise gegenüber und zeigten auf die eine selbe Mitte, dann steht in dieser Mitte als eine geschichtliche Erscheinung Immanuel, Gott-mit-uns, der Mittler zwischen Gott und Mensch, dessen Lebensgeschichte das Ereignis der Weltgeschichte ist, durch das wie durch *einen* Punkt alle Linien der Verkündigung Gottes mit irgendeinem Menschen irgendeines Ortes und irgendeiner Zeit laufen« (I. Bd. 3 Aufl. 1936 S. 29). Sowohl Bultmann wie auch Vischer denken »punktual«, der eine im Hinblick auf die Existenz, der andere im Hinweis auf den Christus-Immanuel als Zentrum eines Kreises.

Ich hatte häufig Gelegenheit, mit Schniewind über Grundfragen des Verhältnisses zwischen Altem und Neuem Testament zu sprechen. Dabei wurde ich darauf aufmerksam gemacht, daß beide, Bultmann und Vischer, von Kierkegaards geschichtslosem Denken beeinflußt sind, wobei Bultmann fraglos den dänischen Theologen und Philosophen richtig verstanden hat. Wenn Bultmann im Alten Testament nur das Scheitern der Existenz außerhalb der eschatologischen Wirklichkeit des Christusglaubens wahrnimmt, so stehen hinter dieser Konzeption die Äußerungen Kierkegaards: »Es kann nicht deutlich genug gemacht werden, kann nicht oft genug wiederholt werden, daß das Christentum wohl ein Verhältnis zum Judentum hat, aber wohlgemerkt derart, daß das Judentum für das Christentum das ist, mit dessen Hilfe dies sich negativ kenntlich macht, daß es der Gegenstoß des Ärgernisses ist. Aber so gehört das Judentum doch mit dazu, gerade weil dieser Gegenstoß dazu gehört, denn sonst verliert das Christentum seinen dialektischen Auftrieb ... Das kann man nicht genug einschärfen. Denn man wird in der Christenheit finden, daß fast alle, wenn man so will, frömmeren Verirrungen damit zusammenhängen, daß man das Alte Testament auf die gleiche Linie mit dem Neuen Testament vorgeschoben hat, anstatt daß das Neue Testament beständig das Alte voraussetzt, um das ihm selber Eigene negativ kenntlich zu machen. In diesem Sinne kann das Neue Testament nicht recht verstanden werden ohne das Alte, denn der Gegenstoß des Ärgernisses ist seine dialektische Kennmarke und die Bezeichnung seiner geistigen Höhe« (Papirer 11/1 A 151; 1854). In diesen Sätzen ist das ganze Programm einer existenzdialektischen und im Grunde ungeschichtlichen Anschauung enthalten; verschärft wird diese

Deutungsweise bei Bultmann durch die »absolute Eschatologie« und durch den damit verbundenen Leitbegriff der »Entweltlichung«. Die Konsequenz ist eine Umsetzung der Geschichte in »Geschichtlichkeit«. – Vischer aber hat – ohne dem erbrachten Zitat standhalten zu können – Kierkegaards Begriff der »Gleichzeitigkeit« punktual-christozentrisch in Dienst genommen und damit in einem anderen Sinne das geschichtsfremde Denken übernommen.

Auf diese dreifache Abgrenzung gegenüber der heilsgeschichtlichen, der existenzdialektisch-eschatologischen und christozentrischen Verstehensweise mußte so ausführlich eingegangen werden, damit die Eigenart des Geschichtsdenkens Schniewinds in den immer wieder von ihm getroffenen Antithesen deutlich hervortritt.

Im Jahre 1936 hielt Schniewind auf einer ökumenischen Studientagung für Arbeit unter Schülern und Schülerinnen höherer Lehranstalten in Dassel einen Vortrag über das Thema »Die Eine Botschaft des Alten und des Neuen Testaments«. Ernst Kähler hat das bedeutsame Manuskript nach dem Tode Schniewinds vorgefunden und in den »Nachgelassenen Reden und Aufsätzen« veröffentlicht (51 S. 58 ff.). Wer erkennen will, wie Schniewind den Zusammenhang zwischen Altem und Neuem Testament sah, wird in erster Linie den Gedanken dieses Vortrages folgen müssen. Prägnante Thesen werden der in sechs Teile gegliederten Abhandlung jeweils voraufgeschickt. Die These 1 lautet: »Die Botschaft der beiden Testamente ist nur Eine: die Botschaft des lebendigen Gottes« (51 S. 58). Es soll im nächsten Kapitel unseres Buches noch eingehend erklärt werden, was Schniewind meint, wenn er von dem »lebendigen Gott« spricht. Dieses Theologumenon stammt von Martin Kähler und ist die Voraussetzung eines biblischen Geschichtsverständnisses. Es mag an dieser Stelle genügen, wenn auf einen Satz hingewiesen wird, der die Zusammenhänge erläutert: »Er ist ein lebendiger Gott, der mit den Menschen wandelt, ein Gott, der zu den Menschen kommt, und lenkt die Geschicke der ganzen Menschheit auf ein Ziel hin« (51 S. 59). Das ist die biblische Botschaft von Gott, wie sie insbesondere im Alten Testament laut wird. Im Neuen Testament aber ist Jesus Christus das Bild und die Gegenwart dieses lebendigen Gottes. Das Geschehen, von dem die ganze Bibel kündet, wird von Schniewind in das Credo gefaßt: »Ich glaube an den Gott, der zu uns Menschen kommt. Ich glaube an den Gott, der mit den Menschen redet und mit uns Menschen handelt – und der selbst Mensch ward. Da aber das Neue Testament dies Letzte sagt, ist es nur die Erfüllung des Alten Testaments; jedes Wort des Neuen Testaments weist auf das Alte zurück« (51 S. 59). In diesem Credo verdichtet sich die biblisch-theologische Sicht Schniewinds; von diesem Credo aus muß sein unablässiges Hinweisen auf den inneren Zusammenhang zwischen Altem und Neuem Testament verstanden werden. Kein neutestamentlicher Forscher der letzten Jahrzehnte hat so stark und tief nach dem Alten Testament gefragt wie er. Oft wurden wir auf den Anhang des Nestle-Textes aufmerksam gemacht, in dem die vom Neuen Testament aufgenommenen alttestamentlichen Stellen vermerkt sind. Schniewind pflegte zu sagen: »Und dieses Stellenregister nennt nur einen kleinen Bruchteil dessen, was tatsächlich an Beziehungen auf das Alte Testament im Neuen Testament nachweisbar ist!« Die einfache und evidente Einsicht, daß jedes Wort des Neuen Testaments auf das Alte zurückweist, war für die Hermeneutik Schniewinds bestimmend. Bei ihm blieb diese Erkenntnis nicht in pauschalen Erklärungen stecken, sie wurde in differenzierten und subtilen Einzeluntersuchungen bewährt. In der Schule der Bibel kommt der Theologe unvermeidlich ins Wandern: vom Alten zum Neuen Testament und wieder zurück.

Doch angesichts der alttestamentlichen Botschaft und des in der Zeit des Nationalsozialismus entbrannten Kampfes um ihre Geltung formuliert Schniewind die These 2: »Wir stehen heute vor der Frage, ob die Botschaft des Alten Testaments ungültig geworden ist. Diese Frage entsteht daraus, daß man an Stelle des lebendigen Gottes eine Gottesidee gesetzt hat« (51 S. 60). Mehrfach hat Schniewind davon gesprochen, daß der nationalsozialistische und deutschchristliche Protest gegen das Alte Testament nur der Ausbruch einer schon seit vielen Jahrhunderten sich regenden Aversion gegen das Skandalon sei, daß der lebendige Gott in seiner Kondeszendenz sich zu den Menschen herabneigt und Israel aus allen Völkern erwählt hat. Dieser Anstoß im Grundsätzlichen hat die Schwierigkeiten im einzelnen virulent gemacht. Man ärgerte sich über die Anthropomorphismen und die Besonderheiten des Kultus, des Rechtes und der Sitte. »Man versuchte, durch eigentümliche Auslegungskünste das Alte Testament up to date zu bringen. Die beliebteste Methode ist die Allegorie. Das alexandrinische Judentum (Philo) hat diese Auslegungsmethode vom Griechentum übernommen; das Griechentum der späteren Zeit legt die homerischen Göttergeschichten allegorisch aus, um sie später pädagogisch brauchbar zu machen. Die Allegorie ist aber für uns verboten. Sie ist dem Neuen Testament ganz fremd, sie klingt nur gelegentlich an und steht da im Dienst einer höchst realistischen Auffassung der alttestamentlichen Geschichte. Mit der Allegorie kann man ja auch alles beweisen, was man will. Man kann jede Zeitung allegorisch auslegen! Und wenn das Alte Testament allegorisch auszulegen ist, so liest man besser nur das Neue Testament. Denn dort stehen die Dinge in knappen, klaren Worten, die man aus dem Alten Testament erst mit vielen Künsten heraussuchen muß« (51 S. 60 f.). Mit großer Leidenschaft hat Schniewind sich stets gegen die Allegorie ausgesprochen; sie tötet die Geschichte, sie wendet sich ab von dem ebenso geheimnisvollen wie wunderbaren Wirken des lebendigen Gottes in seiner Kondeszendenz. Wenn in der Abgrenzung auf die pädagogische Auswertung der homerischen Göttergeschichten mit Hilfe der Allegorie aufmerksam gemacht wird, dann erfährt hier die Vorstellung von der Erziehung, von der »Schule« des Alten Testaments, auf die hingewiesen wurde, eine erneute Präzisierung. Niemals vollzieht sich die paedagogia Dei im geschichtslosen Geltungsbereich allegorischer und überzeitlicher Illustrationen. Wer das Alte Testament verstehen will, der muß in sein Geschehen eintreten. Von hieraus hat Schniewind stets sehr heftig den Auslegungsmethoden Wilhelm Vischers widersprochen. In der Studentenschaft spielte das »Christuszeugnis des Alten Testaments« damals eine sehr große Rolle. Man wollte das Buch des alten Bundes theologisch und christologisch verstehen, wandte sich ab von der zeitgeschichtlichen und unfruchtbaren Auslegungsweise, die angesichts der tiefgreifenden Infragestellung des Alten Testaments durch die nationalsozialistische Ideologie versagte. Doch Schniewind warnte. Er sandte Studenten, die sich mit der Exegese der alttestamentlichen Bücher quälten, zu Gerhard von Rad, den er sehr häufig zitierte und hoch schätzte. – In den großen Schwierigkeiten und Problemen ging Schniewind dem Übel an die Wurzel. Woher kommt es denn eigentlich, daß angesichts des Alten Testaments so harte Anstöße entstehen und so viele künstliche Erklärungsversuche das Skandalon zu mildern oder zu umgehen versuchen? Es rührt allein daher, »daß wir an die Stelle des lebendigen Gottes die Gottesidee gesetzt haben« (51 S. 61). Schniewind hat uns immer wieder die unheimliche Gräzisierung und die abendländische Entstellung der alttestamentlichen Botschaft von Gott vor Augen geführt. Er hat uns gezeigt, wie auch in der neutestamentlichen Auslegung und Theologie die »Gottesidee« untergründig wirksam ist und wie von daher alles Verstehen der biblischen Verkündigung untergraben wird. Doch zu diesem Thema wird – wie schon angedeutet – im nächsten Kapitel noch eingehend zu berichten sein.

Im Vortrag über »Die Eine Botschaft des Alten und des Neuen Testaments«, dem wir weiter folgen, lautet die These 3: »Die Botschaft des lebendigen Gottes ist zugleich die Offenbarung und die Verhüllung Gottes. Daher ist das Alte Testament wie das Neue Testament ein Skandalon« (51 S. 62). Der Anstoß, von dem hier die Rede ist, liegt demnach in der Sache selbst begründet. Einzigartig und unvergleichlich ist die Botschaft der Bibel. »Nirgends in der weiten Welt hat man zu sagen gewagt, daß es eine Geschichte zwischen Gott und Menschen gibt. Und wenn die Bibel dies sagt, so handelt es sich nicht um die Idee der Geschichte, um eine Geschichtsphilosophie, sondern um eine harte Wirklichkeit, um das Erlebnis einer Geschichte, in der ein Volk dem lebendigen Gott begegnete, um eine einmalige Geschichte, die auf das Ziel des Weltgerichts und des Gottesreiches geht« (51 S. 62). Scharf widerspricht Schniewind dem Versuch, eine »Offenbarungsgeschichte« aus der Bibel zu rekonstruieren. Die Aufklärung und die idealistische Geschichtsphilosophie haben dazu angeleitet, die immer heller werdende Selbstdarstellung Gottes und die Entwicklung religiöser Ideen im Fortschritt der Zeiten zu überschauen und darzustellen. Die Geschichtsphilosophie wandelte sich in Geschichtstheologie. Doch die Offenbarung des lebendigen Gottes in der Geschichte ist zugleich Verhüllung. Da liegt das Skandalon – sowohl im Alten wie auch im Neuen Testament. Ja, dieses Skandalon wird immer größer, weil die höchste Majestät sich immer tiefer herabneigt und verhüllt. Schniewind hat den Begriff »Kondeszendenz« sehr geschätzt, um das volle, rückhaltlose Herabkommen Gottes in die Niedrigkeit zu bezeichnen. Und dann fallen folgende Sätze: »Gott kommt zu uns Menschen; es ist unerhört, dies zu sagen. Er ist ewig, und er kommt in die Zeit.« »Er ist hoch über all unsrem Verstehen; und er kommt so, daß schon kleine Kinder die Geschichte vom Sündenfall und von Christi Geburt verstehen können« (51 S. 62). »Er ist der Schöpfer und Herr der ganzen Welt; und er wählt sich seine Schar, dann ein Volk, gering und verkehrt vor allen anderen (immer wieder wird das in der Bibel gesagt), um hier zu erweisen, wer er sei« (51 S. 63). Ein Pathos des Staunens geht durch diese Sätze hindurch. Schniewind lehrte uns das platonische θαυμάζειν. Er ließ sich überwältigen und ergreifen von der Macht der biblischen Botschaft, von dem Unerhörten der Kunde – und trat als ein Ergriffener vor uns, erfüllt und durchdrungen von dem, was kein Auge je gesehen und kein Ohr gehört hat und in keines Menschen Herz gekommen ist (1. Kor. 2, 9). Im Alten Testament wechseln die Taten Gottes und die Botschaft in der Vielgestaltigkeit der Geschichte, aber Er selbst bleibt immer derselbe. Schniewind erklärt: »Die Gedanken wechseln, die Erkenntnisse wechseln: Er aber bleibt sich gleich. Es ist in der Tat so, wie wenn ein Vater mit seinem Sohne handelt. Die Erkenntnis ist sekundär, das Kennen ist primär. Vielleicht kennt das kleine Kind seinen Vater viel besser als der herangewachsene Sohn, der sich dem Vater entfremdet. Die Erkenntnis des kleinen Kindes ist sehr gering und irrig, aber es kennt den Vater ganz« (51 S. 63). Doch Schniewind weiß, wie sehr wir geneigt sind, zu alledem nein zu sagen. Auf den ersten Seiten der Bibel steht die urmenschliche Frage: »Sollte Gott gesagt haben?« Und alles, was Gott tut und redet, wird von den Menschen – so bezeugen es das Alte und Neue Testament – mit Undank, Ungehorsam und Lästerung beantwortet (51 S. 64). »Beide Testamente wissen, wie anstößig und befremdlich Gottes Offenbarung ist« (51 S. 63).

Dem neutestamentlichen Erfüllungsgeschehen wendet sich die These 4 zu: »Das Alte Testament weist beständig über sich hinaus« (51 S. 63). Dieser Richtung des Weisens wird zu folgen sein. Dann aber stehen wir vor dem Faktum: »Die Botschaft Christi ist nichts anderes als die Erfüllung des Alten Testaments, der ›Schrift‹. Jesus Christus, der Irdische, Gekreuzigte und Auferstandene, ist der Inhalt und der Verkünder seiner Botschaft: Er ist der Herr der beiden Testamente« (51 S. 64). Was aber ist »Erfüllung«? Zuerst wird eine Antithese getroffen: »Wir meinen im Grunde alle, Jesus habe neue Gedanken gebracht, hoch über die Gedanken des Alten Testaments hinaus, eine neue Idee des Reiches Gottes, eine neue Idee der Gotteskindschaft, eine neue Idee der Liebe. Dies ist aber nach den Evangelien nicht richtig« (51 S. 64). Wenn im Neuen Testament der Ruf erschallt »Die Herrrschaft Gottes ist nahe herbeigekommen!«, so wußte jeder der Hörer vom Alten Testament her, was Reich oder Herrschaft Gottes ist. Doch das Neue in der Botschaft Jesu besteht darin, daß die Gottesherrschaft gekommen und angebrochen ist. Fortgesetzt hat Schniewind über die entscheidende Schnittstelle nachgedacht, an der das Alte aufgenommen und zugleich das schlechthin Neue verkündet wird. Er hat den schmalen Pfad zwischen dem bibelsicheren heilsgeschichtlichen Kontinuitätsverständnis und der absoluten Eschatologie gesucht. Diesen Weg sah er gewiesen durch ein genaues Hören und Forschen, das sich zum Alten Testament hin weit öffnet und zugleich die Kunde von dem eschatologisch Neuen aufnimmt. Schniewind ging den einzelnen Themen des Kerygmas und den geschichtlichen Zusammenhängen der jeweils zu untersuchenden Botschaft nach. Das geschieht z. B. unter dem Thema »Gottes- und Nächstenliebe« (im Rahmen des zur Diskussion stehenden Vortrages) in folgenden Hinweisen: »Jesus erläutert nirgends, was Gottes- und Nächstenliebe sei. Er setzt voraus, daß jeder es weiß, und nach dem Bericht von Luk. 10 weiß der Schriftgelehrte selbst, daß Gottes- und Nächstenliebe das Ein und All der Forderung Gottes ist.

Jeden Tag wurde der Spruch aus dem Deuteronomium gebetet: ›Höre, Israel, der Herr unser Gott ist nur Einer, und du sollst Gott deinen Herrn lieben von ganzem Herzen, von ganzer Seele und von all deinen Kräften.‹ Und die Bergpredigt setzt es als das Wissen der Hörer voraus, daß wir so lieben sollen, wie Gott liebt. Wer aber liebt so? Jesu gesamte Predigt ist die Verurteilung der Lieblosen, und Jesu gesamtes Tun und Leiden ist die Erbarmung und Liebe Gottes in Person. Sich von ihm lieben lassen, das ist unsere Liebe zu Gott. Johannes hat das nicht stärker gesagt, als die Synoptiker es sagen« (51 S. 65). So ist es also kein geistreiches Spiel der Gedanken, wenn die Beziehungen zwischen Altem und Neuem Testament gesucht werden – Beziehungen, die wir dann mit dem Stichwort »Erfüllung« im Neuen Testament zu erfassen bemüht sind, »vielmehr ist das Alte Testament ›die Bibel Jesu‹ (Kähler), die ihm Weisung gibt, ihn leitet, gerade weil er das Ziel dieser Bibel ist« (51 S. 66). Der Einzigartigkeit und Unvergleichlichkeit der biblischen Geschichte entspricht die Bibel. Vom Inhalt her, vom berichteten Geschehen her wandelt sich das Verständnis dieses Buches: »Die Schrift ist ja nicht ein Buch wie andere Bücher, vielleicht ein wunderbares Buch, sondern sie ist die Tat Gottes, ist die Geschichte Gottes mit den Menschen auf den Einen hin; aber diese Geschichte ist nicht vergangen, sondern im geschriebenen, geprägten Wort ist sie beständig Gegenwart. Hier ist ein Fragen, Rufen, Warten, Leben, Wandeln: Gott selbst hat es geweckt; und Gott selbst antwortet. Man kann also die Evangelien nicht lesen, ohne auf Schritt und Tritt nach dem Alten Testament zu fragen, in das Alte Testament hinein zu fragen« (51 S. 66).

Es soll später gezeigt werden, wie Schniewind die im letzten Satz des Zitats enthaltene hermeneutische Weisung in seinen Kommentaren zu den Evangelien des Matthäus und Markus, aber auch in allen seinen Aufsätzen, Reden, Vorlesungen und Seminaren in die Tat umgesetzt hat. Im Kolleg über das Johannesevangelium (59) haben wir erlebt, wie Schniewind auch dieses neutestamentliche Buch in erster Linie vom Alten Testament her deutete und Zusammenhänge aufzeigte, die in keinem der Kommentare gesehen wurden. »Wir verstehen all diese Worte des Johannesevangeliums falsch, weil unsere Gedanken vom Griechentum geprägt sind. Aber nur vom Alten Testament her kann überhaupt richtig gefragt werden nach dem, was Jesus ist, und dann verstanden werden, inwiefern er das alles in Person selber ist, das Wort, das Leben, Licht, Herrlichkeit, Gnade und Wahrheit« (51 S. 66). – Die Erfüllung aber findet darin ihren eigentlichen Ausdruck, daß Jesus Christus als der »Herr des

Alten Testaments« auftritt. Was bedeutet das? Schniewind schreibt: »Er ist auch der Herr des Alten Testaments: er ist dessen Inhalt, und er hat die Vollmacht über das Alte Testament. Das darf nun nicht allegorisch verstanden werden, etwa daß man überall Spuren des präexistenten Christus im Alten Testament suchen sollte, auch wo weder das Alte noch das Neue Testament dies andeuten. Wohl aber so, daß alles und jedes, was im Alten Testament geschieht, auf ihn hin geschieht und nur in ihm Wahrheit wird« (51 S. 67).

Wenn Schniewind davon spricht, daß die alttestamentliche Geschichte im geschriebenen, geprägten Wort beständig Gegenwart ist, so kommt die These 5 jetzt auf dieses Ereignis der Aktualität des Alten Testaments zurück: »Die Kirche hat nie auf das Alte Testament verzichten können. Denn hier wird die Gegenwart Gottes im Alltag dieser Welt und im Lauf dieses Weltgeschehens sichtbar. Diese Gegenwart Gottes bedeutet Gottes Gericht über alles menschliche Tun« (51 S. 67). Man kann dieses Hineingewiesensein in die Wirklichkeit des Alten Testaments nur dann recht verstehen, wenn in aller Nüchternheit erkannt wird, daß die zukünftige, neue Welt, die von der eschatologischen Botschaft des Neuen Testaments verkündet wird, noch nicht angebrochen ist. Welt und Geschichte sind noch auf dem Wege zum letzten Gericht. Der gegenwärtige Äon herrscht noch »in seiner harten Realität« (51 S. 68). »Die Kirche hat gegen die Schwärmer zu kämpfen, gegen Gnostiker und Montanisten, die der Realität dieser unserer Welt entfliehen zu können meinen. Es ist nicht Zufall, daß die Gnostiker das Alte Testament verachten und daß die Kirche ihnen gegenüber die Autorität des Alten Testaments neu feststellt« (51 S. 68). Unter dieser Einsicht hat Schniewind gegen den »Gnostizismus« in der neutestamentlichen Wissenschaft gestritten. Vor allem gegen Bultmann hat er den Vorwurf erhoben, daß die »eschatologische Existenzintegration« die Wirklichkeit der Geschichte in einem dialektischen Dualismus tilgt. Gegen das Stichwort der »Entweltlichung« hat Schniewind die Erkenntnis gestellt: »Im Alten Testament wird unser Alltag und die Realität unseres diesseitigen Lebens unter die Gegenwart Gottes gestellt« (51 S. 68). Diese Gegenwart Gottes aber bedeutet Gericht. Mit dieser These sind wir an eine wichtige Stelle herangetreten, wo es sich um die Auffassung des Alten Testaments als »Gesetz« handelt. Hier bedarf es einer sehr genauen Wiedergabe der biblischen Theologie Schniewinds und einer scharfen Abgrenzung zu einem dogmatisch-ungeschichtlichen Prinzip hin, das mit der Gegenüberstellung von »Gesetz« und »Evangelium« schematisch zu verfahren versucht ist.

Alles, was im Alltag und in der Geschichte unter der Gegenwart des lebendigen Gottes geschieht, ist — so deutet Schniewind aus dem Alten Testament — letztlich Gericht; denn »Gottes Gesetz, das die Einzelheiten unseres Lebens unter sein Regiment stellt, ist Gottes Gericht« (51 S. 69). Das Gesetz Gottes, das den Menschen mit einem majestätischen Totalitätsanspruch begegnet, führt fortgesetzt an die Grenze der erschrockenen Einsicht: Wie müßte wohl unser Leben aussehen, wenn es ganz und gar unter Gottes Augen geführt würde!? Diese Grenze ist das Ende aller menschlichen Möglichkeiten, sie ist Gericht und Tod. Mitten in der Geschichte ist dieses Ende da und kündet das Ziel der Weltgeschichte an: »Das Gericht umspannt die ganze Welt, das Gericht bedeutet totale Weltverwandlung« (51 S. 45). In Israel aber hebt alles an, und auf den Weg Israels ist die Kirche gestellt, solange sie in diesem Äon wandelt. »Wir wissen, daß Gottes Gesetz Gottes eigenes Volk richtet und verurteilt. Luther hat richtig gesehen: die ganze Geschichtserzählung des ganzen Alten Testaments meint eben dies. Gott neigt sich zu seinem Volk, er vergibt ihm alle Empörung immer neu, und die Antwort ist immer neue Schuld« (51 S. 57). Als wanderndes Gottesvolk in der Geschichte dieser Welt befindet sich auch die Kirche auf diesem Weg; im Kolleg über den Hebräerbrief hat Schniewind das sehr eindrücklich immer wieder betont (62). Ohne je einer Spekulation zu verfallen und kurzschlüssige Analogien herzustellen, holte er noch weiter aus. »Was Weltgeschichte und in dieser Weltgeschichte der vor Gott beschrittene Weg eines Volkes ist, haben wir aus dem Alten Testament gelernt« (51 S. 68). Darum kann die Gerichtsbotschaft konkretisiert werden: »Es gibt gemeinsame Schuld eines ganzen Volkes« (51 S. 55). In diesem Licht, das aus dem Alten Testament in die Geschichte der Völker fällt, sah Schniewind die furchtbare Empörung und Verstockung des deutschen Volkes. Er seufzte und litt unter dem, was die biblische Botschaft im Blick auf die Gegenwart aufdeckte. Immer war es die letzte Wirklichkeit des Gottesgerichts, die sein Denken und Urteilen durchschnitt. Er selbst wußte sich mit seinem ganzen Leben diesem Gericht unterstellt und sprach in erschreckender Schärfe von der Totalität der Forderung Gottes, vor der nichts, gar nichts dem Menschen mehr bleibt.

»Die ganze Schrift des Alten Testaments ist nichts anderes als ein Verschließen unter die Sünde auf den kommenden Christus hin« (51 S. 69). Dieser Satz bezieht sich auf Rm. 11, 32 und Gal. 3, 22. Er öffnet zugleich den Ausblick auf das Neue Testament. Das Gesetz wird als »Funktion des Evangeliums« gesehen (51 S. 57). Gott tötet nicht, um die Gerichteten sterbend vergehen zu lassen. »Wo Gott sein Wort spricht, entsteht Leben mitten aus dem Tode und aus dem Gericht« (51 S. 56). Das hat schon Israel erfahren, aber in Jesus Christus wird alles besiegelt und erfüllt. »So aber hat Luther recht, wenn er es als Inhalt des Gesetzes umschreibt: ›Tu debes Christum habere.‹ Du sollst und mußt den Christus haben, ohne ihn bist du verloren« (51 S. 69). Darum ist im Alten Testament Gesetz und Verheißung letztlich eins; denn auch die Verheißung sagt nur dieses: »Tu debes Christum habere!« So liegt also die Schranke des Alten Testaments in »Gesetz« und »Verheißung«. Man kann deutlich erkennen, wie eng Schniewind sich in diesen Ausführungen zum Alten Testament als »Gesetz« an Luther anlehnt. Doch das Besondere seiner Erklärungen tritt darin hervor, daß »Gesetz« und »Geschichte« in einer unmittelbar aktuellen, für den Glauben bestimmenden Weise einander zugeordnet werden. Hier wird wiederum der Unterschied zu Bultmann offenbar. Bultmann sieht unter dem Gesetz die scheiternde Existenz und stellt dualistisch die eschatologische Neuwerdung dem Aufweis des Scheiterns gegenüber. Aber diese Deutung ist geschichtsfremd und im Grunde gnostisch.

Wenn aber – wie soeben gezeigt wurde – das Alte Testament darin seine Schranke hat, daß es über sich hinausweist, wenn »Gesetz« und »Verheißung« ständig auf das »Tu debes Christum habere« deuten und schließlich die ganze Geschichte des alten Bundes zur Erfüllung und Vollendung hinführt, ergibt sich für die christliche Kirche ein Verhältnis zum Alten Testament, das in der These 6 des Vortrages »Die Eine Botschaft des Alten und des Neuen Testaments« folgendermaßen gesehen wird: »Darum kann das Alte Testament nie unumschränkt in der christlichen Kirche gelten. Es redet zu uns nur durch Christus hindurch; in Christus ist das Gericht in die Vergebung hinaufgehoben und das Leben dieser Welt in das Leben der zukünftigen Welt Gottes« (51 S. 69 f.). Auszugehen ist zunächst von der klaren Erkenntnis: »Alle Bestimmungen des Alten Testaments, wie sie auch seien, hängen an dem Bestand dieser gegenwärtigen Welt, und sie befehlen, daß Gottes Wille bis ins Kleinste hinein in den Zuständen und Ordnungen dieser gegenwärtigen Welt herrsche« (51 S. 70). Im Neuen Testament aber geschieht es, »daß wir in ein Leben gestellt werden, das nicht mehr uns gehört, sondern Gott, daß wir in der Neuheit des zukünftigen Lebens wandeln« (51 S. 71). Schniewind hat die Frage nach dem »Alten« und dem »Neuen« nie aus absoluten, überbiblischen Prinzipien der Erklärung heraus beantwortet. Er warnte vor einer »eschatologischen Ideologie«, die alles das, was neu ist und neu wird, im grundsätzlichen Sinn zu umfassen in der Lage zu sein glaubt.

Nur auf dem Wege vom Alten zum Neuen Testament werden die Erkenntnisse gefunden — Stück um Stück, in immer neuem Fragen und Suchen, Hören und Forschen.

Die Idee einer »absoluten Eschatologie« tilgt mit der Geschichte auch jede Hoffnung auf die Weltvollendung am Ende der Tage. Schniewind war zu tief vom Geschehen in Israel her bestimmt, als daß er die große Auflösung aller Geschichte hätte vollziehen können. Wohl lehrte er die Einbeziehung des gesamten geschichtlichen Lebens in das eschatologische Gotteshandeln; aber der vergehende Äon ist für ihn nicht durch »Geschichtlichkeit« gekennzeichnet, sondern durch die einem Ziel zustrebende Geschichte. Die Tatsache der Zuwendung Gottes zu Israel läßt ihn nach einer letzten Tat Gottes im Volk der Geschichte fragen. Während Bultmann in einer eigentümlichen Weise Rm. 9—11 umgeht, hat Schniewind gerade diesen Kapiteln immer wieder seine Aufmerksamkeit zugewandt, zumal Jesu Worte in den Evangelien dieselbe Sprache sprechen. »Jesus erwartet, daß, wenn er vom Himmel kommt, das Volk Israel ihn sieht und ruft: Gelobt ist, der da kommt im Namen des Herrn (Mt. 23, 39). So auch die Erwartung des Paulus: Wenn die Fülle der Völker in Gottes Herrschaft eingeht, dann wird auch ganz Israel selig werden. ›Gottes Gaben und Berufung können ihn nicht gereuen‹ (Rm. 11, 29). Auch diese Gedanken stehen also in einem weiten Zusammenhang. Das Volk, das Gott sich gewählt hat als ein Beispiel unter allen Völkern, das Volk, das seinen König, Gottes Sohn, verworfen hat . . . es bleibt dennoch bestehen bis zum Jüngsten Tag, und Gott hat hier noch eine besondere Absicht des Erbarmens« (51 S. 53). Nicht in heilsgeschichtlicher Spekulation, sondern dem biblischen Geschichtskerygma folgend, spricht Schniewind vom »letzten Tag«. Die Weltvollendung steht noch aus. Aber die zukünftige Welt Gottes kann nicht beschrieben werden; Zeit und Stunde des Weltgerichts können nicht errechnet werden (51 S. 47). Schniewind betont mit Nachdruck: »Wir müssen wirklich den Gedanken eines Endes der Welt denken, eines Endes, an dem Gott sein Ziel erreicht. Und wir können dennoch diesen Gedanken nie bis zum Letzten durchdenken. Wir können uns gar kein Ende denken, sondern nur immer eine andere neue Zeit und Welt« (51 S. 48). In dieser Welt werden weder Tod noch Leid, noch Geschrei, noch Schmerz mehr sein (Apc. Joh. 21, 4). Fortgesetzt hat Schniewind sich darum gemüht, die Geschichte, die durch die Erwählung Israels zur harten Realität des Wirkens Gottes in und an dieser Welt geworden ist, in ein sachgemäßes Verhältnis zum eschatologischen Geschehen der Christusoffenbarung zu bringen. Dabei hat er stets in das biblische Wort hineingehorcht und jede heilsgeschichtliche Überschau oder geschichtsfremde Integration ins Eschatologische gemieden. Der Weg, den er gewiesen hat, wird heute der einzig gangbare sein, wenn dem katastrophalen Auseinanderbrechen der biblischen Theologie eine neue Weise des Forschens entgegengestellt werden soll. Hier tritt die Gegenwartsbedeutung der Theologie Schniewinds unmittelbar hervor, und es wird sehr viel geschehen müssen, wenn die neutestamentliche Wissenschaft den Anschluß an diese gesamtbiblische Konzeption wieder gewinnen will.

Vier Beispiele sollen veranschaulichen, wie Schniewind in biblischtheologischen Abhandlungen und in neutestamentlichen Textinterpretationen fortgesetzt nach dem Zusammenhang zwischen Altem und Neuem Testament gefragt hat.

Wenn über das Thema »Die Freude im Neuen Testament« eine Studie niedergeschrieben wird, so lauten die ersten Sätze: »Wir können nicht von der Freude, die das Neue Testament verkündet, sprechen, ohne mit dem Alten Testament anzuheben. Es scheint, als wäre schon im Alten Testament alles da, was wir nur von Christenfreude zu sagen hätten, und als ob wir erst einmal die Lektion des Alten Testaments lernen müßten« (51 S. 72). »Im Alten Testament in die Schule gehen« oder »die Lektion des Alten Testaments lernen« – das sind die charakteristischen, auf Martin Kähler zurückweisenden Formulierungen. Im Buch des alten Bundes lernt der Hörer und Erforscher des Neuen Testaments, was »Freude« ist. Hier muß er anheben, wenn er die Botschaft des Evangeliums verstehen will. Die vielfältigen Themen der alttestamentlichen Überlieferungen nimmt Schniewind auf. Er handelt von der Freude der Schöpfung, von der Freude bei den Festen und von der Freude des einzelnen, wie sie in den Psalmen zu erkennen ist. Wir bleiben stehen vor einem Abschnitt, in dem von der Freude am Gesetz im Blick auf den Ps. 119 die Rede ist. Sollte es denn möglich sein, daß nach allem, was über den Gerichtsernst des Gesetzes ausgeführt wurde, jetzt von einer »Freude am Gesetz« die Rede sein kann? Wir lesen: »Man muß es dem 119. Psalm und all den ähnlichen Zeugnissen einfach glauben, daß sie aus Erfahrung sprechen. Diese Menschen haben es gewußt, daß es eine Freude und Lust ist, Gottes Wort zu vernehmen, daß es Freude und Lust ist, Gottes heiliges Gesetz zu empfangen und zu erfüllen. Man darf ihnen nicht ins Wort fallen und sagen, sie hätten sich getäuscht oder sie hätten das alles nur im Blick auf den Messias oder auf die Sühne des Versöhnungstages hin gesprochen. Zu beidem haben wir kein Recht. Vielmehr beginnt hier die Aufgabe, die wir eingangs nannten: die Lektion des Alten Testaments lernen« (51 S.

73). Der Interpret darf den biblischen Zeugen nicht ins Wort fallen – das ist eine bezeichnende Formulierung Schniewinds. Es kann und darf nicht die Aufgabe des Erklärers sein, von irgendwelchen prinzipiellen Einsichten und Erkenntnissen aus die Texte zu verstehen. Immer neu muß er sich der Botschaft unterordnen und ihre Lektion lernen. So muß angesichts des 119. Psalms erkannt werden: »Wo immer auch nur im geringsten Gottes Gebote befolgt werden, da ist Freude« (51 S. 73). Erst dann, wenn die Mannigfaltigkeit der alttestamentlichen Aussagen vernommen worden ist, tritt die Kunde des Neuen Testaments in voller Klarheit hervor. Über allem, was im Alten Testament von der Freude gesagt wird, steht im Neuen Testament das eine Wort: ἐν Χριστῷ. »Und damit wird alles völlig neu, was das Alte Testament sagt« (51 S. 74). Die in der Botschaft des alten Bundes noch erkennbaren Schranken und Infragestellungen der Freude fallen, wenn die »vollkommene Freude« (Joh. 15, 11; 16, 24; 17, 13) anbricht.

Auch in den verschiedenen Abhandlungen über das Thema »Umkehr«, die Schniewind erarbeitet hat und die noch ausführlich zu behandeln sind, bilden alttestamentliche Beobachtungen den Einstieg. »Das Alte Testament redet immer wieder von der Bekehrung zu Gott, besonders die Propheten, unter ihnen vor allem Jeremia und Hesekiel: ›Kehret um zu Gott von den fremden Göttern.‹ Man vermischt die Anbetung des wahren Gottes mit der Anbetung fremder Götter; man übermalt Gottes Bild durch das Bild fremder Götter« (41 S. 4). Schniewind begibt sich tief in die alttestamentlichen Zusammenhänge hinein. Er veranschaulicht an der biblischen Geschichte die Realitäten des Abfalls und der Umkehr. Dem Übergang Israels von der Wüste zum Kulturland gilt die besondere Aufmerksamkeit: »Die Israeliten kommen aus der Wüste in das Kulturland, und die dort wohnen, sagen: Hier herrscht Baal, der gibt uns Öl und Wein. Ist der Gott vom Sinai nicht zu streng? Soll man nicht sagen: Die Gaben, die uns naturhaft gegeben sind, sind auch von Gott? Sollen wir nicht dem Gott Israels und dem Baal dienen?« (41 S. 4 f.). Schniewind weist dann auf einen Vortrag Gerhard von Rads hin: »Vor wenigen Jahren hielt Prof. v. Rad aus Jena uns in Halle einen Vortrag über Elia und zeigte, wie erschreckend deutlich das, was damals in Israel geschah, seine Parallelen bei uns hatte . . .« (41 S. 5). Die nationalsozialistische Ideologie, die auf die Mächte »Blut und Boden« hinwies, wurde unter Hinweis auf den Vortrag v. Rads von Schniewind häufig in das Licht der alttestamentlichen Geschichte gerückt. Die biblische Botschaft von der Umkehr greift vom Alten Testament her mitten in den Vorgang modernen Götzendienstes hinein. Die akute Botschaft der Propheten aber wird nur dem deutlich, der im Exempel der Gottesgeschichte lebt und von hieraus menschliche Irrwege neu zu sehen beginnt. – Von der neutestamentlichen μετάνοια jedoch soll später die Rede sein.

Im Kommentar zum Matthäusevangelium war Schniewind in besonderer Weise Gelegenheit gegeben, den Zusammenhang zwischen Altem und Neuem Testament in den auf dem Weissagungsbeweis fußenden Verkündigungen zu erläutern. Das aus judenchristlichen Kreisen stammende Evangelium sucht fortgesetzt den Nachweis zu erbringen, daß sich in Jesus das Alte Testament erfüllt hat. Man hat die Zitierungsweise des Matthäus mit dem Stichwort »Reflexionszitate« zu kennzeichnen versucht. Der Erzähler gibt seiner Reflexion, seinem Nachdenken und Erklären Ausdruck. Wie aber ist diese Zitierungsweise zu verstehen? Die meisten Kommentare beschränken sich nicht selten darauf, den Dissensus zwischen der ursprünglichen Bedeutung und der Zweckbestimmung der alttestamentlichen Zitate im Matthäusevangelium aufzuweisen. Doch Schniewind erklärt zu der Zitierungsweise: »Ähnliches gilt von dem Schriftgebrauch in der christlichen Kirche aller Zeiten. Sowohl die alte Kirche wie Luther, wie auch die gegenwärtige Theologie, spricht vielfach eigene christliche Erkenntnis in der Form von Schriftworten aus, ohne deren ursprünglichen Sinn erst peinlich zu erforschen; unsere Methode, den ursprünglichen Sinn vergangener Schriftworte wiederzuentdecken, ist erst seit dem 18. Jahrhundert ausgebildet worden und hat vielfach in all ihrer Genauigkeit dennoch am eigentlichen Leben des Vergangenen vorbeigeführt. Jedenfalls aber hat unser Evangelist die Art der Auslegung des Alten Testaments, die man damals pflegte, geteilt, er verfährt in der Methode der Auslegung nicht anders wie ein jüdischer Schriftgelehrter; aber das, was er aus dem Alten Testament herausliest, ist das genaue Gegenteil von dem, was der Jude darin fand. Jesus, dessen Art und Gestalt seinem eigenen Volk fremd und anstößig erscheint, er ist dennoch der von Gott Verheißene. Dies ist der Sinn der Schriftzitate in allen angeführten Stellen. Dieser Schriftbeweis überführt schon den damaligen Juden von der Messianität Jesu nur dann, wenn ihm aus den Taten und Worten Jesu deutlich geworden ist, wer dieser sei« (48 Einl.). Man wird angesichts dieser grundlegenden Erläuterung wohl zunächst fragen müssen: Was will Schniewind damit sagen, wenn er einer historisch-kritischen Forschungsweise, die den Dissensus zwischen dem ursprünglichen Sinn und der Zitierungsintention alttestamentlicher Stellen im Matthäusevangelium herausrückt, den Vorwurf macht, daß sie »am eigentlichen Leben des Vergangenen vorbeigeführt« habe? Zunächst doch dieses: die Leser des Alten Testaments hatten zur Zeit Jesu ein lebendiges Verhältnis zur Schrift, sie lebten in ihr. Und mögen auch ganz bestimmte Methoden des »Herauslesens« und der »Vergegenwärtigung« maßgebend gewesen sein, diese Methoden waren keine irrigen Schemata, sondern Wege des lebendigen Hörens in der Begegnung mit dem Alten Testament. Die Rezeption des Vergangenen war auf die gegenwärtige Situation bezogen. Nur besteht jetzt die Frage: Welche Wirklichkeit bestimmt diese gegenwärtige Situation des Hörens und Rezipierens? Das jüdische Gesetz in seiner absoluten Gültigkeit oder der Messias Israels, der in der anstößigen Niedrigkeit des Jesus von Nazareth erschienen ist? Es gibt kein voraussetzungsloses Aufnehmen der Überlieferung, das sich vom wirklichen Leben der geschichtlichen Stunde emanzipieren und in die Vergangenheit »hineinversetzen« könnte. Das Alte Testament war in Israel kein Geschichtsprotokoll, sondern Botschaft – Botschaft, die immer neu in die Gegenwart hineinsprach. Wer aber hört diese Botschaft recht? Der Jude oder der Zeuge des gekommenen Messias? Schniewind hat genau das erkannt, was G. v. Rad heute die »charismatisch-eklektische Interpretation« des Alten Testaments in der Urgemeinde nennt. Dies ist das »eigentliche Leben«. Zeitbedingt sind diese Methoden, sie gehören zur geschichtlichen Stunde hinzu. Der Hörer und Forscher aber hat der Intention der Schrift-Beweise zu folgen, indem er historisch-kritisch sondiert; er kann und darf aber in der Erklärungsweise des 18. Jahrhunderts nicht steckenbleiben, wenn er nicht den Blick für das »eigentliche Leben« verlieren will.

Die Einzelerklärungen zu den Texten des Matthäus-Evangeliums folgen den Hinweisen der grundlegenden Eröffnung. Doch stellen sich Schwierigkeiten ein, die im Rahmen der Erläuterungen, den das Bibelwerk »Neues Testament Deutsch« absteckt, nicht immer ausreichend dargestellt und behandelt werden können. Schniewinds Kommentar zum Matthäus-Evangelium fordert in einem hohen Maße die eigene Mitarbeit des Lesers heraus. Die zahlreichen Stellenhinweise müssen eingehend studiert und bedacht werden, sie sind vom Verfasser sehr sorgfältig ausgewählt und notiert worden. Auch der kategorische Charakter einzelner Erklärungen darf nicht dazu verleiten, apodiktische Urteile zu übernehmen. Die scharfe Erfassung einer neutestamentlichen Aussage löst zahllose Fragen aus, sie läßt den Leser über die Gegebenheiten stolpern; sein unkritisches oder kritisches Vorwissen soll infrage gestellt werden – von der Sache selbst. Doch wie verhält sich – um einen wichtigen Gesichtspunkt herauszugreifen – im Matthäus-Evangelium das Auftreten des

Messias zum Absolutheitsanspruch des Gesetzes? Zu Mt. 5, 21–48 erhebt sich die Frage: »Richtet sich der Gegensatz nur gegen die jüdische Frömmigkeit oder auch gegen das Alte Testament selbst?« (48 z. St.). Schniewind antwortet: »Man kann gewiß das Letztere nicht leugnen.« Aber die Ursache der Antithese liegt tiefer. »Denn der Gegensatz zum alttestamentlichen Gesetz ist in allen Fällen nur eine Verschärfung dessen, was im Wortlaut des Alten Testaments gesagt ist. Das Gebot des Alten Testaments gilt nur, solange dieser Äon währt, dieser Weltenlauf mit seiner Bosheit (V. 37. 39) und Herzenshärtigkeit (Mt. 19, 8). Aber mit Jesus bricht der neue Äon herein, und von da aus versteht Jesus das Alte Testament besser, als es sich selbst versteht. Das Alte Testament ist jetzt an sein Ziel gekommen: ›daß alles geschieht‹ (V. 18), daß die Vollendung da ist, dies ist mit Jesu Person und Wort gegeben.« Von hieraus ist die »neue Gerechtigkeit« zu verstehen (Mt. 5, 20; 6, 33); denn es vollzieht sich im Kommen des Messias ein Urteil Gottes, das Tat und Leben bedeutet. – Wenn Schniewind in der Erklärung zu den Texten des Matthäusevangeliums von dem Geheimnis und Wunder der Erscheinung Jesu schreibt, dann befindet er selbst sich fortgesetzt in einer Bewegung, die zum Alten Testament zurück und wieder zum Neuen Testament hin führt. Er läßt sich hineinnehmen in das Denken und Reden des Evangelisten. So heißt es zu Mt. 12, 42: »Hier ist, was Könige und Propheten hatten (5, 17; 7, 12 Mk. 2, 25 f.; 8, 28) und ersehnten (11, 13; 13, 16. 17; 22, 41–45), erfüllt; hier ist ein Bußruf, ›mehr‹ als der des Propheten, und ein Wort der Freude ›mehr‹ als das des ersten Davids-Sohnes; hier ist der Messias Gottes (Lk. 9, 20), der König (Mt. 25, 34. 40 Lk. 19, 38) und Prophet (s. z. Mk. 9, 7) zugleich ist« (48 z. St.).

Schniewinds umfangreiche und tiefe Kenntnis des Alten Testaments fand einen besonderen Ausdruck im Kolleg über den Hebräerbrief, das er sehr gern las (62). Die Erklärungen zu den ersten Versen enthielten ein Programm. »Die Väter des Alten Testaments sind unsere Väter«; »wir sind auf den Weg Israels gestellt als das wandernde Gottesvolk des Neuen Testaments.« Im Anschluß an Hebr. 1, 1 f. wurde mit Nachdruck betont: »Es ist Ein Gott, der da redet und Ein Wort, das es zu hören und zu bewahren gilt.« An der eschatologischen Wirklichkeit des »Sohnes« aber entzündete sich die nie zur Ruhe kommende Frage nach dem Verhältnis des »letzten Redens« Gottes zur vielgestaltigen Botschaft der Propheten. Es wurde betont, daß »Eschaton« nicht Aufhebung oder Auflösung der Geschichte bedeutet. Vielmehr schneidet Gottes Zeit unsere Zeit als der neue Äon, der in Christus angebrochen ist. – In diese »Schnittstelle« der

Erfüllung ist die gesamte Geschichte des Alten Testaments hineingenommen und hinaufgehoben. Die neutestamentliche Botschaft aber muß zeigen, was im Eschaton »abgetan« und was im vollen Licht des Gekommenen unter neuen Vorzeichen in Gültigkeit gesetzt ist. Keine Prinzipien dürfen hier bestimmend sein. Auch können und dürfen nicht einzelne Botschaften des Neuen Testaments absolut gesetzt und als hermeneutisches Reglement gehandhabt werden. In der Auslegung des Hebräerbriefes, aber auch aller anderen Bücher des Neuen Testaments, wurde diese offene, immer zum Staunen und zum Umstürzen des Denkens bereite Erklärungsweise bewährt.

Es ist gar nicht zu schildern, wie lebendig und gewaltig die Interpretationsart Schniewinds war. Er lehrte uns, alle Standpunkte zu verlassen und zu wandern – von einer Entdeckung zur anderen. Er nahm uns den Schlüssel, mit dem man die Texte so gern aufschließen will, aus der Hand und leitete uns an zum Anklopfen an die immer verschiedenen Türen. Er ließ die lauten Stimmen der vorgegebenen Kommentierungen und des Vorwissens schweigen und führte uns zu neuem Hören. Er stellte die vom dogmatischen Erkennen her gewonnenen »Approximativexegesen« von Grund auf in Frage und führte uns an die harte Realität der Botschaft heran. Ja, er konnte und wollte keine »Schule« begründen, sondern alle seine Hörer in die Schule der Bibel Alten und Neuen Testaments hineinweisen – dorthin, wo ein neues theologisches Denken beginnt, erweckt und getrieben von der Sache selbst.

*Sechstes Kapitel*

## Der lebendige Gott

Der Furche-Verlag gab im Jahre 1937 einen kleinen Band heraus, in dem Lehrstücke und Botschaften aus den Büchern und Aufsätzen Martin Kählers zusammengefaßt sind. Julius Schniewind schreibt in der Einführung zu diesem Buch: »Manches aus Kählers theologischer Arbeit und biblischer Verkündigung ist erst nach seinem Tode wirksam geworden, und sein Wort hat uns gerade heute Bedeutsames zu sagen. Es ist nur eins: Der lebendige Gott« (28 S. VI). Wir erfahren hier, daß das Theologumenon »lebendiger Gott«, auf das wir in Schniewinds Werken immer wieder stoßen, in der Lehre Kählers eine zentrale Stellung einnahm. Dieser Tatsache werden wir uns darum zuerst zuwenden müssen. ϑεὸς ζῶν — so wird der Gott Israels und Vater Jesu Christi im Neuen Testament u. a. in Mt. 16, 16; 26, 63 Act. 14, 15 2. Kor. 3, 3; 6, 16 1. Thess. 1, 9 genannt. Der religionsgeschichtlichen Wurzel dieser Benennung gehen Kähler und Schniewind nicht nach. Das Theologumenon wird zu der entscheidenden Bezeichnung der Wirklichkeit des in der Geschichte sich offenbarenden und wirkenden Gottes. Kähler fragt: »Was soll ich mir darunter vorstellen?« Und er antwortet: »Hier muß der Selbst-Erweis, die Selbstvorstellung von Gottes Seite dem Forschen und Sinnen des Menschen vorangehen und darum auch der Glaube dem Verstehen . . .« (28 S. 1). Wenn nach diesem »Selbst-Erweis«, der in der biblischen Botschaft Ereignis wird, näher gefragt wird, so sind Glaube und Erkennen sogleich auf die Erfüllung gerichtet: »Jene Selbstvorstellung ist zusammengefaßt in die Gestalt des von oben Gekommenen, Gekreuzigten, Auferstandenen und Erhöhten, und was der Glaube ihm gegenüber erlebt, das ist auch die Geschichte des Glaubens an den lebendigen Gott. Dieser Weg des Glaubens ist und bleibt beklemmend und bis zum Ende wenig betreten (Mt. 7, 14). Selbst wenn ungesuchte Gnade uns auf denselben gestellt hat, kommen immer wieder Kreuzwege, die zum Abbiegen einladen . . .« (28 S. 1). Mit dem Hinweis auf Mt. 7, 14 will Kähler darauf aufmerksam machen, daß die Erkenntnis des lebendigen Gottes einen Ausnahmecharakter hat. Nie und nimmer ist sie mit der allgemeinen Anschauung von »Gott« als einem höchsten Wesen, als einem X hinter dem Horizont der Frömmigkeit und des Ethos zu identifizieren. »Ungesuchte Gnade« stellt auf einen engen Weg, auf dem nur wenige wandern. Auch dann, wenn man einige

Schritte auf diesem schmalen Pfad getan hat, droht fortgesetzt die Gefahr, daß in ein allgemeines Wissen um »Gott«, in den Bereich einer Gottesidee abgeschwenkt wird. An der Erfüllungswirklichkeit des »Gott in Christo« brechen die Entscheidungen auf. »Gott läßt sich nur in Christo finden, und Gott will uns nur in Christo haben . . .« (28 S. 9). Jesus Christus ist der »Gott für uns«, in ihm begegnen wir dem lebendigen Gott, der sich in die Geschichte der Menschen herabneigt. Das Alte Testament aber ist in dieses Geschehen eingeschlossen – als Grundlage und Voraussetzung jeder rechten Gotteserkenntnis. »Suchen wir den Gott für uns, nicht das Sein Gottes und was er an sich ist, den Gott für uns, der nicht in seiner Erhabenheit namenlos ist, sondern einen Namen haben will, bei dem wir ihn nennen und rufen können, den Gott für uns, sein Wollen und seine Handlungsweise und eben darin immer wieder ihn, den lebendigen Gott, dann finden wir Gewißheit in der Gotteskunde des Alten Testaments, wie das Neue Testament sie uns bestätigt und klärt« (28 S. 4). »Gotteskunde« ist hier natürlich nicht im Sinne von »Kenntnis« oder »Lehre«, sondern in der Bedeutung von »Verkündigung« oder »Botschaft« zu verstehen. Die Botschaft des Alten Testaments ist ein einziges großes Geschehen der dem Menschen zugewandten Selbstvorstellung Gottes. Kähler wendet sich ab von der Ontologie, die im ungeschichtlichen Seinsbereich nach dem »höchsten Sein« zu tasten und zu greifen versucht. Sein theologisches Lebenswerk ist gekennzeichnet durch fortgesetzt neues Hören auf die biblische Botschaft, das von den Abwegen und Irrwegen des »selbstverständlichen Wissens um Gott« herunterreißt.

»Werden wir es heute noch unternehmen, die Gottheit spekulativ zu begreifen?! Das kann allenfalls der, dem Gott so oder so eine Sache ist; wer ihn als ewige Person anbetet, wird ihn mit der Heiligen Schrift für unbegreiflich halten. Man kann sich in einen Unbegreiflichen hineinleben und hineindenken – freilich, doch nur in dem Maße, als er sich erschließt« (28 S. 2). Das Problem der »Gegenständlichkeit« Gottes wird in diesen Sätzen berührt. Kähler wendet sich gegen jede Spekulation, nach der Gott eine Sache, ein Objekt ist. Der lebendige Gott, den die Bibel bezeugt, ist »ewige Person«. Bei dieser Einführung des Personbegriffs, der auch bei Schniewind eine große Rolle spielt, ist ein Dreifaches zu beachten. Erstens fügt Kähler sogleich das Adjektiv »ewig« hinzu, um die Unvergleichlichkeit Gottes in der personal ausgerichteten Denkweise zu unterstreichen. Zweitens spricht er von der »Anbetung«, die allein des Menschen angemessene »Einstellung« zu der »ewigen Person« ist; in der Anbetung hebt das Denken an, das wirklich auf den lebendigen Gott bezogen ist. Drittens betont Kähler die »Unbegreiflichkeit« der ewigen Person: Gottes Freiheit und Souveränität, die sich jeder menschlichen Verfügung, jedem Begreifen und Umgreifen entzieht; nur in dem Maße ist der lebendige Gott eine Wirklichkeit des Lebens und Denkens, als er sich selbst erschließt. Diese theologische Erkennntnis sollte in der gegenwärtigen Situation, in der die Frage nach der Existenz Gottes neu aufgebrochen ist, Anlaß zum Nachdenken sein. Vor allem sollte bedacht werden, welche Bedeutung der in der Tradition Augustins und Anselms von Canterbury stehende Hinweis auf die Anbetung hat. Alles rechte theologische Nachdenken über Gott hebt in der Anbetung an und ist beständig von der Anbetung durchdrungen. Der lebendige Gott ist weder Sache noch Idee, noch Begriff. Kähler beschreitet jedoch nie in Ausschließlichkeit die via negationis; was er abgrenzend zu sagen hat, begleitet stets eine Lehre, die der Selbsterschließung der lebendigen Wirklichkeit in der biblischen Geschichte zugewandt ist, von ihr herkommt und sie bezeugt. Gott stellt sich selbst dar, er wirkt, er handelt, er liebt, er zürnt. »So steht hier gar nicht der ruhende Gegenstand ›Gott‹ dem mit Erkenntnisarbeit beschäftigten Menschen gegenüber, sondern eine zwecksetzende Tätigkeit Gottes zielt auf den Menschen ab, trifft ihn und hebt ihn in eine neue Lage ...« (28 S. 9). »Heiligkeit« und »Liebe« sind die Signaturen des Wesens und der Tätigkeit Gottes: »Heiligkeit, die Unwandelbarkeit Gottes, der nicht ein starres Gesetz, der nicht gedrungene und erzwungene Übermacht, der das ist, was wir Menschen auf seine Erlaubnis hin andeutend aussprechen, wenn wir sagen ›Vater‹. Dieser Gott hat in seiner Heiligkeit seine Liebe durchgeführt und durchgesetzt trotz aller Menschen Mängel und Widerstand« (28 S. 3). Auch der Zorn Gottes ist in diese heilige Liebe eingeschlossen. In diesem Zusammenhang sei ein Passus zitiert, den Schniewind sehr oft aufnahm: »Liebe ist Hochschätzung der Person; geringschätzige Nichtachtung ist lieblos. Zorn kann Liebe sein, wenn der Vater mit Grund dem geliebten Sohn zürnt. Wir Menschen sind dem liebenden Gott seinen Zorn wert. Das gehört zum Adelsbrief unserer Gottähnlichkeit. Es gehört aber auch zur Unergründlichkeit göttlicher Liebe, daß sie den Zorn als Mittel in ihre höchste Erweisung zu verschlingen vermag. Dieser feste Knoten ist am Karfreitag und Ostern geschlungen« (28 S. 4).

Wer einmal von der Selbsterschließung des lebendigen Gottes ergriffen und auf den »schmalen Pfad« einer neuen Erkenntnis gestellt ist, kommt von diesem Geschehen nie mehr los; er ist hineingenommen in die Gemeinschaft mit dem Vater und dem Sohn. Kähler schreibt – und damit schließen wir die Hinweise auf seine Theologie in diesem Kapitel ab — : »Wer einmal sich in dieser Gemeinschaft befunden hat, für den ist das Auf-sich-gestellt-Sein ein Elend, Heimatlosigkeit, Verirren in der Einöde« (28 S. 1).

Schniewind hat von seinem Lehrer Martin Kähler vor allem eines gelernt: daß jedes Reden von dem lebendigen Gott einen »schmalen Pfad« beschreitet und daß die Abgrenzungen und Antithesen gegenüber einem allgemeinen Gottesbewußtsein oder einer philosophischen Gottesidee scharf zu markieren sind. Er formuliert den provozierenden Satz: »Der lebendige Gott, das ist das genaue Gegenteil von dem, was jedem von uns sein Vorurteil sagt« (28 S. VII). »Jedem von uns« — Schniewind selbst weiß sich eingeschlossen. Unser Vorurteil glaubt, daß man von Gott keine bestimmten Aussagen machen könne. Denken und Fühlen tasten nach ihm. Gottesgedanke und Gottesidee aber sind durchdrungen von menschlichem Vorwissen. Doch der Lebendige ist zu den Menschen gekommen. Dieses Geschehen steht im Gegensatz zu allem, was wir von »Gott« denken und zu wissen meinen. Ja, dieser Gegensatz ist ein permanenter, stets akuter, nie zur Ruhe kommender. »Glauben wir, Gott in irgendeine Definition gebannt zu haben, so steht er in einer neuen Wirklichkeit vor uns, die sich unserer Klugheit entzieht, auch unserem Ethos und unserer Religiosität« (51 S. 61). Wie wir im fünften Kapitel gesehen haben, ist das Alte Testament für Schniewind die Schule, in der jeder Gottesbegriff von dem immer neuen Geschehen der Selbstmitteilung des Heiligen durchkreuzt wird. Hier begegnen wir dem lebendigen Gott. Aber alles Hören wird stets auf die Erfüllung zu beziehen sein. Zahllose Male zitierte Schniewind aus Luthers Lied:

»Fragst du, wer der ist?
Er heißt Jesus Christ,
der Herr Zebaoth!«

Der Herr Zebaoth heißt Jesus Christus. »Wer mich sieht, der sieht den Vater« (Joh. 14, 9). »Ich und der Vater sind eins« (Joh. 10, 30); vgl. auch Joh. 10, 38; 14, 10. 11. 20; 17, 21. — In der Diskussion um das Problem der »Entmythologisierung« hatte Bultmann erklärt, es gehöre zur »mythologischen Redeweise«, wenn das Unsichtbare sichtbar gemacht werde. Wer also kann von Gott, dem Unsichtbaren, sprechen? Schniewind antwortet: »Es gäbe nur einen Ausweg, der aber nur vom christlichen Glauben her gesehen, vollends beschritten werden kann: den Weg, alles letzte Fragen aller Menschen von Christus her zu sehen. Es könnte die legitime Frage hinter all unserem Denken stehen, ob und wie das Invisibile ein

Visibile geworden sei.« Er fährt dann fort: »Unsere Notwendigkeit, in Bildern und Anschauungen zu denken, die dieser Welt unseres Raumes und unserer Zeit entnommen sind, könnte die legitime Frage enthalten, ob und wo der Unsichtbare sichtbar geworden sei. Unser ganzes Denken ist eine einzige offene Frage nach dem Unsichtbaren, und es bekommt Antwort nur darin, daß der unsichtbare Gott sich in unsere Welt der Sichtbarkeit hineinbegeben hat« (37 S. 89). Das ist im Alten Testament geschehen und findet in Jesus Christus die Erfüllung. Die biblische Botschaft öffnet das Fragen nach Gott, das latent überall vorhanden ist; sie weist diesem Fragen die Richtung und führt in Begegnungen, die alle Vorurteile umwerfen.

Sehr hart und scharf spricht Schniewind im Jahre 1935 von der eigentlichen Not, in der sich der Mensch vorfindet. Man hat in neuerer Zeit häufig erklärt, daß die Fragestellung der Reformation, die auf certitudo salutis ausgerichtet war, dem modernen Menschen fremd sei. »Wir fragen nicht mehr nach Heils-Gewißheit, so sagt man, sondern nach Gottes-Gewißheit. Wir fragen danach, ob es einen Gott gebe, was wir von ihm sagen können und wie wir solche Gottes-Gewißheit begründen können« (25 S. 468). Aber warum finden wir keine Gottesgewißheit mehr? Warum ist Gott uns der Fremde, Verborgene und Ferne? Ist der Grund darin zu suchen, daß wir an das Irdische, Diesseitige und Menschliche »verfallen« sind? Schniewind sucht die Wurzeln des Verhängnisses und erklärt: »Unsere Not ist nicht unsere Verfallenheit als solche, sondern unsere aversio a Deo, und ich finde mich dem verfallen, daß ich in der ›Empörung gegen Gott‹ stehe« (37 S. 91). Aus dem Vorfeld der modernen Frage nach Gott führt Schniewind zurück in das Entscheidungsfeld, auf dem es um Schuld und Gnade, um des Menschen Abwendung und Gottes Zuwendung allein geht. Das ist reformatorische Theologie in höchster Aktualität. Unabweisbar bleibt letzten Endes die Frage nach der certitudo salutis, nach der Gewißheit, daß Gott sich dem Menschen, der sich gegen ihn empört, gnädig zuwendet. Wir finden Gott nicht. Und das liegt allein daran, daß wir »uns selbst suchen, lieben, ehren, unser eigenes Heil suchen, unser eigenes Glück, unsere eigene Seligkeit; daß wir entfremdet und abgewendet von Gott sind . . .« (25 S. 468). Doch diese Bestrebungen sind nicht etwa nur die Willensrichtungen eines »vorchristlichen« Menschen; sie kennzeichnen auch den Christen, den Theologen. Man muß es noch schärfer ausdrücken: »Theologie macht Sünder«; gerade im theologischen Denken wird die aversio a Deo in besonderer Weise manifest. »Wir wissen um den Einen, der lebt und handelt, doch sind wir von ihm fern;

aber weil wir ihn in unsere Gewalt bekommen möchten, darum reden wir von Gedanken, Vorstellungen und Ideen, die wir uns von Gott machen« (51 S. 62). Die Theologie ist fortgesetzt in Gefahr, »Religionsphilosophie« zu werden und jenen sublimen Götzendienst zu betreiben, in dem der Gottesgedanke ein Gegenstand der Verfügung und des intellektuellen Spieles wird. Von dem »homo incurvatus« (Luther) hat Schniewind immer wieder gesprochen: von dem Menschen, der in sich selbst gekrümmt ist und »Gott« hineinreißt in sein eigenes Wissen und Wollen. Aber »je mehr ich mich auf mich selbst, auf meine Frömmigkeit, auf meine Gewöhnungen, Ordnungen und Sitten, verlasse, um so mehr entschwindet mir Gott« (25 S. 472). Mit Luther redet Schniewind von dem »Werk« des Menschen, von seinem selbstbezogenen Tun. »Und so verlassen wir uns auf unser ›Werk‹, unsre Sitten und Ordnungen; modern gesagt: auf unsre Frömmigkeit, unsre Religiosität, unsre Selbsterziehung, unsre ethische Entwicklung, – und verlassen bei dem allem den lebendigen Gott« (25 S. 472).

Durch alles Denken und Reden Schniewinds ging eine große Furcht hindurch: es könnte sein, daß wir in allem, auch dem besten und lautersten theologischen Arbeiten, der securitas verfallen; es könnte sein, daß auch dieses Wissen um die securitas schon wieder zur Sekurität wird; es könnte sein – und hier zitierte er den Apostel Paulus –, daß wir »anderen das Evangelium verkündigen und selbst verworfen werden« (1. Kor. 9, 27). Stets akut war für Schniewind die Gefahr, daß der lebendige Gott sich vor allem eigensinnigen theologischen Denken und Leben verbirgt. In einer Abendmahlsansprache über Ps. 138, 3. 7 heißt es: »Aber die größte Angst ist eben die, daß Gott sich uns verbirgt. Und er verbirgt sich uns, weil wir von seinem Leben uns entfremdet haben. ›Mitten in der Höllen Angst unsre Sünd' uns treiben.‹ Was wäre der Tod, wenn wir beständig ihm nahe und mit ihm verbunden wären, dem lebendigen, ewigen Gott! Aber er ist uns fern, und wir fliehen vor ihm, weichen ihm aus, vergessen ihn. Aber daß dies so ist, das macht die Angst eigentlich erst zur Angst. Das macht den Tod zur Hölle, zur ewigen Gottesferne« (51 S. 192). Unheimlich und unergründlich ist es, wie sich die Abkehr vom lebendigen Gott in den frommen Erwartungen der Christen spiegelt. Was suchen wir im Gottesdienst? »Vielleicht suchten wir eine unpersönliche Kraft, die wir in Besitz bekämen, über die wir verfügen könnten, gegenüber allen Nöten und Ängsten, Sünden und Versuchungen, gegenüber Fluch und Schrecken« (51 S. 193).

Im Anschluß an Mt. 4, 7 wird das »Gott-Versuchen« als ein »Urverhalten des Menschen« bezeichnet: »Es steht hinter allem Zauber, aller Magie, es wird als die Ursünde gerade des frommen Gottesvolkes in allen Darstellungen der alttestamentlichen Geschichte und immer wieder bei den Propheten beschrieben« (48 z. St.). Wo ist ein Absehen, wo ist ein Ende? Theologie kann nur im Zeichen der Furcht vor dem lebendigen Gott betrieben werden, in immer neuer μετάνοια. Wo diese Grunderkenntnis verloren ist, da ist alles verloren. Schniewind hat von der Gefahr der securitas in der Theologie nur selten im Blick auf andere gesprochen; wenn er »wir« oder »ich« sagt – wie es die Zitate zeigen –, dann meinte er zuerst immer sich selbst und zog uns alle hinein in die Furcht und Selbstbescheidung alles Denkens. Doch alles, was hier geschildert wird, kann nur eine geringe Andeutung sein. Wie Lehre und Zeugnis von dem lebendigen Gott sich auswirkten, kann der Leser der Werke Schniewinds nur in Umrissen erkennen; im gesprochenen Wort der Vorlesungen, Vorträge und Seminare, der Predigten und Bibelstunden fand die Vollmacht des Mannes, dem seine Hörer in Staunen und Zittern folgten, ihren wahren Ausdruck.

Wir haben uns als Studenten darüber gewundert, wie oft und viel Schniewind Bibelstellen zitierte. Wenn es um das Eigentliche einer Texterklärung ging, trat das deutende Wort zurück, und biblische Worte beleuchteten den Text. Diese Erklärungsweise hatte ihren tiefsten Grund darin, daß mit einem Minimum an eigenen Vorstellungen und Begriffen die Botschaft selbst zur Sprache kommen sollte; eine Stelle sollte die andere erklären, weil nur die Bibel im Letzten der kompetente Ausleger ihrer selbst ist. Die Art und Weise aber, wie die erklärenden Texte ausgewählt und pointiert eingeführt wurden, läßt recht eigentlich das theologische Denken Schniewinds erkennen. Dieses Zitieren war – wie in anderem Zusammenhang schon angedeutet wurde – nicht technisch-lexikographisch oder lediglich formal durch die Konkordanz bestimmt; geschichtliche Differenzierung und theologisches Erkennen waren darin eingeschlossen. – Diese Bemerkungen seien an dieser Stelle eingeschaltet, weil sie mit dem Thema »Der lebendige Gott« und der Antithese gegen jedes eigensinnige Theologisieren des »homo incurvatus« eng verbunden sind. – Man möchte versucht sein, diese exegetische Verfahrensweise zu tadeln und das verantwortliche Nachdenken, Erläutern und kritische Verstehen zu betonen. Aber dieser Vorwurf trifft Schniewind nicht, denn alles dies war eingeschlossen in sein Wirken. Es war eingeschlossen – das bedeutet: dominierend war die biblische Botschaft in ihrem Selbsterweis und in ihrer korrelativen Interpretationskraft, in ihrer Prägung des Denkens und Redens. Nachdenken, Erläutern und kritisches Verstehen aber waren hineingenommen in das Fragen, Suchen und Entdecken. Diese »Methode« ist unnachahmlich; aber sie weist einen Weg – heraus aus dem introvertierten theologischen Denken, aus den vom »homo incurvatus« geschaffenen Kraftfeldern exegetischen Verstehens; sie führt zur Sache zurück. – In diesem Zusammenhang muß auch ein Wort der Erklärung zur Benutzung der beiden Kommentare zu den Evangelien des Matthäus und Markus fallen. Wer die Funktion der Zitate und Parallelstellen in den Vorlesungen Schniewinds kennt, wird die zahlreichen Stellenangaben dieser beiden Bände des NTD nicht nur als »Verweise« aufnehmen können. Die Paralleltexte, die auch in der Reihenfolge ihrer Zitierung sorgfältig ausgewählt und bedacht gesetzt sind, müssen genau gelesen und gehört werden, sie sind das eigentliche Element der Erläuterung. Der pointierte Interpretationsbezug, den die Hinweise enthalten, muß erarbeitet und erkannt werden. Nur wer Text neben Text legt, Aussage mit Aussage vergleicht, findet den Zugang zu der Intention der Auslegungsweise Schniewinds. – Doch nach diesen Bemerkungen und Erläuterungen, die sich auf das Bibelzitat in Schniewinds theologischer Arbeit beziehen und mit der in diesem Kapitel entfalteten Thematik im engen Zusammenhang stehen, kehren wir zurück zur Gottesfrage.

In scharfem Gegensatz zu allem Vorwissen und Vorurteil ist die Frage zu stellen: Wer begegnet uns in der Botschaft des Alten und Neuen Testaments? Wer ist dieser Gott Israels und Vater Jesu Christi? Wie kann man von ihm sprechen? Lebt im Allgemeinen der Mensch in vagen Gottesvorstellungen und Ideen, befassen seine Gedanken und Gefühle sich mit »dem Göttlichen« (τὸ θεῖον), so ist im Blick auf die biblische Botschaft jetzt zu erklären: »Wir fragen nach Gott! Nach einem Gott, der mit uns redet: ›So spricht der Herr‹, wir fragen nach dem Wort und den Worten Gottes. Wir fragen nach dem Gott, der seine Botschaft sendet, der also handelt und wirkt und in unser Leben eingreift. Wir fragen nach dem Gott, von dem das erste Gebot redet, der es von uns erwartet, daß wir ihn über alle Dinge fürchten, ihn lieben, ihm vertrauen; der uns erforscht und kennt, der uns von allen Seiten umgibt, der stärker ist als der Tod« (51 S. 58). Diese Sätze zeigen sehr deutlich, wer der »lebendige Gott« ist, von dem Schniewind spricht. Dieser Gott begegnet dem Menschen, spricht ihn an und wirkt in sein Leben hinein. Vor allem stellt er einen die ganze Existenz ergreifenden und umfassenden Anspruch, wie er im ersten Gebot geäußert wird: »Ich bin der Herr, dein Gott, du sollst keine anderen Götter neben mir haben!« Luthers ständiger Rekurs auf dieses erste Gebot des Dekalogs ist von Schniewind immer wieder aufgenommen worden.

Wenn Martin Kähler in Antithese zu jeder Verdinglichung und Verobjektivierung mit der Bezeichnung »ewige Person« die Personalität Gottes hervorhob, zugleich aber die Unvergleichlichkeit unterstrich, so folgt Schniewind auch an dieser Stelle, wenn er – sich abwendend von jeder Gottesvorstellung, die von einer »natura naturans« oder von einem unbestimmten »movens« hinter dem Weltgeschehen spricht – zu dem Geheimnis des lebendigen Gottes schreibt: »Aber wer darf es wagen, von Gottes Tun im Sinne strenger Personalität zu reden? Daß es also für den Ewigen, Unendlichen, Unbegreiflichen ein Entscheiden gibt, Entscheidungen gibt, ein Entweder-Oder gibt, Zuwendung oder Abwendung, χάρις oder ὀργή, daß es also eine Gottes-Geschichte gibt, ein Geschehen, das sich zwischen Gott und den Menschen als zwischen Personen vollzieht, ja daß man sagen kann ›Gott hat sich für uns hingegeben‹? Wäre dies alles je einem Philosophen erträglich? Wie lange ist es her, seit wir Theologen selbst es wieder zu sehen vermögen und auszusprechen wagen?« (37 S. 91). Die Freiheit der Theologie von der Philosophie steht in jedem Augenblick auf dem Spiel. Hier liegt die enorme Spannung, in die Schniewind sich stets hineinversetzt wußte. Wo immer von »Gott« die Rede ist, da ist das Neue, Überraschende, »ganz Andere« zu sehen und zu sagen. Das σκάνδαλον der »Gottes-Geschichte« hebt an im Alten Testament: Zuwendung oder Abwendung im gewaltigen Entweder-Oder lebendig-gegenwärtigen Handelns. »Wie kann man denken, vom Allumfasser, Allerhalter geschieden zu sein! Wie kann man solche Anthropomorphismen wie ›Zorn‹ auf Gott anwenden! Wie kann man denken, der unfaßbare, unwandelbare Gott kümmere sich um jede Beleidigung!« (37 S. 92). Das sind Ausrufe voller Erstaunen – wie überhaupt Schniewinds Schriften (das wird der Leser längst gemerkt haben) durch einen sehr bewegten Redestil geprägt sind.

Wird aber der Theologe in der Lage sein, so von Gott zu sprechen, wie die Bibel Alten und Neuen Testaments den Lebendigen bezeugt? Schniewind kommt unablässig auf die Feststellung zurück: Wir merken es kaum, wie tief und umfassend unser gesamtes Denken von einem selbstverständlichen Vorwissen her bestimmt ist. »Es ist uns allen selbstverständlich, daß ›Gott‹ die höchste ›Idee‹ des Menschen sei. Das ist uns selbstverständlich, weil uns die griechisch-römische Kultur das Vorurteil vererbt hat, das Höchste, was der Mensch besitze, sei der Gedanke« (51 S. 61). In diesem Zusammenhang fällt Schniewind das harte und klare Urteil: »In Wahrheit heißt das: atheistisch denken!« Der Mensch triumphiert über Gott, er hat ihn in seine Gewalt bekommen. Sehr ernst hat Schniewind stets von diesem unheimlichen »Atheismus« gesprochen. Aber er wußte auch: »Nur kann in Wahrheit kein Mensch auf Erden jemals wirklich Atheist sein!« (37 S. 61). Warum ist das unmöglich? Die Antwort lautet: »Jeder Mensch weiß um die unbekannte Macht über uns, weiß um Den, ›in dem wir leben, weben und sind‹; ›Es fürchte die Götter das Menschengeschlecht‹« (37 S. 61). Unter Berufung auf Act. 17, 27 f. hat Schniewind sehr häufig in diesem Sinne gesprochen. Auch hat er Luthers Erklärungen zum ersten Gebot herangezogen und auf vielfache Weise zu zeigen versucht, wie der Mensch unablässig sich einer Macht verschreibt und sein Herz an einen »Gott« hängt. So konnte er plötzlich Rilke zitieren: »Jedes Ding kann der liebe Gott sein!« Oder an Schleiermacher konnte er erinnern: »Kein Gottesleugner aber kann von dem loskommen, was Schleiermacher ›das Gefühl der schlechthinnigen Abhängigkeit‹ genannt hat« (25 S. 469). Mancher seiner Hörer wird daran denken, wie Schniewind in leidenschaftlicher Erregung vom Menschen sagen konnte: »Obwohl er fühlt und weiß, daß er von dem Letzten schlechthin abhängig ist, will er doch nicht abhängig sein!« So konnte er auch die Sätze wagen: »Jeder Versuch, Gott theoretisch zu leugnen, ist in Wahrheit nur der Versuch, über die Ungewißheit unseres persönlichen Lebens Herr zu werden. Die Ungewißheit beruht darauf, daß wir um das Dasein Gottes wissen, aber von ihm geschieden und getrennt sind« (25 S. 470).

Eingehend ist Schniewind häufig auf die »via negationis« zu sprechen gekommen. Für ihn war es der »große Zug der religiösen Philosophie«, Gott auf diese Weise zu nahen und ihn zu verstehen. Da ist dann die Auffassung bestimmend: »Von Gott darf man eigentlich nur in Negationen reden, er ist der ἄποιος, der völlig Qualitätslose, ist das ὄντως ὄν und das ϑεῖον – auch im Deutschen hat man ernsthaft die Formel ›das Gott‹ gebildet –, ist das X (wie Kähler es, älteren Theologen folgend, formulierte) hinter unserem Religionismus und Humanitarismus; wir haben die Phänomene unserer Religiosität und Humanität, aber von dem ›Etwas‹, das dahinter steht, darf man nur Negatives aussagen; alles weitere wäre Mythologie« (37 S. 88). Kann und darf die Theologie in diese philosophische Denkweise einstimmen? Nein. In der Begegnung mit dem lebendigen Gott beginnt im Zeichen einer das ganze Denken durchdringenden μετάνοια ein Neues.

Es wurde bereits darauf hingewiesen, daß Schniewind die Unterscheidung zwischen certitudo und securitas als maßgebendes Scheideprinzip fortgesetzt in sein theologisches Denken einbezog. Insbesondere dann, wenn von dem lebendigen Gott die Rede ist, kommt diese Unterscheidungskategorie zur Geltung. Der im Jahre 1935 erschienene Aufsatz »Gewißheit – nicht Sicherheit« zeigt sehr eindrücklich, wie dies geschieht. Wir folgen darum zunächst den grundlegenden Erklärungen, um dann zugleich die Konsequenzen für das Reden von dem lebendigen Gott aufzuzeigen. Am Anfang steht die Feststellung: »Wir verwechseln Gewißheit und Sicherheit, verwechseln certitudo und securitas« (25 S. 471). »›Gewißheit‹ meint eine Beziehung zwischen Personen, zwischen lebendigen Menschen, zwischen Menschen und dem lebendigen Gott (ϑεὸς ζῶν). ›Sicherheit‹ meint, daß Sachen und Dinge verläßlich sind. Eine technische Konstruktion muß die Gewähr der Sicherheit bieten; wir reden von Lebens-Versicherung, Feuer-Versicherung. Der Sprachgebrauch ist in allen modernen Sprachen gleichartig« (25 S. 471). Die Konsequenzen aber zeigen sich darin: »Nun versuchen wir, aus unserer Beziehung zu Gott solch eine ›Sicherheit‹ zu machen. Gott ist dann wie ein Ding, eine Sache, ist wie etwas, das sich von selbst versteht. Es geht nicht mehr um das Entweder-Oder von Heil oder Unheil, sondern wir haben uns Gottes bemächtigt, sind seiner Herr geworden, wir haben ihn in unsere Gewalt bekommen« (25 S. 471). In allen diesen Aussagen schließt Schniewind sich eng an Martin Luther an und weist darauf hin: »Luther warnt immer wieder mit größtem Ernst vor der securitas. Wir sind ›sicher‹, daß wir mit Gott in bester Ordnung sind; wir sind ›frech und stolz‹ und denken, ›nun könne uns nichts mehr schaden‹, Gottes Gericht könne uns nimmermehr treffen, seine Gnade könne uns nie verlorengehen« (25 S. 471). Diese ernste Gefahr der gläubigen securitas besteht vor allem in der Kirche: »Gerade die Kirche als Institution, als Anstalt und Ordnung ist zu allen Zeiten in größter Gefahr gewesen, ›tote Sicherheiten‹ zu gewähren, anstatt durch das lebendige Wort des Evangeliums (viva vox evangelii) die lebendige Gewißheit zu wecken von der Gnade des lebendigen Gottes. Und jeder einzelne für sich ist in der größten Gefahr, aus allem, was Gott ihm gibt, eine Sicherheit, eine Sache, ein Ding zu machen, auf das er sich ›verläßt‹« (25 S. 471 f.). Aber Gott überläßt uns nicht uns selbst. Aus unserer Sicherheit ruft er uns immer neu heraus. In einer besonderen Krisis steht die Theologie. Sie ist auf mannigfaltige Weise versucht, sich der securitas zu verschreiben. »Es gibt eine Theologie der Sekurität in verschiedenen Spielarten. Sie ist überall da, wo Christentum und Christsein im letzten etwas ganz Selbstverständliches ist, wo sich das alles ›von selbst versteht‹« (25 S. 476). Von dieser securitas sind auch und vor allem diejenigen bedroht, die mit Hilfe der Existenzphilosophie die Grundbefindlichkeit der »Ungesichertheit« als integrierenden Bestandteil theologischen Denkens einführen wollen: »Es gibt in der neueren Theologie und Philosophie ein Reden vom ›Wagnis‹, von der ›Entsicherung‹, dessen Ergebnis doch nur eine neue securitas ist. Man kann sehr stolz darauf sein, alle Sicherungen zu zerschlagen« (25 S. 476). Diese Sätze lassen erkennen, wie kritisch Schniewind die Auswirkungen der Existenzphilosophie im theologischen Denken begleitet hat. »Unsicherheit« ist eben kein Movens, das vor dem Fall in die securitas bewahren könnte. Die Alternative zur securitas ist die certitudo. Nur dort, wo neu nach »Gewißheit« gefragt wird, wird die securitas durchkreuzt. Alle anderen Maßnahmen, ihr zu widerstehen, werden unweigerlich in den Sog der Sekurität hineingerissen. – Wenn Schniewind in seinem Aufsatz ermahnt: »Es wäre die Aufgabe der Theologie, zur Reformation zurückzukehren«, so zeigt dieser entscheidende Hinweis die Intention seines Wirkens an: Rückkehr zur Erneuerung alles Denkens.

Für das Verständnis des Neuen Testaments ist alles das, was Schniewind von dem lebendigen Gott ausführt, von fundamentaler Bedeutung. Die große Schule aber, in der dem Theologen eine neue Gewißheit von der majestätischen Gottheit gegeben wird, ist und bleibt das Alte Testament. Denn niemand kann das, was in Jesus Christus geschieht, aufnehmen und fassen, es sei denn, er trete von der alttestamentlichen Botschaft her an dieses Geschehen heran. Die Verheißungen des alten Bundes laufen letzten Endes alle darauf hinaus: Gott selbst kommt und hilft euch (Jes. 35, 4 ff.). Diese Hoffnung auf Gottes eigenes Kommen lebte im Judentum zur Zeit vor dem Auftreten Jesu. Die Evangelien aber sind durchdrungen von der Kunde: Jetzt neigt der lebendige Gott sich herab, jetzt kommt er, jetzt ist er gegenwärtig. Bultmanns Erklärung dieses Geschehens hält Schniewind für unzureichend. Jesus ist nicht nur »Gottes eschatologischer Gesandter« oder »der, in dem Gott gegenwärtig handelt«, vielmehr wird doch überall im Neuen Testament die Botschaft laut: Gott selbst kommt und hilft. »Bultmanns Formel könnte auch auf einen Propheten angewandt werden« (37 S. 90). Aber seine Deutung trifft das Geschehen nicht in der ganzen Fülle, die vom Alten Testament her zu erkennen ist und aufgedeckt wird. Auf der anderen Seite freilich wird sofort hervorzuheben sein, daß die alttestamentliche Vorverkündigung erst in Jesus Christus ihre Erfüllung und damit auch ihre entscheidende Deutung findet. Hier folgt Schniewind der Lehre Wilhelm Herrmanns: Der Satz von der Gottheit Christi darf eigentlich nicht lauten »Jesus ist Gott«; denn damit könnte man voraussetzen, daß Gott ein schon bekanntes Prädikat sei, und man könnte vielleicht dahin tendieren zu erklären, Jesus sei θεῖος, ein »göttliches Wesen«; tatsächlich aber ist der Satz umzukehren: »Gott ist Jesus«, und d. h.: Wer wissen will, wer Gott ist, der sehe Jesus an; Jesus ist die Gegenwart Gottes (37 S. 89). Gleichwohl wird in der Interpretation der Evangelien stets vom Alten Testament auszugehen bzw. in das Alte Testament zurückzugehen sein.

Jesus vergibt Sünden wie Gott selbst. In der Erläuterung zu Mk. 2, 7 wird an Jes. 43, 25; 48, 11 und 44, 22 erinnert. Gott spricht: »Ich, ich bin's, der deine Missetaten auswischt, um meinetwillen will ich deiner Sünden nicht gedenken. Um meinetwillen, um meinetwillen tue ich's. Ich tilge wie ein Wölkchen deine Missetaten und wie einen Nebel deine Sünden« (vgl. 49 z. St.). Daß Jesus Sünden vergibt, wird von den jüdischen Zeitgenossen als Gotteslästerung angeprangert. Im Kolleg zitierte Schniewind Ps. 130, 4: »Denn bei dir ist die Vergebung, daß man dich fürchte!« Das also geschieht: Wo Jesus Sünden vergibt, da ist der lebendige Gott selbst gegenwärtig. »Jetzt vergibt Sünde ein Mensch, hier auf Erden« – wie nur Gott selbst.

Alles Reden von Gott wird bei der Erklärung des Neuen Testaments vom Alten Testament durchläutert werden müssen. Wenn Jesus in Mt. 5, 48 sagt: »Ihr sollt vollkommen sein, wie euer Vater im Himmel vollkommen ist«, so führt dieser Ausspruch wieder tief in die Schriften des alten Bundes hinein. Was aus Gottes Macht geschieht, wird hier »Vollkommenheit« genannt. »Es gibt im Griechentum ein Ideal der Vollkommenheit, das uns bis heute beherrscht, das Ideal der Fehlerfreiheit, das Idealbild des Weisen, des gottgleichen Menschen.« Diesen Gedanken und Vorstellungen zu folgen, ist der Interpret versucht. »Anders redet die Bibel von Vollkommenheit (Gen. 6, 9 Dtn. 18, 13 Mt. 19, 21 Kol. 1, 28 Jak. 1, 4 u. ö.); sie sagt, daß unser Leben und Tun ein in sich geschlossenes Ganzes werden kann. Ganz für Gott!« (48 z. St.). Jesus ist die Erfüllung der alttestamentlichen Erwartung, die in der Begegnung mit dem lebendigen Gott neue Voraussetzung und neue Zusammenhänge aufdeckt. Hier geschieht es allein aus Gottes Macht, daß Einer als der Vollkommene auftritt – Einer, der uns alle in sich aufnimmt. – Zahllose Beispiele aus den Kommentaren zu den Evangelien des Matthäus und Markus könnten zeigen, wie die biblische Wirklichkeit des lebendigen Gottes alle Erklärungen Schniewinds bestimmt. Zum Abschluß soll nur noch auf eine einzige Stelle aufmerksam gemacht werden, in der sich das Geheimnis des θεὸς ζῶν in der Verkündigung Jesu voll auftut. In Mt. 22, 32 wird zunächst die Selbsterklärung des Gottes Israel zitiert: »Ich bin der Gott Abrahams und der Gott Isaaks und der Gott Jakobs«, dann schließt sich die

Botschaft an: »Gott aber ist nicht ein Gott der Toten, sondern der Lebendigen!« Schniewind erklärt: »Nur aus der Wirklichkeit Gottes folgt die Wirklichkeit der Auferstehung; wer vor dem lebendigen Gott steht, bleibt nicht im Tode. Die verheißene Toten-Auferweckung aber bringt der Eine, in dessen Tat und Wort sie jetzt schon anbricht (s. z. Mt. 8, 22; 11, 5. 1) und der der Erste ist, den Gott von den Toten erweckt (Act. 26, 23 Rm. 1, 4; 8, 34 1. Kor. 15, 23 Kol. 1, 18)« (48 z. St.).

*Siebentes Kapitel*

# Die Umkehr zu Gott

Eine zentrale Stellung in der Theologie Schniewinds nimmt die evangelische μετάνοια ein. Wir haben in den Darstellungen der ersten sechs Kapitel schon gesehen, daß dieses Thema immer wieder in den Mittelpunkt tritt. Jetzt wenden wir uns in genauer Nachfrage dem zu, was Schniewind zur »Umkehr zu Gott« in Vorträgen und Schriften ausgeführt hat. Es liegen mehrere Veröffentlichungen vor, die es zu erarbeiten und darzustellen gilt. Im Sommersemester des Jahres 1934 wurde zum ersten Mal das Thema μετάνοια in einer Veröffentlichung von Schniewind behandelt. Auf einer Tagung der Theologischen Fachschaft der Universität Königsberg, an der neben den Studenten auch Pfarrer der Provinz Ostpreußen teilnahmen, sprach er über »Evangelische Metanoia«; den Parallelvortrag über »Evangelische Verkündigung heute« hielt H. Girgensohn aus Riga. Im Heft 25 der Schriftenreihe »Bekennende Kirche« wurden beide Vorträge im Jahre 1935 publiziert. Zweitens wäre ein Aufsatz zu nennen, der im 2. Teil des von H. Asmussen herausgegebenen Bandes »Rechtgläubigkeit und Frömmigkeit« unter dem Titel »Was verstand Jesus unter Umkehr?« im Jahre 1938 erschienen ist. Als dritte Schrift ist die im Jahre 1940 veröffentlichte Auslegung des Kapitels Lk. 15 unter dem Thema »Das Gleichnis vom verlorenen Sohn« heranzuziehen. Und schließlich wäre die Abhandlung »Das biblische Wort von der Bekehrung« zu nennen, die im Jahre 1947 vorgelegt wurde. Suchen wir einen Weg zur Darstellung der Hauptgedanken, die in allen diesen Schriften hervortreten, so wird am besten von dem Vortrag über »Evangelische Metanoia« (1934) auszugehen sein. Dieser Vortrag enthält einen Grundriß und Aufbau, dem wir folgen wollen, um dann in diesen Aufriß die späteren Äußerungen zum Thema »Umkehr« nacheinander einzubeziehen. Auf diese Weise kann ein sehr klares Gesamtbild erzielt werden.

Schniewind stellt seinen Vortrag über »Evangelische Metanoia« unter das Gesamtthema, das die im Sommersemester 1934 durchgeführte Tagung beherrschte: »Evangelische Verkündigung heute.« Er berichtet zuerst davon, wie in den Vorbesprechungen die eigentliche Hauptfrage der gemeinsamen Arbeit formuliert wurde: »Wie soll das, was evangelische Verkündigung bedeutet, in unserem Alltagsleben wirken?« (22 S. 18). In dieser Fragestellung tritt unverkennbar eine Bestrebung hervor, die Julius

Schniewind immerzu beseelte. Nun haben freilich Studenten noch nicht die Aufgabe des Verkündigens. »Bei uns andern, deren Lebensaufgabe Verkündigung heißt, steht neben der Verkündigung der Alltag und seine Arbeit und Mühe, seine aufreibende Unruhe und sein Kampf; und die Verkündigung selbst und ihre Vorbereitung ist zunächst einmal alles dies: Arbeit, Mühe, Kampf und Ringen, aufreibender Kampf« (22 S. 18). Dieser Satz eröffnet einen Blick in das von ϑλίψις gezeichnete Leben dessen, der mit seiner ganzen Existenz in den Dienst der Kirche hineingenommen worden ist. Auf das Thema »Evangelische Metanoia« aber geht Schniewind in seinem Vortrag zu, indem er Act. 2, 37 f. aufnimmt: »Was sollen wir tun? fragen die Leute am Pfingsttag. ›Kehret um, ein jeder von euch lasse sich taufen auf den Namen Jesu Christi zur Vergebung eurer Sünden, und dann werdet ihr die Gabe des heiligen Geistes empfangen!‹« Mit dem Ruf zur Umkehr wird die alles umfassende Frage »Was sollen wir tun?« im Neuen Testament beantwortet. Um neu zu erarbeiten, was μετάνοια eigentlich ist, wendet Schniewind sich den neutestamentlichen Texten zu. Dieses Hören auf das biblische Wort aber steht beständig unter einem in den späteren Schriften deutlich formulierten Vorzeichen: »Ein Wort, das nur für andere ›ausgewertet‹ wird und nicht zunächst zu uns selbst geredet hat, findet auch das Ohr der anderen nicht« (34 S. 3 vgl. auch 41 S. 15).

Was ist μετάνοια? Zuerst werden scharfe Abgrenzungen vollzogen. »Wir reden von Metanoia, ausdrücklich und absichtlich nicht von Buße. Das Wort Buße ist nämlich mit Vorstellungen behaftet, die genau an dem vorbeiführen, was die Bibel mit Metanoia meint. Buße heißt in unserer Sprache zunächst soviel wie Strafe« (22 S. 18 f.). Schniewind erinnert daran, daß im allgemeinen Sprachgebrauch z. B. von »Geldbuße« und vom »Ab-büßen« in dem Sinne die Rede ist, daß eine verdiente Strafe getragen und abgetragen werden muß. »Dies Abbüßen und Strafetragen hat dann in einer langen Geschichte der Bußdisziplin und Bußübung in unserer Kirche die uns allen bekannte Form gewonnen: Buße ist Stimmung, Gefühl, Erregtsein, Angst; Buße heißt Tränen vergießen – so klingt es weithin durch unser Gesangbuch, so singt es die Arie der Matthäus-Passion, so gestaltet es unsere Sitten beim Bußtag, am Karfreitag, am Silvester, so bestimmt es unsere Evangelisation . . . Aber dies alles geht an dem, was die Bibel mit Metanoia meint, noch ganz vorbei« (22 S. 19). Nun wird freilich bei diesen kritischen Vorerwägungen und Überlegungen zu bedenken sein, daß auch im Neuen Testament im Zusammenhang mit der μετάνοια von Trauer und Tränen gesprochen werden kann (vgl. 2.

Kor. 7, 9 f.). In der Auslegung zu Lk. 15 schreibt Schniewind »Der Schmerz über das Versäumte, Verdorbene – bis zu Tränen – behält sein Recht. Wenn die Evangelien von Petri Verleugnung erzählen – ›er weinte bitterlich‹ –, wenn Jesus den Frauen Jerusalems sagt: ›Weinet über euch und eure Kinder!‹, wenn Lukas die große Sünderin in ihren Reuetränen zeigt: so ist das alles nicht Sentimentalität, sondern bitterer Ernst. Es ist hier nicht anders um Reue und Umkehr bestellt als in den Psalmen und in unseren Kirchenliedern: unsere Trennung von Gott geht an unser innerstes Herz« (34 S. 8). Doch handelt es sich bei allen diesen schmerzvollen Äußerungen nur um Begleiterscheinungen einer bestimmten Wendung auf Gott hin. Diese Begleiterscheinungen können fehlen, die Wendung als solche aber doch dasein (22 S. 19).

Die zweite Abgrenzung geschieht in dem Satz: »Metanoia ist auch weit mehr als ›Sinnesänderung‹« (22 S. 19). Die an eine etymologische Ableitung des griechischen Wortes sich anlehnende Übersetzung ist einfach falsch, sie ist eine Verharmlosung und entstellt die biblische Metanoia, obwohl die Wendung zu Gott selbstverständlich auch im Sinnen und Denken sich auswirkt. Aber »Gott begnügt sich nicht mit unserem Sinn, sondern er fordert die ganze Tat, all unser Tun bis ins Kleinste; ja und er fordert auch unseren Sinn, unser innerstes Herz, aber nicht so, daß sich hier ein vortrefflicher, neugesinnter Mensch darstellt, sondern so, daß sich Sinn und Herz wie Tat und Werk zu Gott wenden« (22 S. 19 f.).

Wie aber wird μετάνοια recht übersetzt und erklärt? Der Ruf μετανοεῖτε in Mt. 3, 2 und 4, 17 entspricht dem hebräischen *schubu:* »Kehret um!« »Bekehret euch!« So hat μετάνοια die Bedeutung: Wendung zu Gott. Umkehr, Buße ist also nicht eine menschliche Verzweiflung in sich, ein Zusammenbruch, eine Angst in sich. Es geht vielmehr um Gott und nur um Gott (41 S. 22). In allen Abhandlungen zum Thema »Umkehr« weist Schniewind fortgesetzt auf das Alte Testament hin. Die prophetische Botschaft ist durchdrungen von dem Ruf: »Kehret um!« »Wendet euch zu Gott!« In den alttestamentlichen Texten aber kann eine wichtige Beobachtung gemacht werden. Es heißt z. B. in Jer. 31, 18: »Führe mich zurück, daß ich umkehre!« Luther übersetzt: »Bekehre mich du, so werde ich bekehrt!« Auch aus Jer. 4, 1 Thr. 3, 40 und Jes. 55, 7 geht deutlich hervor: »Gott ist es, der die Bekehrung selber bewirkt. Er kehrt sich zu uns, wendet sich uns zu, und die Antwort darauf ist unsere Umkehr und Wendung« (22 S. 20). Im Neuen Testament aber geschieht die μετάνοια vom Evangelium her. Was heißt das? In Mt. 3, 2 finden wir den Ruf: »Kehret um, denn die Himmelsherrschaft hat sich genaht!« Schniewind erklärt zu dieser Stelle: »Der ganze Akzent liegt auf dem ›denn‹. Weil Gottes Herrschaft naht und kommt, weil Gott die Herrschaft antritt und die Satansherrschaft besiegt, darum kann jetzt ein jeder zu Gott nahen, zu Gott kommen und umkehren« (22 S. 20 f.). Unter diesem Vorzeichen ist die »evangelische Metanoia« zu verstehen.

Doch bevor von dem »Bußruf Jesu« (A. Schlatter) gesprochen wird, muß zunächst von Johannes dem Täufer die Rede sein. Johannes tauft »eine Taufe der Umkehr zur Vergebung der Sünden« (Mk. 1, 4). In Mt. 3, 1–12 wird das Auftreten des Täufers geschildert. Er redet vom »künftigen Zorn« (Mt. 3, 7). Diesen »Zorn« interpretiert Schniewind in seinem Matthäuskommentar als »Abwendung des Weltenrichters von denen, die sich von ihm abwandten« (48 z. St.). Der Ruf zur Umkehr will die Hinwendung zu dem lebendigen Gott angesichts des endzeitlichen Gerichts bewirken. Die Taufe ist Vollzug der μετάνοια. Denn »Taufe heißt untertauchen, begraben werden, in den Tod gegeben und verurteilt werden« (22 S. 21). Die Umkehr hebt damit an, daß der Mensch stirbt und dem Tode verfällt, daß er sich dem Gericht Gottes unterwirft und Gott recht gibt in seinem Urteil. Hier ist der Anfang. »Es ist jetzt wirklich möglich, diesem schrankenlosen Urteil Gottes recht zu geben (Luk. 7, 29), denn in der Taufe spricht Gott mit dem Todesurteil zugleich das Lebensurteil: gestorben, versenkt, begraben die alte Existenz, aber ein Neues hebt an, da Gott die Herrschaft antritt. Gott läßt das Alte nicht gelten, er vergibt, und es gilt nur, diesem Urteil Gottes recht zu geben« (22 S. 21). Die Taufe des Johannes deckt auf, was Schniewind in der Erklärung zu Lk. 15 in die Worte faßt: ». . . daß unser Leben verloren ist, wenn uns nicht ein neues, ewiges Leben von Gott geschenkt wird; daß unser Leben dem Tode und dem Gericht verfallen ist, wenn Gott uns nicht freispricht« (34 S. 23).

Johannes der Täufer erwartet den ἐρχόμενος (Mt. 11, 3); ihm ist er zugewandt, in ihm wird alles erfüllt werden: Gericht und Freispruch, Urteil und Vergebung. Aber wer nimmt die endzeitliche Stunde wahr? »Nur ›wer Ohren hat, zu hören‹, der hört, daß in Jesu Wort und Tat der Kommende selbst spricht und handelt, der Kommende, dessen ganzes Wort Evangelium ist, Freudenruf« (22 S. 21). Doch es liegt alles daran, daß die Umkehr ganz eingeschlossen ist in das Geschehen der Verkündigung der Frohen Botschaft: »Hier wird nicht zweierlei gesagt: Buße und Glauben, Buße und Evangelium, sondern die Umkehr besteht darin, daß man der Freudenbotschaft traut; die Umkehr stammt ja daher, daß Gottes Herrschaft jetzt da ist« (22 S. 21). Ja, es kann jetzt gesagt werden: »Alles, was Jesus ist und tut, heißt Umkehr; alles, was Jesus ist und tut, heißt Freudenbotschaft. Ihm begegnen, das heißt umkehren; er kann das Ziel seiner ganzen Predigt mit diesem Wort beschreiben . . .« (22 S. 21 f.). In Jesus wird die Gottesherrschaft Gegenwart, in ihm kommt Gott selber — »wehe, wer ihn abweist!« (22 S. 22).

Wenn Schniewind in seinem Vortrag über die »Evangelische Metanoia« auf Lk. 15 zu sprechen kommt, so gibt dieser Abschnitt Anlaß, die Grundgedanken der Auslegung »Das Gleichnis vom verlorenen Sohn« (1940) einzubeziehen. Hierzu ist es erforderlich, einige hermeneutische Hinweise aufzunehmen, die — an verschiedenen Stellen — zum Problem der Gleichnisauslegung vorgelegt werden. Zwei extreme Wege der Interpretation werden abgelehnt. Zuerst der Weg der Allegorie. »Man darf die Gleichnisse Jesu nicht allegorisieren, d. h., man darf nicht Zug um Zug jede Einzelheit des Bildes in die Wirklichkeit des Tuns und Kampfes Jesu übertragen« (34 S. 12). Auf der anderen Seite aber wäre es eine wesentliche Verkürzung, wenn aus den Gleichnissen nur das »tertium comparationis«, nur der eine »springende Punkt« der Vergleiche und bildhaften Erzählungen herausgearbeitet würde. Man hat seit langem schon beobachtet — und an diese Beobachtung knüpft Schniewind an —, daß die Gleichnisse Jesu weithin auf »stehenden Bildern« beruhen, die jedem Hörer aus dem Alten Testament bekannt waren. »Der Vater«, »der König«, »Herde und Hirt« -- hier handelt es sich um eindrückliche Metaphern, in denen die Hörer sogleich Beziehungen auf biblische Wirklichkeiten und Zusammenhänge erkennen. Der Interpret der Gleichnisse wird diese »stehenden Bilder« in ihrem Bedeutungsgehalt erkennen und erklären müssen. Natürlich liegt die Gefahr nahe, daß Momente der Allegorie in diesem exegetischen Verfahren doch noch zur Geltung kommen, daß Zug um Zug das jeweils hervortretende Bild auf die gemeinte Sache hin ausgelegt wird. Aber eine hermeneutische Regel ist nicht zu formulieren. Immer neu wird der Intention der Gleichniserzählungen zu folgen sein. Dabei gilt es z. B. in Lk. 15, »in der Nacherzählung unseres Gleichnisses die Züge nicht zu übersehen, die nur in das Bild des irdischen Geschehens gehören; aber umgekehrt darf nicht vergessen werden, daß alle Schilderungen wie ein Transparent sind, das erst, wenn das Licht dahintergestellt wird, sein Bild zeigt: Nur von der eigentlich gemeinten Sache her, nur von der Gottesbeziehung her, will alles, was das Gleichnis erzählt, verstanden sein« (34 S. 17 f.). Die Erklärung der »stehenden Bilder« ist in dieses exegetische Hauptverfahren einzubeziehen.

Mit der Auslegung »Das Gleichnis vom verlorenen Sohn« hat Schniewind in der von Volkmar Herntrich herausgegebenen Reihe »Wege in die

Bibel« eine Studie vorgelegt, die als »Bibelarbeit« bezeichnet wird und in die gründliche Exegese beständig eine existentielle applicatio einschließt. Wir folgen an dieser Stelle den Interpretationen zu Lk. 15, soweit sie sich unmittelbar auf das Thema »Umkehr« beziehen. Gedanken, die im Jahre 1934 im Vortrag über »Evangelische Metanoia« geäußert wurden, werden in der Schrift des Jahres 1940 im Anschluß an den biblischen Text ausführlicher und schärfer herausgestellt. Schniewind geht aus von dem Hinweis: »Jesu Sünderfreundschaft erweist sich so, daß er unmittelbar die Menschen zu sich ruft, unmittelbar, nicht nur in Bild und Gleichnis« (34 S. 3). Die ersten Verse des Kapitels Lk. 15 bezeugen dieses Geschehen: »Es nahten sich aber alle Zöllner und Sünder zu ihm, ihn zu hören. Und die Pharisäer und Schriftgelehrten murrten laut und sprachen: Dieser nimmt die Sünder an und ißt mit ihnen« (Lk. 15, 1. 2). Durch die Gegenwart Jesu wird dieses Gastmahl mit den Sündern zu einem Ausblick auf das künftige Freudenmahl, ja sogar zu einem Ereignis, in dem die Zukunft schon angebrochen ist. Verheißungen des Alten Testaments gehen in Erfüllung (vgl. vor allem Jes. 25, 6 f.). Über den Gleichnissen steht also ein Geschehen, von dem aus die Erzählungen zu deuten und zu verstehen sind.

Welche Botschaft aber künden die Gleichnisse? Die Bildreden vom verlorenen Schaf und vom verlorenen Groschen wollen vor allem das eine veranschaulichen: So sucht Gott das Verlorene, so sucht er den Menschen! »So wie eine arme Frau nach ihrem geringen Geldstück sucht . . . , so müht sich Gott und sucht das Verlorene, das noch ihm gehört und das ihm nicht entfliehen kann« (34 S. 15). »Auch der Geringste ist für Gott ein Besitz, den er nicht missen will, um den er Arbeit und Sorge des Suchens aufwendet und über den der ganze Himmel sich freut, wenn er neu gefunden wird« (34 S. 15 f.). Wenn jedoch von dem kostbaren Wert des unter Mühsalen gesuchten Menschen die Rede ist, so sieht Schniewind sich genötigt, eine Antithese zur Geltung zu bringen, die eine in der Kommentierung bisweilen geäußerte Auffassung abweist: »Es geht nicht um ein Ewiges im Menschen, das unendlich wertvoll wäre, eben seine Seele; sondern der ganze Mensch, gerade auch der verirrte, der ›seine Seele verloren hat‹, der sein eigentliches Leben, das Leben mit Gott, verloren hat, ist von Gott ›wert gehalten‹; so sehr, daß Gott seinen Sohn in die Welt gesandt hat, das Verlorene zu suchen« (34 S. 16). – Schwieriger sind die Fragen, die sich bei der Interpretation des Gleichnisses vom verlorenen Sohn einstellen. Der Fortgang des Sohnes, dieser »Bruch der Liebe und Treue«, ist verwunderlich. Denn Gott gibt dem unbilligen Verlangen des Menschen nach Freiheit Raum. Er läßt die Menschen ihre eigenen Wege gehen (Act. 14, 16 f.; 17, 24 f.), er läßt zu, daß sie seine Offenbarung in das Gegenteil verkehren, und er stößt sie dann hinein in ebendiese Ferne, zu der sie sich entschieden haben, er straft Sünde mit Sünde« (34 S. 19). Mit dieser Deutung führt Schniewind unmittelbar zur Sache. Ist es erlaubt, die Forderung und den Abschied des Sohnes ins Grundsätzliche der Beziehungen zwischen Gott und Mensch zu übertragen? Das Recht zur Ausdeutung dieses Zuges der Gleichniserzählung wird durch die genannten Parallelstellen (Act. 14, 16 f. und 17, 24 f.) gegeben. Aber ist es nicht trotzdem unerhört befremdlich, daß Gott dem Menschen die Möglichkeit gibt, seine Liebe zu verschmähen? Schniewind stellt diese Frage und antwortet: »Jesus gestaltet dieses Gleichnis absichtlich so, weil unser Verhalten gegen Gott in der Tat höchst befremdlich ist und weil wir nur dadurch zur Umkehr bewegt werden, daß uns das Unerhörte unseres Verhältnisses zu Gott deutlich wird« (34 S. 20). Das Treiben des Sohnes in der Fremde aber wird sofort zu einem Bild für die Gottesferne. Nur sehr vorsichtig wird das Sich-Ausleben, das Prassen und Verkommen in der Gleichniserzählung angedeutet. Es zeigt sich überhaupt, »daß die Bibel in allen Schilderungen menschlicher Bosheiten sehr zurückhaltend ist« (34 S. 18). Nichts wird ausgemalt, obwohl alles Entscheidende mit schneidender Schärfe gesagt ist. In seinen Kollegs hat Schniewind oft diesen Zug der biblischen Botschaft besonders betont. Mit Leidenschaft wandte er sich gegen jedes Ausmalen menschlicher Schuld. Er pflegte dann Eph. 5, 12 zu zitieren: »Denn was heimlich von ihnen geschieht, ist schändlich auch nur zu sagen!« — In Lk. 15, 17 ereignet sich die entscheidende Wende des Gleichnisses. Luther übersetzt: »Er schlug in sich.« Schniewind hält diese Übersetzung für zu stark; besser wäre: »Er kommt zu sich selbst« oder »Er kommt zur Besinnung.« Diese Worte bezeichnen den Anfang der Umkehr. Aber sogleich stellt sich die Frage ein: Ist dieses Zur-Besinnung-Kommen tatsächlich das Entscheidende? Wie stellt sich dann das Umkehren dar? Wir lesen: »Es wäre einfach die Rückkehr zum klaren und richtigen Denken. In der Bibel wird durchgehend die Sünde als Torheit, Narrheit, hingegen Gehorsam und Treue gegen Gott als Weisheit, Verstand, Wahrheit bezeichnet« (34 S. 21). An dieser Stelle müssen viele Vorurteile ausgeräumt werden. »Wir sind gegen diese Grundanschauung der Bibel mißtrauisch geworden, weil wir einen Irrtum des Denkens für harmlos ansehen und erst einen Akt des Willens als Schuld betrachten. Aber nach biblischer Anschauung ist auch unser Denken ein Akt unseres Willens. Wir wollen die Dinge nicht so sehen, wie sie sind. Wir sind geneigt, uns selbst zu betrügen und verführen zu lassen. Das ist unsere Schuld, die uns von Gott scheidet und uns verlorengehen läßt. Aber es kann sein, daß eine große äußere Not uns treibt, zu uns zu kommen, zur Klarheit zu gelangen« (34 S. 21). Aber stimmt die in diesem Zitat zuletzt getroffene Aussage? Treibt die Not zur Erkenntnis? Führt die Lebensnot zur Einsicht und zur Rückkehr zu Gott? Schniewind weiß sehr wohl, daß unheilvolles Erleben auch zum Fluchen, zur Verhärtung und Verbitterung Anlaß geben kann. Aber dennoch sind einige Überlegungen anzustellen, die sich auf die gesamten Voraussetzungen unseres Denkens erstrecken. Unter dem Einfluß der griechischen Lebensanschauung sind wir skeptisch geworden gegenüber der Vorstellung, daß Not zu Gott führen könne. »Griechisches Denken hat uns gelehrt zu glauben, daß die Vorgänge unseres Inneren unabhängig sind oder wenigstens unabhängig sein sollen gegenüber allen äußeren Erlebnissen. Die Bibel denkt auch hierin anders. Gott ist der Herr der ganzen Welt und des ganzen Lebens; das Äußerliche und Äußerlichste ist ebenso in seiner Hand wie unser Herz und unser Denken« (34 S. 21) Es fällt auf, daß Schniewind immer wieder in Antithesen zum griechischen Denken und seinen verhängnisvollen Nachwirkungen Stellung nimmt. Er ist fortgesetzt bedacht, ein neues Verständnis des biblischen Denkens zu erwekken, und führt in diesem Zusammenhang zur Welt- und Lebensauffassung des Alten Testaments zurück.

Die Wiederaufnahme des verlorenen Sohnes durch den Vater ist ein Zeichen der Vergebung und der alle Schuld überwindenden Liebe. Nun hat man gemeint, das Wunderbare dieser Aufnahme und Vergebung sei das Neue und Überwältigende der Botschaft Jesu von Gott. Doch »auch im Alten Testament war die Vergebung Gottes, seine Zuwendung zu den Abtrünnigen, immer neu als etwas Unerhörtes beschrieben, worauf kein Mensch irgendeinen Anspruch hat; alle Propheten reden davon, daß es einmal aus sein kann mit Gottes Vergebung« (34 S. 23). So ist es also nicht richtig, wenn behauptet wird, Jesus teile im Gleichnis vom verlorenen Sohn eine neue Gotteserkenntnis mit. Vielmehr liegt das eigentliche Geheimnis darin, daß in allen Gleichnissen begründet wird: »So ist die Sündenvergebung, die Jesus bringt, eine neue Wirklichkeit, Tat und Gegenwart Gottes und nicht ein neuer Gedanke über Gott, den Jesus zuerst gebracht hätte« (34 S. 30). So muß denn erklärt werden: »Jesus verkündet in unserem Gleichnis Gottes Vergebung, weil in ihm selbst, in seinem Tun und Wort, diese Vegebung Ereignis wird und zu uns kommt« (34 S. 31). Damit wird zum Anfang Lk. 15, 1. 2 zurückgelenkt.

Besondere Aufmerksamkeit wird den Worten des Vaters zugewandt, mit denen er das ganze Geschehen ins Licht rückt. Es heißt in Lk. 15, 24: »Mein Sohn war tot und ist wieder lebendig geworden, er war verloren und ist gefunden worden.« Was heißt das: »Er war tot«? Dazu Schniewind: »Die Bibel meint mit dem Wort ›Tod‹ niemals das, was wir ›innerste Erstorbenheit‹ nennen. Es geht hier nicht um den Befund unseres Seelenlebens, sondern um unsere Stellung zu Gott. Alles, was in der Bibel von unserem leiblichen Sterben, von des Todes Furcht und Grauen gesagt wird, ist nur ein Symptom für die ewige Trennung von Gott, die jetzt schon über uns steht« (34 S. 26). Von hieraus fällt noch einmal ein Licht auf die Wege des verlorenen Sohnes in der Fremde, die ein Bild der Gottferne ist.

Eigentlich müßte von den »zwei verlorenen Söhnen« gesprochen werden. Neben dem Verlorenen steht der Daheimgebliebene, neben den Sündern stehen die Gerechten. Das Gleichnis enthält eine Botschaft an diese Gerechten, die »der Umkehr nicht bedürfen«. So sind denn beide Gruppen näher zu beschreiben und zu erklären. Wer sind die Sünder? Wer sind die Gerechten? In V. 1 u. 2 werden die Menschen benannt, die Jesus in seine Gemeinschaft aufnimmt. »Sie suchen sein Wort des Zuspruchs, der Vergebung, der Seligpreisung, das Wort, das alle Verdammung der Sünde in sich schließt, aber dennoch Gottes Friede und Gottes Freude ist« (34 S. 4). Zu ihnen gehören die Armen – Menschen, bei denen schon die äußere Lage so gestaltet ist, daß sie nichts von sich und von anderen Menschen zu erwarten haben, aber alles von Gott (34 S. 21). Die Bezeichnung »Arme« wird zu einem Namen für die, »welche tatsächlich nichts mehr von sich selbst und von der Welt erwarten, aber alles von Gott; welche freudig wissen, daß sie ganz und gar auf Gott angewiesen sind« (34 S. 21). So gälte es also nur einzugestehen, daß wir vor Gott tatsächlich so sind wie diese Armen, wie die Bettler, wie die hilflosen Kinder (34 S. 11). Wer aber sind die Gerechten? Jesus wendet sich an die Pharisäer, sie sind gemeint. Aber sogleich wird alles darauf ankommen, daß die landläufige Vorstellung, die man sich von den Pharisäern macht, gründlich korrigiert wird: »Wir machen uns gewöhnlich ein falsches Bild von den Pharisäern. Es sind tatsächlich Menschen, deren ganzes Leben davon bewegt ist, bis ins einzelne und bis ins Geringste hinein Gottes Willen zu tun. Man ›macht einen Zaun um das Gesetz‹, man umgibt jedes einzelne Gebot Gottes wie mit einer Schutzmauer noch mit vielen anderen Geboten, die dessen Erfüllung sicherstellen sollen« (34 S. 9). Man könnte die Gruppe der Pharisäer – wie Schniewind es in seinen Kommentaren tut – eine »pietistische Laienbewegung« nennen. Die genaue Befolgung des Gesetzes, die das ganze Leben durchdringt, bestimmt alles Denken, Reden und Tun. »Sobald man sich um die ›Präzisität‹ der Lebenshaltung bemüht, um einen ganzen ungeteilten Gehorsam – und sollte das nicht unser höchstes Anliegen sein? –, kommt es naturgemäß dahin, daß man jede Regung überwacht, die Einteilung des Tages, die Ordnung des Gebetes, die Auswahl der Speisen, und daß man gerade auf die sogenannten ›kleinsten‹ Dinge achtet . . .« (34 S. 9). Diese Äußerlichkeiten warf Jesus den Pharisäern nicht vor. Ihm liegt an einer Erfüllung der Gebote, die ins letzte geht. Mit Recht und mit Ernst nennt er die Pharisäer »Gerechte«. Aber diese Gerechten mit all ihrer wirklichen Gerechtigkeit sind in Gefahr, daß sie an der Freude Gottes vorübergehen. »Dies deshalb, weil sie den Dienst Gottes am Irrenden und Verlorenen vergessen« (34 S. 10). Doch Jesus möchte die Frommen mit hineinziehen in die Freude Gottes über die Rückkehr der Verlorenen. Der ältere Sohn, der Daheimgebliebene, ist das warnende Exempel. »Es wäre eine unwiederbringliche Verlorenheit, aus der Freude des Vaters zu entfliehen, eben um der Freude des Vaters willen den Vater zu verlassen« (34 S. 35).

Wie Schniewind im Blick auf die Sünder und die Armen sehr konkret von »uns« spricht, so vergegenwärtigt er auch die Aussagen über die Pharisäer und die Gerechten unmittelbar. Der freudlose Dienst der Frommen ist ein Zeichen tiefster Verlorenheit und weiten Geschiedenseins von der Freude Gottes. Denn in der Gemeinschaft des Vaters stehen, das hieße doch: in unablässiger Freude leben. »Statt dessen ist uns Gottes Gebot oft eine Last, ein Sklavendienst, eine freudlose Pflicht, und darum, soweit wir es erfüllen, ein Verdienst, ein Stolz, mit dem wir uns über andere erheben oder vor Gott etwas zu gelten meinen« (34 S. 33). Der Stolze aber spricht – Schniewind nimmt hier Erklärungen Luthers auf –: »hoc ego feci«. Gebet, Bibellesen und alle Gestaltungen des Lebens werden als eigenes Verdienst betrachtet. Das geht so weit, daß noch aus der Buße ein Verdienst gemacht wird, aus der Sündenerkenntnis ein Stolz, aus der Demut eine Tugend, also Hochmut (34 S. 39). Die Härte und Freudlosigkeit des Lebens zeigt sich dann auch im Urteil über andere, im Dienst an anderen. »Wenn uns das Herz nicht bricht über die Not der Verlorenen dicht neben uns, wenn uns keine Kraft des suchenden und gewinnenden Wortes, keine Kraft des zusprechenden Vergebungswortes Gottes geschenkt ist, so liegt es bestimmt daran, daß für uns selbst Gottes Dienst ein hartes Joch, eine freudlose Pflicht und darum im Grunde ein Murren und Klagen ist, statt daß Gottes freies und grenzenloses Erbarmen unser Sinnen und Reden und Tun, unser Beten und Dienen und

Arbeiten bestimmte und gestaltete« (34 S. 41). Alles entscheidet sich also daran, ob ein Mensch in die Freude Gottes eingekehrt ist. In den apostolischen Schriften ist das Leben »in Christus Friede, Freude, Ruhm, Frohlocken«; denn es ist beständiger Zugang zur Gnade. »Alle Freudlosigkeit unseres Lebens entsteht nur daraus, daß Christus vergessen wird, als wäre er umsonst gestorben und als lebte er nicht« (34 S. 41).

Nach diesem größeren Einschub, der auf die Auslegung der Gleichnisse in Lk. 15 einging, kehren wir zum Grundriß des Vortrages über die »Evangelische Metanoia« zurück. »Jesus selbst ist die Umkehr der Sünder«, heißt es da an hervortretender Stelle (22 S. 23). In ihm erfüllt sich Hes. 34: »Ein Hirt wird kommen, der sich so erbarmt, wie Gott sich selbst erbarmt, der (wenn man es so ausdrücken darf) in Person die Bekehrung Gottes zu uns ist, die Wendung Gottes zu den Verlorenen, einer, der sich der Umkehrenden so freut, wie Gott selbst, wie der ganze Himmel sich freut (Lk. 15, 7. 10)« (22 S. 23). Umkehr ist Freude. In diesem Zeichen steht alles, was zu dem Thema »Bekehrung« zu sagen ist. Anders als beim Bußruf des Täufers ist bei Jesus das schrankenlose Evangelium, das Freudenwort da. Auch das Gott-recht-Geben, das Sterben unter dem Urteil des Richters wird von der Freude überstrahlt. »Bei den Umkehrenden beginnt die Freude der messianischen Zeit, die Hochzeit, das Freudenmahl (Mk. 2, 15 ff.). Es ist Freude, daß von Gott her die Dinge zurechtgebracht werden, die verwirrt und verkehrt waren (Lk. 19, 6 ff.)« (22 S. 23). Diese Freude muß das Kennzeichen der Gegenwart Jesu gewesen sein. So bedeuten auch die Seligpreisungen Freude für die, die vor Gott arm sind, niedrig, hungernd, trauernd, wartend. Solche Freude kann nicht gefordert werden. Jesus spricht: »Ich habe zu euch geredet, daß meine Freude in euch sei und eure Freude vollkommen werde« (Joh. 15, 11). Seine eigene Freude spricht Jesus den Freudlosen zu — seinen Jüngern, die ohne ihn in der Welt hilflos und zu seinem Dienst unfruchtbar sind (22 S. 11). — Alles, was über die Freude der Umkehr zu sagen ist, hat aber auch eine Kehrseite. Schniewind betont: »Von da aus bekommen all die furchtbaren Worte ihren Klang, die Worte von der Hölle und vom Fluch und von der Schuld« (22 S. 24). Es ist furchtbar, sich selbst von der Freude der Gemeinschaft mit Gott auszuschließen.

Zum Wirken des irdischen Jesus, der die Sünder zur Umkehr ruft und mit ihnen Tischgemeinschaft hält, erklärt Schniewind: »Was er auf Erden und als der Gekreuzigte ist und tut, das ist und tut er auf die Auferstehung hin; ja er tut es schon aus Vollmacht und Gewalt der Auferstehung (Mk. 2, 10 vgl. Mt. 28, 18), er handelt und spricht schon auf Erden von der Auferstehung her« (22 S. 24). Zu den Evangelien konnte Schniewind häufig auf ein Wort Bengels hinweisen, es lautet: »respirant resurrectionem« – die Evangelien »atmen Auferstehung«, in ihnen ist der Geist des Ostergeschehens lebendig. Die Erhöhung des Christus setzt alles in Kraft. Nun wird Israel Umkehr und Vergebung geschenkt (Act. 5, 31). Nun empfangen die Heiden Umkehr zum Leben (Act. 11, 18).

Die Umkehr ist aber nicht nur eine Gabe von Gott, sie ist zugleich Befehl (22 S. 25). Gott gebietet allen umzukehren, ehe das Gericht kommt (Act. 17, 30). Die Missionsbotschaft der ersten Christen gibt diesen Befehl weiter. Sie kündet, »daß jetzt die Wendung von den Idolen zum lebendigen und wahren Gott geschenkt wird und die freudige Erwartung des Weltenrichters, denn dieser ist Jesus, der Erretter vom kommenden Zorn (1. Thess. 1, 9. 10)« (22 S. 25). Das gesamte Neue Testament bringt den Heiden die Botschaft, daß aus dem Tode heraus ein Umkehren möglich ist – Umkehr, fort von den toten Werken (Hebr. 6, 1). Die Taten, in denen die Gottabgewandten leben, tragen den Tod in sich, sie sind gekennzeichnet durch die ewige Scheidung von Gott. Aber Gott ist noch langmütig, er wartet noch, »und gerade diese seine Langmut sollte zur Umkehr treiben (Rm. 2, 4 2. Petr. 3, 9)« (22 S. 26). Dann aber entstehen in der Gemeinschaft mit dem lebendigen Gott ganz neue Werke, die der Umkehr entsprechen: »Werke, aus Gottes Wundermacht gewirkt (Mk. 10, 26 f. Eph. 2, 10 Mt. 5, 16), die wie eine neue Frucht erwachsen, da der Baum neu wird (Mt. 3, 8; 7, 15 ff. Gal. 3, 22)« (22 S. 26). Und immer wieder wird von Schniewind unterstrichen: Diese Werke beziehen sich auf die konkreten Einzelheiten des Lebens. »Aus der Übertretung des ersten Gebotes folgt die Übertretung aller anderen Gebote, und die Umkehr von den Idolen zu Gott wäre zugleich die Umwandlung des ganzen Lebens« (22 S. 26).

Doch nicht nur an die Heiden wendet sich die Ermahnung und der Ruf zur Umkehr; zu den Christen wird nicht anders geredet. Noch einmal kommt Schniewind auf 2. Kor. 7, 9 f. zu sprechen. Luther übersetzt: »Denn die göttliche Traurigkeit wirkt zur Seligkeit eine Reue, die niemand gereut; die Traurigkeit aber der Welt wirkt den Tod« (V. 10). Kraftvoller wäre zu übersetzen: »Betrübt auf Umkehr hin, und zwar nach Gottes Art betrübt, weil diese Betrübnis eine Umkehr wirkt, die ewiges Heil bedeutet, und diese Umkehr reut niemand.« Die Traurigkeit, von der in diesem apostolischen Wort die Rede ist, meint also das gerade nicht, was wir üblicherweise unter Bußstimmung verstehen; sie fällt vielmehr unter den Satz »die Betrübnis der Welt wirkt den Tod«; denn »das bloße Empfinden des Verfehlens ist ja selbst nur ein Zeichen des ewigen Todes, während die Umkehr von Gott her ewige Seligkeit bedeutet« (22 S. 26 f.). In diesem Sinn werden die christlichen Gemeinden zur μετάνοια gerufen. Schniewind weist auf die Sendschreiben der Johannesapokalypse hin: Apc. Joh. 2, 21. 22; 3, 3. 15. 19. In Apc. Joh. 3, 19 heißt es: »Die ich liebe, die strafe und züchtige ich; darum sei eifrig und kehre um!« Zu diesem Wort wird dann erklärt: »Gottes Strafe also ist gerade ein Zeichen dafür, daß es noch die Möglichkeit der Umkehr gibt! Also wieder das genaue Gegenteil von dem, was man aus Strafe und Buße in der christlichen Kirche gemacht hat« (22 S. 26). Der Ruf zur μετάνοια wird im Neuen Testament vor allem im Kampf gegen die »Umkehrung der Gnade in Zuchtlosigkeit« (Jud. 4) laut. Gegen diese Verdrehung der Gnadenbotschaft, die zu einem Freibrief für alle Bosheiten wurde, wendet sich Paulus in Rm. 6, 1. 15, vor allem aber in den beiden Korintherbriefen. »Merkwürdig ist nur, wie stark die Hoffnung bleibt, auch im härtesten Kampf, daß Paulus hoffen kann, noch der ärgste Zerstörer der Gemeinde werde am Jüngsten Tag ewiges Heil finden (1. Kor. 3, 15; 5, 5).« (Vgl. auch 2. Tim. 2, 25. 26.) »Aber diese Hoffnung ist eins mit der Furcht, es könnte einmal zur Umkehr zu spät sein (Hebr. 12, 17; 6, 6), es möchte Sünde geschehen, der keine Vergebung mehr gilt (Mt. 12, 31 f. Hebr. 10, 26 f. 1. Joh. 5, 10)« (22 S. 27). Vor allem im Hinblick auf die Stellen des Hebräerbriefes erheben sich ernste Fragen. Luther sprach von einem »harten Knoten«. In der Vorlesung über den Hebräerbrief ging Schniewind sehr ausführlich auf die Texte ein, in denen von einer »unvergebbaren Schuld« gesprochen wird (62). Im Vortrag über »Evangelische Metanoia« fragt er: »Sind das alles nur besondere Fälle, eine besondere Abirrung? Ist die erste These Luthers auch die These des Neuen Testaments: daß das ganze Leben der Gläubigen Buße sei?« (22 S. 28). Warum werden denn die Thessalonicher (1. Thess. 1, 9. 10), warum werden die Leser des 1. Petrusbriefes (1. Petr. 2, 25) an ihre frühere Umkehr erinnert? Antwort: »Weil sie jetzt ihr Leben der Umkehr entsprechend gestalten können, gestalten sollen, ›sich nicht anpassen ihren früheren Begehrungen‹, denen sie früher, da sie noch unwissend waren, folgten (1. Petr. 1, 14)« (22 S. 28). Schniewind folgt H. E. Weber und A. Schlatter, wenn er die Auffassung vertritt, daß auch der ganze erste Teil des Römerbriefes nichts anderes ist als eine Wiederholung des Rufes zur Umkehr, wie er in der Missionspredigt zuerst laut wurde: »Der Ruf zur Umkehr, der einst die Heiden wie die Juden traf, er trifft, da Paulus an sie schreibt, die Römergemeinde neu, angesichts der beständigen Gefahr . . ., die allen Christengemeinden beständig droht, da Gottes Gericht zu verziehen scheint und das Evangelium Freiheit predigt . . .« (22 S. 28). Die Ermahnung zur Umkehr wird zusammengefaßt in Rm. 12, 2: »Paßt euch nicht diesem Äon an, sondern verwandelt euch durch Erneuerung eures Verstandes, zu prüfen, was der Wille Gottes ist!« »Es wird also für alle Christen vorausgesetzt, daß sie der beständigen Erneuerung bedürfen. Diese Erneuerung ist eine völlige Verwandlung . . .« (22 S. 28). So hat denn Luther recht gehabt mit seiner These, daß das ganze Leben der Gläubigen Buße sei: »Es geht um die ganze Wendung des ganzen Lebens zu Gott. Aber diese Wendung zu Gott heißt Jesus Christus, Gottes Hinkehr zu uns. Darum ist diese Wendung, die Umkehr, die Buße selbst die Vergebung, ist selbst das Glauben, und es ist also falsch, Buße und Glauben als zweierlei, als ein Nacheinander aufzufassen. Die Bekehrung ist selbst die nuda fiducia, die sich aufs Evangelium gründet, im Evangelium beschlossen liegt, am Evangelium entsteht« (22 S. 30).

Zuletzt wird die Frage gestellt: Wie vollzieht sich eigentlich Umkehr? Schniewind antwortet: »Es ist gewiß so, daß, mehr als man denkt, eine subito conversio, ein einmaliges, besonderes Verstehenlernen das erschließt, was nuda fiducia, was promissio evangelii ist. Dies auch in der Form, daß etwa in einer besonderen Epoche des Lebens, in einer besonderen Zeitspanne das, was Evangelium heißt, uns erstmalig verständlich wird« (22 S. 30). Man könnte fragen: Kommt in dieser Erklärung das besondere pietistische Erbe, das Schniewind aufgenommen hat, zur Geltung? Doch wird in Übereinstimmung mit dem Geschehen, von dem das Neue Testament berichtet, von der subito conversio gesprochen. Schniewind hat in allen diesen Fragen einen sehr engen Kontakt zu seinen Studenten gehabt. Er kannte ihre Sorgen, wandte sich den Reflexionen über den in der Härte des Lebens und Denkens verlorenen »Kinderglauben« zu. Mit ihnen fragte er nach einer die ganze Existenz ergreifenden Umkehr. Er sagte: »Den sogenannten Kinderglauben gibt es nicht (Jesu Worte von den Kindern meinen etwas ganz anderes), es gibt kein Menschenleben, dem nicht erst in den konkreten Dingen des Lebens das Fragen nach Gott erwachte. Und zwar geschieht das immer nur an konkreten Dingen; an konkreten Einzelheiten . . .« (22 S. 30). Hier beginnt die conversio. »Aber alles, was so in der Form einer conversio geschieht, ist ja niemals ein Wirken, eine Leistung, ein Entschluß des Menschen. Es ist das Auftun der Ohren und der Augen. Es heißt ›Heilsgewißheit‹ gewinnen, verstehen lernen, was im Urteil Gottes über uns gesagt ist, in dem Urteil, das seit der Taufe über uns steht und im jeweiligen Wort neu über uns ausgesprochen ist« (22 S. 31). Mit diesen Worten kehrt Schniewind wieder zu Luther zurück: »Von da aus aber wird dann wirklich die conversio, die poenitentia das ganze Leben lang währen, genau nach Luthers Wort. ›Unter die Taufe kriechen‹ nennt Luther das, was sich Tag um Tag bei uns vollzieht; sich täglich unter das Urteil begeben, das ein für alle Mal über uns ausgesprochen ist, und dies Urteil auf die Einzelheiten des Lebens anwenden. Evangelische Metanoia heißt: von der Vergebung leben, vom Geschenk Gottes zu leben wagen. Und alles, was conversio heißen möchte, einmalige, plötzliche, dauernde, tägliche Umkehr, es ist ja nur ein Sich-Wenden zu dem, was Gott getan hat und tut. Jede plötzliche Bekehrung wäre das Lernen einer Haltung, die nun aber geübt sein soll, täglich und stündlich, das Begreifen einer Wendung, die nun im ›Wandeln‹ geübt sein will; der erste Schritt, dem jeweils neue Schritte folgen auf dieser Bahn, bis hin ans Ziel« (22 S. 31).

Die im Jahre 1947 erschienene Schrift »Das biblische Wort von der Bekehrung« nimmt im Wesentlichen die Gedanken des Vortrages »Evangelische Metanoia« und der Auslegung »Das Gleichnis vom verlorenen Sohn« auf. Doch eindringlicher ist die Bezugnahme auf die »konkreten Einzelheiten des Lebens«. Daß Bekehrung totale Umkehr bedeutet, soll an eindrücklichen Beispielen veranschaulicht werden. Auch wenn eine Umkehr geschehen ist, »die Frage bleibt immer neu: Hat die Bekehrung vorgehalten? War sie echt? Ging sie tief genug? Ist der Geldbeutel mit bekehrt? Ist das Geltungsbedürfnis bekehrt? Die eigene Gerechtigkeit? War die Umkehr wirklich Umkehr zu Gott, war sie wirklich Freude?« (41 S. 4). Diese Fragen erinnern an die im ersten Kapitel zitierten Aufzeichnungen des Nümbrechter Pastors Jacob Friedrich Engels, den Schniewind auch am Anfang seiner Ausführungen der Schrift »Das biblische Wort von der Bekehrung« ausdrücklich nennt. Doch immer wieder ist es Luther, auf den hingewiesen wird. Am ersten Gebot wird es offenbar, ob eine Wendung zu Gott geschehen ist. »Was nun dein höchstes Gut ist, das ist gewiß dein Gott. Bei manchen ist es der Mammon, das ist der beliebteste, am meisten verehrte Abgott. Für andere sind Ehre und Ansehen das, woran sie ihr Herz hängen. Bei uns allen ist unser eigenes Ich der letzte Abgott, dem auch Geld und Ehre, oder was es sonst sei, dienen müssen« (41 S. 5). Diese incurvatio, diese Zurückbezogenheit auf das eigene Ich, ist die eigentliche Verderbnis. »Und Luther behauptet aus eigener Erfahrung, daß dieses Zurückbezogensein auf unser eigenes Ich sich gerade in unserer eigenen Frömmigkeit zeigt« (41 S. 6). Umkehr aber bedeutet neue Existenz.

Um das Geschehen der μετάνοια aus dem Neuen Testament zu erklären, setzt Schniewind in seiner Schrift »Das biblische Wort von der Bekehrung« diesmal mit Mk. 8, 34 ein: »Wer mir nachfolgen will, der verleugne sich selbst!« Umkehr beginnt in der »Selbstverleugnung«. Aber wir verstehen darunter meist soviel wie Selbstzucht oder Entsagung. Das ist falsch. »Was es in Wahrheit heißt, sehen wir an der Verleugnung des Petrus. Er sprach von Jesus: ›Ich kenne diesen Menschen nicht.‹ Sich selbst verleugnen heißt also, von sich selbst sagen: ›Ich kenne den Menschen nicht.‹ Es heißt: das eigene Leben hassen (Lk. 14, 26)« (41 S. 9). Hier werden Gedanken Bonhoeffers (»Nachfolge«) aufgenommen. Und Schniewind fährt dann fort mit der Erläuterung des 35. Verses (Mk. 8, 35): »Wer sein Leben erhalten will, der wird es verlieren. Wer aber sein Leben verlieren wird um meinet- und des Evangeliums wegen, der wird es erhalten!« Zu diesem Vers wird ausgeführt: »Dieses Wort ist uns sechsmal überliefert! Es hat also seine besondere Bedeutung für die ersten Christen gehabt. Es war ein Wort für Märtyrer. Aber wenn es für den Märtyrer galt, das Leben zu verlieren um Jesu willen, um des Evangeliums willen, damit er das Leben finde und erhalte, – so ist es vorausgesetzt, daß das eigentliche Leben das ewige Leben ist. Wer hingegen sein Leben hier auf Erden sucht, der wird es um jeden Preis zu erhalten suchen. Unser Wort hat also eine noch weitere Geltung als nur für das Martyrium. Es fragt, wo wir unser eigentliches Leben suchen. Entsprechend wird es uns zweimal (Lk. 17, 33 und Joh. 12, 25) in allgemeiner Fassung überliefert: ›Wer sein Leben liebt, verliert es, und wer sein Leben in dieser Welt haßt, wird es für das ewige Leben bewahren‹ (Joh. 12, 25). Wo liegt unsere eigentliche Existenz? Liegt sie ›in dieser Welt‹ oder liegt sie ›im ewigen Leben‹?« (41 S. 10).

Umkehr wird schließlich unter dem Gesichtspunkt des »fröhlichen Tausches« gesehen. Das geschieht wiederum im Anschluß an Luther. Im Zeichen der Freude steht das Ereignis, von dem das Neue Testament kündet: »Christus nimmt, was unser ist, und schenkt uns, was sein ist. Sein Eintreten für uns, das ist unsere Existenz; sein heiliges Leben tritt ein für unser verlorenes Leben« (41 S. 12). Es gilt, das zusprechende Wort des Evangeliums, das diesen Tausch vollzieht, ins Herz nehmen; das hieße: Glauben lernen. – Auch in der Schrift »Das biblische Wort von der Bekehrung« weisen alle Ausführungen darauf hin, daß Bekehrung nur dann wirklich Umkehr zu Gott ist, wenn sie täglich und stündlich geübt wird. Schniewind veranschaulicht das an einem schönen Beispiel, mit dem abgeschlossen werden soll: »Es sei gestattet, dies mit einem sehr irdischen Vergleich zu erläutern. Bei jeder edlen körperlichen Übung, etwa beim

Schwimmen, aber auch beim guten Klavierspiel, kommt es darauf an, daß man das ›Passivsein‹ erlernt, daß man sich tragen läßt. Dies will dann freilich beständig geübt sein, und darin beruht dann alles, was ›Können‹ oder ›Künstlertum‹ heißt. Und ein edleres Bild darf dies noch erläutern: Menschliche Liebe und Treue zwischen Eltern und Kindern und Freunden, aber besonders zwischen Eheleuten, beruht gewiß auf besonderen Erlebnissen, auf einmaligen Erlebnissen. Diese Erlebnisse können ganz verschieden sein. Es gibt Liebe auf den ersten Blick, es gibt langsam erwachende Liebe. In jedem Falle aber gilt es, das, was uns einmal geschenkt wurde, jeden Tag neu festzuhalten, und das bedeutet, es neu zu erwerben, als wäre es der erste Tag. Es ist zwischen uns und Gott nicht anders« (41 S. 22).

*Achtes Kapitel*

## Studien zu den Evangelien

Wenn man zunächst einmal die bibliographische Tabelle (S. 271 ff.) überblickt, so ist festzustellen, daß Schniewinds erste größere Studie zu den Evangelien im Jahre 1914 erschien. Es handelt sich um die Habilitationsschrift, die in Halle eingereicht worden ist. Das Thema »Die Parallelperikopen bei Lukas und Johannes« hat in den Vorlesungen zum Lukas- und Johannesevangelium auch später eine große Rolle gespielt. Als weitere umfangreichere Untersuchung wäre der im Jahre 1930 erschienene große Aufsatz in der »Theologischen Rundschau« unter dem Titel »Zur Synoptiker-Exegese« zu nennen. Zwischen 1914 und 1930 aber ist lediglich eine kleine Abhandlung zu notieren: »Das Selbstzeugnis Jesu nach den ersten drei Evangelien« (1922). Nach der Veröffentlichung in der »Theologischen Rundschau« berichten zwei Aufsätze über den »gegenwärtigen Stand der Jesusforschung« (1930 und 1931). Andere Studien und Berichte geringeren Umfangs folgen – bis dann im Jahre 1933 der Kommentar zum Markusevangelium und im Jahre 1937 die Erläuterung des Matthäusevangeliums im »Neuen Testament Deutsch« erscheint. – Wir werden in diesem Kapitel im wesentlichen die genannten Bücher und Aufsätze behandeln, klammern aber das Problem »Herrschaft Gottes und Messias« vorerst aus; es wird im neunten Kapitel aufgenommen werden.

Die Untersuchung über die »Parallelperikopen bei Lukas und Johannes« ist im Jahre 1958 in einem photomechanischen Neudruck in 2. Auflage erschienen. Wie schon bemerkt, hat diese Arbeit der Fakultät in Halle einst als Habilitationsschrift vorgelegen. Die Studien sind – wie Schniewind im Vorwort betont – ein Fragment. Es fehlt die auf den ersten Seiten anvisierte Weiterführung und umfassende Klärung des gesamten Problems. Dennoch sind die grundlegenden Vorarbeiten ein sehr förderlicher Beitrag zur Erfassung der Problemlage. Die Anregung zu den Studien ging aus von P. Feine. Doch die Frage nach dem Verhältnis der beiden Evangelien des Lukas und Johannes zueinander war bereits ausgiebig behandelt worden, so u. a. von H. J. Holtzmann, O. Holtzmann, P. Feine, A. v. Harnack, F. Spitta und vor allem von O. Zurhellen in der Schrift »Die Heimat des vierten Evangeliums« (1909). Zurhellen hatte den Nachweis erbracht, daß die Berührung der Evangelien des Lukas und Johannes nicht als schriftstellerische Abhängigkeit des Johannes von Lukas aufzufassen sei, sondern als Gemeinsamkeit der Tradition. Diese Gemeinsamkeiten wurden auch in den Veröffentlichungen der anderen Gelehrten herausgestellt. So fragte es sich, ob angesichts der Übereinstimmung in der Auffassung bedeutender Forscher eine erneute Behandlung des Problems überhaupt erforderlich sein mußte (9 S. 3). Doch »keiner der Autoren hat sich speziell unsere Aufgabe gestellt; immer wird sie nur in größerem Zusammenhang mit behandelt«, schreibt Schniewind (9 S. 3). Er vermutet auch, daß das Problem komplizierter ist, als man es bislang angenommen hat, und die Berührung zwischen Lukas und Johannes eine sehr mannigfaltige sein könnte. Die Schwierigkeit der Sachlage erfordert eine genaue Disposition. »Zuerst: es scheint berechtigt, ja erforderlich zu sein, das Thema ›Lukas und Johannes‹ unverworren zu halten mit dem Thema ›Johannes und die Synoptiker‹« (9 S. 5). Denn die Frage, ob Johannes die synoptischen Evangelien voraussetzt, ist weit einfacher zu behandeln als die Frage, wo zwischen dem Lukasevangelium und dem Johannesevangelium Beziehungen vorliegen, wie weit sie reichen und wie sie zu deuten sind« (9 S. 6).

Als gegebenen Ausgangspunkt für seine Untersuchung sieht Schniewind diejenigen geschlossenen Perikopen an, in denen Lukas und Johannes parallel gehen. »Hier ist dasjenige Gebiet, das den subjektiven Erwägungen des Untersuchenden am wenigsten Spielraum gibt« (9 S. 6 f.). Im Unterschied zu den Ausführungen wird demnach eine gründliche Erforschung der Parallelperikope durchgeführt, deren Ergebnisse das Fundament aller weiteren Arbeiten sein können. Welche Perikopen kommen in Betracht?

1. Die Täufer-Perikope (Lk. 3, 3–20 und die entsprechenden Stellen bei Johannes)
2. Petri Fischzug (Lk. 5, 1–11 und Joh. 21, 1–14)
3. Der Hauptmann von Kapernaum (Lk. 7, 1–10 und Joh. 4, 46–54)
4. Die Salbung (Lk. 7, 36–50 und Joh. 12, 3–8)
5. Der Einzug in Jerusalem (Lk. 19, 28–40 und Joh. 12, 12–19)
6. Die Ankündigung der Verleugnung (Lk. 22, 31–34 und Joh. 13, 36–38)
7. Die Gefangennahme (Lk. 20, 39. 47–53 und Joh. 18, 1–11)
8. Die Verleugnung des Petrus und die Verhandlung vor dem Synedrium (Lk. 22, 54–71 und Joh. 18, 12–27)
9. Die Pilatus-Perikope (Lk. 23, 1–25 und Joh. 18, 22 – 19, 16)
10. Kreuz und Begräbnis (Lk. 23, 26–56 und Joh. 19, 16–42)
11. Die Auferstehungsgeschichte (Lk. 24 und Joh. 20)

Nun handelt es sich darum, bei einem ins einzelne gehenden Vergleich bestimmte Resultate zu erzielen. Welche Ergebnisse werden erarbeitet und festgestellt? Man könnte das Wesentliche in vier Punkten zusammenfassen:

Erstens: Den beiden Evangelien des Lukas und Johannes liegt eine gemeinsame Tradition zugrunde (9 S. 15. 21. 32. 47. 75. 85. 96).

Zweitens: Diese gemeinsame Tradition ist bei Johannes durchweg deutlicher ausgeprägt als bei Lukas (9 S. 48).

Drittens: Die Berührung zwischen Lukas und Johannes ist eine so lokkere, daß an eine literarische Abhängigkeit nicht gedacht werden kann (9 S. 21. 26. 47. 74. 95 f.).

Viertens: Es ist gewiß, daß der anzunehmende und vorauszusetzende Weg von der gemeinsamen (mündlichen) Tradition zu den Evangelien des Lukas und Johannes ein komplizierter ist (9 S. 75).

Diese Ergebnisse bestätigen im Grunde alles das, was schon früher beobachtet und insbesondere von Zurhellen erarbeitet worden ist. Aber Schniewinds Untersuchung hat den Vorzug, daß sie in unmittelbarer sauberer und gründlicher Erforschung der Parallelperikopen in die Einzelheiten hineinleuchtet. Seine Studie ist zu einer unentbehrlichen Voraussetzung der exegetischen Forschung an den beiden Evangelien geworden und darum zu Recht im Jahre 1958 in neuer Auflage erschienen.

Sehr schön ist die Eigenart der Forschungsweise Schniewinds in der Studie über die »Parallelperikopen bei Lukas und Johannes« zu erkennen. Bemerkenswert ist vor allem das sicher Zufassende, stets auf das Wesentliche ausgerichtete Fragen und Erarbeiten. Kraftvoll werden die Hauptlinien des Vergleichs herausgestrichen, jedes verschlungene Abgleiten in Nebensächlichkeiten wird vermieden. So ergibt sich ein scharfes Bild, das durch Tabellen und synoptische Aufstellungen wirkungsvoll beleuchtet wird. Zu bedauern bleibt lediglich, daß die Untersuchungen nicht weitergeführt worden sind. In den Kollegs, vor allem in der Vorlesung über das Johannesevangelium, hatten wir später Gelegenheit zu sehen, wie Schniewind – auch über die Parallelperikopen hinausgehend – am Problem der Beziehungen zwischen Lukas und Johannes weiterarbeitete. Aber es würde zu weit führen, wenn die Einzelheiten dieser Forschung hier vorgetragen würden.

Die bibliographische Übersicht über Schniewinds Veröffentlichungen zur Evangelienforschung zeigt, daß von ihm fortgesetzt wissenschaftliche Lageberichte und kleinere Diskussionsbeiträge entworfen wurden. Diese Aufsätze sind überaus lehrreich und interessant. Sie lassen erkennen, mit welcher Gewissenhaftigkeit und leidenschaftlicher Anteilnahme die neutestamentlichen Publikationen verfolgt werden. Immerzu befindet Schniewind sich im Gespräch, nimmt neue Fragestellungen auf, fragt zurück, korrigiert fehllaufende Ansätze und bringt seine eigene Auffassung in die Diskussion. Nie sieht man ihn auf Sonderwegen in der starren Behauptung eigener Hypothesen, immer befindet er sich im Strom der Forschung. Aber er wandert erhobenen Hauptes und mit einer klaren Konzeption zwischen den Gelehrten seiner Zeit. Unentwegt wendet er die Blicke hin auf das Entscheidende, auf das Bekenntnis κύριος Ἰησοῦς. Doch nie hat Schniewind einen leichten Weg in der Lösung der Probleme gesucht und beschritten. »Glaube an Jesus, wenn er rechter Art ist, schließt das Fragen nicht aus, sondern ein. Denn Glaube ist kein ruhender Besitz, sondern eine lebendige Beziehung von Person zu Person. Solche Beziehung aber verläuft schon zwischen menschlichen Personen in immer erneutem Fragen und Antworten. Noch viel mehr ist es so in unsrer Beziehung zu Gott, die wir Glauben nennen und die uns allen irgendwie mit Jesu Wort verbunden ist; auch diese Beziehung vollzieht sich unter beständigem Fragen und Antworten; dies Fragen trägt auch die Form des Forschens, schon bei jedem ernsthaften Bibelleser« (15).

Will man eine Vorstellung von Schniewinds wissenschaftlichem Gespräch mit den neutestamentlichen Forschern gewinnen, so wird man den großartigen Aufsatz »Zur Synoptiker-Exegese« aufschlagen müssen, der in der »Theologischen Rundschau« 1930 erschienen ist. Gewiß, auch dieser Aufsatz mit seinen 60 Seiten ist ein Fragment geblieben; wichtige Kapitel sind nicht mehr vorgelegt worden. Und doch zeigt gerade diese Abhandlung aufs beste, wie in der Diskussion mit wichtigen neutestamentlichen Veröffentlichungen Schniewinds eigene Position in ihren scharfen Konturen hervortritt. Aber man sollte wohl nicht von »Position« sprechen; stets ist das Mitgehen, das Mitfragen und Hinhorchen auf den anderen bestimmend. Und gerade in diesem »Progressus«, im lebendigen Gespräch, leuchtet auf, was Schniewind zu sagen hat. – In dem großen Aufsatz der »Theologischen Rundschau« wird die Synoptikerforschung für sich genommen und von der Jesusforschung getrennt. Dieses Verfahren entspricht einer Arbeitsweise, die seit 1917 üblich war. So steht denn die literarkritische und formgeschichtliche Erforschung der synoptischen Evangelien zunächst im Vordergrund jener Abhandlung, die Schniewind vorlegt. Über die Jesusforschung wird in zwei Aufsätzen später berichtet: Im Jahre 1930 im »Kirchenblatt«, einer Monatszeitschrift in Polen (Nr. 15), und im Jahre 1931 in der »Danziger Allgemeinen Zeitung« vom 17. November (Nr. 17). Da wir diese Abhandlungen in die Darstellung des neunten Kapitels einbeziehen, sei zunächst ausschließlich der Aufsatz der

»Theologischen Rundschau« behandelt. »Synoptikerexegese und Synoptikerkritik ist zunächst etwas für sich. Ob man daraus etwas über ›Leben und Lehre Jesu‹ ausmachen kann, ist eine zweite Frage« (13 S. 133). – Nun muß freilich von Anfang an an dieser Stelle zu den Studien Schniewinds zur synoptischen Frage betont werden, daß sie ganz und gar im Rahmen der zeitgenössischen Fragestellung zu sehen und zu verstehen sind. Große Wandlungen haben sich vor allem nach dem zweiten Weltkrieg ereignet. Manche Einzelheiten sind überholt, und auch einige Perspektiven haben sich geändert. Aber dennoch könnte es von großer Bedeutung sein, die Art und Weise der Gesprächsführung Schniewinds wie auch die in die Diskussion eingebrachten besonderen Fragestellungen und Hinweise neu aufzunehmen. Es sei darum in den Grundzügen berichtet und besprochen, was der Aufsatz »Zur Synoptiker-Exegese« darbietet.

Die Situation der neutestamentlichen Forschung wird auf S. 133 f. mit dem Hinweis umrissen: Die letzten zehn Jahre der Synoptikerforschung sind charakterisiert durch das Aufkommen der formgeschichtlichen Forschung einerseits und die rabbinischen Studien andrerseits. Doch eingesetzt wird im Referat zunächst mit der Literarkritik. Ihr grundlegendes Verhältnis zur neuen formgeschichtlichen Arbeit zeigt der Satz an: »Die formgeschichtliche Forschung hat nie bestritten, daß die literarkritische Arbeit neben ihr weiterbestehen müsse« (13 S. 134). So ist zuerst der Frage nachzugehen: Wie steht es mit der Zwei-Quellen-Theorie? Daß sie sich nicht uneingeschränkt durchgesetzt hat, wird am Beispiel des Matthäuskommentars (1929) von A. Schlatter demonstriert. Schlatter hat bekanntlich die These aufgestellt, daß hinter dem Matthäusevangelium eine palästinisch-rabbinische Tradition steht, durch deren Aufweis die herkömmliche Quellen-Auffassung grundlegend geändert werden müsse. Aber Schlatter hat auch noch in anderer Hinsicht die herkömmliche Auffassung korrigiert. Hat er die Zwei-Quellen-Theorie umgestoßen? Schniewind antwortet: »Was er gegen die Theorie ausführt, trifft nur die strenge Form, wonach Matthäus den uns vorliegenden Markus im streng literarischen Sinn benutzt und gleichsam durchkorrigiert; entsprechend bei dem ›Spruchbuch‹, als das Q vorgestellt wird. Aber die Einwände treffen nur die strenge Form der Zwei-Quellen-Theorie; doch diese läßt sich schwerlich halten . . . gleichwohl scheinen die Grundlagen der Theorie selber nach wie vor unerschüttert« (13 S. 135). Damit wird das relative Recht der Kritik Schlatters an der »strengen Form« der Zwei-Quellen-Theorie zugestanden, zugleich aber werden die weitgehend neuen Folgerungen zurückgewiesen.

Dieser erste Gesprächsgang mit seinen kritischen Fragen an Schlatter gibt Schniewind Anlaß, die Bemühungen um eine Rekonstruktion der »festen Form« in der Zwei-Quellen-Theorie eingehend zu besprechen. In der Auseinandersetzung mit B. H. Streeter und anderen Forschern hält er das Unternehmen, den Wortlaut der Quellen wieder zu suchen, für sehr bedenklich (13 S. 138). »Der moderne Kritiker ist gewiß nicht imstande, verlorene Dokumente bis auf die Partikel neu zu schaffen« (13 S. 139). Überhaupt ist die ganze Art und Weise, wie man sich die Benutzung der Quellen durch die Verfasser der Evangelien vorstellt, überaus problematisch. »Es ist doch grundsätzlich nicht richtig, sich Lukas und Matthäus bei ihrer Arbeit so zu denken, daß sie ein Exemplar unseres Markus-Evangeliums auf ihr Pult legen und recipiendo vel corrigendo in ein neues Schriftstück aufnehmen oder daß sie irgendeinen Urmarkus wörtlich abschreiben. Wir denken unwillkürlich nach der Analogie des modernen Gelehrten, der einen Haufen neuer Bücher neben sich legt, um von da aus ein neues Buch zu schreiben, bzw. wir denken aus der Analogie der christlich-hellenistischen Schriftstellerei« (13 S. 139). In diesem Zusammhang wird auf die Arbeiten K. L. Schmidts hingewiesen, der immer wieder betont hat, daß man auch auf alle Analogien der antiken Schriftstellerei, so z. B. der Biographien, verzichten müsse. »Die Evangelien gehören zur Kleinliteratur und sind sui generis. Das urchristliche Kerygma in seiner Einmaligkeit hat sich auch seine eigene literarische Form geschaffen, die weder dem antiken Bios noch der antiken Kultlegende, noch der antiken Preisrede (der ›Aretalogie‹) entspricht. Vielmehr werden Anekdoten und Sprüche zu einem Ganzen verbunden, das seine Einheit nur vom Kerygma her hat; denn das Kerygma verkündet einen Lebendigen, Gegenwärtigen . . ., der den Namen Jesus trägt, d. h. den Namen eines Irdischen, eines Menschen, der in seiner Lebensform ein Rabbi war und von dem man daher Sprüche und Anekdoten weitergibt wie von irgendeinem Rabbi sonst. Diese Anekdoten und Sprüche aber bedeuten schon in der mündlichen Predigt und dann schon im schriftlichen Niederschlag dieses Kerygmas die Gegenwart des Erhöhten selbst, — so jedenfalls nach der Überzeugung der Verkünder« (13 S. 140). Es ist wichtig, zu sehen, wie Schniewind hier alles das, was für die literargeschichtliche Form der Evangelien im Ganzen zutrifft, auf die Quellenkritik anwendet. Er war stets bemüht, vom Ganzen her das einzelne zu sehen und so auch die Literarkritik in die Hauptaspekte einzuschließen. — Bei der Frage aber, wie man sich denn überhaupt die »Quellenbenutzung« in den Evangelien zu denken habe, wird ein Aufsatz von H. J. Cadbury unter dem Thema »The

Greek and Jewish Traditions of Writing History« (1922) herangezogen. Das Ergebnis dieser Abhandlung wird folgendermaßen formuliert: »Selbst der hellenistische Autor darf bei seiner Quellenbenutzung nicht nach dem Bilde eines modernen Gelehrten vorgestellt werden, der mit Exzerpten, Randnotizen und kritischen Einzelerwägungen arbeitet. Vielmehr: er hat seine Quellenschriften gelesen, deren Inhalt im Gedächtnis behalten und verarbeitet ihn dann frei, und zwar (auch das nicht überflüssig zu bemerken) diktierend, nicht selbst schreibend. All das ergibt größte Freiheit der Quellenbenutzung« (13 S. 141). Soll man sich jetzt aber beim Zustandekommen der Evangelien eine künstliche Mischung wörtlichen Abschreibens und souveräner Quellenbenutzung denken? Diese Frage wird von Schniewind verneint. Wieder geht er von den Eigentümlichkeiten des urchristlichen Kerygmas aus und lenkt damit den Blick auf das Ganze des Überlieferungs- und Niederschriftgeschehens. »Die Höhepunkte der Erzählung hatten schon in der mündlichen Überlieferung feste Formen, festen Wortlaut. So vollends in der schriftlichen Tradierung; aber auch diese schriftliche Tradierung haben wir uns ganz wesentlich als ›mündlich‹ zu denken. Q und G als schriftliche Dokumente werden zunächst im Gottesdienst verlesen, im Katechumenenunterricht eingeprägt. Der Autor der jeweilig neuen Schrift (Markus, Lukas) kennt diese Quellenschrift zunächst aus vielfachem Hören, dann wohl aus eigenem Lesen, das man sich gern als gottesdienstliches Vorlesen denken mag . . .« (13 S. 141 f.). So beruht also der Wechsel zwischen Wörtlichkeit und Freiheit auf der Eigenart der mündlichen Tradition. Schniewind betont, daß man im Blick auf diesen Vorgang nicht sorgfältig genug die Eigenart der rabbinischen Überlieferung beachten kann, und verweist auf die Forschungen von A. Schlatter, P. Fiebig und G. Kittel. Doch darf das Modell der rabbinischen Traditionsweise nicht uneingeschränkt auf die Evangelien übertragen werden; denn »auch der rabbinischen Überlieferung gegenüber bleibt bestehen, was wir oben die ›Einmaligkeit‹ des Kerygmas und seiner formenden Kraft nannten. Denn der, dessen ›Taten und Worte‹ man überlieferte nach der Art der rabbinischen Anekdoten und Aussprüche, der war der Erhöhte, der in der Gemeinde, in ihrer Versammlung und in ihrem Gottesdienst Gegenwärtige. Daher waltet die Gemeinde in größerer Freiheit mit seinen Worten als rabbinische Paradosis mit den ihren. Denn ›was der Geist den Gemeinden sagt‹, das sagt der erhöhte Christus (Apc. Joh. 2, 3)« (13 S. 142).

Zusammenfassend wird zur Literarkritik und zur Zwei-Quellen-Theorie von Schniewind festgehalten, »daß die Ur-Markus-Hypothese Wahrscheinlichkeit hat, aber nie endgültige Resultate im Sinn einer Rekonstruktion des Textes erstreben darf« (13 S. 143). Ähnlich verhält es sich auch mit der Spruchquelle Q; auch hier ist der Versuch einer Wiederherstellung zurückzuweisen. In kritischer Besprechung einzelner Untersuchungen zur Quellenfrage werden diese Hauptgesichtspunkte zur Geltung gebracht. Dabei wird die Aufgabe der gesamten Literarkritik dahingehend formuliert, »das urchristliche Kerygma immer deutlicher in seiner Mannigfaltigkeit zu erfassen und zu verstehen« (13 S. 151). Folgt die Forschung diesem Bestreben, das in der Sache selbst gefordert wird, dann muß Abstand genommen werden von den problematischen Versuchen des Rekonstruierens der Quellen. »Der Sinn der Literarkritik geht, mindestens unbewußterweise, immer dahin, möglichste Sicherheit, möglichst mathematische Sicherheit (Albert Schweitzer redet gern von Synoptiker-Mathematik!) für den Wortlaut der Jesusworte, für den Hergang der Jesusgeschichten zu finden« (13 S. 151). Diese Tendenz aber ist eigentlich in sich ad absurdum geführt. »Aber gleichsam wider Willen erreicht die Literarkritik ihr eigentliches Ergebnis . . . Die Synoptiker, so wie sie uns vorliegen, sind zunächst einmal ›der synoptische Apostel‹ (Koepp), d. h., unsere synoptischen Evangelien sind auch in ihrer vollendeten Gestalt noch eine Form urchristlichen Kerygmas« (13 S. 152). Mit diesen Ausführungen öffnet Schniewind fortgesetzt den Blick für das Verkündigungsgeschehen in den urchristlichen Gemeinden, er löst und lockert die Bemühungen um eine Wiederentdeckung fester Formen in den Quellen.

Immer neu steht der Forscher angesichts des kerygmatischen Geschehens vor der Tatsache, daß die Evangelien »Tendenzen«, »Absichten« in sich tragen. Diese Erkenntnis der Intentionen verwehrt es, die Verfasser der Evangelien als »Schriftstellerpersönlichkeiten« zu bezeichnen oder sie doch wenigstens so zu betrachten. Aber wie soll man sie sehen? Schniewind führt den Begriff des »Wortcharismatikers« ein. Die Tendenzen und Intentionen erwachsen einem Charisma kerygmatischer Übermittlung. An dieser Stelle ist sogleich eine Abgrenzung fällig: »So ist der Wert, den K. L. Schmidt und M. Dibelius dem soziologischen Moment beimessen, gewiß zu hoch angesetzt. Sicher gehören die Christen der ersten Generation nicht zur Schicht der literarisch Gebildeten; dennoch aber hat in der charismatischen Ordnung der ersten Christenheit der einzelne seine besondere und einzigartige Stelle . . .« (13 S. 153). In diesem Votum tritt eine wichtige Erkenntnis Schniewinds an den Tag. Hat die soziologische Forschung, die unmittelbar mit der formgeschichtlichen Fragestellung verbunden ist, auch das unbestreitbare Verdienst, dem »wirklichen Leben«

der Urgemeinde zugewandt zu sein, hat sie jenes unzuträgliche Vorverständnis beseitigt, daß die Evangelien von »literarisch Gebildeten« verfaßt worden seien, so dürfen doch unter dem summarischen Urteil der »Kleinliteratur« die soziologisch ergründbaren Fakten nicht verallgemeinert werden. Vielmehr würde es gelten, auf die besonderen Charismen in der urchristlichen Gemeinde zu achten. »Unsere Evangelien wollen also verstanden sein als Kerygma einer bestimmten Lage und Aufgabe; es gilt herauszuarbeiten, aus welcher Situation ihr – charismatisches – Kerygma zu verstehen ist« (13 S. 153). Von diesen Aufgaben der neutestamentlichen Forschung erklärt Schniewind im Jahre 1930, daß sie noch nicht einmal für die Evangelien in ihrer gegenwärtigen Gestalt erreicht seien. »Vollends, wenn die Literarkritik Traditionen herausarbeitet, die hinter unsren Evangelien stehen, so gälte es nur, dies für das Gesamtverhältnis und die Einzelexegese der Synoptiker fruchtbar zu machen« (13 S. 154 f.). Es ist klar, was hier gemeint ist. Die neutestamentliche Forschung aber ist auf dem Wege der von Schniewind gesehenen Fragen inzwischen ein gutes Stück weitergekommen. Doch wer könnte sagen, daß ein Ziel erreicht worden ist? Die Nuancen der Antithesen, die in den Traditionen und dann in den Evangelien auf eine bestimmte Situation bezogen sind, werden fortgesetzt neu erspäht und erarbeitet werden müssen. In diesem Zusammenhang wäre zu fragen, ob die Grundkonzeption Schniewinds (die Evangelisten als »Wortcharismatiker«) zu einer wesentlichen Voraussetzung des Verstehens geworden ist.

Auf S. 155 ff. des Aufsatzes »zur Synoptiker-Exegese« werden Studien zum Sondergut des Lukas besprochen. Dieser Abschnitt ist deswegen von besonderem Interesse, weil Schniewind auf bedeutsame Probleme der lukanischen Pneumatologie und Anawim-Frömmigkeit stößt. Zunächst werden im Anschluß an zwei Monographien die Fragen, die sich um πνεῦμα ἅγιον gruppieren, besprochen. Es handelt sich um folgende Bücher: H. Leisegang, Pneuma Hagion (1922), und H. v. Baer, Der Heilige Geist in den Lukasschriften (1926). Schniewind bemängelt an beiden Untersuchungen, daß die Bedeutung der alttestamentlich-jüdischen Tradition übersehen bzw. verkannt worden ist. Vor allem ist der seit Joel 3 aufkommende eschatologische Charakter der Geistvorstellung in den beiden Studien nicht beachtet oder doch nicht ausreichend bedacht worden: »Man erwartet ein richtendes Eingreifen Gottes zur letzten Zeit, und die Lebensgestalt dieser eschatologischen praesentia Dei heißt Pneuma. Die Geistaussagen der Evangelien, überhaupt des Neuen Testaments, wollen primär verstanden sein aus dem Bewußtsein, daß die Eschata Gegenwart geworden sind« (13 S. 155). Erst unter Beachtung dieser Überlieferungszusammenhänge tut sich ein Verständnis des charismatischen Kerygmas auf. Die Verheißungen und Erwartungen sind erfüllt, Gott ist gegenwärtig im πνεῦμα ἅγιον. »Von da aus ist die Pneumatologie des Lukas primär pneumatische Christologie: das eschatologische Eingreifen Gottes (ἐπισκοπή Lk. 1, 68. 78; 7, 16; 19, 44) bedeutet, daß er den Pneumatiker κ. ε. sendet« (13 S. 156). Man könnte fragen, wie es denn kommt, daß diese theologischen Probleme im Zusammenhang einer auf »Literarkritik« ausgerichteten Abhandlung vorgetragen werden. Schniewind bemerkt ausdrücklich, daß die literarkritische Forschung, wenn sie Einzeltraditionen in ihrer Eigenart erfaßt, letzte inhaltliche Fragen neu beleuchtet (13 S. 157). Nach dieser Zwischenbemerkung geht er auf die »Anawimfrömmigkeit« der lukanischen Überlieferung ein und befaßt sich mit dem Schlagwort des »Ebionitismus«, das bei der Erklärung des Lukasevangeliums im Schwange war. Der Begriff wird abgelehnt; denn »in Wahrheit haben wir hier Anawimfrömmigkeit des Spätjudentums (Deuterojesaja, Psalmen, Psalmen Salomos) in eigentümlicher Gestalt. Aber diese Frömmigkeit durchzieht das gesamte synoptische Kerygma, auch bei G und Q; nur ist sie bei Lukas besonders scharf ausgeprägt« (13 S. 157). Es sollte aber wohl darauf geachtet werden, daß hier nicht einfach an die Stelle des »Ebionitismus« in einem pauschalen Sinn die »Anawimfrömmigkeit« gestellt wird. Schniewind weist vielmehr auf die »eigentümliche Gestalt« und die besondere Ausprägung dieser Tradition in den Evangelien, insbesondere im Lukasevangelium, hin. Die Exegese hat die Aufgabe, diese Eigentümlichkeiten genau zu erfassen. – Beide Beispiele aber, sowohl die Behandlung der Pneumatologie wie auch die der Anawimfrömmigkeit, zeigen, wie Schniewind bei der Erfassung der Einzeltraditionen stets die alttestamentlich-jüdische Überlieferung in die Untersuchungen einbezieht. Das Besondere des Kerygmas wird eben nur dann wirklich deutlich, wenn es die traditionsgeschichtlichen Voraussetzungen beachtet, die in das Alte Testament und seine Erwartungen zurückweisen.

Auf dem Feld der literarkritischen Probleme ist es vor allem die Frage nach dem Verhältnis von G und Q, der Schniewind – unter beständiger Besprechung der vorgelegten Literatur – nachgeht (13 S. 158 ff.). Wellhausen hatte die Hypothese aufgestellt: Markus, der älteste Evangelist, hat alles Erreichbare sammeln wollen; also ist Q sekundär. Schniewind erklärt: »Wir fragen jetzt anders, statt, ›historisch‹ interessiert, nach dem ›Quellenwert‹ zu suchen, prüfen wir zunächst den eigenen Sinn dieser alten Traditionen« (13 S. 158). Er fährt dann fort: »Da lernen wir erneut das platonische ›Staunen‹. Sowohl das Aufkommen einer Geschichtserzählung wie das Aufkommen einer Spruchsammlung ist rätselhaft, wenn man die eschatologische, unliterarische oder aber ›pneumatologische‹ Haltung der ersten Christen bedenkt« (13 S. 158). Diese Frage wird noch weiter zugespitzt. Es würde darauf ankommen, zu verstehen, wie die Worte und Geschichten Jesu besonders überliefert und gesammelt werden konnten. »Wie kommt man dazu, Worte des Erhöhten, des Menschensohnes, des Kyrios zu tradieren, Erdentaten des Erhöhten zu berichten, wie man rabbinische Gesetzesauslegungen und rabbinische Anekdoten tradiert?« (13 S. 158 f.). Nun, daß man Sprüche sammelt, könnte man noch ohne Schwierigkeiten verstehen. Aber daß man auch Anekdoten als selbständige Tradition sammelt, sie nicht nur als Schmuck der Halacha weitergibt, das liegt am Messiasbekenntnis der ersten Christen: Was Jesus einst auf Erden tat, das tut er noch (13 S. 159). Diese Frage ist auch in den Kollegs und Seminaren immer wieder erwogen worden, weil sie für die Intention des Ganzen wertvolle Perspektiven des Verstehens eröffnet. »Es ist ein Problem, wieso man über die Gegenwart des – in der Gemeinde redenden – Geist-Christus hinaus noch den Worten des im ›Fleische‹ lebenden Jesus eine besondere Bedeutung zumessen konnte. Die Antwort liegt wieder im Urbekenntnis: Der Christus ist Jesus; ein Mensch bestimmter geschichtlicher einmaliger Art, ein Rabbi, ein Prophet, ein Gekreuzigter, – er ist der Erhöhte, der Christus, der kommende Weltenrichter, der Kyrios« (13 S. 159). Es wird also auch in dieser Frage auf das Ganze, auf das Urbekenntnis hingewiesen. Denn erst von hieraus lassen sich die Einzelprobleme klären.

Der zweite Teil des Aufsatzes »Zur Synoptiker-Exegese« befaßt sich mit der formgeschichtlichen Forschung, insbesondere mit den bedeutenden Beiträgen Rudolf Bultmanns. Zu Anfang wird noch einmal über das Verhältnis zwischen Literarkritik und Formgeschichte reflektiert. Da wird festgestellt: »Literarkritik bedeutete, genau besehn, Geschichte der Traditionen, und immer erneut steht vor unsrer Forschung die Aufgabe, die Geschichte der Traditionen zu erhellen« (13 S. 161). Diese Aufgabe aber hat die formgeschichtliche Forschung aufgenommen. Auch wird zu bedenken sein – Schniewind hat dies im ersten Teil seines Aufsatzes wiederholt hervorgehoben – : »Was über die Zwei-Quellen-Theorie hinaus an Literarkritik versucht wurde, versprach keinen Erfolg« (13 S. 162). Hier aber setzte die formgeschichtliche Methode ein. Diese Methode wird zunächst folgendermaßen beschrieben: »Die verschiedenen Stilformen unsrer Überlieferung in Sprüchen wie Anekdoten geben uns Überreste der mündlichen Tradition; die Gesetze, nach denen sich solche Formungen bilden und entwickeln, glaubte man zu erkennen« (13 S. 162). Alle diese Untersuchungen aber waren durchdrungen von der Gewißheit, daß das Ziel, den historischen Jesus zu entdecken, aufgegeben werden muß: »Der historische Jesus bleibt unsrer Forschung unzugänglich, wir haben vielmehr das Kerygma der Gemeinde zu untersuchen« (13 S. 162). Die überragende Bedeutung Hermann Gunkels für die formgeschichtliche Forschung wird von Schniewind gewürdigt. Ja, das Buch »Schöpfung und Chaos in Urzeit und Endzeit« (1894) hat auch neue Wege hinsichtlich der Erfassungsmöglichkeiten einer Traditionsgeschichte gewiesen. Rudolf Bultmann hat beides aufgenommen: die formgeschichtliche und traditionsgeschichtliche Fragestellung. »Er beschränkt sich nie auf die eigentliche Untersuchung der ›Formen‹, sondern er nutzt alle verfügbaren Kriterien, den religionsgeschichtlichen Vergleich wie die historische Konstruktion (palästinische, hellenistische Gemeinde), um die Geschichte der synoptischen Tradition zu gewinnen . . .« (13 S. 163). Auch an der Arbeit von Martin Dibelius rühmt Schniewind, daß die Konstruktion, die stets auf das Ganze gerichtet ist, am Kleinsten anhebt; sie sucht das Letzte, Einfachste, das dem Historiker vorfindbar ist. Zusammenfassend wird erklärt: »So gesehn, bedeutet die formgeschichtliche Methode für die Synoptikerexegese (1.) die Entdeckung ihres eigentlichen Objekts: das einzelne Logion, die einzelne Perikope; und (2.) die Entdeckung ihres geschichtlichen Orts: die Gemeindepredigt« (13 S. 163). Diesen beiden Entdeckungen, die von Bultmann und Dibelius eingeleitet worden sind, geht Schniewind im einzelnen nach, um ihre Bedeutung für die Exegese der Synoptiker deutlich herauszustellen.

Zunächst wird die Hinführung zum einzelnen Logion, wie sie durch die formgeschichtliche Forschung geschehen ist, eingehend betrachtet. Handelt es sich um eine sensationelle Entdeckung? Schniewind erinnert daran, daß die Methode, sich dem einzelnen Logion zuzuwenden, im Grunde der kirchlichen Praxis aller Zeiten entspricht: »Das einzelne Jesuswort wird im Unterricht eingeprägt, die einzelne Perikope im Gottesdienst verlesen und in der Predigt erklärt« (13 S. 166). Ja, er wagt sogar den Satz: »Auch ist das richtige Prinzip der Erklärung immer irgendwie befolgt worden« (13 S. 166 f.). Auf keinen Fall aber kann man sagen, daß mit dem Hinfallen der sog. »Zusammenhangsexegese« die Überlieferung von Jesus in lauter isolierte Einzelstücke zersprungen wäre. Nur besteht jetzt die Aufgabe, die richtigen Zusammenhänge im Erklären und Verstehen der Einzelstücke herzustellen. Die Forschung ist gewiesen, »theologische Zusammenhänge« zu erarbeiten und in einer »Querschnittsexegese« das sachlich Zusammengehörige zu erforschen und darzustellen. In diesem Zusammenhang taucht der für Schniewind so wichtige Satz »Scriptura sacra sui ipsius interpres« wieder auf und wird folgendermaßen kommentiert: »Auch wissenschaftliche Methode kennt keinen besseren Grundsatz: die einzige Interpretation liegt in der richtig gewählten Parallele, der lexikalischen, grammatischen, religionsgeschichtlichen, literargeschichtlichen Parallele« (13 S. 164). Es zeigt sich hier, wie in der wissenschaftlichen Differenzierung der alte Grundsatz der Schriftauslegung zur Geltung kommt. Aber ist es ein richtiger Weg, die von der Formgeschichte aufgewiesenen Einzelstücke »theologisch« einander zuzuordnen und Querschnitte der Erläuterungen darzubieten? Schniewind macht darauf aufmerksam, daß auch Bultmann in seinem Jesusbuch eine solche Querschnittsexegese vorlegt: »Bultmann trägt etwa die Worte zusammen, die, in den Evangelien zerstreut, dem jüdischen Vorsehungs- und Schöpferglauben einerseits, dem spätjüdischen Pessimismus (dem ›Ressentiment‹) andrerseits entsprechen« (13 S. 172). Ein solches Verfahren ist legitim. Wie anders sollte man denn das isolierte Logion erläutern und verstehen können?! Doch alle Überlegungen und Erwägungen Schniewinds laufen darauf hinaus, festzustellen, daß die synoptische Tradition – unbeschadet aller »Kritik« der Einzelworte – als ein Ganzes aufgenommen werden kann. Die formgeschichtliche Forschung führt demnach keine »Atomisierung« herbei. Wieder wird auch hier das Ganze im Auge behalten.

Dann stellt sich eine wichtige Frage ein: Welche Bedeutung hat die formgeschichtliche Forschung für die Frage nach den »echten Jesusworten« und der »Gemeindebildung«? Bultmann rechnet in den Evangelien weitgehend mit Gemeindezusätzen und Gemeindebildungen. Jesus ist eben keine »historische Größe«, deren nachweislich echte Worte von einzigartigem Belang wären. Diese Sicht ist gewiß im Ansatz richtig, doch formuliert Schniewind genauer: »Vielmehr bildet die Jesusüberlieferung einen eigenartigen Komplex von Worten, die in der Gesamtheit ihres Charakters allem, was die Gemeinde verkündet, vorausgesetzt sind. Diese Tatsache ist völlig unabhängig von der nachweislichen ›Echtheit‹ des einzelnen Wortes, der einzelnen Geschichte« (13 S. 173). Wenn also der Forscher auch genötigt ist, von den »Gemeindebildungen« auszugehen, sie als solche zu erkennen und zu erklären, so wird er doch nie übersehen dürfen, daß alles Verkündete den »eigenartigen Komplex« der Jesusworte voraussetzt, von ihm herkommt und von ihm bestimmt ist. Immer wieder aber wird der Interpret auf Logien stoßen, die unverkennbar die Signatur der Worte Jesu tragen. Und es besteht die Frage, ob nicht manches von Bultmann der Gemeindetradition Zugewiesene (z. B. aus Mk. 2) dem Vertrauen des Historikers wiederzugewinnen wäre (13 S. 173). Doch muß grundsätzlich auf jede Absicht einer historischen Sicherung, wie J. Weiß und Th. Zahn sie erstrebten, verzichtet werden. Vielmehr wird zu bedenken sein, »inwieweit das synoptische Kerygma, gleich dem des Paulus und des Johannes, auf sich selbst steht und nicht auf historischen Erwägungen über die ›Echtheit‹ der Jesusworte« (13 S. 179). Schniewind hat stets, auch in der Erforschung der Evangelien, die securitas verurteilt. Er hat keine Sicherheit im Erfassen echter Jesusworte erstrebt. Aus dieser Grundeinstellung heraus gewann er in aller Hörbereitschaft des Diskutierenden und in der Beugung unter den Text eine Freiheit und Souveränität wissenschaftlichen Forschens, die Fronten durchbrach, Schulen durchschritt und machtvoll sich kundgab – vor allem im gesprochenen Wort. Das zeigt sich auch in allen Fragen, die sich mit dem Thema »Der historische Jesus« verbinden. Es steht für ihn fest, »daß wir leider sekundäre Urkunden besitzen und historisch je länger je weniger zu Jesus selbst gelangen« (13 S. 180). Wir sind an das Kerygma gewiesen. In Anlehnung an K. L. Schmidt kann Schniewind schreiben: »Es ist in der Tat so, daß nur, weil es ein Kerygma gibt, das einen ›im Fleisch‹ lebenden Menschen als den ›Herrn‹ verkündet, das Entscheidende unsrer Evangelien, ja schon ihre Vorformen, begriffen werden kann« (13 S. 183). Man kann ja doch beobachten, wie dem μαρτύριον des »Lukas« in den Acta Apostolorum und des »Johannes« in den Briefen sehr wenig daran liegt, die Taten und Worte Jesu wiederzugeben. »Das ist der sicherste Beweis dafür, daß das Interesse des ›Bios‹ (wie der Antike, der ›Biographie‹, wie der Moderne sagt) unseren Evangelisten denkbar fernliegt. An der Schilderung der ›Persönlichkeit‹ Jesu ist ihnen offenbar nichts gelegen« (13 S. 184). Die Evangelisten sagen vielmehr, wer er ist: in Worten und Taten der Bringer der eschatologischen Heilszeit. Dabei steht das σκάνδαλον des Kreuzes überall im Mittelpunkt. Dibelius hat in seiner »Formgeschichte der Evangelien« gezeigt, wie die Verkündigung der Passion als das Hauptkerygma die ganzen Evangelien bestimmt. Wiederholt zitierte Schniewind in den Kollegs Martin Kählers Ausspruch: »Die Evangelien sind Passionsgeschichte mit ausführlicher Vorrede!« Verborgen ist die Vollmacht und messianische Würde Jesu, doch das Kerygma teilt sie mit, tut sie kund. Darum kann alles zusammengefaßt werden in den Satz: »Die Synoptikerexegese bedeutet Entfaltung des Messiasgeheimnisses« (13 S. 186). Das ist ein kühner Satz. Und Schniewind fragt selbst: »Kann man wirklich alles, was ethische ›Paradosis‹ heißt, unter den Gedanken der Messianität befassen?« (13 S. 186). Auf keinen Fall darf man die Messianität als ein historisch Vorfindliches behandeln, das man einordnen und verstehen kann. Nur aus dem Zusammenhang des Kerygmas heraus kann hier gedacht und gedeutet werden. Was das heißt, muß im nächsten Kapitel noch näher erläutert werden. Jedenfalls beschließt Schniewind seine Abhandlung mit den Erklärungen: »Auch ein Minimum an ›Echtheit‹ birgt immer noch die Einzigkeit der Situation Jesu in sich; und auch das ›Unechte‹ ist immer nur zu verstehen von der Tatsache her, daß die ›Gemeinde‹ aus dem Bekenntnis lebt, εἶναι τὸν Χριστὸν Ἰησοῦν. Nur in dem Maße also, wie das Kerygma dem Forscher verständlich wird, wird er die synoptischen Logien und Geschichten interpretieren; d. h., er wird sie vom Messiasgeheimnis her interpretieren« (13 S. 187).

Es bliebe zum Abschluß der Besprechung und Darstellung des Aufsatzes »Zur Synoptiker-Exegese« aus dem Jahre 1930 noch zu erwähnen, daß Schniewind nicht nur im einzelnen der literarkritischen und formgeschichtlichen Studien stets nach dem Ganzen des Kerygmas der Evangelien fragt, sondern daß er – darüber hinaus – auch das Ganze des Neuen Testaments fortgesetzt im Auge behält. Gerade zu den formgeschichtlichen Entdeckungen und Ergebnissen kann er schreiben: »Und es ist mehr deutlich geworden, daß mit dieser Erkenntnis der grundsätzliche Unterschied zwischen Synoptikern und Paulus, Synoptikern und Johannes schwindet« (13 S. 183). Wohlgemerkt: es ist von dem »grundsätzlichen Unterschied« hier die Rede! Denn Evangelisten und Apostel stimmen überein in der Entfaltung des Urkerygmas. Ihre Intentionen sind die gleichen. Geht man von dieser Tatsache aus, so tritt der immer wieder behauptete Grundunterschied aus dem Mittel. Die Einzelunterschiede aber werden aus der jeweiligen Ausrichtung des Kerygmas heraus zu erarbeiten und zu verstehen sein. Ist hier eine theologische »Vereinheitlichungstendenz« am Werk? Die Kritiker Schniewinds würden diese Frage stellen. Aber sollte es nicht doch die Aufgabe der neutestamentlichen Forschung sein, bei aller Differenzierung und kritischen Scheidung stets nach dem Ganzen zu fragen und damit der Richtung der Hinweise Schniewinds zu folgen?

Im Jahre 1933 erschien in der Reihe »Neues Testament Deutsch« der Kommentar zum Markusevangelium. Es ist nun interessant, in der Einleitung zu der Exegese der einzelnen Texte die grundlegenden Erörterungen zu studieren. Man begegnet vielen Erkenntnissen, die im Aufsatz des

Jahres 1930 in der »Theologischen Rundschau« formuliert worden waren. Doch jetzt ist alles ausgerichtet auf das vorliegende Evangelium. Das hindert Schniewind aber nicht, wieder das Ganze der neutestamentlichen Verkündigung von Anfang an ins Bewußtsein zu rücken: »Evangelium ist beides, die Verkündigung der Briefe vom erhöhten Herrn und die Nachrichten über die Worte und Taten seines Erdenlebens« (18 Einl.). Die besondere Bedeutung der Evangelien für die ersten Christen aber ist darin zu sehen: »Der erhöhte Christus, ›in‹ dem wir lebten, war ja nicht eine Phantasiefigur, nicht die Gottheit irgendeines Mythus. Alles lag daran, daß der Erhöhte der Mensch Jesus war, der ›Fleisch‹ wurde (s. z. Rm. 1, 3; 8, 3), bestimmte Worte redete und bestimmte Taten tat, ›versucht‹ wurde (s. z. Hebr. 4, 15), in den Tod ging, in den Kreuzestod« (18 Einl.). Jede securitas, diesen irdischen Jesus durch »unbezweifelbar echte Urkunden« als »historische Persönlichkeit« auszuweisen und »echte Jesusworte« sicherzustellen, wird erneut ausgeschlagen: »Es gibt keinerlei äußere Bürgschaft für den Inhalt unserer Evangelien; sie stehen auf dem Selbsterweis ihrer Inhalte, nicht anders wie etwa die Verkündigung des Paulus. Nicht weil etwas so gut und sicher überliefert wäre, ist ein Jesus-Wort, eine Jesus-Geschichte wahr; als wahr erweisen sie sich selbst. Aber auch umgekehrt. Noch in einer späten und vereinzelten Überlieferung kann wichtiges Gut enthalten sein« (18 Einl.). Schniewind kennt die Sorgen der hörenden und forschenden Gemeinde, die mit Beunruhigung die Ergebnisse der kritischen Forschung aufnimmt. Er hat sich nie darin gefallen, mit kritischen Sensationen zu schockieren, den »naiven Glauben« zu attackieren und die »Ungesichertheit« zum Prinzip der theologischen Arbeit zu erheben. Er dachte mit den Besorgten, leitete sie an und führte sie zu einem neuen, besseren Verstehen und damit auch zu einer neuen, kräftigen Gewißheit. So schreibt er: »Überhaupt aber verliert die Frage, die seit dreißig Jahren unsre Forschung beschäftigt, genau besehen an Bedrohlichkeit: die Frage, ob Jesus-Worte und Geschichten, so wie sie uns überliefert sind, von Jesus herrühren oder erst von der älteren Gemeinde gestaltet sind. Man muß sich nur einmal das Wesen mündlicher Überlieferung deutlich machen. Jeder von uns, der noch lebendige Erinnerungen weiterträgt, weiß etwas davon. Geschehnisse werden verkürzt und je nach dem verschiedenartigen Zweck verschieden weitererzählt; Worte werden verschiedenartig, wohl auch mit verschiedener Situationsangabe weitergetragen; und doch prägt sich das Echte unmittelbar aus« (18 Einl.). Der Leser soll also den Traditionsprozeß verstehen lernen und von hieraus eine neue Einstellung zu den Evangelien finden. Er soll sich nicht erschrecken lassen von der Kritik, die unvermittelt überall nur »Gemeindebildungen« in den als Worte Jesu überlieferten Logien zu sehen vermag. »Jedes Wort unsrer Evangelien, auch wenn es in der vorliegenden Form ›Gemeindebildung‹ wäre, drängt auf Jesus selbst zurück« (18 Einl.). Dieses »Zurückdrängen« entspricht der Intention und dem Selbsterweis der Traditionen. Warum also die eifrige Bemühung, einen »historischen Jesus« zu ermitteln?! »Die christliche Gemeinde aller Zeiten hat kein Interesse an einer Biographie Jesu, und es ist nicht zufällig, daß zuerst Martin Kähler, dessen ganze Theologie am ›biblischen Begriff des Wortes Gottes‹ hing, den Kampf gegen ›die Leben Jesu‹ aufnahm, wie sie am Ende des 19. Jahrhunderts geschrieben wurden« (18 Einl.). – Mit allen diesen Erklärungen werden Grundfragen beantwortet, die beim Eintritt in das Markusevangelium und seine Kommentierung von Wichtigkeit sind. Es fällt auf, daß diese Einleitungsprobleme in aller Kürze umrissen werden. Das mag dem Rahmen der Kommentarreihe angemessen sein; aber es entspricht auch dem Stil Schniewinds. Es lag ihm daran, möglichst schnell zur Sache selbst zu kommen und an den Texten zu zeigen, wie die Dinge liegen. Vor allem das, was mit dem »Messias-Geheimnis« – in Abwandlung der Auffassungsweise W. Wredes – gemeint ist, kann im Markusevangelium nur an den Texten gezeigt werden.

Aus der Einleitung zu dem im Jahre 1937 erschienenen Kommentar zum Matthäusevangelium seien wiederum nur einige wesentliche Gesichtspunkte hervorgehoben. Schniewind erörtert vor allem die Fragen, die sich an die Logien-Quelle anschließen. Einzelne Erklärungen sind uns schon im Aufsatz aus dem Jahre 1930 begegnet. Jetzt lesen wir: »Kann man überhaupt annehmen, daß Q ein einheitliches geschlossenes Buch war, aus dem Matthäus und Lukas geschöpft haben? Man hat das früher angenommen. Es verbietet sich aber deswegen, weil der Wortlaut von Matthäus und Lukas nur in den seltensten Fällen ganz gleich ist, meistens aber so verschieden, daß die Erklärung nicht ausreicht, jeder von ihnen habe eine einheitliche schriftliche Überlieferung je nach seinen Zwecken verschieden bearbeitet. Eine Erklärung der Unterschiede könnte darin liegen, daß eine aramäische Urschrift von Q verschieden und in Bruchstücken übersetzt wurde. Eine Erklärung könnte auch sein, daß Q noch im Griechischen verschiedene Fassungen trug und unseren Evangelisten zunächst in seinen einzelnen Sprüchen und Spruchreihen geläufig und gegenwärtig war; dies aus gedächtnismäßiger, immer wiederholter Einprägung, und nicht so, daß Matthäus und Lukas, als sie ihre Evangelien schrieben, in einem Buch, die ›Reden‹ genannt, erst nachgeblättert hätten« (27 Einl.). Man sieht hier wieder, wie vorsichtig Schniewind den Problemen nachgeht. Er erwägt die Möglichkeiten der Erklärung, zeigt aber zugleich – eben im Abtasten dieser Möglichkeiten – auch die Grenzen unserer Erkenntnis auf. Dann aber geht er erneut auf das Messiasgeheimnis ein und vertritt die These, daß in Q dieses Messiasgeheimnis enthüllt werde. »Die Gemeinde weiß, wer Jesus ist. Und so sind die Sprüche Jesu gleichsam die Antwort auf das Messias-Bekenntnis der Seinen; Q ist die Antwort auf die Geschichten von Jesus, wie Markus sie erzählt« (27 Einl.). Aber Q muß wohl schon vor der Entstehung des Markusevangeliums verbreitet gewesen sein. – Soweit die wichtigsten Aussagen über die Logien-Quelle in der Einleitung zum Matthäuskommentar!

Nun stießen wir immer wieder auf das, was Schniewind »das Messiasgeheimnis« der Evangelien nennt. Die Bedeutung dieses Theologumenons muß im nächsten Kapitel im Zusammenhang mit dem Thema »Herrschaft Gottes« besonders besprochen und herausgestellt werden.

Eine Frage aber soll in diesem Kapitel noch aufgegriffen werden. Schniewind hat in der Auslegung der Evangelien stets mit besonderer Eindringlichkeit und mit großem Ernst die Wunderfrage angefaßt. Was er zu diesem Thema zu sagen hat, kann sowohl in den Kommentaren zu Matthäus und Markus wie vor allem auch in dem Aufsatz zur »Entmythologisierung« nachgelesen werden. Auf den zuletzt genannten Aufsatz soll später eingegangen werden. An dieser Stelle mögen einige Zitate aus dem Kommentar zum Markusevangelium das Grundsätzliche beleuchten: »Wundererzählungen sind in allen Religionen geläufig. Im Alten Testament werden besonders vom Propheten Elia Wunder berichtet, und seit D. F. Strauß hat man versucht, von hieraus die Jesu-Geschichten als Legenden zu erklären, die in Anlehnung an das Alte Testament entstanden. Neuerdings achtet man mehr auf die zeitgenössische Umwelt Jesu. Es gibt rabbinische Wundererzählungen (Fiebig, Jüdische Wundergeschichten, 1911; Schlatter, Das Wunder in der Synagoge, 1912) und solche aus dem damaligen Hellenismus (Reitzenstein, Hellenistische Wundererzählungen, 1906; Weinreich, Antike Heilswunder, 1909); neben und hinter dem Zeitgenössischen erscheint alles, was es in der Weite der Welt (Indien, Ägypten, China) an ähnlichen Erzählungen gibt. Man denkt, wenn solche Parallelen beigezogen werden, meist nicht daran, daß die Erzählung unsrer Evangelien unmittelbar oder mittelbar aus der Fremde entliehen wäre. Vielmehr gibt es eine Reihe von ›typischen Zügen‹, die in den Wundergeschichten aller Welt wiederkehren; und es wäre nun zu fragen, was in unsern Erzählungen ein typischer Zug und was die Sondergestalt der Jesus-Überlieferung ist. Solche typischen Züge wären (Bultmann): Die Größe der Not wird beschrieben oder die Dauer der Krankheit, Widerstand und Schwierigkeit beim Kranken oder den Beteiligten; das wirkende Wort wird überliefert; der Erfolg des Wunders wird gezeigt, am Geheilten selber oder am Eindruck auf die Beteiligten. Daneben aber gälte es nun, das Bezeichnende der Jesus-Überlieferung herauszuheben. Für die Dämonenaustreibungen sahen wir den Gegensatz: Gottes Geist überwindet die unreinen Geister; Jesus selbst hat so geurteilt (Mt. 12, 28). Ähnliches gilt von den Wundern insgesamt. Das erweist sich an Heilungsgeschichten wie Mk. 1, 29 ff.; 2, 1 ff. und am Jesus-Wort Mt. 11, 5 f. Die Geschichte vom Aussätzigen aber zeigte uns, was Jesus von jeder Art Zauber unterscheidet: sein Wundertun ist Ringen mit der Macht des Todes. In die gleiche Richtung wies, daß Jesus über das Wunder das Wort stellt (s. z. Mk. 1, 37 f.); daß Jesus das Wunder verbirgt (s. z. Mk. 1, 44); daß Jesu Wunder ›Zeichen‹ der anbrechenden Gottesherrschaft sind, Zeichen der neuen Welt Gottes, wo ›der Tod nicht mehr sein wird noch Leid, noch Geschrei, noch Schmerz‹ (Apc. Joh. 21, 4); – während das Wunder rein als erstaunliches Zeichen auch vom Satan stammen könnte. Ein besonders wichtiger durchgängiger Zug ist das ›Glauben‹ als Voraussetzung des Wunders; das zu Mk 1, 23 ff. und 2, 5 Beobachtete wird durch Mk. 4, 40; 5, 34. 36; 5, 23 f. bestätigt. – Nur von solcher grundsätzlichen Bestimmung her ist der einzelne Wunderbericht zu würdigen. Die Frage nach dem, was damals geschehen ist, wird im einzelnen Fall nicht allgemeingültig zu bestimmen sein. Fernzuhalten sind jedenfalls zwei Erwägungen. Die eine ist die seit den Tagen der alten Kirche übliche: Jesus war Gottes Sohn; also war ihm nichts unmöglich, und die Wunder sind Beweise seiner Gottessohnschaft. Dabei wird vergessen, daß auch die größten der Jesus-Wunder, die Totenerweckung, schon von Elia und Elisa, aber ebenso auch von hellenistischen Wunderpropheten erzählt wurden. Also ›beweisen‹ Jesu Wunder nicht, daß er mehr ist als ein Prophet; sie stellten ihn vielmehr in eine Reihe mit den höchsten Propheten. Andrerseits ist uns durch alles bisher Erörterte das Urteil verwehrt, daß Jesu Wunder aus der selbstverständlichen Machtvollkommenheit des Gottessohnes stammten. Markus sagt genau das Gegenteil (Mk. 1, 44; 2, 9 ff.; 6, 5; vgl. Lk. 5, 17 Joh. 2, 4; 9, 1 ff.; 5, 19); und dies gerade war das Messiasgeheimnis Jesu. Dann aber kommt es bei jeder Wundererzählung darauf an, nicht die Größe, sondern die Art des Wunders zu verstehen: was ist das Messianische, was ist das Jesusartige dieses Wunders? – Die zweite Erwägung entstammt der naturwissenschaftlichen Denkweise. Sie sieht in den Wundern ›Durchbrechungen der Naturgesetze‹ und ist infolgedessen gegen alle Wundererzählungen skeptisch. Nun liegt der Begriff des Naturgesetzes unsern Erzählungen ganz fern. Der Gedanke ist vielmehr der, daß Gott stärker ist als seine Gegner: Krankheit und Tod, Not und dämonische Mächte. Wenn wir diesen Gedanken ›mythologisch‹ finden, so wären wir damit nicht der Aufgabe enthoben, alles das, was nicht sein sollte, irgendwie von unserer eigenen Gesamtanschauung her zu würdigen. Jede Auskunft, die der Realität dieser dunklen Mächte auszubiegen sucht, hält nicht Stich. Das Problem des Naturgesetzes aber erhebt sich, wo immer mit dem Gedanken ›personhaften‹ Lebens Ernst gemacht wird, das im Gegensatz zum bloß ›naturhaften‹ Dasein steht. Es fragt sich dann nur, ob man an irgendeine ›Innerlichkeit‹ des Menschen glaubt, die gegenüber der Kausalität des Naturgesetzes ›frei‹ wäre, oder ob die Gegenwart Gottes uns jenseits des Zwanges der Naturmächte stellt. Diese Frage aber erhebt sich für das Gebet und den Vorsehungsglauben nicht anders als für das Problem des Wunders. Und diese Frage bleibt bestehen, auch wenn neuere Wissenschaft den Begriff des Naturgesetzes gewandelt hat. Denn ›Natur‹ und ›Welt‹ bleiben Mächte, deren gottfremde und gottfeindliche Realität nicht zu leugnen ist. (Zum Grundsätzlichen sei besonders auf K. Heim, Glaube und Leben, 3. Aufl. 1928, und H. Thielicke, Das Wunder, 1939, verwiesen.)« (49 S. 49 f.).

*Neuntes Kapitel*

## Herrschaft Gottes und Messiasgeheimnis

In der neutestamentlichen Exegese und Theologie Schniewinds nimmt das Thema »Herrschaft Gottes und Messiasgeheimnis« eine zentrale Stellung ein. Die in den Vorlesungen und Veröffentlichungen vorgetragenen Erklärungen zu den Synoptikern kommen immer wieder auf dieses Thema zu sprechen. Schniewind hat, abweichend von dem allgemeinen Trend der Forschung, in den Fragen der Eschatologie und der messianischen Verkündigung eine eigene und eigenartige Konzeption entwickelt, die in ihren Nuancen genau erarbeitet werden muß. Am besten geschieht das, indem von einem Vortrag ausgegangen wird, den Ernst Kähler in den »Nachgelassenen Reden und Aufsätzen« (1952) veröffentlicht hat. Unter dem Thema »Messiasgeheimnis und Eschatologie« hat Schniewind seine Gedanken auf der III. Konferenz theologischer Universitätslehrer der baltischen Länder im Juni 1932 in Dorpat vorgetragen. Diese Abhandlung ist deswegen so bedeutsam, weil in der Abgrenzung gegenüber W. Wrede, A. Schweitzer, R. Bultmann und H. Windisch das Besondere seiner Auffassungsweise deutlich hervortritt. Folgen wir darum zunächst den Grundgedanken der Studie »Messiasgeheimnis und Eschatologie«! Anschließend können dann aus dem Matthäuskommentar Einzelheiten der Interpretationen zu dem zur Diskussion stehenden Thema zusammengestellt werden.

Schniewind geht in dem Vortrag des Jahres 1932 aus von dem Satz: »Die Botschaft des Urchristentums ist eschatologische Verkündigung« (51 S. 1). Die apokalyptische Äonenlehre des Judentums wird aufgenommen im urchristlichen Kerygma. »Der gegenwärtige Weltlauf, der jetzige Äon, eilt dem Gericht entgegen. Der Richter aber, der vom Himmel kommen wird, er war schon auf Erden; es ist Jesus, der gekreuzigt und erweckt wird« (51 S. 1). Der Ehrenname dieses Richters heißt »Messias«. Zwei Traditionen sind nach Schniewinds Auffassung zusammengetreten: Die Messiaserwartung der alten Prophetie und die Ankündigung des Menschensohns in Dan. 7. Vom Alten Testament und vom Judentum her ist die Hoffnung lebendig, daß »in den letzten Tagen« bzw. in der Gerichtsstunde, in welcher der alte Äon ein Ende finden wird, Gott selbst in seinem »Messias« in die Welt eintreten wird. Schniewind weiß, wie umstritten dieser Begriff des »Messias« ist; im Aufsatz »Zur Synoptiker-

Exegese« (1930) wird das ausdrücklich betont (13 S. 176 ff.). Er versteht unter »Messias« den Gottgesandten, der als Weltenrichter erscheint und Gottes eigene Gegenwart erweist. Und nun ist es geschehen: »Der vom Himmel kommende Weltenrichter ward Fleisch, er kam wirklich hinein in diese Welt, nicht in einem Scheinleben und in einem Scheinleib, sondern er kam im Fleisch« (51 S. 1). Er trat unter die Gewalt der Mächte dieses Äons, wurde ans Kreuz geschlagen und ist als der Auferstandene und Erhöhte seiner Gemeinde gegenwärtg. »Alles liegt den ersten Christen nun daran, daß er derselbe schon auf Erden war, der er jetzt ist, nämlich der Messias-Gottessohn« (51 S. 2). Wer war er denn auf Erden? Er war der, der er jetzt als der Erhöhte ist: der Messias, jedoch verborgen, verhüllt in der Gestalt des Sündenfleisches (Rm. 8, 3). »Eben dies aber ist das Messiasgeheimnis« (51 S. 2).

In der Auseinandersetzung und im Gespräch mit W. Wrede und A. Schweitzer wird genauer geklärt, was unter »Messiasgeheimnis« zu verstehen ist. Wredes berühmtes Buch zu diesem Thema war im Jahre 1901 erschienen, gleichzeitig auch Schweitzers Abhandlung »Das Messianitäts- und Leidensgeheimnis. Eine Skizze des Lebens Jesu« (1901). Aber die Beurteilung der Sachlage bei den beiden Forschern widerspricht sich diametral, während sie in der Beobachtung des Phänomens übereinstimmen. Zuerst wendet Schniewind sich Wrede zu. William Wrede hat bekanntlich die These vertreten, daß das »Messiasgeheimnis« über dem gesamten Markusevangelium lagert; es beruht ausschließlich auf dem Glauben der Urgemeinde; denn »Messias« ist Jesus erst durch die Auferstehung geworden. Die Gemeinde trägt also ex eventu den Gedanken der Messianität als Mysterium in das Erdenleben Jesu zurück, in ein Leben und Wirken, das eigentlich ganz unmessianisch war. Aus dieser Konzeption ergeben sich darum »künstliche Theorien« (51 S. 3). Die offenkundigen Wunder sollen verborgen bleiben; die Jünger mißverstehen fortgesetzt ihren Meister; auch die Gleichnisse stehen im Dienst der Verhüllung und des Geheimnisses. Schniewind stellt im Anschluß an Wrede fest: »Als künstlich erweisen sich diese Züge daran, daß sie historisch-pragmatisch unverständlich sind. Denn sie können weder aus langsamer Entwicklung des Selbstbewußtseins Jesu noch aus langsamer Erziehung seiner Jünger stammen« (51 S. 3). Tatsächlich – und daran besteht kein Zweifel – sind Wredes Beobachtungen richtig; aber sie »sind falsch ausgewertet« (51 S. 3). »Es ist richtig, daß unser Markus weder eine Entwicklung Jesu noch seiner Jünger kennt; es ist richtig, daß Markus nicht historisch-pragmatisch verfährt, kein Leben Jesu schreibt« (51 S. 3). In diesem Sinne hatte sich schon Martin Kähler geäußert, freilich unter bewußter Bejahung des urchristlichen Kerygmas. Schniewind stimmt Wrede noch weiter zu: »Es ist richtig, daß das Markusevangelium streng supranatural denkt (so sagt Wrede), daß unsere Evangelien vom Übergeschichtlichen her zu verstehen sind (so Kähler)« (51 S. 3). Dann aber folgt die entscheidende Einschränkung, die eine Neuorientierung in der Deutung einleitet: »Es fragt sich nur, ob das Supranaturale sich reinlich vom übrigen Stoff der Evangelien abheben und sich als spätere Übermalung wirklich begreifen läßt« (51 S. 3). Im Aufweis der urchristlichen Konstruktion des Messiasgeheimnisses fällt Wrede nur negative Urteile über das Markusevangelium. Die Frage ist also die: »Wie kommt man von seinen Beobachtungen her zu einem positiven Verständnis des Urchristentums?« (51 S. 3). Wrede äußert sich bemerkenswerterweise mit keinem Wort zu der im Jahre 1901 bekannten Feststellung, daß die Verkündigung Jesu durchweg aus den eschatologischen Voraussetzungen der alttestamentlich-jüdischen Erwartung zu verstehen ist. Auch stellen sich viele weitere Fragen ein, auf die keine Antwort gegeben wird. Zwischen Jesus und dem Judentum steht Johannes der Täufer. Wie hebt sich Jesus von dem Täufer ab? Wie ist der Prozeß Jesu zu verstehen, wenn das Verhüllt-Messianische als eine Reproduktion der Urgemeinde aufgefaßt werden soll? Offenbar wird Jesus doch als Königsprätendent von den Römern hingerichtet (51 S. 3). Weiter: »Und wieso bedeutet die Auferstehung Erweis seiner Messianität?« (51 S. 3). Alle diese Fragen führen doch zu der Vermutung: »Irgendwie muß doch Jesu Verkündigung von der Erwartung des kommenden Menschensohns getragen gewesen sein« (51 S. 3). Absichtlich formuliert Schniewind so vorsichtig, betont aber: »Nur von der Menschensohnerwartung her ist der Auferstandene den Jüngern mehr als eine ›Erscheinung‹ schlechthin, nämlich der Messias« (51 S. 3).

Es soll an dieser Stelle der Hinweis eingeschaltet sein, daß Schniewind die Frage nach der Messianität Jesu stets nach zwei Seiten untersucht und beharrlich verfolgt hat. Fortgesetzt hat er gefragt: Wie ist die Beziehung der Verkündigung Jesu zu dem Auftreten Johannes des Täufers zu bestimmen? Was ist das Neue, das Besondere? Ist Jesus auch nur ein »prophetischer Vorläufer« des kommenden Gottesreiches? Was hebt ihn von Johannes ab? Zur anderen Seite hin aber wird gefragt: Wie kann man den Prozeß Jesu überhaupt noch begreifen, wenn gar nichts »Messianisches« im Lehren und Wirken Jesu ans Licht getreten ist? Gewiß hat man diese Fragen in der Forschung deutlich gesehen. Aber hat man sie konsequent im Auge behalten?

Gegen Wrede wird von Schniewind die These gesetzt: »Alles, was Jesus tut und redet, ist aus seinem Messiasgeheimnis zu verstehen. Jesus weiß, er ist der apokalyptische Messias-Menschensohn. Aber wer sieht ihm das an?« (51 S. 4). Mit dieser Erklärung stoßen wir auf den entscheidenden Punkt, auf das umstrittene und bis heute heftig diskutierte Problem: Hat Jesus sich als Messias gewußt oder nicht? Schniewind hat diese Frage stets bejaht, jedoch in einer Weise, die genauer Beachtung bedarf. Im Aufsatz zum Thema »Messiasgeheimnis und Eschatologie« lesen wir auf S. 4: »Das Unverständliche des Lebens Jesu ist in sich notwendig: im unscheinbaren Wort Jesu die Herrschaft Gottes, der andere Äon; der predigende Rabbi der Weltenrichter; der Weg zum Kreuz die Weltenwende!« Das Messiasgeheimnis ist Ausdruck für Jesu messianische Predigt. Schniewind macht darauf aufmerksam, daß A. Schweitzer in dieser Hinsicht Entscheidendes erkannt, daß aber seine Konzeption sich nur wenig durchgesetzt habe.

Mit dieser Bemerkung wendet er sich der im Jahre 1901 erschienenen Abhandlung Schweitzers zu, stellt jedoch sogleich kritisch heraus, daß Jesus bei Schweitzer im Zwielicht des phantastischen Schwärmers erscheint. Woran liegt das? Welches sind die Ursachen dieser im Ansatz richtigen, in der Konsequenz aber irreführenden Aspekte? Ganz offensichtlich ist von Schweitzer die ethische Verkündigung mißverstanden worden, wenn sie als »Interimsethik« zwischen jetzt und dem Jüngsten Tag aufgefaßt wird – als Ethik, die auf Gott einwirken soll, damit das Ende beschleunigt werde (51 S. 4). Die Opposition, die von A. Schlatter, J. Wellhausen, R. Bultmann und H. Windisch zu Recht gegen Schweitzers Konzeption vorgetragen wurde, muß Beachtung finden: die Nähe des Endes ist in den Evangelien nirgends ein ethisches Motiv. Schniewind erklärt: »Weil er die Ethik Jesu mißversteht, darum ist Schweitzer nicht imstande, sein eschatologisches Verständnis des Messiasgeheimnisses auszuwerten« (51 S. 4). Aber wie ist die prophetisch-ethische Verkündigung Jesu denn gemeint? Wie hängt sie zusammen mit der Gottesherrschaft, mit der Verkündigung des neuen Äons (51 S. 4)? Jetzt tritt R. Bultmann in das Gespräch ein. Bei ihm scheint es zunächst, als verharre er in der Position Wredes: das Messiasgeheimnis ist nichts anderes als eine Rückstrahlung dessen, was durch die Auferstehung geschehen ist. Aber Bultmann, dessen Jesusbuch radikalste Skepsis gegenüber der Messianität Jesu zu sein scheint und auch in diesem Sinne meist verstanden worden ist, führt weiter. Schniewind wagt das Urteil: »Alles, was in den einzelnen Kapiteln dieses Buches entfaltet wird, ist, genau gesehen, radikaler Messianismus« (51 S. 5). Wie kann er zu diesem Urteil kommen? Bultmann sieht Jesus als den, der sich selbst als der letzte und entscheidende Prophet weiß. Die Verheißungen sind erfüllt. Die Heilszeit ist Gegenwart. Und im Heilsruf ist der letzte Bußruf enthalten. Die Hörer werden in die Entscheidung, ins Gericht gestellt. Mit dieser Deutung Bultmanns ist klar an den Tag gekommen: »Eschatologie heißt zunächst Gericht, nicht irgendwelche phantastische Spekulation« (51 S. 5). Der radikale Bußruf steht im Zentrum. So hat auch Schlatter das Auftreten Jesu gesehen und gedeutet. Jesus ist kein schwärmerischer Phantast. Er hat den Gehorsam, der bis ins Letzte des Lebens hineingeht, vorbehaltlos verstanden. Die Bergpredigt stellt die radikale Forderung: Das Gute ganz tun! Welcher Mensch aber ist dazu in der Lage? Schniewind richtet den Blick sogleich auf das Geschehen der Heilszeit: »Von da aus heißt das entscheidende Wort der Verkündigung Jesu: Vergebung« (51 S. 6). Diese Vergebung ist keine Lehre, sondern ein Ereignis, das mit dem Worte Jesu gegeben ist. »Dies alles aber heißt nun nichts anderes als Messiasgeheimnis. Die Eschatologie ist freudige Gegenwart geworden, die Heilszeit ist da!« (51 S. 6). Es wird jedoch zu fragen sein, ob dieser Satz auch den Deutungen Bultmanns entspricht. Schniewind weist darauf hin, daß Bultmann – bei aller Bestreitung der Messianität Jesu – immerhin im Blick auf das Wort und das Wirken Jesu die Formulierung »implizit messianisch« prägen kann. Schniewind nennt also genau das, was Bultmann mit »implizit messianisch« meint, »das Messiasgeheimnis«. Ja, er stimmt – und das ist sehr bedeutsam – den Abgrenzungen zu, die gegenüber allen Erklärungen zu treffen sind, das Messianische sei »explizit«, es sei neutral feststellbar, als psychologisches Faktum registrierbar und also objektiv aufweisbar. Schniewinds Rede vom »Messiasgeheimnis« intendiert demnach keineswegs irgendeine securitas des Erfassens und Verstehens, wie sie überall dort erstrebt werden will, wo man das Selbstbewußtsein Jesu als unbezweifelbare Tatsache aufzuzeigen bemüht ist. Der Hinweis auf das Mysterium des Christus liegt demnach zwischen kritischer Bestreitung und sicherer Behauptung der Messianität und folgt der inneren Aussagetendenz des Kerygmas, das dem Reden und Wirken Jesu entspricht. Schniewinds These lautet: »Jesu Bußruf ist sein Messiasgeheimnis; beides bedeutet, daß der andere Äon, in Gericht und Heil, Gegenwart wird. Jesu Wort, Jesus selbst ist die Gegenwart des anderen Äon« (51 S. 6).

In der Zuwendung zur Bergpredigt wird gefragt, wie diese These sich bewährt. Ist die Bergpredigt, von der zuvor schon die Rede war, erfüllbar? In welchem Sinn will sie erfüllt sein? R. Bultmann und G. Kittel haben die Ansicht vertreten, daß die Bergpredigt unerfüllbar sei, sie bedeute radikalstes Gericht über die Hörer. Hingegen hat H. Windisch den Gesichtspunkt der Erfüllbarkeit verfochten, und zwar mit dem Hinweis auf die Evidenz des Gesagten und Gebotenen. So sei das Sorgen (Mt. 6, 25 ff.) in sich unnütz und sinnlos; darum müsse und könne das, was im enthüllenden Wort offensichtlich ist, gemieden werden. Positiv: das Gebot ist erfüllbar. Aber Schniewind lenkt zunächst zurück. Windisch hat das radikale Gericht, das in der Botschaft der Bergpredigt vollzogen wird, übersprungen. »Wer versteht, daß schon zorniger Gedanke und arger Blick das ewige Gericht bedeuten?« (51 S. 7). Angesichts von Mt. 5, 21 ff. und 5, 27 ff. versagt der Gedanke der Evidenz. Schließt sich Schniewind damit an Bultmanns und Kittels Verständnis an? Zunächst ja, dann jedoch heißt es: »Aber dennoch, mitten unter diesem Radikalismus, auf den sich Kittel und Bultmann berufen, will die Bergpredigt erfüllbar sein ...« (51 S. 7). Wie diese Erfüllbarkeit zu verstehen ist, zeigt der folgende Satz: »Dies aber ist das Messiasgeheimnis; das radikale Gericht spricht der aus, der die Gottesherrschaft den Anawim zuspricht, der die Gottesherrschaft als das erfüllend Lebensbestimmende setzt: gute Werke, die den Vater preisen; Gottes Söhne: barmherzig wie der Vater« (51 S. 7). Wie ist das denkbar? Wie ist das möglich? »Die eschatologische Gottessohnschaft, die erst am Gerichtstag zugesprochen wird, ist in Jesu Wort schon Gegenwart« (51 S. 7). Damit ist das Entscheidende gesagt; denn »das Geheimnis des Bußrufs ist das Geheimnis der neuen Existenz. Das eigene Leben hassen; das Leben einbüßen, damit man es finde; sein Kreuz auf sich nehmen, d. h. sein Leben unter das Urteil des Verbrechertodes stellen: alle diese Worte meinen nichts Geringeres, als daß das Leben des künftigen Äon ein Sterben, ein Todesurteil voraussetzt« (51 S. 8). Man könnte fortfahren: Alle diese Worte besagen aber auch, daß die neue Existenz keine Utopie ist; das Leben wird gefunden (Mt. 16, 25), die Erfüllung ist da! Die Umkehr steht im Zeichen der Freude (Lk. 15).

»Die Gegenwart der Gottesherrschaft bedeutet das Messiasgeheimnis Jesu« (51 S. 9). Diese These rückt jetzt in den Mittelpunkt. Doch sind damit einige Antithesen unmittelbar verbunden: »Wenn Jesus von einer Gegenwart der Gottesherrschaft spricht, so ist damit weder Optimismus noch Diesseitigkeit, nicht Entwicklung gemeint« (51 S. 9). Die Abgrenzungen, die in diesem Satz enthalten sind, können im einzelnen nicht entfaltet werden; sie richten sich vor allem gegen das evolutionistische Verständnis der Gleichnisse (z. B. des Gleichnisses in Mt. 13, 31. 32). Schniewind betont, daß die Worte, die von der freudigen Nähe der Heilszeit sprechen, mehr bedeuten als nur Ankündigung dieser Nähe, vielmehr deuten sie alle auf ein »geheimnisvoll Gegenwärtiges« (51 S. 9). In diesem Zusammenhang werden Fragen an R. Bultmann gerichtet: »Darf man wirklich bei den seligen Augenzeugen (Lk. 10, 23 f. par.) nur daran denken, daß Anzeichen nahender Heilszeit geschaut werden? Was begehrten Propheten und Könige zu sehen? Den einen kommenden König, den einen kommenden Propheten« (51 S. 9 f.). Aber das Geheimnis seiner Gegenwart ist verhüllt. Das wird immer neu zu betonen sein. Gewiß ist es darum zuwenig, wenn Bultmann schreibt: »In seinen Wundern und in seinem Wort bahnt sich das Zukünftige an.« Die Sprüche der Evangelien reden vielmehr von einem Erwartet-Zukünftigen, das Gegenwart wurde. Die Gottesherrschaft ist gekommen. Der neue Äon bricht an. Es bleibt ungesagt, wie das denkbar und möglich ist. Gottes Herrschaft ist weder errechenbar noch lokalisierbar, sie ist »in eurer Mitte« (Lk. 17, 21). Schniewind erinnert an das Wort des Origenes, Jesus sei die »Autobasileia«, die Gottesherrschaft »in Person«.

Jesus ist der Freudenbote der Armen; das Unkönigliche seiner Haltung besteht darin, daß er mit dem bloßen schwachen Wort kommt. »Das Geheimnis der Gottesherrschaft ist das Geheimnis des Wortes« (51 S. 10). In diesem charakteristischen Zug, der durch alle Evangelien hindurchgeht, wird man nicht, wie A. Jülicher es getan hat, eine »apologetische Theorie« der Urgemeinde sehen dürfen. Die Parabeln in Mk. 4 zeigen es deutlich: »Im unscheinbaren Wort Jesu kommt die ewige Welt Gottes, das Reich, das die Welt umspannt — im verachteten, erfolglosen Wort« (51 S. 11). Und dennoch heißt es in Mk. 8, 38: »Wer sich mein und meiner Worte schämt, des wird sich der Menschensohn schämen, wenn er in seiner Glorie kommt!« Unter Widerspruch, Verachtung, Erfolglosigkeit und Verhüllung ist das Messiasgeheimnis zugleich das Leidensgeheimnis. »Dies stand schon hinter dem Todesurteil des Bußrufs, hinter dem tödlichen Kampf gegen die Frommen« (51 S. 11). Doch durch das Kreuz führt der Weg zur Auferstehung. Die Perspektiven Wredes werden umgekehrt, wenn Schniewind erklärt: »Messiasgeheimnis aber drängt auf enthüllte Messianität; enthüllte Messianität heißt Auferstehung« (51 S. 12). Zugleich aber wird aufgenommen, was von Wrede bis Bultmann immer wieder herausgestellt worden ist: »In der Tat, unsere Evangelien sind vom Glauben an den Auferstandenen her geschrieben, die Jesusworte auch der Synoptiker auf die Auferstehung hin geschrieben« (51 S. 12 f.). Dennoch haben die Evangelisten Geheimnis und Bußruf angesichts der neuen Wirklichkeit der Erhöhung nicht preisgegeben. »Gerade diese verhüllten

Worte berichten sie als Boten der Gemeinde an Christengemeinden, und den Unverstand der Jünger und das σκανδαλίζεσθαι und das Kreuz halten sie als Christen den Christen vor« (51 S. 13). Mit einem grundsätzlichen, alles umfassenden Satz wird geschlossen: »So gibt es keine theologia gloriae an der theologia crucis vorbei; kein Ergreifen der Eschata und der Auferstehung, ohne daß die Messianität Jesu immer erneut als Geheimnis vor der Gemeinde stünde; aber im Hören seiner Worte wird das Verhüllte offenbart. Der Erhöhte bleibt der Irdisch-Gekreuzigte; aber der Gekreuzigte ist der Auferstandene« (51 S. 13).

Es wird deutlich geworden sein, wie wichtig der Vortrag »Messiasgeheimnis und Eschatologie« aus dem Jahre 1932 für die Erfassung der Theologie Schniewinds ist. Gerade im Gespräch und in der Auseinandersetzung mit den neutestamentlichen Fachkollegen kommt das Besondere der Auffassung Schniewinds an den Tag. Jetzt sollen einige exegetische Stücke folgen, die dem Matthäuskommentar der Reihe »Neues Testament Deutsch« entnommen sind und der weiteren Klärung des Themas »Herrschaft Gottes und Messiasgeheimnis« dienen.

Gehen wir aus von der Erläuterung des Rufes: »Kehret um, denn genaht ist die Herrschaft des Himmels!« (Mt. 3, 2): »Hier zum erstenmal erscheint das Wort Himmelreich, das in so vielen Sprüchen Jesu erklingt. Wir übersetzen Himmels-›Herrschaft‹ statt Himmel-Reich. Denn es ist nicht in erster Linie an einen Bezirk, ein Reich gedacht, sondern an eine neue Ordnung der Dinge, in der Gott allein herrscht. Himmels-Herrschaft bedeutet dasselbe wie Gottes-Herrschaft. Man vermeidet zu Jesu Zeit aus Ehrfurcht den Namen Gottes und sagt statt dessen ›Himmel‹ (vgl. etwa Lk. 15, 18. 21), wie es ähnlich auch bei uns noch Sitte ist. Andere Formen einer ehrerbietigen Umschreibung des Gottes-Namens finden wir auch sonst in den Sprüchen Jesu (s. z. Mt. 5, 4; 7, 1 f.). Es ist also möglich, daß Jesus tatsächlich von der ›Himmels-Herrschaft‹ gesprochen hat; so wird es uns nur bei Matthäus berichtet, während Markus und Lukas statt dessen ›Herrschaft‹ Gottes sagen. Markus und Lukas hätten, wenn dies richtig ist, Jesu ursprüngliche Redeweise geändert, um sie den griechisch redenden Christen verständlich zu machen (weniger wahrscheinlich bleibt die andere Möglichkeit, daß nämlich Jesus selbst ursprünglich von Gottes-Herrschaft gesprochen hätte und daß unser Evangelist dies nachträglich der Redeweise Palästinas angeglichen hätte; denn in den Sprüchen Mt. 12, 28; 21, 31. 43 steht der Ausdruck ›Herrschaft Gottes‹, und diese Sprüche hat nur Matthäus überliefert, keiner der anderen Evangelisten; darin zeigt sich, daß unseren Evangelisten das Anliegen fern lag, den Ausdruck

›Herrschaft des Himmels‹ in die Jesus-Worte einzufügen). – Himmels-Herrschaft oder Gottes-Herrschaft ist das Wort, in dem die höchste Hoffnung des Alten Testaments und des Judentums zusammengefaßt ist. Himmels-Herrschaft ist etwas ganz Jenseitiges, das unmittelbar von Gott herkommt; es ist der neue Himmel und die neue Erde, wo Sünde, Tod und Leid nicht mehr sind. Nun aber ist das Neue in Jesu Verkündigung, daß hier die Nähe, ja die Gegenwart dieser zukünftigen neuen Welt Gottes angesagt wird, und daß in Jesu Wort und Tat, daß in ihm selbst die zukünftige Herrschaft Gottes schon erschienen ist« (48 z. St.).

Wir hatten gesehen, wie Schniewind in seinem Vortrag aus dem Jahre 1932 die Bergpredigt versteht. Jetzt wird es von Interesse sein, einige Ausführungen aufzunehmen, die im Zusammenhang der konkreten Texterklärung vorgelegt werden. Nachdem zu Mt. 5–7 zunächst darauf aufmerksam gemacht worden war, daß in der Bergpredigt einzelne Worte und Sprüche Jesu von dem Evangelisten zusammengestellt sind, wird betont, daß sich in allen Logien nur das Eine spiegelt, was auch die Verkündigung der ersten Christen in allen ihren besonderen Formen meinte: »Die Gegenwart der Herrschaft Gottes, die in Jesu Person und Wort erscheint. – Die Auslegung muß all dies bewähren. Sie muß es erweisen, daß die Bergpredigt nicht irgendeine ›Religion‹ oder ›Ethik‹ meint, die von der Person Jesu ablösbar wäre, und daß man auch dann, wenn man die Vorformen unserer Überlieferung sorgfältig prüft, nicht auf eine Verkündigung stößt, die nur eine edle neue Religion oder Ethik war und die ganz unabhängig von Jesu Person und Würde ihren Wert und ihre Wahrheit erwiese. Vielmehr ist die Bergpredigt in all ihren Teilen und Stücken nichts anderes als das Königswort des Sohnes Gottes, des Messias« (48 z. St.).

Die Messianität des Kündenden aber wird besonders deutlich in Mt. 5, 21–48, in den Antithesen. »Immer geht es um das Mose-Gesetz selbst. Und ebenso ist die Formel unserer Gegensätze zwanglos nur zu verstehen als die Entgegensetzung von Mose und Messias. ›Ihr habt gehört, daß zu den Alten gesagt ist‹ heißt: ihr habt gehört, was im Gesetz, was in den Zehn Geboten gesagt ist; und aus dem ›ich aber sage euch‹ redet Einer, der mehr ist als Mose, der Eine nämlich, der ›das Gesetz des Messias‹ bringt, der das Gesetz ins Herz schreibt (s. z. V. 17). Wenn man diesen Tatbestand leugnen will, muß man dem Wortlaut unserer Stelle Gewalt antun und ebenso dem von Mk. 7, 1 ff.; 10, 1 ff.; 2, 23 ff. u. ä. Es entsteht dann auch kein Widerspruch zu V. 17 ff. und zu der gesamten Lebenshaltung Jesu, die auch in den äußeren Formen der Gesetzesordnung blieb

(s. z. Mk. 1, 44; 2, 21. 22; vgl. Mt. 17, 25 f.). Denn der Gegensatz zum alttestamentlichen Gesetz ist in allen Fällen nur eine Verschärfung dessen, was im Wortlaut des Alten Testaments gesagt ist. Das Gesetz des Alten Testaments gilt nur, solange dieser Äon währt, dieser Weltenlauf mit seiner Bosheit (V. 37. 39) und Herzenshärtigkeit (Mt. 19, 8). Aber mit Jesus bricht der andere Äon herein, und von da aus versteht Jesus das Alte Testament besser, als es sich selbst versteht. Das Alte Testament ist jetzt an sein Ziel gekommen: ›daß alles geschieht‹ (V. 18), daß die Vollendung da ist; dies ist mit Jesu Person und Wort gegeben« (48 z. St.).

Beobachten wir an einem konkreten Beispiel, wie Schniewind die Antithesen der Bergpredigt auslegt. Zum Text Mt. 5, 21–26 schreibt er: »Gleich dies unser erstes Wort führt uns vor das, was man ›das Problem der Bergpredigt‹ nennt. Heißt das, was Jesus sagt, Aufhebung jeder Gerichtsordnung und Staatsordnung überhaupt? Tolstoi hat bekanntlich die Bergpredigt so aufgefaßt; aber er geht nur in den Bahnen der Schwarmgeister zur Reformationszeit. Luther hat sich lebenslang mit ihnen auseinandergesetzt; vgl. H. W. Beyer, Luther und die Bergpredigt, 1932. Vor einer ähnlichen Frage standen wir schon bei den Seligpreisungen, s. z. Mt. 5, 5. Die Lösung war dort, daß nur, wenn man von Gott her urteilt, die Worte Jesu im richtigen Gesichtspunkt erscheinen. Der Forderung Gottes ist nicht Genüge getan mit der Erfüllung des ›du sollst nicht töten‹ im wörtlichen Verstand. Gott will das Herz; vielmehr: Gott verurteilt das zürnende Herz und jedes verfluchende Wort, und vor Gottes Urteil kann auch nicht Einer bestehen. Damit aber wird die Forderung Gottes in keiner Weise erweicht; sofort die beiden folgenden Beispiele, V. 23 f. und 25 f., zeigen, daß Jesus mit einer wirklichen Erfüllung seiner Gebote rechnet, im ganz alltäglichen Leben. Seine Forderung lebt also nicht in irgendeinem idealen Reich der ›Gesinnung‹, fern vom wirklichen Tun. Aber diese Erfüllung ist etwas ganz Neues, jenseits der ausweglosen Verurteilung, die in V. 22 ausgesprochen war. Die Erfüllung ist also ein von Gott gewirktes Wunder; vgl. Mk. 10, 27. – Von da aus ist zunächst deutlich, daß die buchstäbliche Geltung des fünften Gebotes nicht im geringsten durch Jesus aufgehoben wird. Auch in der gesamten ersten Christenheit kennt man keine Laxheit oder Gleichgültigkeit gegenüber der bösen Tat, die daraus gefolgert würde, daß doch das ganze Herz böse ist und nur aus Gottes Macht neue Menschen entstehen. Wohl aber ist sofort mit unserer ersten Antithese jede Erweichung der Forderung Gottes abgelehnt. Es wird ein für allemal abgewiesen – und die folgenden Antithesen führen das an weiteren Beispielen durch –, als ob vor Gott die äußere Erfüllung der Zehn Gebote schon genüge; mehr: als ob vor Gottes eigentlicher Forderung irgendein Mensch bestehen könnte. Beides weiß schon der fromme Jude. Daß Gott das Herz will und daß vor ihm kein Mensch bestehen kann: beides war schon dem Alten Testament bekannt (etwa 1. Sam. 16, 7 Ps. 139, 23; 14, 1–3; 143, 2). Aber dies Urteil wird nirgend ganz in Geltung gesetzt. Irgendeinen Ausweg gibt es immer, denn sonst wäre das Leben ja nicht einen Tag weiter zu führen. Jesus aber setzt zugleich die Unausweichlichkeit des Gerichtes und die Tatsächlichkeit eines neuen Tuns. Beides ist in der Macht seines Wortes als des Messias beschlossen: Ich aber sage euch. – Gleich hiermit ist ein Mißverständnis der Bergpredigt abgewiesen, das sehr weit verbreitet und sehr folgenreich ist. Sobald man die Forderung Jesu auf die reine Innerlichkeit beschränkt und von da aus alle äußere Ordnung für gleichgültig erklärt, fällt man unweigerlich unter die Macht des Bösen. Was man in seiner Realität nicht gelten lassen wollte, herrscht dann ungehemmt. Sowohl die Herrschaft der Wiedertäufer in Münster beweist das, wie die Tatsache, daß aus dem idealistischen Anarchismus von Rousseau und Tolstoi die blutigsten Gewaltherrschaften entsprangen, die französische und russische Revolution. In Wahrheit redet in der Bergpredigt nicht ein Idealismus, der die Wirklichkeit übersieht, sondern ein Realismus, der das Böse unter das Gericht Gottes stellt. Aber der das tut, ist der Sprecher der Seligpreisungen, der Überwinder des Argen« (48 z. St.). – Dieses Interpretationsbeispiel zeigt sehr klar, wie das radikale Gericht und die neue Existenz im Bußruf und Wort Jesu geheimnisvoll gegenwärtig und wirksam sind.

Zur Bergpredigt sei zuletzt jene in sieben Punkten zusammengefaßte Abhandlung über die Antithesen herausgestellt, durch welche die Erklärung des Abschnittes Mt. 5, 21–48 abgeschlossen wird:

ZUR BERGPREDIGT

1. Man hat Jesu Worte aufgefaßt als Kulturprogramm: eine neue Form des Zusammenlebens der Menschen untereinander solle dadurch beherrscht werden, daß auf Gewaltanwendung verzichtet, alle staatliche und rechtliche Ordnung aufgehoben werde. Aber dabei vergißt man, daß alle Worte Jesu nicht an einem Ideal vollendeter Menschheitskultur, sondern an der Forderung Gottes gemessen sind. Gegenüber der Forderung Gottes genügt keine Berufung auf irgendein Maß oder Gesetz. Sie fordert den ganzen Menschen, Sinn, Herz, Blick und Wort, und bedeutet Verzicht auf die Frage: »Was ist mein Recht?« »Wie weit bin ich verpflichtet?«

2. Man hat Jesu Worte aufgefaßt als die Verkündigung einer reinen Gesinnungsethik. Aber unsere Auslegung hat gezeigt, daß Jesus von sei-

nen Jüngern nicht nur die neue Gesinnung, sondern auch die neue Tat erwartet: die Überwindung des Hasses, die neue Ehe, das neue Wort, die Bereitschaft zum letzten Opfer, die Vollkommenheit.



3. Man hat, mit dem richtigen Einsatz der Reformation, erkannt, daß jedes dieser Jesus-Worte unsere gänzliche Verurteilung ist, daß also die Bergpredigt in ihrer Weise vom Kreuze Christi spricht, d. h. von seinem Eintreten für die von Gott Fernen. Aber dabei wird leicht übersehen, daß Jesus das wirkliche Tun erwartet und daß er von diesem Tun wie von etwas Selbstverständlichem spricht, so daß das Gegenteil eigentlich unverständlich ist. Ist es nicht ein Widerspruch in sich, Gottes Vergebung zu erwarten und dem Bruder nicht zu verzeihen (V. 22–24)? Ist es nicht einsichtig, daß man besser ein Glied verliert als ganz in die Hölle geht (V. 30), daß jede Ehescheidung dem Ehebruch gleichzusetzen ist (V. 32), daß man mit keiner Art des Schwures die Gegenwart Gottes umgehen kann (V. 33 ff.), daß nur ein Ganzes und Letztes (V. 34 ff.) der Gabe und Forderung Gottes entspricht? – Aber nun ist diese neue Tat ein völliges Wunder. Sie bedeutet, von sich selbst los zu sein (V. 29 f.), Worte zu reden, die vor Gott bestehen (Mt. 12, 26!), auf jedes Recht zu verzichten, in der Gotteskindschaft, die doch erst zukünftig ist (V. 9), schon jetzt zu leben (V. 16, 45. 48).

4. Man hat Jesu Forderungen als Interimsethik verstehen wollen (A. Schweitzer). Für das Interim, die Zwischenzeit zwischen Jesu Worten und dem Jüngsten Gericht, sollen außerordentliche Leistungen erforderlich sein, damit der Jüngste Tag herbeigezwungen werde; nur wenn eine Schar von Vollkommenheit da ist, kann Gott seine neue zukünftige Welt erscheinen lassen. – Von alledem steht in unseren Worten nichts. Wohl aber wird von der Drohung ewigen Verlorenseins eindringlich gesprochen, V. 22. 29 f. Mt. 12, 36; zugleich aber wird vorausgesetzt, daß »die Kräfte der zukünftigen Welt« (Hebr. 6, 5) schon da sind. Die zukünftige Welt der Gotteskindschaft, des Friedens, des reinen Herzens, der Gegenwart Gottes, der Barmherzigkeit und der Vollkommenheit ist schon bei Denen Gegenwart geworden, die Jesu Wort vernehmen. Die Seligpreisungen geben das entscheidende Verständnis auch für unsere Sprüche.

5. Unsere Worte sind nur von Christus her zu verstehen. Was wir grundsätzlich zu den Seligpreisungen und zu V. 17–20 erkannt haben, bewährt sich an unseren Worten. Ihr beständig wiederholtes »Ich aber sage euch« ist die Umschreibung dessen, was wir das Messiasgeheimnis Jesu nennen. Er ist Der, der an Stelle des alten Gesetzes der Zehn Gebote ein neues Gesetz erläßt. Dies Gesetz aber ist zugleich die unbedingte Ver-

ZUR BERGPREDIGT urteilung und der Zuspruch des ewigen Heils, der Gotteskindschaft. Im Worte Jesu ist beides beschlossen. Von da aus kann ein Handeln aus der Gegenwart Gottes (V. 22. 25. 31. 34–36. 39. 42. 44 ff.) entstehen, ein Leben, in dem die zukünftige Welt Gottes schon Gegenwart geworden ist.

6. Dies Leben vollzieht sich in einer Welt, in der das Böse (V. 37. 39), die Herzenshärtigkeit (Mk. 10, 5), die Zerstörung der Ehen (V. 32), die Notwendigkeit des Eides und des Kampfes gegen das Böse (Jesu eigenes Verhalten! s. z. V. 37 und 39) weiter besteht. Das Gesetz in all seinen Einzelforderungen besteht bis zum Jüngsten Tag weiter (V. 18). Dennoch weist es beständig über sich hinaus. In jedem einzelnen Gegensatzspruch wurde nur die Folgerung aus dem gezogen, was das Gesetz selbst meinte und was schon die jüdische Auslegung des Gesetzes wußte. Diese eigentliche Meinung aber läßt sich nur so ausdrücken, daß sie in sich widerspruchsvoll, paradox erscheint (V. 21 f. 29 f. 37. 40). Dies ist kein Spiel des Gedankens, sondern der notwendige Ausdruck dafür, daß in diese Welt der Gottesferne Gottes Gegenwart als eine Forderung hineinragt, an der die Form des geschriebenen Gesetzes zerbrechen muß. Aber diese Gegenwart Gottes ist zugleich das ›Selig‹, das in der Erscheinung Jesu und in seinem Wort gegeben ist.

7. So haben alle von uns abgewiesenen Auffassungen der Bergpredigt ein berechtigtes Anliegen. Es ist richtig, daß Jesu Worte eine neue Ordnung der Dinge meinen (Nr. 1), ein neues Herz fordern (Nr. 2), daß sie von der zukünftigen Welt Gottes her gemeint sind (Nr. 4), Gericht und Gnade in eins schließen (Nr. 3). Das alles aber ist mit Jesus selbst gegeben; und es war so, daß uns jeder einzelne Spruch auf den Kampf und das Leiden Jesu drängte. In der Tat ist also die Verkündigung des Kreuzes eine Entfaltung der Bergrede. Und die Osterbotschaft (s. z. Mk. 16; Mt. 28) redet davon, daß die zukünftige Welt, die in Jesu Erdenleben nur im Geheimnis Gegenwart war, in der unumschränkten Herrschaft des Auferstandenen angebrochen ist.

Diese sieben Sätze sind zitiert aus dem »Evangelium nach Matthäus«. Sie finden sich im Anschluß an die Auslegung von Mt. 5, 21–48. Und es sollte wohl beachtet werden, was unter Nr. 7 zusammenfassend ausgeführt ist: Schniewind befindet sich stets in einer lebendigen Diskussion mit seinen neutestamentlichen Kollegen, mit den Stimmen der Väter und der Großen der Geschichte. Er sucht ihre »berechtigten Anliegen« aufzunehmen und zu verstehen, er bringt sie zur Geltung, doch stets in einer auf das Zentrum alles Erklärens ausgerichteten Straffung, Klärung und inneren Umwandlung. Dieses Zentrum aber ist: Gottes Herrschaft und das Messiasgeheimnis.

In den nach dem Geheimnis des Messias fragenden Studien spielt natürlich der Text Mt. 11, 2 ff. eine große Rolle. Hier ist es Johannes der Täufer, der die schwerwiegende Frage stellt: »Bist du der Kommende, oder sollen wir einen andern erwarten?« Jesus antwortet: »Gehet hin und meldet Johannes, was ihr hört und seht: Blinde werden sehend und Lahme können gehen, Aussätzige werden rein und Taube hören und Tote stehen auf und ›Arme empfangen Freudenbotschaft‹, – und selig ist, wer nicht an mir zu Fall kommt!« Schniewind erläutert diesen Text, indem er mit der Frage einsetzt: »Ist Der, der solche besonderen Werke tut, wirklich der Kommende, wenn doch das Gericht, das aller Erneuerung vorangehen müßte, verzieht? Der ›Kommende‹ ist ein Name für den Messias-Menschensohn, Dan. 7, 13, und ebenso sind im Neuen Testament andere Worte gedeutet worden: Ps. 118, 26; 40, 8 Hab. 2, 3. Was aber (Dan. 7, 11) vom Menschensohn gesagt wird, gilt auch von Gott selbst: Gott selbst wird kommen, Mal. 3, 1 Sach. 14, 5, und dann wird das Gericht anheben, aber auch die neue Welt der Vergebung und Gegenwart Gottes. Für beides also, für Gottes und des Messias Kommen, wird das gleiche Wort gebraucht; und wir werden sehen, daß in V. 5 und 10 Jesu Kommen mit dem Kommen Gottes gleichgesetzt wird. – Der Messias ist es, auf den Johannes wartet. Dieser Messias war schon in seiner eigenen Verkündigung (s. z. 3, 11 f. Mk. 1, 7) überweltlich wie Gott selbst und wie der Menschensohn des Daniel; und doch erwartete er ihn auf Erden und wollte sein niedrigster Sklave sein. War die Erwartung nicht trügerisch, da Jesus selbst so niedrig und machtlos erscheint und seinen Vorläufer dem Gefängnis und dem Tode preisgibt? Jesu Antwort ist verhüllt. Er sagt nicht direkt, wer er ist, sondern er verweist Johannes' Boten auf das, was sie hören und sehen; ebenso wie sonst in den Evangelien die Sehenden und Hörenden selig gepriesen werden, Mt. 13, 16 Mk. 4, 24 u. ö. Was sie aber sehen und hören, wird beschrieben mit Worten, die an Jes. 35, 5 ff. anklingen. Dort heißt es: ›Gott selbst kommt und hilft euch. Dann werden sich die Augen der Blinden auftun und die Ohren der Tauben sich öffnen. Dann wird der Lahme springen wie ein Hirsch, und die Zunge des Stummen wird jauchzen‹« (48 z. St.). Wieder ist es die Verhüllung des Messiasgeheimnisses, unter der alles gesagt wird. Bemerkenswert ist vor allem, wie Schniewind das Kommen des »Messias« mit dem Ereignis der Gegenwart Gottes identifiziert, wie sehr beides ineinanderrückt im eschatologischen Geschehen.

Neben Mt. 11, 2 ff. ist Mt. 12, 28 zu stellen. Jesus spricht: »Wenn ich aber durch Gottes Geist die Dämonen austreibe — : so ist ja Gottes Herrschaft zu euch gelangt!« Schniewind erklärt: »Unser Wort ist eines der wichtigsten Jesus-Worte. Es gehört, wie Mt. 11, 5 f., ganz in die besondere Lage, aus der Jesus auf Erden spricht und handelt. Es verbietet, Jesu Predigt vom Reich Gottes nur als die Ankündigung künftiger Dinge zu betrachten. Das Entscheidende ist vielmehr, daß hier die zukünftige Welt Gottes schon Gegenwart wird. Damit sagt unser Spruch nur, was durch die ganze Predigt Jesu klingt. Im unscheinbaren Wort ist Gottes ewige neue Welt schon da, Mk. 4, 1—32; im Wort Jesu Christi ist die Sündenvergebung des künftigen Weltenrichters schon Gegenwart, Mk. 2, 5—11 Mt. 5, 3—10. 20—48; Jesu Kommen ist Gottes eigene Gegenwart, Mt. 11, 3. 5. 10; und ausdrücklich wie unser Spruch redet Lk. 17, 20. 21: die Herrschaft Gottes ist in eurer Mitte. Die Gegenwart des Reiches Gottes ist die Person Jesu selbst. Schon Origenes hat gesagt, Jesus sei die ›Autobasileia‹, ›das Reich Gottes in Person‹ (P. Feine). Jesu Wort und Person sind unlöslich verbunden (Mt. 5, 22 ff.; 11, 5 f.); darum sind auch Worte und Werke Jesu nicht zu unterscheiden. An unserer Stelle, wie in 11, 20 ff., wird nur von Jesu Wundern gesprochen, Mk. 4 nur von seinen Worten; aber in Mk. 2, 5 ff. Mt. 11, 2 ff. waren Wunder und Wort eins, und seine Wunder bekunden dasselbe wie seine Worte, nämlich Gottes eigenes Kommen. — Doch auch in unserm Spruch wird hiervon nur verhüllt gesprochen. Gottes Herrschaft ist in dem Niedrigen, Verborgenen, zum Kreuz Gehenden (s. z. Mt. 11, 25—30), nur als Geheimnis Gegenwart (s. z. Mk. 4, 11). Jesus redet nur von Gottes Geist, der in ihm wohnt. Der Täufer hatte vom kommenden Geist-Täufer gesprochen; ›Gottes Geist‹ war gemeint, wenn von Jesu ›Vollmacht‹ gesprochen wird (s. z. Mt. 7, 29 u. ö.); Gottes Geist bedeutet nach der ganzen Bibel soviel wie Gottes unmittelbare Gegenwart. Die Lukas-Parallele (Lk. 11, 20) spricht statt vom Geist von ›Gottes Finger‹; aber damit ist das Gleiche gemeint, denn ›der Geist ist der aus der Hülle hervorgesteckte Finger Gottes, seine lebendig auf Erden wirkende Kraft‹ (J. Wellhausen)« (48 z. St.).

In Mt. 16, 16 spricht Petrus das Messiasbekenntnis aus: »Du bist der Messias, der Sohn des lebendigen Gottes!« Unter dieser Textstelle zieht Schniewind in der Erklärung eine Fülle von erläuternden Bibelzitaten zusammen. Er schreibt: »Petrus antwortet mit dem bekannten großen Wort des Bekennens. Sagt er bei Markus nur (Mk. 8, 29): ›Du bist der Messias‹, so ist dies bei den anderen Evangelisten erweitert; bei Lukas (Lk. 9, 20): ›Du bist der Messias Gottes‹; bei Johannes (Joh. 6, 69): ›Du bist der Heilige Gottes.‹ Beides stammt aus alter Überlieferung. Gottes Messias heißt der Erwartete seit Ps. 2, 2 (vgl. Lk. 2, 26 u. ö.); der Heilige Gottes wird Jesus seit Mk. 1, 24 genannt. ›Der Sohn des lebendigen Gottes‹ ist ebenfalls ein Wort, das ältere Überlieferung weiterträgt. Der Hohepriester nennt Jesus im Verhör ›Messias, den Sohn Gottes‹ (Mt. 26, 63), bezeugt also, daß der Würdename ›Gottes Sohn‹ vom Alten Testament her (Ps. 2, 7 u. a.; s. z. Mt. 3, 17) unvergessen geblieben war. Der ›lebendige Gott‹ ist ein großes Wort alttestamentlicher Sprache. Gott wird der Lebendige genannt in Wendungen, die ihn als den Wirkenden, Richtenden, Gegenwärtigen beschreiben (Dtn. 5, 23 Ps. 84, 3 Jer. 5, 2 Ps. 42, 3 Jes. 37, 4). Und so nennt man ihn zur Zeit Jesu: den ewig Lebendigen, den lebendigen Gott und ewigen König; so spricht das Neue Testament an großen, wichtigen Stellen vom lebendigen Gott (Joh. 6, 57 2. Kor. 3, 3; 6, 16 1. Thess. 1, 9 Hebr. 3, 12; 9, 14 Apc. Joh. 10, 6 u. ö.). Vielleicht darf man bei der Einhelligkeit, mit der Lukas, Johannes, Matthäus im Petrus-Bekenntnis von Gott reden, vermuten, daß ebendies dem Bekenntnis wesentlich ist: Jesus ist Der, in dem Gott selbst redet, handelt, erscheint. Dies sollte mit allen Geschichten und Sprüchen unserer Evangelisten gesagt werden; das letzte Geheimnis der unmittelbaren Gegenwart Gottes in Jesus brach immer wieder durch (s. z. Mt. 11, 5. 10 Mk. 2, 8. 9). Es darf daran erinnert werden (s. z. Mk. 8, 29), daß wir, wie überhaupt in unseren Evangelien, so auch hier im Petrus-Bekenntnis, kein Protokoll dessen, was geschehen ist, erhalten. Wohl aber wird völlig deutlich, um was es eigentlich geht« (48 z. St.).

Damit tun wir den letzten Schritt und gehen auf die Erklärung von Mt. 28, 18 zu; denn — und das wird deutlich geworden sein — an der Kette der Interpretationen zum Thema »Herrschaft Gottes und Messiasgeheimnis«, die wir zusammenflochten, kann sehr gut veranschaulicht werden, wie Schniewind die zentralen Fragen der Evangelienauslegung behandelte und beantwortete. Der Erhöhte spricht in Mt. 28, 18: »Mir ist gegeben alle Macht im Himmel und auf Erden!« Folgende Deutung wird gegeben: »Die Auferstehung aber ist in der Tat nur die Vollendung dessen, was Jesus in seinen Erdentagen tat und sprach. Er hatte auf Erden Gottes Macht: die Vollmacht in Wort und Wunder, in Sündenvergebung und Heilandsruf (Mt. 7, 29; 11, 28), Vollmacht über die Gewalt der Dämonen, Mk. 1, 22. 27. Diese Vollmacht war schon in Jesu Erdenleben die Vollmacht des künftigen Menschensohnes (Mt. 9, 6), des künftigen Weltenrichters (Joh. 5, 27), des Herrn aller Menschen (Joh. 17, 2; vgl. Mt. 11, 27). Jetzt aber, in der Auferstehung, ist Jesus eingesetzt in die Macht und Herrschaft des Menschensohnes. Unser Wort nimmt bis auf den Ausdruck Dan. 7, 14 auf: Und ihm (dem Menschensohn) ward gegeben Vollmacht (und königliche Ehre), und alle Völker der Erde, alle Geschlechter und alle Herrlichkeit (auf Erden) dienten ihm; und seine Macht ist ewige Macht, die nicht vergeht, und sein Königreich (ewiges Königreich), das nicht vernichtet wird. Der Text bei Daniel schwankt in den verschiedenen Überlieferungen. In jeder Form bleibt der Anklang an unsere Stelle, und V. 19 und 20 sind einbezogen: die Herrschaft des Menschensohnes umfaßt alle Völker, und seine Herrschaft ist ewig« (48 z. St.).

So schließt sich der Kreis, und es ließ sich gut zeigen, wie alle Ansätze und Grundrisse der Erklärung zum Thema »Herrschaft Gottes und Messiasgeheimnis«, welche im Jahre 1932 im Vortrag entworfen wurden, in den konkreten Textinterpretationen ihre Ausprägung finden.

*Zehntes Kapitel*

## Über das Johannesevangelium

Geht man die Bibliographie Schniewinds durch, so wird man feststellen, daß – mit Ausnahme der im Jahre 1914 zuerst erschienenen Habilitationsschrift – keine wissenschaftlichen Studien zum Johannesevangelium vorliegen. Das ist um so erstaunlicher, als Schniewind bei der Auslegung dieses neutestamentlichen Buches eigene Wege ging. Als ich bei Ernst Kähler in Greifswald den Nachlaß durcharbeitete, fand ich zu meiner Überraschung einen umfangreichen Vortrag aus dem Jahre 1939, der mit zwei verschiedenen Überschriften und Einleitungen versehen ist. Die erste Überschrift, der eine kurze Einleitung folgt, heißt: »Neue Beiträge zur Frage des Vierten Evangeliums.« Angefügt ist ein zweiter handschriftlicher Entwurf unter dem Thema »Über das Johannesevangelium« mit vierzehn Zeilen Einführung. Das Manuskript als ganzes ist dann bis zur Seite 22 mit der Schreibmaschine angefertigt, anschließend – bis zu S. 66 – mit der Hand geschrieben. Aus den beigefügten Notizen Schniewinds geht hervor, daß der Vortrag am 9. und 10. August 1939 in der Lutherakademie Sondershausen gehalten wurde. Randbemerkungen lassen erkennen, daß die Vorbereitungen in den Juli des Jahres 1939 fallen. Wenn nun auf den folgenden Seiten diese Abhandlung »Über das Johannesevangelium« veröffentlicht wird, so geschieht das mit dem Bestreben, die eigenartige und profilierte Interpretationsweise, mit der Schniewind im vierten Evangelium arbeitete, an einem Grundriß zu verdeutlichen. Wir haben einen – wie es in der Einleitung heißt – »lebendigen Vortrag« vor uns, der Fragen und Fragestellungen aus dem Gespräch mit der neueren Literatur zum Johannesevangelium entwickelt, neue Aufgaben anzeigt und neue Antworten sucht. Da das Manuskript in dem vorliegenden Zustand für eine wissenschaftliche Publikation nicht bestimmt war, hat Ernst Kähler mit Recht auf die Veröffentlichung in den »Nachgelassenen Reden und Aufsätzen« verzichtet. Im Rahmen unserer Darstellung aber kann der in vieler Hinsicht interessante und lehrreiche Beitrag seinen Platz finden:

## I.

VORTRAG AUS DEM JAHRE 1939

Das Thema des Vortrages ist mir aus Ihrem Kreis heraus gestellt worden. Es soll nicht so aufgefaßt werden, als wäre es die Aufgabe, eine erschöpfende Übersicht über alles zu geben, was in den letzten Jahren zum Johannes-Evangelium geschrieben worden ist, ähnlich also wie in theologischen Zeitschriften solche Sammelberichte gegeben werden. Für den lebendigen Vortrag empfiehlt es sich mehr, die »Frage«, die uns mit den vier Evangelien gestellt wird, grundsätzlich zu behandeln: Fragen also und Fragestellungen sollen herausgearbeitet werden, die uns neue Aufgaben und auch neue Antworten geschenkt haben.

Dabei ist freilich der Kreis der in Betracht kommenden Arbeiten viel weiter, als in der Literaturangabe umspannt werden konnte. Der Aufsatz von Dibelius aus RGG² wurde auch wegen der dort genannten Literatur angegeben, erwähnt seien nur die Namen Reitzenstein, Wetter und Bultmann, mit denen sich unsre Debatte sofort zu beschäftigen hat. Als selbstverständlich vorausgesetzt wurden auch die Kommentare von Walter Bauer einerseits (3. Aufl. 1933; auch dort viel Literatur), von Schlatter andererseits (1930), ebenso die große Sammlung von Billerbeck (1924). Sofort hinzufügen dürfen wir noch die vortreffliche Arbeit von Gaugler »Das Christuszeugnis des Johannes-Evangeliums« (Beiheft 2 der Ev. Theol. 1936).

### 1.

Fragen und Fragestellungen: Vielleicht überkommt uns, sooft wir das vierte Evangelium behandeln, eine gewisse Unsicherheit. Die Fragen scheinen tiefer zu greifen als bei den Synoptikern oder Paulus. Die Echtheitsfrage greift hier tiefer als bei den anderen neutestamentlichen Schriften. Die Enttäuschung, ja Erschütterung manches Studenten wird schon durch die Frage als solche geweckt, ganz einerlei, wie diese Frage dann beantwortet wurde. Selbst wenn man den Nachweisen konservativer Forscher gern glaubt, bleibt nicht die Unsicherheit als solche? Und hemmt sie nicht noch unser Predigen oder Unterrichten, wenn wir in Amt und Arbeit stehen? Gewiß, wir haben auch bei der Synopse keine unmittelbare apostolische Tradition. Selbst die Verteidiger der Matthäus-Priorität rechnen mit Überarbeitungen, mindestens durch den Übersetzer; andererseits leugnet kein Kritiker, daß hinter der synoptischen Überlieferung verläßliche Berichte stehen, die zuletzt auf die Apostel zurückweisen. Beim Johannes-Evangelium aber scheint sich alles in reine Phantasie aufzulösen; selbst wenn hinter dem Evangelium Traditionen liegen, so scheinen das nur Traditionen von Legenden zu sein. Und selbst wenn die Überlieferung des Johannes-Evangeliums in die Urgemeinde zurückreicht, zum Apostel Johannes oder zum Presbyter Johannes, so scheint diese Überlieferung legendarisch, getrübt zu sein. Ja, man könnte, wenn man das Evangelium dem hochbetagten Zebedaiden zuschriebe, gerade deswegen behaupten, seine Erinnerung sei völlig getrübt; dies war die These von Lagarde. Alles, so sagt man, ist bei Johannes ins Gigantische, ins Übermenschliche gesteigert, was bei den Synoptikern menschlich nahe kam.

VORTRAG AUS DEM JAHRE 1939

Dann ist also die eigentliche Frage – die Frage nach der inneren Echtheit des Johannes-Evangeliums! Ob das, was dasteht, ἀλήϑεια ist. Wer auch der Verfasser ist, wie weit auch der einzelne legendarisch sein mag, – es fragt sich, ob das Eine κήρυγμα Ἰησοῦ Χριστοῦ hier bezeugt wird oder aber nicht. Hat das Johannes-Evangelium das Kerygma hellenisiert? Oder hat es, umgekehrt, in die hellenistische Welt das κήρυγμα Ἰησοῦ hineingebracht? Seit Ferdinand Christian Baur wird gerade der Ruhm des Johannes-Evangeliums in dem gesehen, was man seine »innere Unechtheit« nennen möchte. Aus dem Christus der Geschichte wird der Christus der Idee, aus dem jüdisch beschränkten Jesus des Matthäus der hellenistisch entschränkte des Johannes. Und dann gilt gerade Johannes als die reinste Entfaltung der christlichen Idee: hier wird die Idee der Gottessohnschaft, die Idee der Gottmenschheit am klarsten entfaltet. Aber gerade diese Meinung, das Christentum sei Idee, heißt: das eigentliche κήρυγμα Ἰησοῦ verraten, denn dies Kerygma ist das genaue Gegenteil von dem, was wir Selbstentfaltung der Gottesidee nennen möchten. Es sagt sowohl bei den Synoptikern wie bei Paulus, daß Gott selbst zu uns gekommen ist: einmal und ein für alle Mal; dies Einmal aber heißt Jesus. Sollte Johannes wirklich etwas anderes meinen?! Aber wenn das Johannes-Evangelium das Christentum in die reine Entfaltung der Idee aufgelöst hätte, so hätte es das eigentliche Kerygma verraten.

Auch wenn wir diese These über das Johannes-Evangelium leidenschaftlich ablehnen, ist sie nicht uns allen eingeprägt? Mit welchen Einschränkungen man sie auch versehe, sie bleibt doch das letzte Wort etwa bei H. J. Holtzmann und in Boussets *»Kyrios Christos«:* die Flucht vom irdischen, geschichtlichen Jesus hinweg – hinein in die Gnosis; die Mystik, sagt man, die bei Paulus begann, erreicht hier ihr Ziel. Man kann diese Auffassung des Johannes-Evangeliums auch heute noch bejahen und von da aus Johannes aufs höchste bewerten – so geschieht es in vielen neueren Darstellungen –: gerade dies sei auch unsere gegenwärtige

VORTRAG AUS DEM JAHRE 1939

Aufgabe, in unserer Sprache und Anschauungswelt das zu leisten, was Johannes für seine Zeit leistete, die Flucht nämlich fort vom geschichtlichen irdischen Jesus und seiner Umschränktheit hinein in die ewige Christus-Idee. Aber das Kerygma der Urgemeinde, nein, das Kerygma der christlichen Gemeinde aller Zeiten widersteht dem aufs äußerste. Die christliche Gemeinde aller Zeiten weiß sich an den einen gebunden, von dem gerade der Johannes-Prolog sagt: Der Logos ward Fleisch.

2.

Wir dürfen in diese Fragestellung zunächst das hineinstellen, was uns vor drei Jahrzehnten als Hallenser Tradition mitgegeben wurde. Es war ein wesentliches Stück von Friedrich Loofs' Lebensarbeit, weit in seine Forschung zur alten Dogmengeschichte hinein, wenn er für die Würde und Geltung des vierten Evangeliums eintrat. Hier sprach der kluge Historiker, der, an der Patristik geschult, die Fragen der Zuverlässigkeit der Johannes-Tradition wesentlich anders beantwortete, als es üblich geworden war; der Historiker war es auch, der von der Synopse her die Frage aufwarf, ob es irgendwo den bloß »menschlichen« Jesus gäbe, — aber eben nur dies Negative kann der Historiker feststellen, daß nämlich unsere Quellen, Synoptiker wie Johannes, in der Grundhaltung gegenüber dem Leben Jesu völlig gleich sind. Das Kerygma selbst aber, dessen Wahrheit kein Historiker beweisen kann, wurde von F. Loofs wie M. Kähler immer wieder mit dem Johannes-Wort formuliert: »Wer mich gesehen hat, der hat den Vater gesehen!« Der unsichtbare und verborgene Gott ward sichtbar, ward ein Mensch — Jesus der Gekreuzigte. So aber hat dann Wilhelm Lütgert die johanneische Christologie dargestellt. Der ganze Nachdruck fällt auf Jesu Gehorsam, Demut, Niedrigkeit. Hier ist nichts von der gnostischen Auflösung seiner Menschheit, die man immer wieder seit der Baurschen Schule gefunden hat; Ch. Keim nannte den johanneischen Christus den »Logos-Automaten«! Das genaue Gegenteil aber ist im Evangelium gemeint. Es ist — wie der erste Brief — aus dem Kampf gegen die Gnosis geschrieben, aus dem Kampf gegen eine doketische Auflösung des Christus-Jesus. Eben diese These verfocht Ernst von Dobschütz seit 1905: Johannes hat nicht den synoptischen Jesus hellenistisch aufgelöst, sondern er bringt das synoptische Kerygma in die Fragestellung des Hellenismus hinein.

Kann man diese Hallenser Überlieferung aufrechterhalten? Es scheint zunächst eine Frage nach dem Faktischen. Haben uns neue historische Entdeckungen bewiesen, daß es in der Tat nichts ist mit der Christlichkeit des Johannes, daß er vielmehr ein Synkretist ist? Oder kämpft er gerade selbst gegen den Synkretismus, den man ihm vorwirft?

VORTRAG AUS DEM JAHRE 1939

Was es an Fakten gibt, soll hier vorgeführt werden. Aber was diese Fakten bedeuten, das steht immer unter der letzten Wahrheitsfrage, die nur in der lebendigen Verkündigung beantwortet wird. Diese Verkündigung aber steht auf sich selbst. Dies war Martin Kählers entscheidender Satz gegen alle Fehlgänge der Leben-Jesu-Forschung. Wer annimmt, unser Glaube sei immer neue Entfaltung der Idee der Gottmenschheit, der Gottesidee, der hat das Kerygma noch nicht vernommen; er wird auch die neu erschlossenen Tatsachen irgendwie von seinem Glauben her, nicht vom Christenglauben her, deuten. Wer aber irgendwo es vernommen hat: »Wer mich gesehen hat, der hat den Vater gesehen«, der wird durch alle neuen Erkenntnisse zur Situation des Johannes-Evangeliums nur noch mehr dahin geführt werden, dessen Einzigartigkeit zu sehen. Es ist die Ausprägung des κήρυγμα Ἰησοῦ in die Welt der Gnosis hinein. – Hans von Campenhausen hat es wahrscheinlich gemacht, daß eben im johanneischen Kreis, im Evangelium wie in der Apokalypse wie im Brief, zuerst das Wort »Zeuge und Zeugnis« ausgeprägt worden ist. Hier wird im Wort bezeugt, was Gott tut; es wird bezeugt und es bezeugt sich selbst, daß Jesus der Messias ist, der Retter der Welt.

3.

Die Frage ist also zunächst die nach der Situation des Evangeliums. So ist die Frage seit etwa einem Menschenalter gestellt. Die Verfasserfrage tritt demgegenüber zurück; je nach unserem Verständnis der Situation, der Aufgabe unseres Evangeliums, ergeben sich die Folgerungen für die Verfasserfrage, wie man sie auch beantworte.

Die Absicht unseres Buches erschloß man früher fast ausschließlich vom Prolog her. Hier fand man den Logos-Begriff. Hier war also das Evangelium der Idee, der Logos-Idee; dementsprechend wurde alles gedeutet. Die Wunder repräsentieren Ideen, sind also allegorisch auszulegen; die Worte meinen eine Welt des reinen Gedankens; man setzte die Verkündigung der Liebe ohne weiteres mit dem platonischen Eros gleich, analog die Verkündigung der Wahrheit, als sei Wahrheit die rein »geistige« Wirklichkeit; man setzte das Pneuma identisch mit dem Nous der griechischen Philosophie. Dabei überlas man aber, daß die entscheidende Aussage des Prologs ein unüberwindbarer Anstoß für jeden Griechen oder Hellenisten ist: Der Logos ward Fleisch; er wird Mensch, und dies wird gerade mit einem Wort bezeichnet, das schon für den am Alten Testament Geschul-

VORTRAG AUS DEM JAHRE 1939

ten den ganzen Anstoß menschlicher Niedrigkeit und Hinfälligkeit bedeutet, vollends aber für einen Griechen unerträglich war. Man überlas, daß eben dies, das Menschsein Jesu, der Inhalt des ganzen Buches sein soll; darum ist Liebe nicht eine weltgestaltende Kraft, sondern die Tat Gottes, der den Sohn ans Kreuz gibt, der verlorenen Welt das Leben zu schenken; darum ist Wahrheit etwas, das getan wird, wo man die Finsternis haßt und die Gebote dessen hält, der die Wahrheit in Person ist, die Wirklichkeit Gottes in Person; und darum ist Geist etwas schlechthin anderes als das reine Denken, das man noch in der Sprache unserer Philosophie darunter versteht: Der Geist ist die unmittelbare Gegenwart Gottes, und der Geist weiß nichts anderes als die Verherrlichung Jesu und die Erinnerung an seine Worte.

Daß das Johannes-Evangelium nicht der griechischen Philosophie entstammt, das hat unsere Forschung erkannt, seit man den Hellenismus und seine Religiosität kennenlernte. Hier sind Reitzensteins und Boussets Namen zu nennen. Die Religiosität ist die der Mysterien-Frömmigkeit, und deren reinste Form, die eines rein geistigen Mysteriums, findet man in den hermetischen Schriften. Bousset hat richtig gesehen, daß der Logos des Prologs nicht getrennt werden kann von den gesamten Aussagen des Evangeliums über Jesu Wort und Worte. In den Worten Jesu wirkt der ewige Logos, der die Welt schuf. So ist es in der Tat; und es ist auch richtig, daß ebenso in der Mysterien-Frömmigkeit der Logos zugleich das Prinzip des Kosmos ist und das geredete Wort der Weihe und der Erkenntnis; nur war die Forschung vor 1914 in der Gefahr, sobald sie Wörter entdeckte, die wir auch in den Mysterien-Religionen antreffen, Wortgleichheit für Sachgleichheit zu nehmen: Ist wirklich das johanneische Wort Jesu das Wort irgendeiner Mysterien-Religion? Bei Bousset wird der Irrtum besonders deutlich an der Gesamtanschauung, unter die er das Johannes-Evangelium stellt. Das Johannes-Evangelium soll die »Vergottung durch Gottesschau« verkünden. Das Wort aus 1. Joh. 3, 2, »daß wir ihm gleich sein werden, denn wir werden ihn sehen, wie er ist« — wird zum Motto des Ganzen erhoben; aber es wird dabei in sein Gegenteil umgedeutet. Denn der erste Brief steht — wie schon Paulus — im Kampf mit einer Gnosis, bei der die Eschatologie aufgelöst wird, weil ja alles Jenseitig-Unsichtbare schon jetzt Besitz des Eingeweihten ist. Gerade hiergegen aber kämpft doch das angeführte Wort! Wir sehen ihn jetzt noch nicht, wir sind ihm jetzt noch nicht gleich! Und die Gottesschau, die der Myste in geheimnisvollen Weihen und ekstatischen Visionen erstrebt, ist in Wahrheit die Schau dessen, der im Fleisch auf Erden war und in dessen

Angesicht man den Vater schaut. Die Kategorie der Vergottung aber, die Bousset ohne weiteres in unser Evangelium einträgt, ist diesem völlig fern. Stärker noch als bei den Synoptikern wird hier die Unterordnung des Sohnes unter den Vater gezeichnet: »Der Vater ist größer als ich«, spricht derselbe, der »wahrer Gott und ewiges Leben« genannt wird; und die Seinen »ehren ihn, wie sie den Vater ehren« (5, 23): sie verschmelzen nicht mit ihm, sondern sie sind seine gehorsamen Jünger, seine an sein Wort gebundenen Freunde.

Aber die Erforschung der Mysterien-Religionen selbst wies weiter. Hatte man deren Ursprünge zunächst in Alexandria gesucht und ihre Verwandtschaft mit hellenistisch-religiöser Philosophie herausgearbeitet, so wandte sich Reitzenstein in seinen späteren Arbeiten (seit 1921) zur Erforschung des Irans. Hier fand man eine Religion, die von Licht, Leben, Erkenntnis sprach. Mehr! Hier stand die Gestalt des »Menschen« im Mittelpunkt. Mit dem »Menschen« identifizierte man den »Menschensohn« des Johannes-Evangeliums. In der Tat wird zwölfmal im Johannes-Evangelium vom Menschensohn gesprochen — fast ebensooft wie im Markus-Evangelium (14mal) —, und an welch bedeutsamen Stellen! Hiermit wäre man schon geographisch, vollends sachlich, überraschend nahe an Palästina herangerückt. Und nun fand man eine palästinensische Form der iranischen Gnosis in den Mandaika. Vor zehn Jahren wurde diese Frage brennend. Berühmt ist vor allem Bultmanns Aufsatz in der ZNW 1925. In den mandäischen Schriften treffen wir das Wort, den Boten, den Hirten, den Weinstock, den Gesandten, den Himmelsmenschen — und die stumpfe Abweisung, die ihn nicht versteht. »Erkenntnis des Lebens« ist das Ziel; die Wahrheit, das Leben, das Licht wird gesucht und wird offenbart; vom großen fremden Leben wird die Offenbarung gesandt, der große Lichtkönig steht jenseits alles Wirklichen. In dies Erwarten und Fragen hinein hätte, wenn diese Entdeckung der mandäischen Gnosis zu Recht besteht, der Jesus des Johannes-Evangeliums sein »Ich bin es« gesprochen. Der Fleischgewordene, der Irdisch-Einmalige, der Nazarener, der Gehorsame, der ans Kreuz und zum Himmel Erhöhte: Er ist das alles, worauf man wartete.

Aber diese ganze Auffassung scheint in Frage gestellt, wenn die Skepsis recht behält, die sowohl im chronologischen Ansatz wie in der Bewertung die mandäischen Schriften für die Erforschung des Urchristentums völlig ausschalten will. Diese Skepsis wird in Deutschland besonders durch Lietzmann vertreten (seit 1930). Es darf aber zunächst festgestellt werden, daß spät verfaßte Schrifttümer (von eigentlichen Schriften kann in solchen

VORTRAG AUS DEM JAHRE 1939

Fällen nirgend die Rede sein) dennoch älteste Überlieferungen enthalten können. Für die rabbinische Überlieferung ist dies nach anfänglichem Sträuben in der christlichen Forschung jetzt allenthalben zugestanden; für den Hellenismus arbeitet jeder klassische Philologe mit dieser Voraussetzung. Und wenn in den mandäischen Schriften das heilige Wasser »Jordan« heißt, so weist dies wohl auf einen palästinensischen Ursprung; wenn sie in ihrer ganzen Haltung antichristlich sind, so spricht dies nicht dafür, daß ihre Ursprünge in später christlicher Gnosis zu suchen seien, ganz zu schweigen von der Rolle, die Johannes der Täufer in diesen Schriften spielt. So hat nicht nur Dibelius (RGG²), sondern so auch ebenso Bauer noch in der Neuauflage seines Kommentars (1934) die hohe Bedeutung dieses Schrifttums beibehalten. Den gleichen Weg gehen die beiden neusten Arbeiten zum Evangelium: Ernst Percy, Untersuchungen über den Ursprung der Johanneischen Theologie (1939); Eduard Schweizer, Ego eimi (1939). In beiden Abhandlungen wird mit größter Sorgfalt untersucht, was in den Mandaika als alt vorauszusetzen ist; aber gerade darum um so stärker herausgearbeitet, daß der Christus des Johannes-Evangeliums dieser Fragestellung als ein Skandalon antwortet: in seiner Einmaligkeit, seiner Fleischwerdung, seinem Kreuz, seinen Geboten, seinem Gericht, in seiner Ausschließlichkeit. – Aber selbst wenn die Skepsis gegenüber den Mandaika durchdrang, so bliebe immer bestehen, was man als hellenistische Gnosis herausgearbeitet hat: eine Frömmigkeit, die nach Licht und Wahrheit, Leben und Erkenntnis strebte und darum wußte, daß dies transsubjektive Mächte sind, die uns umfassen und umschließen, aber aus einer fernen, fremden, anderen Welt stammen. Kann man sie durch Vision und Ekstase und Weihe ergreifen? Oder ist einer gekommen aus dieser fremden Welt des Unsichtbaren, der Gesandte Gottes? Diese Erwartung eines Gesandten Gottes hatte Wetter schon 1916, also bevor die Mandäerfrage auftauchte, herausgearbeitet. In jedem Fall aber ist die Frage nicht zu umgehen, wie weit diese Erwartungen auch im Osten der hellenistischen Welt lebendig gewesen sind: in Kleinasien, in Syrien oder wirklich in Palästina? Immer wieder hat man an des Celsus Beschreibung der syrischen Propheten erinnert, die durch das Land ziehen, das künftige Gericht ankünden und, ganz wie der Jesus der Synoptiker und des Johannes, sprechen: »Ich bin es.« Und jedenfalls trägt das Johannes-Evangelium neben den hellenistischen Zügen so auffällig palästinensisch-jüdischen Charakter, daß die Frage schon lange brennend auf Lösung wartete, wie denn beides zusammenstimme. Harnack sagte schon 1910, als die Oden Salomos entdeckt wurden, hier treffe man eine jüdische Mystik, wie sie als Voraussetzung des Johannes-Evangeliums anzusetzen sei; und Adolf Schlatter hat sein Leben lang behauptet, daß unser Johannes-Evangelium von einem Palästiner stammen müsse und man für das ganze Neue Testament mit einer jüdischen Gnosis und Mystik zu rechnen habe, um deren Überwindung die Apostel von Anfang an ringen.



4.

In Wahrheit darf die Tatsache nicht geleugnet werden, daß, wie es einen hellenistischen Hintergrund des Johannes-Evangeliums gibt, es ebenso gewiß in einer Welt spielt, die vom Alten Testament und vom Spätjudentum bestimmt ist. Leider sind wir bisher genötigt, jeweils von der einen Hemisphäre zur anderen zu reisen. In Bauers Kommentar etwa findet man die hellenistische, bei Schlatter und Billerbeck nur die jüdischen Parallelen. Beide aber sind schlagend, und beide gehören irgendwie zusammen.

Schlatter veröffentlichte 1902 seine kleine Schrift über »Sprache und Heimat des vierten Evangelisten«. Hier wurde am Wortlaut der Mechilta (eines palästinischen Kommentars zum Exodus aus dem zweiten nachchristlichen Jahrhundert) die Herkunft des Johannes-Evangeliums bewiesen. Und die Auskunft, daß damit höchstens der syrische Ursprung des Johannes-Evangeliums aufgezeigt sei, hält nicht stand; denn es geht hier keineswegs nur um die Sprache, sondern in der Sprache um die Sachparallelen. Schlatters Schrift war fast unbeachtet geblieben; seit aber die Amerikaner Burney und Torrey (1922 und 1923) den aramäischen Ursprung unseres Evangeliums behauptet hatten und Billerbecks Sammlung (1924) hinzukam, war der Widerspruch nicht mehr zu halten; so fand denn Schlatters großer Kommentar 1930 einen bereiteten Boden. Es geht hier ebenso wie bei den hellenistischen Parallelen um Tatsachen, denen man sich nicht entziehen kann. Die Juden fragen gegenüber der Verkündigung Jesu vom erhöhten Menschensohn: »Wer ist dieser Menschensohn?« Gott aber hat dem Sohn die Vollmacht gegeben, »Gericht zu halten, weil er der Menschensohn ist«. Hier redet noch genauer als in der Synopse die apokalyptische jüdische Erwartung, wie wir sie aus Daniel und Henoch kennen. Ebenso aber wie bei Henoch und im 4. Esra wird der danielische Menschensohn mit dem Messias gleichgesetzt, und er bekommt wie im Henochbuche den Ehrennamen des »Knechtes Jahwes« aus Deuterojesaja: »der Erwählte«. Der Messias ist verborgen, und niemand weiß, woher er kommt: wieder eine jüdische Tradition, die nur Johannes aufbewahrt hat, nicht die Synopse. Nur Johannes gebraucht das Wort »Messias«; nur

VORTRAG AUS DEM JAHRE 1939

Johannes setzt den Messias und den Propheten von Dtn. 18 gleich: das ist abermals eine jüdische Erwartung, von der die anderen Evangelien nur Andeutungen haben und die in der jüdischen Überlieferung selbstbewußt verwischt worden ist, weil sie der christlichen Verkündigung sehr nahe kam. Johannes hat noch deutlicher als die Synoptiker die Gleichsetzung von Messias und Gottessohn, von Messias und König. Johannes allein hat den gebräuchlichen jüdischen Schimpfnamen »*am-ha-arez*« aufbewahrt; Johannes kennt Einzelheiten der jüdischen Sitte noch über die Synoptiker hinaus (Reinigungsriten, Beschneidungssitte, Festsitten, besonders des Laubhüttenfestes); zu schweigen von all den seltsamen geographischen Angaben des Evangeliums, an denen keinerlei theologisches Interesse haftet, die also aus irgendeiner Überlieferung stammen müssen. Sagt man, hier rede die Überlieferung alter Pilgerstätten, so schiebt man das Problem nur hinaus. Denn weshalb hat sich die Erinnerung an solche Stätten geheftet? Aus Willkür, oder weil eine wirkliche Überlieferung an ihnen hing?

Wie ist dies alles zu erklären? Bornhäuser (1928) meint, das Johannes-Evangelium sei eine »Missionsschrift an Israel«. Aber wenn wir, durch unsere Forschung geschult, viele Beziehungen zum palästinischen Judentum feststellen, so brauchte der Leser des Evangeliums sie damals so wenig wie heute zu entdecken. Man kann das Evangelium verstehen, wenn man nichts von diesen Anschauungen kennt; das Evangelium ist auch dem Nichtjuden völlig verständlich. Und die alte kirchliche Tradition wird wohl recht haben, wenn sie es in die hellenistische Welt stellt und uns überliefert, daß das Evangelium wie der erste Brief gegen die Gnosis der spätapostolischen Zeit kämpfe. Das Evangelium redet von den Juden als von den Fernen, es setzt die Synoptiker voraus – die Geschichte des Täufers ist bekannt und wird leise korrigiert, Petrus ist den Lesern bekannt, ebenso die Maria von Bethanien. So wird höchstens zu fragen sein, ob die kirchliche Tradition auch mit der Erinnerung an Ephesus recht hat oder ob man etwa das Evangelium wegen seiner Verwandtschaft mit dem Lukas-Evangelium und den Ignatius-Briefen nach Syrien weisen möchte; wahrscheinlicher bleibt immer Ephesus. Jedenfalls aber, wenn der Verfasser aus Palästina stammt und die hellenistische Gnosis bekämpft, so kommt er nicht in eine ihm fremde Fragestellung hinein. Die gnostische Fragestellung ist dem Palästina des ersten Jahrhunderts nicht fremd. Ein gnostisches, mystisches, täuferisches Judentum haben wir schon im Palästina des ersten Jahrhunderts vorauszusetzen. Jüdisch-palästinisch und gnostisch-hellenistisch zugleich ist die Fragestellung unseres Evangeliums.

Und schon 1925 hatte Bultmann gefragt, ob nicht hier die wirkliche Fragestellung des irdischen Jesus treuer aufbewahrt sei als in der synoptischen Tradition, die, letztlich auf Petrus-Überlieferung zurückgehend, Jesus geflissentlich aus seinem Kampf um das Gesetz versteht. VORTRAG AUS DEM JAHRE 1939

Hier nun ist der wesentliche neue Beitrag zum Verständnis des vierten Evangeliums zu nennen, der uns in den letzten Jahren geschenkt ist: Hugo Odeberg »The Fourth Gospel« I (1929). Das Buch ist in Deutschland kaum beachtet worden. Ich verdanke seine Bekanntschaft nur einem Hinweis von Hans Heinrich Schaeder (damals in Königsberg), dessen Verdienste um die Erforschung der iranischen Religion bekannt sind. Schaeders Begeisterung über das Buch trog nicht. Hier ist endlich die gesuchte Einheit der beiden Ströme gefunden, von denen das Johannes-Evangelium durchflutet wird. Die Parallelen, die man getrennt bei Bauer einerseits, bei Billerbeck und Schlatter andererseits findet, bilden hier eine einheitliche Linie. Zitate, besonders aus dem mandäischen Schrifttum und aus dem Rabbinat, treffen hier bis aufs Wort zusammen. An der Zuverlässigkeit und Ursprünglichkeit beider Überlieferungen ist nicht mehr zu zweifeln; die Einheit der Fragestellung wird oft schon daran sichtbar, daß ein Zitat, von dem Bauer oder Billerbeck nur Ausschnitte bringen, in weiteren Zusammenhang gestellt, erst das richtige Licht bekommt.

Einige Beispiele: Für Joh. 6 gibt es reiche rabbinische Parallelen. Wie Manna und Quell zu Moses Zeiten gespendet wurden, so in der Eschatologie; und diese Eschatologie ist dem Gläubigen schon jetzt irgendwie zugänglich. Diese Parallelen, über Billerbeck und Schlatter hinaus vermehrt, treffen aufs genaueste zusammen mit mandäischen und hellenistischen Vorstellungen von wunderbarer sakramentaler Speise. Gerade damit aber wird deutlich, was bei Johannes neu ist: das Neue ist Jesus selbst, und zwar der Fleischgewordene, der Mensch Jesus in seiner Einmaligkeit und in seiner Leidensgestalt. Gerade das Anstößige und oft durch Literarkritik Beseitigte in unserem Kapitel ist also, wie eben die religionsgeschichtliche Vergleichung ergibt, das Entscheidende. Und Odeberg polemisiert mit Recht, nicht ohne Spott, gegen die Versuche, bei Johannes Anklänge an primitive Religionen zu finden, in denen man Götter verspeist. Oder Joh. 10: Die Mandäer haben ein wundervoll ausgemaltes Bild vom Hirten, ähnlich unserem Abschnitt; und von Götter-Hirten spricht man in allen Weltweiten. Zugleich aber gibt es eine alttestamentliche Tradition, die im Rabbinat nie vergessen war: Jahwe selbst ist der Hirt, und Mose ist der Hirt, und, so sagt die Mechilta, dem Exodus folgend, es gilt, an Mose zu »glauben«, den Hirten Gottes, der aus der Wasserflut befreit.

VORTRAG AUS DEM JAHRE 1939

Wieder aber wird Jesus nur um so heller sichtbar, wenn er all dieser Hoffnungen Erfüller ist, und zwar, wie wieder ausdrücklich gesagt wird, als der sich Opfernde, der sein Leben freiwillig und gehorsam in den Tod gibt.

Oder das in Joh. 10 aufs nächste damit verbundene Bild von der Tür: es ist, wie Odeberg zeigt, keineswegs etwas Seltsam-Absurdes, vielmehr wird hier, wie in der Abschiedsrede und im Wort von der Himmelsleiter (Kap. 1, 51), angespielt auf das stehende Bild von Himmelspfad und Himmelspforte. Zur zukünftigen Welt ist Jesus selbst der Weg; er zeigt nicht den Weg, er ist es.

Das »Ich bin es« aber, das in allen diesen Worten spricht, will überall verstanden sein von seiner selbständigen Form her (8, 24. 58 u. ö.): es bedeutet nichts Geringeres als den Jahwe-Namen selbst (Ex. 3, 14 Jes. 43, 10; 46, 4; 48, 12); eine schon vorher bekannte Erkenntnis wird von Odeberg noch sicherer begründet. Eben dieser Verkennbare, Verkannte, bis zum Tode Verfolgte – ist die Gegenwart Gottes selbst; und zwar so, daß der Begriff »Präexistenz« hier nicht ausreicht: Ehe Abraham *ward, ist* Jesus; er ist »over-existent«, überexistent, er ist, wie Gott selbst, der Herr der Zeit.

Der Großartigkeit dieser Konzeptionen, von denen hier nur eine geringe Probe gegeben werden konnte, wird sich keiner entziehen. Und wir folgen nicht einem verirrten Einzelgänger, wenn wir uns Odeberg anschließen; die Forschung geht durchweg in ähnlicher Richtung. Das Bild der Situation unseres Evangeliums ist bei den verschiedensten Forschern ähnlicher, als man zunächst glaubt. Es hat sich überall in der gleichen Richtung verschoben: aus dem mystisch-hellenistischen Johannes wird ein eschatologisch-palästinischer Verkünder Jesu.

## 5.

Wenn wir etwa Dibelius' Artikel oder den Schlußexkurs von Bauers Kommentar lesen, so wird dies deutlich. Nach Dibelius entspricht das immer neue Mißverstehen der Jünger – nicht etwa der hellenistischen Mystik, sondern – der apokalyptischen Literatur: »In solcher Weise pflegt auch in apokalyptischer Literatur der Abstand des Menschen von der Offenbarung dialogisch gekennzeichnet zu werden.« Das immer wiederkehrende Wort »an jenem Tage« (14, 20; 16, 23. 26) ist »Formel eschatologischer Verkündigung«; »sie entspricht der Situation Jesu« – wieder, wie eben bei Bultmann: die Situation Jesu selber!; »denn was er als Zukunft voraussagte, war immer eschatologisch, immer die ›letzte Zukunft‹«.

Und Bauer verwahrt sich dagegen, daß man »soviel von der Mystik des Johannes-Evangeliums« redet; aber »gerade da, wo Anklänge und Parallelen sich häufen«, wie etwa beim Weinstock-Gleichnis, zeigt sich, »daß der Weg schon ausgetreten war«. Johannes hat nur »Idee und Ausdrucksmittel in den Dienst seiner Ziele gestellt«. Für ihn ist die Gottesschau – der Glaube an Jesus, den Sohn Gottes, und es kommt ihm alles an auf »das Halten der Gebote Jesu« und den »Glauben der Kirche«. Johannes ist »eine polemische Natur, ein impulsiver Geist«; »auf die Abneigung der Welt draußen reagiert er mit heißem Haß«.

VORTRAG AUS DEM JAHRE 1939

Bei solchen Schilderungen wird man unwillkürlich an den »Donnerssohn« von Mk. 3 erinnert, unwillkürlich auch an die Apokalypse. Hier aber ist in den letzten Jahren ein überaus wichtiges Thema immer wieder behandelt worden, das Thema: Johannes und die Eschatologie. Das Verdienst des Bahnbrechers hat wieder Bultmann. Die ganze Fragestellung des Johannes in Reden wie Wundern ist eschatologisch. Die Frage ist die nach dem letzten Telos, die Frage nach der Krisis. Nur von da aus sind alle sogenannten mystischen Aussagen des Johannes-Evangeliums zu verstehen. Die letzte Frage der Welt ist in Jesus Gegenwart geworden. Man könnte mit Gustav Stählin einwenden, daß der Begriff »eschatologisch« bei Bultmann nicht fest umrissen ist. »Das Eschatologische im besonderen« ist für Bultmann »das, worin der Mensch von Gott angesprochen wird ... woran eine letzte ›Entscheidung‹ fällt.« Von da aus fallen damit bei Bultmann auch die eigentlichen eschatologischen Aussagen von Kap. 5 und 6 als spätere Zusätze aus. Und doch ist »Leben« bei Johannes »ewiges Leben« so gut wie im Sprachgebrauch des Spätjudentums, der Synopse, des Paulus und bedeutet wie dort Auferstehung im ganz realistischen Sinn. Aber Stählin verweist darauf, daß Bultmann in anderen Arbeiten einen anderen, tieferen Begriff von Eschatologie hat.

Die Eschatologie im synoptischen Vollsinn wird von Stählin selbst in seinem schönen Aufsatz in der ZNW 1934 als johanneische Verkündigung herausgearbeitet. »Licht und Leben«, »Stunde und Stunden« haben bei Johannes den alten apokalyptischen Klang, und das »von oben her« ist ganz streng gemeint. Der Gedankenzug des hohenpriesterlichen Gebets ist nur von der strengen Eschatologie her zu verstehen. Auferstehung, Gericht, Überwindung des Fürsten dieser Welt – sind ebenso streng eschatologisch gemeint wie nur in der Apokalypse, ebenso die Erwartung der Wehen des Messias, des Antichristen, der Parusie. Die Stunde kommt! Da fällt die Entscheidung im Gericht; und da hebt dann der ewige Sabbat an. Von dieser Gesamtanschauung her ist es falsch, irgendwelche Stellen im

Evangelium auszuschalten, in denen, wie man sagt, die urtümliche Eschatologie in die geistige Gegenwärtigkeit hineinragt. Und nur das eine ist zu sagen: »Die Stunde kommt und ist schon jetzt.« Jesus Christus in seiner Erscheinung ist das unbedingte Jetzt, die Gegenwart der Eschatologie, die Gegenwart der zukünftigen Welt Gottes.

Diesen letzten Gedanken hat besonders Kümmel (ThBl 1936) scharf herausgearbeitet. Die Eschatologie ist in allen Evangelien ganz streng gemeint: das kommende Gericht, Gottes neue Welt; überall aber, bei den Synoptikern wie bei Johannes, ist die zukünftige Welt Gegenwart in der Person Jesu; und wiederum überall, bei Johannes wie bei den Synoptikern, wird eben von hieraus die eschatologische Hoffnung neu brennend: es ist noch nicht erschienen, was wir sein werden, und die gegenwärtige Welt ist nichts als Kampf.

Noch einen letzten Schritt weiter führt ein Aufsatz von Preisker (ThBl 1936). Nach ihm ist das Johannes-Evangelium als der erste Teil eines eschatologischen Doppelwerkes gedacht, es zielt von vornherein auf die Apokalypse. Leider übertreibt Preisker diesen vortrefflichen Gedanken, da er nun alle Stellen, die von der Gegenwart dieses Zukünftigen handeln, mit einer Quellenscheidung beseitigen muß, der entscheidende Worte des Evangeliums zum Opfer fallen, sogar das Grundwort Joh. 14, 9: »Wer mich gesehen hat, der hat den Vater gesehen.« Damit würde das Johannes-Evangelium das Entscheidende schon der synoptischen Verkündigung Jesu verleugnen. Gerade die Spannung zwischen Gegenwart und Zukunft ist das Kennzeichnende des urchristlichen Kerygmas.

## 6.

So also wäre die Situation unsres Evangeliums zusammenfassend bestimmt: In ein gnostisches Judentum hinein tritt Jesus als der Weltrichter, der Fleisch ward; als Gottes eigene Gegenwart, die Fleisch ward. Fragen bleiben hier genug. Sie betreffen zunächst den Täufer. Das Johannes-Evangelium geht in der messianischen Verkündigung des Täufers grundsätzlich in nichts — das kann hier nur behauptet werden — über die Synoptiker hinaus. Fraglich bleibt in allen Evangelien, wie man das Nebeneinander von Johannes und Jesus, dann das Nebeneinander der Täufergemeinde und der Jesusgemeinde denken soll. Offenbar wird die Dringlichkeit des eschatologisch-messianischen Täufer-Rufs bis aufs letzte bejaht, die Messianisierung des Täufers bis aufs letzte bekämpft. — Darf man denken — das wäre eine weitere Frage —, daß die eschatologische Spannung im Kreis der Taufgesinnten, der Palästinenser überhaupt, in gnostische Mystik umschlug? Es gäbe dazu Andeutungen und Parallelen genug, aus den Dokumenten des palästinischen wie des hellenistischen Judentums, aus der Religions- und Kirchengeschichte. – Dann darf man weiter fragen – Bultmann hat diese Frage wiederholt gestellt –, inwiefern unser Evangelium die Fragestellung der Gnosis überhaupt aufnehmen kann, wenn es doch im Entscheidenden aller Begriffe und Erwartungen zum Alten Testament zurücklenkt? Es genügt schwerlich zu sagen (so Bultmann), daß der gnostische Mythus für Johannes »eine über den alttestamentlichen Gedanken der Prophetie hinausführende Charakteristik der Person und des Wortes Jesu ermöglicht«. Das Alte Testament selbst führt mit dem, was es von Gottes Wort, Geist, Name, Weisheit sagt, über den Gedanken der Prophetie hinaus. Wohl aber ist alles, was wir von der Sprache der Gnosis vernommen haben, der Versuch, das Zukünftig-Eschatologische gegenwärtig zu haben. Die Erwartung ist recht, und die Gegenwärtigkeit ist recht. Aber die Erwartung vergißt das Gericht, bei dem es um Verlorenheit und ewiges Leben geht. Und die Gegenwärtigkeit wird zur Auflehnung gegen Gott: man sucht das Licht, das Leben, die Weisheit da, wo sie nicht zu finden sind. Nur der Eine ist Gegenwart des Zukünftigen, der Weltrichter, der die Sünden der Welt trägt. – Eschatologisch und antignostisch ist das Johannes-Evangelium. Dies ist seine Situation. Es sei gestattet, noch an einigen Perikopen anzudeuten, was dies bedeutet.



Die Geschichte von der Hochzeit zu Kana muß eschatologisch verstanden werden. Jesus bringt die messianische Hochzeit, das messianische Mahl. Aber er kann nicht über die »Stunde« verfügen. Sie steht allein in des Vaters Vollmacht. – Die Geschichte von der Tempelreinigung muß eschatologisch verstanden werden. Seit Hesekiel wartet man auf den neuen Tempel, den Gott selbst aufrichtet, und die Erwartung ist lebendig wie in der Apokalyptik so bei den Mandäern. Jesus aber spricht im Rätselwort, daß er es sei, der den neuen Tempel aufrichtet. – Das Gespräch mit Nikodemus ist eschatologisch. In Gottes Königsherrschaft, Gottes neue Welt gehen nur neue Menschen. Das Wasser der Johannestaufe meint ein Sterben, ein Versenktwerden der alten Existenz. Einer aber kommt, der die neue Existenz Heiligen Geistes bringt: der Menschensohn-Weltrichter erscheint auf Erden, aber so, daß er erhöht wird ans Kreuz, erhöht zum Himmel. Wieder ist es so, daß wir die Erwartungen, auf die das Gespräch antwortet, in aller Weite kennen; aber die hier vorausgesetzte Gestalt entstammt der Gerichtspredigt der Propheten und des Täufers. Und der sie erfüllt, ist der Gekreuzigte, Erhöhte.

VORTRAG AUS DEM JAHRE 1939

Vom Kreuz spricht bei Johannes schon der Täufer. Von Kreuz und Auferstehung her sind die Kernworte der Kanageschichte, ὥρα und δόξα, geprägt. Vom Kreuz her deutet der Evangelist das Tempelwort. Kreuz und Auferstehung sind mit dem Wort ὕψωσις zusammengefaßt. – So könnte man fortfahren bis zu den Abschiedsreden. Es darf behauptet werden (und nochmals an Schlatter erinnert werden), daß nur, wenn man mit der strengen alttestamentlich-synoptischen Eschatologie Ernst macht, sich die johanneischen Perikopen und Logien erschließen. Die Erfüllung der Erwartung aber ist überall der Gekreuzigte, der jetzt der Auferstandene ist. – Gleiches gilt vom antignostischen Kampf des Evangeliums. Antignostisch ist der ganze Prolog. Gott selbst war der Logos – nicht »göttlich«, nicht »ein zweiter Gott«. »Im Anfang« war er bei Gott, er ist nicht ein Ausfluß göttlichen Wesens. »Ohne ihn ward nichts«, und kein zweites kosmisches Prinzip steht neben ihm, nicht die Materie und nicht der Satan. »In ihm war das Leben, und das Leben war das Licht der Menschen«: ewiges Leben haben und nicht ewigen Todes sterben, das allein heißt Erleuchtung. Doch die Finsternis nahm das Licht nicht auf; der Kosmos, der sein eigen ist, nahm ihn nicht auf. Schon der Prolog redet vom Kreuz. – Und so darf man bei allem schon Besprochenen nicht vergessen (Eduard Schweizer hat es schön gezeigt), daß jede Antwort auf eine gnostische Erwartung zugleich schroffe Antithese ist. Gottesschau und Himmelsweg und Licht und Leben und Mahl und Wasser – sie suchen es, da es nicht zu finden ist; und da ihnen ihre Sicherheit zerbrochen wird, stoßen sie sich und verlassen den, dem sie schon folgten, und die Jünger, bis zuletzt, sind in der gleichen Gefahr. – Der Bote aber, von Gott gesandt, auf den sie alle warten, er unterscheidet sich von der Erwartung eben durch die Züge des Kreuzes. Schon Wetter hat das 1916 erkannt. Der auf den Vater Wartende, der des Vaters Ehre sucht, des Vaters Wort und Gebote hält, er ist ein grundsätzlich anderer als all die hellenistischen θεῖοι ἄνθρωποι, als all die Erwartungen des wiederkehrenden Urmenschen, der, in die Materie verstrickt, selbst in den Gnostikern erlöst wird, die sich von ihm erleuchten lassen. Die Niedrigkeit Jesu ist Gegensatz und Anstoß für die Gnosis und zugleich seine Identität mit Gott, eben dieses gekreuzigten Nazareners Identität mit dem – so sprach man – großen, fernen, fremden, unbekannten Gott. – Man hat längst erkannt, daß bestimmte Züge des johanneischen Passionsberichtes antignostisch sind: das »Mich dürstet«, und daß Jesus selbst sein Kreuz trägt; die Gnostiker wußten, daß Simon von Kyrene anstelle des Christus gestorben sei, denn der Christus, ein überirdisches Geistwesen, kann nicht sterben; und das Zeugnis unter dem Kreuz (»Der es gesehen hat, hat es bezeugt, und sein Zeugnis ist wahr« 19, 35) – es meint die Realität dieses Sterbens: das vergossene Blut ist Realität. Und mit diesen Zügen kommen wiederkehrende Worte der Vorpassion überein: daß Jesus erschüttert wird, ergrimmt, mit dem Satan ringt, – Züge, stärker als in den Synoptikern gezeichnet.

VORTRAG AUS DEM JAHRE 1939

Das Gegenteil wird oft behauptet. Man sagt, daß Johannes Gethsemane und den Ruf der Gottverlassenheit verschweigt, weil er selbst doketisch-gnostisch infiziert sei. Notwendig ist diese Auffassung nicht. Wir wissen von den ältesten griechischen Gegnern unseres Glaubens, wie sie das Sterben des Sokrates dem Ringen in Gethsemane entgegengestellt haben; wir wissen, wie der Ruf auf Golgatha gnostisch mißdeutet wird: »Meine Kraft, meine Kraft, warum hast du mich verlassen?« – daß also der ἄνω Χριστός den κατὼ Ἰησοῦς verläßt. – Über alles hinaus aber, was wir schon vom λόγος τοῦ σταυροῦ bei Johannes vernahmen, gibt es zwei Worte, die, wie sie dastehn, nichts anderes bedeuten als Ruf der Gottverlassenheit: 9, 4 und 11, 9 f. Joh. 9, 4 kann nur heißen: Jesus geht in die Nacht; und, da der Verräter hinausgeht, schreibt der Evangelist (13, 30): »Es war aber Nacht.« Noch tiefer, ja unausdenkbar Joh. 11, 9 f. Es ist völlig unleugbar, daß die Worte sich auf Jesus selbst beziehen, der in den Tod geht. Aber das προσκόπτει, ὅτι τὸ φῶς οὐκ ἔστιν ἐν αυτῷ sagt noch stärker als das marko-matthäische Kreuzeswort das letzte Geheimnis des Kreuzes: »Daß ich möge trostreich prangen, hast du sonder Trost gehangen«; ». . . in das äußerste Verderben, nur daß ich nicht möchte sterben.«

Eschatologisch ist unser Evangelium und antignostisch. Aber ist es nicht in erster Linie antijüdisch? Beständig kämpft der johanneische Christus in größter Schroffheit gegen »die Juden«. Aber was er an ihnen bekämpft, ist nichts spezifisch Jüdisches. Sondern ihre Schuld besteht in der Ablehnung des von Gott Gesandten, und jeder Leser des Evangeliums soll merken, daß er, wenn er nicht glaubt, in die gleiche Gefahr der Verwerfung gerät, der die Juden verfielen. So läßt sich die These von Hirsch nicht halten, daß Johannes der vollendete Pauliner sei, dessen Thema der Kampf gegen jüdische Gesetzlichkeit ist. Bei Johannes finden wir weder das Urteil, daß des Gesetzes heilige Forderung den ewigen Tod verhängt, noch den Kampf gegen die securitas eines Lebens, die diesem Todesurteil ausweicht. Dies beides aber ist der Kampf des Paulus, und in beidem stehen ihm die Synoptiker näher als Johannes. Hingegen ist Johannes der Gedanke nahe, den wir aus der Stephanusrede und dem Hebräerbrief kennen: Das Gesetz ist durch Mose gegeben – ein ständiges über sich hinausweisendes Zeugnis auf den Christus hin –, die Gnade und Wahrheit

VORTRAG AUS DEM JAHRE 1939

aber ist durch Jesus Christus geworden . . . ein für alle Mal, das Wort ward Fleisch. Wer ihn aber abweist, der stirbt in seinen Sünden; er ist schon gerichtet; das Wort, das Jesus sprach, wird ihn richten am letzten Tage (12, 48).

## II.

Wir redeten von der Situation unseres Evangeliums; wir müssen noch seine Gestalt zu verstehen suchen. Ist es eine Einheit? Von welchen Quellen, welchen Überlieferungen hängt es ab? Ist seiner Überlieferung zu trauen?

### 1.

Ist das Evangelium eine Einheit? Die älteren Versuche der Quellenscheidung (Wendt, Spitta, Wellhausen, Schwarz) sind unvergessen. Aufs Ganze gesehen, haben sie keinen Erfolg gehabt. Die inhaltliche und sprachliche Einheit des Johannes-Evangeliums ist schon jedem Bibelleser deutlich. Johanneische Worte in ihrer Inhaltlichkeit, johanneische Wendungen in ihrer Eigenart heben sich unverkennbar ab vom Synoptischen wie Paulinischen. Wie weit die Einheit reicht gegenüber allen vermuteten Quellenscheidungen, zeigen subtile englische Arbeiten zur Sache, besonders aber die neuen Ergebnisse von Eduard Schweizer: gerade völlig untheologische Stileigentümlichkeiten des Evangelisten gehen durch alle vermuteten Schichten hindurch. Dennoch bleibt der Eindruck, daß hinter unserem Evangelium Schichtungen stehen. Dies ist wiederum in Tatsachen begründet, die jeder Bibelleser, jeder Homilet kennt. Wer kann den Gedankengang von Kap. 6 rekonstruieren? Wer den von Kap. 7; 8 und 10? Wie ist der Gedankengang der Abschiedsreden? Vollends wird mitten in Kap. 7 auf die Heilung von Kap. 5 zurückgegriffen, ebenso am Ende von Kap. 10 auf die Blindenheilung von Kap. 9. Und die Abschiedsrede scheint mit Kap. 14 zu Ende (»Steht auf, laßt uns von hinnen gehen!«). In Kap. 15 und 16 aber bekommen wir weithin Dubletten zu Kap. 14; dabei gehen die Sprüche vom Parakleten, die Sprüche vom Gebet in Jesu Namen ihren Weg für sich, man kann sie exegetisch und homiletisch getrennt von den übrigen Abschiedsreden behandeln, und gerade in ihrem inneren Zusammenhang entfalten diese Spruchgruppen ihre volle Kraft. – Zu schweigen davon, daß galiläische und judäische Episoden so ungeordnet zu folgen scheinen. Wäre es nicht verlockend, die Hochzeit zu Kana mit den Geschichten von Kap. 4 zu verbinden und diese mit Kap. 6? – In der Tat, die Forschung versucht es weithin mit Korrekturen der Reihenfolge. Wieder sind die Engländer vorangegangen, und Bultmanns Kommentar geht sehr weit auf gleichen Wegen weiter. Doch bleibt ein ernster Einwand: Wie soll man sich die heutige Gestalt des Buches entstanden denken, wenn ursprünglich alles in bester Ordnung war? Hier gibt es nur die Auskunft: Das Evangelium war ursprünglich auf losen Blättern geschrieben, die dann durcheinandergeraten sind. Eine verzweifelte Auskunft! Gibt es dazu beglaubigte Analogien? Vollends reicht man mit dieser Hypothese nur zu den Stücken einer bestimmten Länge, die etwa einer Blattgröße entsprechen. Für alles Weitere, etwa für die vielen Einzelanstöße in den Gedankengängen, muß man doch wieder bewußte, gewollte Redaktion zu Hilfe nehmen. Redaktion vorgefundener literarischer Überlieferung? Redaktion eines schon fertig geschriebenen Buches? Von Bultmanns offenbar komplizierter Auffassung des literarischen Vorgangs sehen wir ab, da er sie noch nicht zusammenhängend entwickelt hat; über Hirsch darf besonders berichtet werden. Vorerst dürfen wir versuchen, ein Bild zu entwerfen, wie es etwa nach den Andeutungen von Dibelius (RGG²) und Bauer entstehen könnte.

VORTRAG AUS DEM JAHRE 1939

Das Schwebende in der Lösung des Literar-Problems ist für diese Forscher charakteristisch. Sie sehen davon ab, literarische Beziehungen zwischen Johannes und den Synoptikern vorauszusetzen, wie es die ältere Forschung tat und wie es noch in den neuen Arbeiten als selbstverständlich angenommen wird. Natürlich, Johannes kennt die Synoptiker und erwartet deren Kenntnis bei seinen Lesern. Aber schreibt er synoptische Berichte aus oder um? Wo er den Synoptikern parallel geht, hat er überall selbständige Traditionen; und von solchen selbständigen, dem Evangelium vorausgehenden Traditionen zeugen auch in dessen Sondergut, Reden wie Sprüchen, manche Spuren. Sind diese Traditionen als schriftliche oder mündliche Überlieferung zu denken? Wie immer man denken mag über die Notwendigkeit, schriftliche Sonderüberlieferungen vorauszusetzen, uns ist sicher: diese Schriftüberlieferung müßte, wie die synoptische, aus Einzellogien oder Einzelgeschichten entstanden sein. Es gilt, auch bei Johannes von der literargeschichtlichen zur formgeschichtlichen Betrachtung vorzudringen. Fast möchte man den Bultmann der »Synoptischen Tradition« gegen den Bultmann des Johannes-Kommentars aufrufen! Bundesgenossen sind auch einige englische Forscher, über die man in dem vortrefflichen Buch von Howard, The Fourth Gospel in Recent Criticism and Interpretation (1931), erfährt.

Im Prolog kann man ohne jede Lücke des Gedankengangs die beiden vom Täufer handelnden Stellen ausschalten. Heißt das aber, daß der Pro-

VORTRAG AUS DEM JAHRE 1939

log ohne diese Einsätze dem Evangelisten literarisch vorlag? Antithetisch, sahen wir, ist auch das, was bleibt. Tradition, gewiß, liegt dem Logos-Lied zugrunde. Aber eine literarische Tradition? – In Kapitel 6 fehlt wirklich das, was wir nach unseren Begriffen einen Gedankengang nennen. Statt dessen erhalten wir wiederkehrende Spruchreihen: »Und ich werde ihn auferwecken am Jüngsten Tage«; »nicht wie eure Väter Manna gegessen haben«; vor allem der Brotspruch selbst, stets ein wenig gewandelt, bis hin zum σκληρός λόγος von der σάρξ, die man kaut. Das Prinzip der Gedankenfolge ist viel weniger wichtig als das der Wiederholung. Entscheidendes wird beständig neu eingeschärft. – Die Abschiedsreden liest man am besten so, daß man jedes Logion ganz allein für sich nimmt; wirklich als Sprüche, wie wir sie als Kinder lernten; eine Kette immer variierter Logien. Dabei wäre allerdings jede eindringliche Analyse hilfreich. Es ist z. B. erstaunlich, wie E. v. Dobschütz und R. Bultmann unabhängig voneinander zu sehr ähnlichen Analysen des Johannes-Briefs gelangt sind. Kernsprüche liegen im Grunde: »Wenn wir sagen, daß wir . . .«; »ein jeder, der da sagt . . .«; »ein jeder, der . . . (tut, bekennt).« Nur ist es irrig, daraus Quellenscheidungen im üblichen Sinn zu machen. Das Kerygma der Ur-Sprüche, die bei Bultmann herausgearbeitet werden, und das des Überarbeiters unterscheiden sich in nichts. Die Überarbeitung ist nichts als Variation der Grund-Sprüche. – Ein letztes Beispiel: Die merkwürdigen Kapitel 7 und 8 bringen ganz gewiß lauter Fragmente, Parallelen zu Kap. 5; 3 und 12. Aber könnte diese Form der Überlieferung nicht die ursprüngliche sein? Nachträge gleichsam, Dubletten früherer Worte, ähnlich wie wir das in den Synoptikern beständig haben; und, wieder wie in den Synoptikern: jeder Versuch, einen Gedankengang zu rekonstruieren, ist in sich irrig (vgl. Mk. 9 oder Lk. 11–13). Gleich Geröllhalden sind die Logien ausgestreut; aber daraus ragen wie Blöcke die gewaltigen Urworte dieser Kapitel: »Wen da dürstet, der komme«; »Ich bin das Licht der Welt«; »Ich aber kenne ihn«; ἐγώ εἰμι.

Das Nachtragskapitel weist in seinem Schluß (21, 24), da die Gemeinde spricht, in die Richtung, in der wir gingen: Fragmente, schriftlich hinterlassene Fragmente werden ediert. Und gewiß ist dann ein Plan im Aufbau des Evangeliums. Aber man darf ihn nicht chronologisch (die Festreisen) noch geographisch (Judäa, Jerusalem) verstehen bzw. rekonstruieren, sondern nur theologisch: das messianische Mahl, der neue Tempel, die neue Existenz, die neue Anbetung auch der Nicht-Juden, der Weltrichter, das Lebensbrot, ἐγώ εἰμι. Und nun Kampf, beständig dem Tode nah (so gerade Kap. 7 und 8). Das Licht, der Hirte, die Auferstehung, mitten im

Kampf. Und die Heiden nahen, er aber ist das Weizenkorn, das in die Erde fällt.

VORTRAG AUS DEM JAHRE 1939

Über Hirschs Quellenscheidung muß noch berichtet werden. Die streng antijüdische Urschrift ist von einem Syrer ums Jahr 100 geschrieben; ein Ergänzer hat gegen 130 die Beziehung aufs Alte Testament und die antignostische Tendenz hinzugebracht. – Nun fällt die späte Datierung schon durch den Fund des Papyrus, der spätestens aus Hadrians Zeit (117–138), wahrscheinlich aus Trajans Zeit (97–117) stammt. Wenn das Evangelium schon um 117 in Ägypten abgeschrieben wird, sind wir der altkirchlichen Tradition seiner Entstehungszeit (90–100) recht nah. In dem ägyptischen Fragment aber haben wir ein Stück, das nach Hirsch dem späten Redaktor zugehört. Wichtiger ist, daß die beiden Symptome der Überarbeitung schon der Urschrift angehören. Aus dem Alten Testament stammt alles, was etwa in Kapitel 1 bei Hirsch Urschrift heißt: der Logos, der Zeuge, das Fleisch, die Gnade und Wahrheit, der Christos, die Stimme des Rufers, der Erwählte, das Lamm Gottes; Tempelwort und neue Anbetung und Menschensohn-Weltrichter und Abraham, der des Messias wartet, das Hirtenbild und die Auferstehung: alles gehört nach Hirsch zur Urschrift. – Über den Gegensatz zur Gnosis aber bedarf es keines Wortes mehr. Alles früher von uns Angeführte gehört zur Urschrift von Hirsch. Gnosis gibt es nicht erst seit dem zweiten Jahrhundert, sondern in den christlichen Gemeinden seit Korinth, im hellenistischen Heidentum und, so sahen wir, im Judentum schon vor Christi Kommen.

## 2.

Aber ist diese ganze reichgestaltige Überlieferung unsres Evangeliums glaubwürdig? Wir sagten gleich eingangs mit Martin Kähler, daß solche Glaubwürdigkeit auf sich selbst stehe. Man darf behaupten, daß, noch einmal an die Situation des Evangeliums zu erinnern, die antignostische Verkündigung jeder Zeit neu gilt, da die Gefahr immer neu ist, daß wir vom Gekreuzigten fort in eine zeitlose Idee flüchten; aber Luther sagt, daß wir Christus nicht tief genug in unser Fleisch ziehen können. – Aber darf man mit gleicher Zuversicht von der Gestalt des Evangeliums sagen, sie bürge selbst für ihre Glaubwürdigkeit? Hier sind zunächst Einwände zu hören, die der patristischen Überlieferung entnommen werden. Seit dreißig Jahren ist es ein Vorurteil der Forschung, daß beide Söhne Zebedäi von den Juden umgebracht sind. Aber die Papias-Stelle, auf die man sich beruft, ist eine mehr als zweifelhafte Überlieferung; Howard behandelt die Frage mit überlegenem Sarkasmus, Loofs gar mit Zorn. In Wahr-

VORTRAG AUS DEM JAHRE 1939

heit stammt das Ganze aus Mk. 10, 39, dem Wort von Kelch und (Todes)taufe. Man dichtete dem Zebedaiden Johannes den Märtyrertod an und fand ihn Mk. 10 vorausgesagt. Allein, Mk. 10 hat sich so wenig wörtlich erfüllt wie Mk. 9, 1. Deswegen fehlt die Perikope bei Lukas, und deswegen fehlt bei Matthäus (20, 22. 23) das Wort von der (Todes)taufe! Das Wort vom (Leidens)kelch ließ sich leichter umdeuten als das von der Taufe. – Alle anderen patristischen Argumente sind argumenta e silentio: erst Ende des zweiten Jahrhunderts setzt die deutliche Bezeugung dafür ein, daß das Evangelium vom Zebedaiden stamme. Aber Bauer sagt mit Recht, die entscheidende Frage liege nicht hier, sondern in den Inhalten des Buchs. Diese seien so different von denen der Synoptiker, daß der Zebedaide als Verfasser oder Tradent nicht in Frage komme. Stimmt das? Hier sind wir an die inhaltliche Selbstbeglaubigung des Evangeliums gewiesen.

Aber bevor wir auf sie lauschen, gibt es noch eine Instanz, die Achtung fordert: das Selbstzeugnis der Lieblingsjünger-Stellen. Torm hat recht: hier liegt für jeden Bestreiter der Augenzeugen-Überlieferung eine sehr ernste Schwierigkeit. Daß der Lieblingsjünger einer aus dem Zwölferkreis, daß er der Zebedaide Johannes gewesen sein soll, bestreitet man erst, seit man aus inhaltlichen Gründen die Autorschaft des Zebedaiden für unmöglich hielt. »Der wahre Gnostiker«, einer aus dem weiteren Jüngerkreis, in Jerusalem zu Hause – oder was man noch an Deutungen versucht hat: alle stoßen auf unüberwindliche Schwierigkeit. Es bleibt letztlich nur das Urteil auf bewußte Pseudonymität, und Hirsch ist für Kapitel 19–21 zu diesem Urteil gelangt. Und wenn ein nachgelassener Aufsatz von Hans Windisch die These verficht, gerade die synoptischen Erzählungen vom Zebedaiden stünden in unauslöslichem Widerspruch zum vierten Evangelium, so liegt das wohl daran, daß Windisch den eschatologischen Charakter unseres Evangeliums verkennt und seinen Verfasser für einen großen Mystiker hält.

Bei alledem soll nicht vergessen werden, was wir vorhin über den Charakter der johanneischen Überlieferung ausführten. So wenig bei Markus oder Matthäus die Eigenständigkeit apostolischen Schreibens zu behaupten ist, so wenig bei Johannes. Es ließe sich sogar denken, daß tatsächlich der Zebedaide frühzeitig ermordet und die von ihm stammende Lieblingsjünger-Überlieferung von seinen Schülern richtig weitergegeben wäre. Aber ist diese Überlieferung in sich glaubhaft? Es ließe sich denken, meint Dibelius, daß auch ein Augenzeuge so übergeschichtlich geurteilt habe. Doch nur das Hinhören auf das μαρτύριον kann uns hier weiterhelfen.

3.

VORTRAG AUS DEM JAHRE 1939

Die entscheidende Frage heißt: Johannes und die Synoptiker. Diese Frage möchte aber nach ihrem tiefsten Klang gehört werden. Es geht nicht um die schriftstellerische Absicht des Verfassers: er hat die Synoptiker so wenig verdrängen wollen wie jeder der Synoptiker seine Vorgänger. Es geht auch nicht um die Externa des Lebens Jesu: es kann nur behauptet werden, daß in den Externis Johannes den Synoptikern vorzuziehen ist. Es geht lediglich um die Inhalte, um das Kerygma. Hier sagte Harnack, daß Johannes Fugen über synoptische Themen komponiere, und die englische Forschung hat diese Tradition fortgeführt. Doch wird man noch weiter gehen. Es ist zu behaupten, daß Johannes uns weithin die Voraussetzungen der Synoptiker schenkt. Was die Synoptiker voraussetzen, wird bei Johannes verkündet! Es gilt, Andeutungen, die uns von Schlatter und Loofs, neuerdings von Lohmeyer, geschenkt wurden, weiterzuführen. – Wir sahen den johanneischen Jesus als den Jesus des Gehorchens und Wartens, als den Sohn, der lediglich des Vaters Ehre und Willen sucht. Er ist der Betende – Johannes sagt das noch stärker als die Synoptiker –, ist der glaubwürdige Zeuge Gottes, »ein Mensch, der die Wahrheit sagt«, einer, der kein Sünder ist, einer, der Gott kennt. Jeder einzelne dieser Züge aber, sobald man ihn verfolgt, zeichnet Jesu Demut und Majestät in eins: hier kommt Gott selbst; das Wort ward Fleisch, und Gott ward das Wort. Diese Züge der Niedrigkeit sind bei Johannes stärker als bei den Synoptikern herausgehoben; und die letzten johanneischen Majestätsaussagen sind bei den Synoptikern vorausgesetzt! Denn der Menschensohn ist bei Daniel, Henoch, Esra präexistent; etwa in der Perikope von Davids Sohn und Herr wird das auch in der Synopse deutlich. Und daß Gott selbst kommt, sagen alle synoptischen Traditionen: Markus in der Geschichte vom Gelähmten; Q in der Überlieferung vom Täufer; endlich Lukas z. B. in Kap. 15: Jesus begründet sein Tun und Handeln mit Gottes eigenem Tun und Handeln. – Aber wie im Zentralen, so in allem einzelnen, bringt Johannes die Voraussetzung der Synoptiker. – Wer das Vaterunser interpretiert, wird schon durch die Konkordanz auf Johannes gewiesen. Nur hier findet er (12, 28; 17, 11 u. ö.) Worte vom Namen Gottes, und Jesus ist es, der des Vaters Namen offenbart; nur hier eine große inhaltliche Verkündigung vom Willen Gottes; nur hier die einheitliche Verkündigung von »Heiligen« und »Verherrlichen«, die in der ersten Vaterunser-Bitte vorausgesetzt wird. Nur bei Johannes, wir hörten es, wird das Ringen Jesu mit dem Satan in die Mitte der Passionsgeschichte gestellt – die Erfüllung der letzten Vaterunser-Bitte.

VORTRAG AUS DEM JAHRE 1939

Die beiden, wie man sagt, »ursynoptischen« Worte von Gottes Liebe und von der Gotteskindschaft setzen Johannes voraus. Von Gottes Liebe wird in der Synopse explizit nur am Schluß von Mt. 5 gesprochen, und in Mk. 12 wird das Bekenntnis aus Dtn. 6 aufgenommen: Gott über alle Dinge lieben. Nur, man mag es in Bultmanns Jesus-Buch nachlesen: meint Mt. 5 keineswegs, daß man Gottes Liebe aus der Natur nachlesen könne. Vielmehr ist der Gott, den man aus seiner Offenbarung kennt, der Gütige, der seinen Feinden die Sonne scheinen und den Regen regnen läßt. Wo ist diese Offenbarung? Alle Evangelien meinen, was nur Johannes ausdrücklich sagt: »Also hat Gott die Welt geliebt . . .«; »daran haben wir die Liebe erkannt, daß er sein Leben für uns gelassen hat«; »bleibt in meiner Liebe . . .« (13, 34; 15, 9). – Das Wort »Gotteskindschaft« hängt aufs nächste damit zusammen. Es ist nicht an dem, daß Jesus als erster von der Gotteskindschaft der einzelnen Menschen gesprochen hätte. Von der Weite der Religionsgeschichte zu schweigen: schon das Alte Testament, vollends die Weisheit Salomos zeigt das Gegenteil; und Jesus setzt in der Bergrede ohne weiteres voraus, daß jeder seiner Hörer die Botschaft von der Gotteskindschaft schon kennt. Nur: wer darf sich Gottes Sohn nennen? Wer vollkommen, barmherzig ist wie der Vater selbst, dessen Werke über den Täter weg auf den Vater weisen. Das wird erst am Jüngsten Gericht offenbar, wer den Ehrennamen »Gottes Sohn« empfängt. Aber Jesus spricht dies Urteil des letzten Gerichts in den Seligpreisungen, in der ganzen Bergrede, in all seinem Wort denen zu, die Ohren haben, zu hören. Denn er ist »der Sohn«. Hierin spricht die synoptische Überlieferung nicht anders als Johannes. Aber wiederum: was bei den Synoptikern vorausgesetzt wird, ist bei Johannes deutlich. Der Eine Sohn gibt den Seinen Vollmacht, Gottes Kinder zu werden.

Dieser Christus aber bleibt in aller Höhe seiner Selbstaussagen der geheime, wie in der Synopse; andererseits, so ist zu behaupten, steht auch in der Synopse Jesu messianische Würde von Anfang an hinter all seinen Worten, wie bei Johannes.

Und noch ein letztes mag beobachtet werden. Wiederholt sind Überlieferungen in der Markus-Tradition sichtbar, die dann, deutlicher bei Q, noch deutlicher bei Lk., auch bei Mt., am deutlichsten bei Johannes erkennbar werden. Hier versagt schon rein an der Überlieferungsreihe die Auskunft, daß ursprünglich Tradiertes immer weiter ausgesponnen werde; nur die Gegenthese gibt ausreichende Erklärung: Johannes hat eine alte Logien-Tradition am besten bewahrt, die in allen anderen Überlieferungen nachschimmert. So steht es mit der Verkündigung vom Frieden, vom Geist, von der neuen Existenz, vom Leben, vom Licht, vom Wort, von der Freude. – Und was alle Evangelien in all ihrer Verkündigung leitet, nur Johannes sagt's ausdrücklich: Sie verkünden den Irdischen als den Auferstandenen, verkünden den Irdischen von der Auferstehung her. Die »Herrlichkeit« des Auferstandenen ist schon am Irdischen, Gekreuzigten zu sehen, die Glorie des zukünftigen Äon, die Gegenwart Gottes selbst.

Ob das alles wahr ist? Das Kerygma bezeugt sich selbst. Dennoch, es will gehört, vernommen, aufgenommen sein. Dies vollzieht sich in immer erneutem Fragen, und jedes neue Geschlecht bringt seinen Beitrag zum erneuten Fragen. Und vielleicht ist es deutlich geworden: Was die Forschung beiträgt an jeweils neuen Erkenntnissen, es mündet in die Fragen, die jedem Homileten, ja jedem Bibelleser lebendig sind und die ihre Antwort nur im aufmerksamen Lesen finden – nach Luthers Regel: Scriptura sacra sui ipsius interpres.

Ob es richtig war, diesen Vortrag aus dem Jahre 1939 nach 25 Jahren der Öffentlichkeit vorzulegen? Was ist in diesem Vierteljahrhundert auf dem Gebiete der Erforschung des Johannesevangeliums an Weiterführendem und Umstürzendem geschehen! »Jedes Geschlecht bringt seinen Beitrag zum erneuten Fragen.« Doch Schniewinds Abhandlung, die in mancher Hinsicht ein Pendant zum Aufsatz »Zur Synoptiker-Exegese« ist, enthält Fragestellungen und Einsichten, die in ihrer biblisch-theologischen Tiefe aktuell bleiben – auch wenn viele Einzelprobleme in den Schatten neuer Forschungen getreten sind.

*Elftes Kapitel*

## Zur Theologie des Apostels Paulus

Einen Kommentar zu einem paulinischen Brief hat Schniewind nicht geschrieben. Es liegen lediglich Diktate vor, die als Schreibmaschinen-Manuskripte zu den Kollegs ausgegeben wurden, und zwar zu den Vorlesungen über den Römerbrief, den 1. Korintherbrief, den Galaterbrief und die Thessalonicherbriefe. Der Kommentator, der einen dieser apostolischen Briefe zu bearbeiten gedenkt, sollte es nicht versäumen, diese Manuskripte einzusehen; sie bieten eine Fülle von Material und sind vor allem hinsichtlich der Parallelstellennotierung wertvolle Anleitungen zur Interpretation. Es würde zu weit führen, wenn in diesem Kapitel unserer Darstellung auf die Diktate eingegangen wird; nur gelegentlich soll auf Einzelheiten Bezug genommen werden. Wir wenden uns denjenigen Vorträgen und Aufsätzen Schniewinds zur Theologie des Apostels Paulus zu, die an einige wichtige Stellen paulinischer Botschaft heranführen und aufs deutlichste zu erkennen geben, welche Hauptgesichtspunkte in der Auslegung bestimmend sind.

Nachdem in den letzten Kapiteln die Studien Schniewinds zu den Evangelien besprochen und dargestellt wurden, bietet sich jetzt der in den »Nachgelassenen Reden und Aufsätzen« von E. Kähler veröffentlichte Vortrag »Die Botschaft Jesu und die Theologie des Paulus« als hilfreiche Überleitung an. Dieser Vortrag wurde im Mai des Jahres 1937 auf einer Tagung der Lutherischen Konferenz in Minden-Ravensberg in Herford gehalten und ist als wichtiger Beitrag zu dem immer wieder diskutierten Problem »Jesus und Paulus« aufzunehmen. Zur Geschichte der Erforschung dieses Themenkreises weist Schniewind auf die Berichte der beiden im Jahre 1936 erschienenen Aufsätze hin: G. Kittel, Jesus oder Paulus? und R. Bultmann, Jesus und Paulus. Und sogleich wird zu bedenken sein, daß um die Mitte des dritten Jahrzehnts Gedanken und Ideen nachwirkten, die um die Jahrhundertwende in Blüte standen: man stellte den schlichten Menschen Jesus mit seiner Botschaft der komplizierten Theologie des Paulus gegenüber. Man sagte, Jesus habe Wahrheiten verkündet, die unmittelbar einleuchten und sich eigentlich von selbst verstehen, Paulus hingegen habe als jüdischer Rabbi ein System erdacht, um die Menschen zu unterwerfen, er habe eine »Blut- und Wunden-Theologie« erfunden und Dogmen geprägt. In den verschiedensten Variationen lief diese

Anschauung um, sie wurde zur Zeit des Nationalsozialismus in einer häßlichen Form vergröbert und mit antisemitischen Akzenten versehen. Schniewind spielt in seinem Vortrag auf diese Auffassungen an; aber er berührt sie nur. Ganz ist er seiner Aufgabe und dem positiven Wollen hingegeben, den inneren Zusammenhang zwischen der Botschaft Jesu und der Theologie des Paulus neu aufzuzeigen. Der »schlichte Mensch Jesus« wird als eine Erfindung der liberalen Theologie bezeichnet. Unter Hinweis auf Martin Kählers Schrift »Der sogenannte historische Jesus und der geschichtliche biblische Christus« wird betont, daß jedes Wort Jesu auch der Synoptiker in sich christologisch sei: »Der Sinn aller Evangelien, der synoptischen wie des vierten, ist in dem Satz beschlossen: ›Er hat gelebt, um zu sterben.‹ Der Jesus der Evangelien ist der Gekreuzigte, nicht anders wie der Christus des Paulus« (51 S. 17). Paulus aber ist kein Theologe, der ein künstliches System erdacht hätte, wie es schon in der Schule F. C. Baurs gelehrt wurde; vielmehr ist er zuerst Verkünder, Missionar, Apostel. »Seine Verkündigung kennt nur den einen, den Gekreuzigten, nicht ein ›Dogma‹ von der Auferstehung« (51 S. 17). An dieser Stelle soll der Hinweis eingeschaltet werden, daß Schniewind im Kolleg zum Römerbrief mit besonderem Nachdruck Rm. 15, 18 herausstellte. Paulus erklärt an dieser Stelle, er werde es nicht wagen, etwas zu reden, wenn es nicht Christus durch ihn gewirkt hätte (60). Sind diese grundsätzlichen Berichtigungen der herkömmlichen Auffassung zunächst notwendig, so wird freilich der Unterschied zwischen den Evangelien und den apostolischen Briefen nicht zu übersehen sein: »In den Evangelien ist Jesus auf dem Wege zum Kreuz und zur Auferstehung, für Paulus ist Jesus als der Gekreuzigte und Erhöhte in seiner Gemeinde gegenwärtig« (51 S. 17). Man könnte auch so sagen: »Die Briefe, zumal Paulus' Briefe, bezeugen, was der Erhöhte in seiner Gemeinde redet und tut. Die Evangelien aber bezeugen, wer dieser Erhöhte ist« (51 S. 17). Er ist keine Phantasiefigur, sondern der Jesus von Nazareth. Aber Schniewind will nun keine apologetische Abhandlung vortragen. Für ihn gibt es in Wahrheit keine Apologetik des Christentums. »Christliche Predigt wie christliche Lehre ist Angriff. Jede Predigt fällt das Urteil Gottes über Prediger und Hörer, das Urteil des Todes und des Lebens, des Sterbens und der Vergebung« (51 S. 18). Damit wird – wie so oft auch in den Vorlesungen – auf 2. Kor. 2, 16 angespielt. Jede Arbeit am Neuen Testament geht unmittelbar an die Existenz. So ist auch die Frage, ob und wie Jesus als der Christus in die Evangelien gehört, keine Frage an bereitstehendes Wissen oder Erkennen, »sondern sie ist jeden Morgen neu das letzte Anliegen unseres Lebens und Sterbens: ob wirklich Jesus, der Fleischgewordene, für uns das Wort Gottes, das Evangelium ist, die Siegesbotschaft Gottes« (51 S. 19).

Noch einmal wiederholt Schniewind die uns bekannten Thesen zu den Evangelien: daß Jesu Verkündigung eschatologische Predigt sei, daß Gottes letztes Gericht und Heil in ihm offenbart wird. »Ebenso ist aber die Verkündigung des Paulus eschatologische Predigt« (51 S. 20). Die Rechtfertigungslehre des Apostels ist durchdrungen von der Gewißheit, daß Gottes zukünftiges Gericht, Freispruch und Heil Gegenwart ist. Von dieser Gemeinsamkeit ist auszugehen. Und die Erkenntnis der eschatologischen Bedeutung der Botschaft Jesu und der Verkündigung des Paulus ist A. Schweitzer zu verdanken. »Nur ist merkwürdig, daß das für diese Eschatologie Entscheidende bei Schweitzer ganz zurücktritt, nämlich die Verkündigung vom Gericht und Urteil Gottes« (51 S. 21). Schweitzer hatte, wie wir bereits sahen (S. 170 ff.), das Phantastisch-Schwärmerische der eschatologischen Kunde hervorgehoben. Daß aber Gericht und Urteil Gottes neu gesehen wurden, verdanken wir – so sagt Schniewind – dem neuen Verständnis der Reformation, das uns in den letzten Jahrzehnten geschenkt worden ist. Noch einen Schritt weiter hat Bultmanns Aufsatz »Die Bedeutung des geschichtlichen Jesus für die Theologie des Paulus« (1929) geführt. Er stellt die Lehre vom Gesetz in den Mittelpunkt des Fragens.

Die erste Hauptthese Schniewinds lautet nun: »Man kann kein Wort der Evangelien lesen, es sei denn von Paulus her« (51 S. 22). Diese These muß zunächst so verstanden werden, daß Paulus im Bereich der Ostergemeinde steht. Also nur von der Ostergemeinde her können die Evangelien gelesen und verstanden werden; denn sie wollen ja doch zeigen, wer der Erhöhte ist. Dann aber ist konkret von Paulus zu sprechen. Sollen die Evangelien »von Paulus her« gelesen werden, so bedeutet das nicht – hier macht Schniewind eine wichtige Einschränkung –, daß Spuren der paulinischen Theologie bei Matthäus, Markus oder Johannes zu suchen wären. »Diese Spuren werden immer zweifelhaft sein« (51 S. 23); denn vieles, was man »paulinisch« nennen könnte, ist doch nichts anderes als die Gesamtverkündigung der ersten Gemeinden. »Aber: die Evangelien von Paulus her lesen heißt, sie verstehen von der Rechtfertigung und vom Gesetz her« (51 S. 23). So hatte schon H. Cremer, dem sich Schniewind immer wieder verbunden weiß, die Zusammenhänge gedeutet und verstanden. Anders A. v. Harnack. Im Buch »Das Wesen des Christentums« erscheint Jesus als Verkündiger einer bürgerlichen Moral, »an die man 1900 trotz Nietzsche und Sozialdemokratie noch glauben mochte«

(51 S. 23). Seither aber ist viel geschehen. Schweitzer hatte die schon erwähnte »Eschatologie« dargestellt, und A. Schlatter und M. Dibelius hatten auf die Bedeutung der Johannestaufe hingewiesen, die nicht als »Symbol«, sondern als Vollzug eines Todesurteils verstanden werden muß. Schniewind fragt jetzt: »Hat Jesus weniger gebracht als der Täufer?« Und es schließt sich sogleich die Erklärung an: »Es gälte für uns wie für die Gemeinde aller Zeiten, die Evangelien so zu lesen, daß wir in den Worten des irdischen Jesus die Stimme des Weltenrichters vernähmen, des Richters, der jetzt schon, auf Erden, das künftige Gericht verhängt und jetzt schon Sündenvergebung schenkt, den Freispruch im Gericht, die künftige Gerechtigkeit« (51 S. 25). Dieser Satz steht im Zusammenhang von Gedanken, die uns bereits bekannt sind (vgl. S. 174 ff.). Schniewind kommt noch einmal auf das Gesetz zu sprechen, das als durchsetzende Macht, als Macht des Gerichtes erklärt wird. Aber zugleich ist mit Jesus auch ein Neues da, die neue Existenz, die bei den Menschen unmöglich, nicht aber unmöglich bei Gott ist (Mt. 19, 26). Todesurteil und Lebensurteil sind eins unter dem Wort dessen, der der Gekreuzigte und der Auferstandene ist (51 S. 29). Im Geheimnis des Messias ist die Zukunft gegenwärtiges Ereignis. Interessant ist es, wie Schniewind an dieser Stelle das »Messiasgeheimnis« erklärt. Er geht aus von dem Satz: »Niemand kennt den Sohn, nur der Vater« und betont: »Der Sohn selbst ist ein unbegreifliches Geheimnis für uns: wie er völlig eins ist mit dem Vater und doch völlig eins ist mit uns« (51 S. 29). Das führt zu der Erkenntnis: »Wir verstehen auch Jesu ›Selbstbewußtsein‹ nie. Wie er seiner selbst bewußt war, ist uns ein unergründliches Geheimnis und muß es bleiben; denn sonst wäre er ja nicht unser Herr, dem wir völlig unterworfen und übergeben sind« (51 S. 29).

Es folgt die zweite Hauptthese: »Wir verstehen kein Wort des Paulus, es sei denn von den Evangelien her« (51 S. 29). Man hat bisweilen Spuren der Evangelien in den paulinischen Briefen gesucht, auf der anderen Seite aber behauptet, Paulus habe an dem irdischen Jesus überhaupt kein Interesse gehabt, er habe nur einen präexistenten Himmelsmenschen gekannt. Dazu ist zu sagen: »Alles, alles liegt für Paulus daran, daß dieser, der von Gott kam und zu Gott ging, der Gekreuzigte ist ... « (51 S. 30): »Ein Mensch, der am Galgen hängt; ein Mensch, der den Tod eines von Gott Verfluchten stirbt: ›den Juden ein Anstoß und den Griechen eine Torheit‹; ein Mensch, von dieser Welt hinausgestoßen; einer, der Gott ganz gehorsam war bis zum Tode am Kreuz; einer, der unser Sündenfleisch trug, der die Sünde durch sein Menschsein und sein Sterben verurteilte. Er wußte nicht, was Sünde war, doch ward er für uns zur Sünde gemacht; er wurde in Schwachheit gekreuzigt, doch er lebt in der Kraft Gottes; er ward am Kreuz Fluch für uns, aber durch ihn kommt der Segen auf alle Völker« (51 S. 30). In diesem zitierten Abschnitt sind die folgenden Stellen der paulinischen Briefe enthalten: 1. Kor. 1, 23; 2, 6 ff. Phil. 2, 8 Rm. 5, 19; 8, 3 2. Kor. 5, 21; 13, 4 Gal. 3, 13. 14. Und es stellt sich die Frage ein: Sind das alles nur »Formeln«? »Daß es nicht Formeln sind, zeigt sich vor allem in dem einen Wort ›Fleisch‹« (51 S. 30). Gegen die Gnosis, die empört darüber ist, daß der Christus Gottes »Fleisch« geworden ist, stellt Paulus seine Botschaft. In diesem Zusammenhang ist das Verständnis von 2. Kor. 5, 16 sehr wesentlich. Schniewind deutet den Ausspruch des Paulus nicht, wie es meist geschieht, im Sinne einer absoluten Aussage, sondern in der Beziehung auf einen Vorwurf der gnostischen Gegner; sie haben dem Apostel vorgehalten: »Du erkennst den Christus fleischlich!« Schniewind sieht demnach in 2. Kor. 5, 16 eine Bestätigung dafür, daß Paulus stets von der σάρξ Ἰησοῦ gesprochen hat, sich jetzt aber des Vorwurfs erwehren muß, daß seine Lehre »fleischlich« (also ganz und gar auf das Diesseitige gerichtet) sei und dem »Pneumatischen« nicht den gebührenden Raum zugestehe. Aber auch das Wort »Fluch« hat Paulus nicht selbst erdacht, es entstammt der Verkündigung und Tradition der Urgemeinde. Der Heilige und Gerechte ist verworfen und an das Holz gehängt worden (Act. 2, 23; 4, 10; 5, 30; 10, 40; 13, 28 f.).

Der Erhöhte trägt in der Verkündigung den Namen »Jesus« (vgl. Rm. 4, 24; 8, 11 1. Thess. 1, 9 – aber auch: Rm. 3, 26 2. Kor. 4, 10. 11 1. Thess. 4, 1. 2). Der irdische Jesus war Mensch; aber in ihm erschien der »neue Adam«. Und Paulus schwört, daß er dieses Evangelium nicht erfunden hat. Es ist ihm durch die Tradition der Urgemeinde überkommen, und aus jedem Wort der Botschaft spricht der erhöhte Christus selbst. Gewiß, der Apostel nennt weder die Bergpredigt Jesu noch erzählt er von der Sünderliebe, vom Kampf gegen die Pharisäer oder anderen Begebenheiten. »Er weiß nur vom Kreuz und vom Gekreuzigten. Hierin ist nun allerdings alles enthalten, was die Synoptiker aus Jesu Leben erzählen: die Vollendung des Gesetzes im Gericht ...« (51 S. 34). Im Grunde entspricht diese Konzentration der Intention der Evangelien, ihrer Zusammenfassung aller Worte und Taten Jesu in der Botschaft vom Kreuz (»Die Evangelien sind Passionsgeschichten mit ausführlicher Vorrede«, Martin Kähler).

Schniewind fragt: »Wollen wir bedauern, daß diese sachlich vorhandene Einheit nicht durch direkte Beziehung gesichert sei?« Aber ein Blick auf das Verhältnis der Apostelgeschichte zum Lukasevangelium oder des 1.

Johannesbriefes zum Johannesevangelium zeigt die Analogien. Das urchristliche Kerygma findet neue Ausprägungen, die letztlich in einem unmittelbaren Zusammenhang zur Botschaft der Evangelien stehen. »Vor allem aber: es ist für die gesamte Überlieferung des Neuen Testaments charakteristisch, daß wir nirgend eine Sicherung erhalten. Das Indirekte der Mitteilung ist charakteristisch für die gesamte apostolische Predigt. Das Messiasgeheimnis, dem wir in den Evangelien nachgingen, entspricht dem Jesusgeheimnis, das wir bei Paulus entdeckten. Nur wer sich in die Verkündigung hineinhört, hört auf das Geheimnis. Nur so kommt es zum ›Glauben‹, der ein Hören auf das Wort und darum Gewißheit ist« (51 S. 35). Zum Schluß wird noch einmal darauf aufmerksam gemacht, daß Paulus größten Wert darauf legt, sein Kerygma in der Einheit zu dem der Urapostel zu überbringen (vgl. 1. Kor. 15, 1 ff. Gal. 2). Besteht also ein Unterschied zwischen der Botschaft Jesu und der Theologie des Paulus? Herrscht in den apostolischen Briefen das System, das Dogma? Schniewind erklärt: »All dies ist Botschaft und Theologie zugleich. Man kann nicht die Botschaft Jesu von der Theologie des Paulus unterscheiden. Jesu Wort ist Botschaft und Lehre in einem, und auch Paulus' Wort ist Botschaft und Lehre in einem« (51 S. 36).

In einer Reihe von Einzelstudien, die größtenteils der Erklärung ganz bestimmter Texte aus den paulinischen Briefen dienen, hat Schniewind wichtige Beiträge zur Theologie des Apostels Paulus vorgelegt. So ist z. B. der für den Januar des Jahres 1945 vorbereitete Vortrag über das Thema »Weltgeschichte und Weltvollendung« unter das Textwort Rm. 11, 32. 33 gestellt. Es soll hier nur bemerkt werden, wie auch in diesem Vortrag, jetzt jedoch im Blick auf die Weltgeschichte, der Gerichtsgedanke der biblischen Verkündigung herausgestellt wird: »Das Gericht umspannt die ganze Welt« (51 S. 45). Im universalen Aspekt wird gezeigt, wie dieses Gericht nie das letzte Wort des Alten und Neuen Testaments ist. Gott schafft den neuen Zustand aller Dinge, wo er allein herrscht. Der Weltvollendung eilt die Geschichte entgegen. Angesichts dieses Geschehens gibt es keine Sicherheit geschichtstheologischer oder geschichtsspekulativer Orientierung. Die Botschaft des Alten und des Neuen Testaments ist zu hören, ihr ist zu folgen. Alles zielt auf das Ende ab, das Gericht und Heil bedeutet. Unter Aufnahme von Lk. 2, 14 wird an entscheidender Stelle dann erklärt: »So gewiß das Kreuz Christi im Mittelpunkt der Weltgeschichte steht, so gewiß will Gott nicht, daß wir Menschen im Unheil versinken. Gott will wirklich die Verheißung der Weihnacht erfüllen: Friede auf Erden; sie erfüllt sich bei den Menschen, denen sich sein Wohlgefallen zuwendet, die ihm die Ehre geben, der allein in der Höhe wohnt und dessen Wege unerforschlich sind, soviel höher als unsere Wege, wie der Himmel höher ist als die Erde« (51 S. 51). Mit der Anspielung auf Jes. 55, 8 f. wird zum Text Rm. 11, 32. 33 zurückgeführt, auf seine Botschaft laufen alle Ausführungen zu.

Waren die beiden Vorträge über »Die Botschaft Jesu und die Theologie des Paulus« und »Weltgeschichte und Weltvollendung« für Pfarrer bestimmt (der zweite Vortrag für die Arbeitsgemeinschaft Evangelischer Standort- und Lazarettpfarrer), mußten also diese Referate auf einen ausführlichen wissenschaftlichen Apparat verzichten, so lassen sich doch die Grundzüge der Arbeit Schniewinds an der Theologie des Paulus in diesen Abhandlungen gut nachzeichnen. Wir wenden uns jetzt einzelnen Studien zu, die bedeutsame Beiträge zur Exegese gebracht haben.

Der Aufsatz »Das Seufzen des Geistes« behandelt Auslegungsprobleme des Textes Rm. 8, 26. 27. Ursprünglich war die Studie für die Bultmann-Festschrift bestimmt. Doch Schniewind schreibt an anderer Stelle: Der Aufsatz »hat die passenden Dimensionen verloren und wurde noch nicht abgeschlossen« (vgl. die Vorbemerkung E. Kählers: 51 S. 81). Dennoch hat E. Kähler ihn in die »Nachgelassenen Reden und Aufsätze« aufgenommen. Gewiß mit vollem Recht; denn es »rechtfertigen Umfang und Zustand des Vorhandenen ohne weiteres den Druck« (51 S. 81). – Schniewind übersetzt den Text Rm. 8, 26. 27 folgendermaßen: »Ebenso auch steht der Geist unserer Schwachheit bei. Denn was wir beten sollen, wie es sich gebührt, wissen wir nicht; aber der Geist selbst tritt für uns ein mit unaussprechlichen Seufzern. Der aber, der die Herzen erforscht, weiß, was das Sinnen und Trachten des Geistes ist; weil er nach Gottes Art für Heilige eintritt.« Man hat dieses Wort vom Eintreten des Geistes herkömmlich so aufgefaßt, als beschreibe es Ausnahmezustände (so u. a. A. Tholuck, P. Althaus, A. Jülicher). »Es scheint unsinnig, zu sagen, daß wir ›nicht wissen, was wir beten sollen‹. Es gibt doch soviel Gebetsanweisungen im ganzen Neuen Testament und bei Paulus selbst« (51 S. 82). Doch Schniewind stellt der herkömmlichen Auffassungsweise die These entgegen: »Unser Wort gilt ohne Ausnahme, umschreibt die beständige Situation der ἅγιοι« (51 S. 82). Aus dem Kontext heraus wird zunächst gezeigt, daß alles zu dieser Erklärung hindrängt. Darüber hinaus wird sehr sorgfältig die Terminologie untersucht. Nur ein Punkt sei herausgegriffen: »'Ασθένεια ist nicht eine gelegentliche Schwäche, sei es des Erkennens oder des Wollens oder des körperlichen Befindens. Vielmehr ist ἀσθένεια beständiges Kennzeichen der σάρξ, im Gegensatz zu πνεῦμα, das δύναμις ist«

(51 S. 83). Es wird hingewiesen auf Mt. 26, 4 1. Kor. 2, 3 ff.; 15, 43 2. Kor. 12, 9; 13, 3 f. Hebr. 4, 15; 5, 2; 7, 18. Nimmt man dieses Verständnis des Begriffs ἀσθένεια auf und bedenkt man sorgfältig den Kontext, so zeigt sich deutlich, daß der Geist Beistand in der totalen »Schwachheit« ist. »Wir sind ja in der ἀσθένεια, fern der zukünftigen Welt Gottes, deren Charakter die Dynamis ist« (vgl. 1. Kor. 15, 43 Rm. 1, 4). Hier bedürfen wir des Fürsprechers, des Geistes, der mit »Seufzern«, die unaussprechlich sind, für uns eintritt. Diese στεναγμοί »sagen mehr, als wir in unsre Menschenworte zu fassen vermögen« (51 S. 86).

Nachdem die exegetisch zu erhebenden Tatbestände zusammengefaßt sind, stellt Schniewind die religionsgeschichtliche Frage: »Läßt es sich aus religionsgeschichtlichen Analogien erklären, wenn Paulus von unsrer Unfähigkeit zum Beten, wenn er vom Beten des Geistes redet?« (51 S. 27). Die wissenschaftliche Diskussion wird mit F. Heiler, G. Harder und H. Lietzmann geführt. Es wird das Besondere der Theologie des Paulus herausgestellt: »Das für Paulus Entscheidende ist in das Wort Rechtfertigung zu fassen. Das Gebet wird in Rm. 8, 26 f. so beschrieben, wie es sich aus der δικαιοσύνη θεοῦ gestaltet« (51 S. 91). Daß Gott selbst durch seinen Geist den Abstand überbrückt (vgl. Gal. 4, 6 und Rm. 5, 5. 8) – diese Tatsache entspricht genau der Rechtfertigungslehre des Apostels. Der Text Rm. 8, 26 f. kann demnach als ein Zeugnis der Rechtfertigungslehre betrachtet werden. Aus dieser Erkenntnis heraus werden weitgehende Folgerungen gezogen; denn »es kann nun behauptet werden, daß es ein Irrweg der Forschung war, wenn sie fast zwei Menschenalter hindurch behauptete, der Paulinismus bestehe aus zwei ungeeinten Welten, aus einer pneumatischen Mystik und der Gedankenwelt der Rechtfertigungslehre; und die letztere sollte nur eine Kampfeslehre gegen den Nomismus sein, dem eigentlichen ›religiösen Leben‹ des Paulus fremd. Das genaue Gegenteil ist richtig« (51 S. 93).

In der Fortsetzung wird die theologische Hauptfrage erörtert, inwiefern Rm. 8, 26 f. als ein Zeugnis der Rechtfertigungslehre gelten kann. Im Sinne der Erklärung Schniewinds interpretierten M. Luther, K. Barth und A. Schlatter; auch sie deuteten Rm. 8, 26 f. von der Rechtfertigungslehre her, doch fragt es sich, ob bei Schlatter die innere Antithese scharf genug herausgestellt ist. Besondere Beachtung aber wird der Untersuchung von E. Fuchs »Christus und der Geist bei Paulus« (1932) zugewendet. Schniewind lobt zunächst die »schönen Analysen«, die bestätigen, daß die Lehre des Apostels Paulus vom Geist jedem Ekstatikertum und Perfektionismus fremd ist. Doch dann setzt die Kritik ein: »Fraglich bleibt, ob nicht die

Analysen faktisch überall von der Christologie her bestimmt sind; dann hätte also die Christologie den Ausgang der Untersuchung bestimmen müssen; nur von Christus her kann recht bestimmt werden, was der Geist ist« (51 S. 98). Schniewind hebt hervor: Die Christologie ist primär gegenüber der Pneumatologie. Man erinnere sich an die Formulierung: Der Geist überbrückt den Abstand. Diese »Überbrückung« aber hat in Christus ihren Grund und ihre Voraussetzung. So ist eine genaue Bestimmung des Verhältnisses von Christologie und Pneumatologie von ausschlaggebender Bedeutung. Noch einmal kommt Schniewind auf Barths Auffassung zu sprechen. Karl Barth unterscheidet dogmatisch »Jesus Christus als die objektive Wirklichkeit und Möglichkeit der Offenbarung« vom »Heiligen Geist als der subjektiven Wirklichkeit und Möglichkeit der Offenbarung«. Ist diese Verhältnisbestimmung richtig? Dazu Schniewind: »Die Kategorie ›objektiv — subjektiv‹ empfiehlt sich nicht. Christus steht nicht vor uns als ›Objekt‹ unsres Glaubens und Denkens« (51 S. 101). Die von Barth getroffene Unterscheidung hilft also auch nicht weiter. Vielleicht aber könnte die spätorthodoxe Dogmatik mit der Kategorie der applicatio einen Weg weisen. Es wird an M. Kähler erinnert, der gelehrt hat, es sei das Amt des Geistes, »das Wort zu explicieren und zu applicieren«; diese Formulierung geht auf Joh. 14, 26 zurück. Aber noch weiter führt Joh. 16, 13 f.: Der Geist leitet die Gemeinde im ganzen Bereich der ἀλήθεια. »Die Glorie Christi wird sichtbar nur unter dem ihn kündenden Wort des Geistes. Das Wort zu künden, das Wort selbst, ist des Geistes Amt« (51 S. 102). Von da aus aber ergibt sich immer wieder die im Neuen Testament beobachtete Identität des erhöhten Christus mit dem Geist, ebenso aber auch der Unterschied zwischen Christus und Geist. — Mit diesen grundsätzlichen Erörterungen zum Thema »Christus — Geist« wird die Studie abgeschlossen. Sie ist ein Musterbeispiel für das in den Nuancen genaue, zugleich aber immer zu dem Ganzen hin ausgerichtete Forschen und Fragen Schniewinds.

Ähnliche Beobachtungen kann man in dem Aufsatz »Die Archonten dieses Äons« machen, der die exegetischen Probleme von 1. Kor. 2, 6—8 behandelt. Diese kleine Studie ist im Jahre 1945 in der Festschrift für E. Klostermann veröffentlicht worden (vgl. Nr. 38). Es wird das Problem erörtert: »Wer sind die Archonten dieses Äons?« (51 S. 104). Die ältere Forschung hatte gedeutet: es sind »die Herrschenden überhaupt«, »die Gewaltträger«. Vor 1945 war eine andere Erklärung hervorgetreten: die Archonten sind »dämonische Mächte«. Schniewind fragt zuerst nach der Bedeutung des Begriffs ἄρχοντες, weist auf Act. 3, 17; 13, 27 hin und stellt im Kontext vor allem 1. Kor. 1, 20. 26. 28 heraus. Überblickt man diese Stellen und folgt man dem Gedankenzug von 1. Kor. 1, 20 – 2, 16, so ist festzustellen, daß die Deutung der Archonten auf »Geister« nicht zutreffend ist, vielmehr ist an die Vornehmen, Führenden, Gebildeten unter den Menschen zu denken (51 S. 105). Es werden vier Argumente gegen die bislang herrschende Exegese ins Gefecht geführt: 1. »Die Antithese meint in 1. Kor. 2 wie in 1. Kor. 1 zwei verschiedene Menschenklassen«; 2. »Bei der herrschenden Exegese muß man annehmen, daß Paulus seinen Gegnern, den gnostischen Pneumatikern, in V. 6–8 nebenher noch vorwirft, sie seien dämonisch inspiriert«; 3. Die bislang vorausgesetzte Gesamtanschauung ist schwer zu erfassen; 4. »Die übliche Exegese verkennt, daß wir in 1. Kor. 2, 6–8 einen Topos der urchristlichen Missionspredigt vor uns haben«; diese Predigt ist zu erkennen in Act. 3, 17; 13, 27, aber auch in Lk. 23, 34 Act. 17, 30 1. Tim. 1, 13 und 1. Petr. 1, 14. – Alle diese Argumente werden genau ausgeführt (51 S. 106 ff.). Zwar bleibt es für die Theologie des Paulus bedeutsam, was er von kosmischen Mächten und von der kosmischen Seite der Christustat in anderem Zusammenhang zu sagen weiß. Aber 1. Kor. 2, 6 ff. gehört nicht zu diesen Aussagen. Damit ist ein Ergebnis erzielt, das nicht nur für die besprochene Stelle, sondern auch für die zur Erklärung herangezogenen Texte von Wichtigkeit ist.

Den umfangreichsten Aufsatz der Paulus-Studien Schniewinds haben wir in der Abhandlung »Die Leugner der Auferstehung in Korinth« vor uns. Dieser Aufsatz fand sich im Nachlaß handgeschrieben vor, ohne daß genauer zu ermitteln gewesen wäre, wann und auf welche Veranlassung und zu welchem Zweck er entstanden ist (so E. Kähler in der Vorbemerkung). Vermutlich ist die Niederschrift im Jahre 1944 oder 1945 entstanden. Vergleiche der Gedanken des Aufsatzes mit meinen Aufzeichnungen zu dem im Wintersemester 1942/43 gehaltenen Kolleg über den 1. Korintherbrief haben mir gezeigt, daß die wesentlichen Züge schon in dieser Vorlesung zum Ausdruck gekommen waren. E. Kähler macht dann noch auf einen Gemeindevortrag aufmerksam, der am 18. März 1945 in Halle-Cröllwitz unter dem Thema »Das Schicksal unserer Toten« gehalten worden ist. Das Stichwortmanuskript dieses Vortrages berührt sich inhaltlich mit den Ausführungen der Abhandlung »Die Leugner der Auferstehung in Korinth« (51 S. 110; dort auch nähere Einzelheiten zum Manuskript). – Schniewind geht von 1. Kor. 15 aus und greift aus der Fülle der Probleme, die dieses Kapitel aufgibt, das der Situation heraus: »Was haben die Korinther eigentlich gemeint, und wie ist von da aus Paulus' Antwort zu verstehen?« (51 S. 110). Zwar wird in 1. Kor. 15, 12 deutlich gesagt, daß die Korinther die Behauptung aufstellten, es gäbe keine Auferstehung der Toten; aber welchen Sinn hat dieser Satz? In welchem Zusammenhang ist er zu verstehen? Man hatte bislang die Auffassung vertreten, eine platonisierte Unsterblichkeitslehre habe sich in Korinth durchgesetzt. Aber Schniewind gibt zu bedenken: Wenn dies der Sinn ist, dann wird der Gedankengang des Paulus unverständlich. Er trägt die Vermutung vor: »Offenbar hat man in Korinth die Auferstehung Christi nicht bestritten; nur die Konsequenz, leibliche Auferstehung der Toten, teilte man nicht« (51 S. 111). Sofort wird die Frage drängend: Wen hatte Paulus eigentlich vor sich? Jedenfalls, so scheint es, keine Idealisten, die zwar auf eine Unsterblichkeit der Seele hoffen, aber von der Auferstehung des Leibes nichts wissen wollen. Die vorauszusetzende Situation muß komplizierter und verschlungener sein. Schniewind sucht darum zunächst ein genaues Bild vom Kontext in 1. Kor. 15 zu gewinnen, dabei ergibt sich mit wachsender Deutlichkeit, daß die korinthische These nicht die gewesen sein kann: Unsterblichkeit der Seele statt Auferstehung des Leibes, Ewigkeit statt Auferstehung, die Seele und ihr ewiger Wert statt des ursprünglichen Leibes (51 S. 113 f.). Aber was müssen die Korinther dann gedacht haben? Im Anschluß an W. Bousset, R. Reitzenstein und H. Jonas werden die Forschungen zur Gnosis aufgenommen. Gnostischer Akosmismus ist in Korinth lebendig. Aber die gnostischen Lehren haben sich offenbar doch in eigenartiger Weise mit mißverstandenen Verkündigungen des Apostels Paulus untermischt (51 S. 116 f.). Auf diesen Vorgang richtet Schniewind sein Augenmerk. Paulus hatte verkündet, an Jesus sei die eschatologische Totenerweckung proleptisch schon vollzogen (Rm. 1, 4; 4, 24; 6, 4 1. Kor. 15, 12—20 Gal. 1, 1 Eph. 1, 20 u. ö.). Er hatte gelehrt, daß die Glaubenden mit Christus schon auferstanden sind (Rm. 6, 1 ff.), zum neuen Äon gehören und in der »Neuheit ewigen Lebens« wandeln (Rm. 12, 2; 6, 4 2. Kor. 5, 17). Dieses Kerygma verkündet den Sieg Christi über alle Mächte, die ihm entgegenstehen. Die mißverstandene Rezeption im gnostischen Ideenbereich aber hat daraus das Nichtvorhandensein dieser Mächte gefolgert. »Die Gnosis spricht: Der Tod ist nur Schein. Sie bekennt: Ich glaube keinen Tod« (51 S. 117). Die Praesenz der Eschata, die das Kerygma zuspricht, wird akosmistisch usurpiert. Hier kommt es zum Gegensatz. »Paulus denkt von der Eschatologie her. Er denkt vom Endgericht her« (51 S. 119). Christus ist der Einbruch des αἰὼν μέλλων in den gegenwärtigen Äon hinein. Es hängt aber alles an einem: »Der kommende Weltenrichter ist zugleich der Erretter; er ist dies, weil Gott die Erweckung aus den Toten ihm erfüllte; er trägt den Menschennamen Jesus, den Namen des Gekreuzigten« (51 S. 120). Entscheidend ist jetzt die Leiblichkeit der Auferstehung, die von den Korinthern geleugnet wird. Das gilt es in 1. Kor. 15 zu zeigen. »Für Paulus trägt ὤδη und ὀπτασία durchaus nicht den Charakter unseres Wortes ›Vision‹, bei dem wir sofort an ein Subjektives oder gar Krankhaftes denken. Paulus glaubt in seinen ὀπτασίαι realiter mit der verborgenen Welt Gottes in Berührung zu kommen« (51 S. 122). Damit sind die Hauptfakten des Kerygmas vom gnostischen Hintergrund abgehoben. Entscheidend aber ist die Tatsache: »Es besteht ein fester Zusammenhang zwischen Christus und den Christen (vgl. 1. Kor. 15, 20—22)«; mehr noch: »Seine Herrschaft beansprucht die ganze Menschheit« (51 S. 123 f.). Während die Korinther denken, sie seien in der »Herrschaft Christi« schon mitten drin, die Todesüberwindung sei schon geschehen und die Mächte des Verderbens seien nicht mehr vorhanden, verkündet Paulus, daß das letzte Geschehen noch aussteht. Zwar sind die Mächte des Todes grundsätzlich besiegt, so besingen es die urchristlichen Hymnen, Christus hat sie ein für allemal besiegt durch Kreuz und Auferstehung. »Aber noch ist die Gemeinde beständig von ihnen bedroht, und der Kampf, den sie führt, ist kein Schein« (51 S. 125).

In 1. Kor. 15 wird die »Generalantwort« mit dem Wort σῶμα gegeben. Schniewind erarbeitet die Bedeutung dieses Begriffes mit seiner antignostischen Spitze. »Unsere irdische, unsre Adams-Existenz, meinen die Korinther, ist nur eine Existenz minderen Grades, ist nur eine uneigentliche Existenz. Das eigentlich in uns Existierende ist der Himmelsmensch, der Urmensch« (51 S. 135). Paulus sagt dazu ein radikales Nein: »Leugnet doch die Adamsgestalt nicht! Tut doch nicht so, als wäre alles bei euch in bester Ordnung und das, was dem Christus widerspricht, wäre nur Schein!« (51 S. 136). In alle Konkretheiten des Lebens dringt die Botschaft ein.

Will man die Bedeutung aller referierten Studien Schniewinds zur Theologie des Apostels Paulus würdigen, so werden drei Sätze zu formulieren sein:

1. Es wird nach der Situation gefragt, in die sich die Antithese der apostolischen Botschaft erstreckt. Bei der Analyse dieser situationsbedingten Voraussetzungen werden alle großflächigen Schemata vermieden. So wird z. B. nicht allgemein von der Gnosis in Korinth gesprochen, sondern es wird sehr genau erarbeitet, welche mißverstandenen urchristlichen Verkündigungselemente in das gnostische Ideengut aufgenommen worden sind.

2. Das genaue Studium des Kontextes, das Hineinhorchen in den unmittelbaren und weiteren Zusammenhang kennzeichnet alle Studien. Begriffsuntersuchungen und Interpretationen durch sachlich hergestellte Querschnitte begleiten die Forschung. Auch die Exegese der paulinischen Briefe wird im wesentlichen als »Querschnittsexegese« betrieben.
3. Alles einzelne wird stets eingeordnet in den großen Zusammenhang des eschatologischen Kerygmas von Gericht und Heil, in die großen Züge der Rechtfertigungslehre.

In zahlreichen Vorträgen und Predigten hat Schniewind die paulinische Botschaft erklärt und verkündet. Es finden sich im Nachlaß Aufzeichnungen und Skizzen, aus denen jeweils der Aufbau der Rede in großen Zügen abgelesen werden kann. Aber es ist unmöglich, auf die fragmentarische Hinterlassenschaft einzugehen. In Thesen ausgeführt liegt lediglich der Grundriß eines Referates vor, das unter dem Thema »Das Motiv der Mission bei Paulus« gehalten wurde. Das Manuskript ist undatiert, Ort und Zeit des Vortrags sind unbekannt. Gleichwohl sollen diese Thesen hier — gewissermaßen als Anhang und zugleich als Abschluß des Kapitels — mitgeteilt werden:

THESEN: MOTIV DER MISSION

1. Über das »Motiv der Mission« hat Paulus nie unmittelbar gesprochen. Das liegt einerseits daran, daß die Heidenmission als solche von keinem seiner Gegner bestritten wird, andrerseits daran, daß unser Begriff des »Motivs« ihm fremd ist. Doch führt die Frage nach dem »Antrieb« der Mission in den Mittelpunkt der paulinischen Verkündigung.

2. Die Heidenbekehrung ist das Ziel schon im Alten Testament (Deuterojesaja, Psalmen). Diese Hoffnung, bis in die Apokalyptik hinein fortlebend, liegt über den Worten Jesu, der Berichterstattung der Evangelisten, den Predigten der Urgemeinde. Paulus weiß die alttestamentliche Verheißung in seinem Evangelium erfüllt (Rm. 1, 1 f.; 15, 9—12. 16. 21; vgl. Act. 13, 47 Phil. 2, 10. 11 Eph. 2, 13 f. 17). — Die Verheißung des Alten Testaments ist Motiv der urchristlichen Mission.

3. Paulus weiß sich durch seine Berufung zur Sendung an die Heiden bestimmt (Gal. 1, 15. 16). Dieser Dienst ist ein Mysterion (Rm. 11, 25 Eph. 3, 3 f. 9): die Heiden werden ohne Gesetz und Beschneidung dem Volk Gottes einverleibt (Eph. 3, 6 f. Gal. 2, 3. 7; 5, 3 f. 11 f. Rm. 4, 10 ff.); die Annahme der Heiden geht der Bekehrung Israels voraus (Rm. 9—11; 9, 24 ff.; 11, 7 ff. 13 f. 25 ff.). Dies Geheimnis ist mit dem Kreuz Christi gegeben; denn der Gekreuzigte allein tilgt den Fluch des Gesetzes (Gal. 3, 13; 4, 4 f.; 2, 19 f.; vgl. Rm. 4, 15; 7, 4—6 2. Kor. 3, 9); er ist die Verur-

teilung der Gesetzesgerechtigkeit (Rm. 9, 30 ff.; 10, 1 ff. Phil. 3, 4 ff.), und das ist exemplarisch verdeutlicht in der Berufung des Pharisäers Paulus (Gal. 1, 13 ff. Phil. 3, 4 ff. Eph. 3, 1—3. 8). Die Auseinandersetzung mit der Prophetie (Jes. 42, 1. 5 f.; 49, 6) wird bei Paulus nicht direkt vollzogen, in Act. aber angedeutet (Act. 13, 46 f. auch 28, 25 ff.). — Das Kreuz Christi ist Motiv paulinischer Mission.

THESEN: MOTIV DER MISSION

4. Der Apostolat ist Fortsetzung der alttestamentlichen Prophetie (Gal. 1, 15 1. Kor. 9, 16 vgl. Rm. 1, 14 Eph. 2, 20); Paulus weiß sich als Gesandter des erhöhten Christus (1. Kor. 1, 17 Rm. 10, 14 1. Kor. 12, 28 ff. Eph. 4, 11 f. 2. Kor. 5, 20). Sein Apostolat ist im Unterschied von anderen missionarischen Ämtern (Rm. 16, 7 2. Kor. 8, 23) die Sendung eines Zeugen (1. Kor. 1, 6; 2, 1 2. Thess. 1, 10) des Auferstandenen (1. Kor. 9, 1; 15, 8 f.); es ruht auf besonderer Offenbarung (Gal. 1, 16 Eph. 3, 9. 5). Es ruht auf besonderer Betrauung (1. Kor. 9, 17 Gal. 2, 7 1. Thess. 2, 4 1. Tim. 1, 12 1. Kor. 7, 25), ist Dienst (2. Kor. 3, 8. 9 Rm. 11, 13 Eph. 3, 7) und Haushalteramt (1. Kor. 4, 1 f. Eph. 3, 1 f.). Der unwiederholbare Dienst des Apostolats gehört unmittelbar in das Werk Christi hinein (1. Tim. 2, 3—7 2. Tim. 1, 8—11 Tit. 1, 1—3 vgl. Rm. 1, 1 f.; 10, 14 2. Kor. 5, 18 f. 1. Tim. 3, 16). — Die Sendung durch den erhöhten Christus ist Motiv der apostolischen Mission.

5. Paulus weiß, daß der erhöhte Christus in ihm redet (1. Kor. 2, 17; 13, 3 Rm. 10, 8. 14. 17 2. Kor. 5, 20) und wirkt (Rm. 15, 18); er ist Apostel in der Leidensgemeinschaft Christi (1. Thess. 2, 2 Gal. 4, 13; 5, 11; 6, 14. 17 1. Kor. 2, 2 f.; 4, 9 ff. 2. Kor. 1, 3 ff.; 6, 4 ff.; 11, 22 — 12, 10; 13, 4 Kol. 1, 24 Eph. 3, 1. 13). Doch stehen alle Christen in dieser Gemeinschaft des Gekreuzigten und Auferstandenen (Rm. 6, 1 ff. Kol. 2, 12 1. Kor. 1, 9; 10, 16), gerade auch als Empfänger des Wortes und zugleich dessen Verkünder (1. Thess. 1, 5—10 Rm. 1, 11 f. 15; 10, 8 ff.; 12, 6—8 1. Kor. 14, 1. 23—26), wobei keine grundsätzliche Verschiedenheit zwischen Missionswort und Gemeindewort besteht (»Evangelium«). — Motiv der Mission ist die Gemeinschaft Christi mit den Seinen.

6. Mission ist Gottes eigenes Werk. Gott handelt im Kreuz (2. Kor. 5, 18 ff. Rm. 3, 20 ff.) und in der Auferstehung Christi (Rm. 4, 24; 8, 11), redet und ruft im Evangelium (Paraklese: 2. Kor. 5, 20 1. Thess. 2, 3. 12 f.; Klesis: Gal. 1, 6 1. Kor. 1, 26 ff. 1. Thess. 1, 4; 2, 12 f. 2. Thess. 2, 14), die Boten sind Gottes Mitarbeiter (1. Kor. 3, 9 1. Thess. 3, 2 2. Kor. 6, 1). Gott beruft sich sein neues Volk, die Gemeinde (Rm. 9, 24—26; 11 Gal. 3, 27 Eph. 2, 19 f.), baut seinen Tempel (1. Kor. 3, 10 ff. 2. Kor. 6, 16 ff.), und die Heiden sind kultisches Opfer (Rm. 15, 16 vgl. Rm. 12, 1 f. 2. Kor. 2,

14 ff.). Gottes Wirken ist Ruf zur Gottesherrschaft (1. Thess. 2, 12 Kol. 4, 13 1. Kor. 6, 9 f. Gal. 5, 21 Eph. 5, 5 Kol. 1, 13 2. Thess. 1, 5 ff.). – Motiv der Mission ist Gottes Wirken.

7. In der Predigt des Evangeliums vollzieht sich Gottes Zorn (Rm. 1, 18 ff. 1. Thess. 1, 10 2. Kor. 1, 14 ff.) und sein rechtsprechendes Urteil (Rm. 1, 16 f.; 3, 21. 27 f. 2. Kor. 5, 21 vgl. Rm. 2, 16), seine Welt-Versöhnung (Rm. 11, 15 2. Kor. 5, 18 ff. Kol. 1, 21 f.), sein Erbarmen (Rm. 11, 31 f.), die Überwindung des Satans (Act. 26, 18 Eph. 2, 2 Kol. 1, 13 2. Kor. 4, 4 1. Kor. 8, 5 f.; 10, 19–21 vgl. Eph. 3, 10), die ewige Soteria (1. Kor. 9, 22 Rm. 1, 16 1. Kor. 1, 18). Diese Wirkung vollzieht sich in der Kraft des Heiligen Geistes (Act. 6, 6 ff. 2. Kor. 3, 3. 6 ff. 1. Thess. 1, 5 ff. Rm. 15, 13 ff. 1. Kor. 2, 4. 10 ff.), und im Hören des Wortes wird der Geist geschenkt (Gal. 3, 2. 5. 14 Eph. 1, 3 1. Thess. 2, 13 Rm. 1, 16; 8, 2 1. Kor. 1, 18). Das Wort wird ausgerichtet in Kraft der Erbarmung Gottes (2. Kor. 4, 1 vgl. 1. Kor. 7, 25 Kol. 3, 12 Rm. 12, 1), aus Glauben (Rm. 1, 17 2. Kor. 4, 13 Rm. 12, 6), aus Gottes Gnade (Gal. 2, 4 Rm. 1, 5 vgl. 1. Thess. 2, 2 ff. Gal. 1, 10 ff.). – Motiv der Mission ist die Macht des Heiligen Geistes.

8. Das Evangelium selbst ist das Motiv der Mission. In der Mission vollzieht und vollendet es seinen Gang (Rm. 11, 28 2. Thess. 3, 1 2. Kor. 10, 14 Rm. 15, 20. 19 Kol. 1, 19), ist bindende Macht über den Boten (1. Kor. 9, 16. 23), unterwirft die Hörenden dem Gehorsam (Rm. 6, 17; 10, 3; 15, 28; 16, 26 2. Kor. 10, 5). Es trifft die Gewissen (2. Kor. 4, 2 vgl. 2, 14 ff. 1. Kor. 14, 23 ff.), erweist sich selbst als Gottes Wahrheit (2. Thess. 2, 10. 13 2. Kor. 6, 7 Eph. 1, 13 Kol. 1, 5 f.). Es sammelt die Gemeinde in der Taufe (Eph. 5, 14. 26 Rm. 6, 17; 10, 9–13 1. Kor. 1, 2 Rm. 15, 20). Es ist die Kraft des Wandels (1. Thess. 2, 12 Eph. 4, 1 Phil. 1, 27), vor dem Wandel der Heiden bewahrend (1. Thess. 4, 5 f. Eph. 4, 17 f.; 5, 8).

9. Alle Motive der Mission sind Eins: Gottes Werk (Phil. 1, 6; 2, 30 Kol. 1, 29); die Sammlung der Gemeinde auf den Jüngsten Tag hin (Rm. 9–11 Eph. 3 Phil. 1, 10 f. 1. Thess. 2, 19; 3, 13 2. Thess. 1, 7–12) geschieht an allen Menschen durch den Wort-Dienst der Gemeinde, in der Gegenwart Christi, in der Macht des Geistes.

*Zwölftes Kapitel*

## Rechtfertigung, Heiligung und Wiedergeburt

Die vorigen Kapitel unserer Darstellung der theologischen Arbeit Schniewinds haben sehr deutlich gezeigt, daß der »articulus stantis et cadentis ecclesiae«, die Rechtfertigungslehre, eine alle Erklärungen bestimmende und beherrschende Rolle spielt. Kräftig und konsequent sind die reformatorischen Züge. Immer wieder wird Luther zitiert. Man könnte kritisch fragen: Hat Schniewind mit dem »Materialprinzip« (im Sinne der orthodoxen Dogmatik) eine Situation herbeigeführt, in der die reiche Differenzierung des neutestamentlichen Kerygmas – um es vorsichtig auszudrücken – in den Hintergrund tritt, zugunsten der einen, alles durchziehenden Perspektive des reformatorisch orientierten Verstehens? Im Jahre 1946 hat Schniewind einen Vortrag unter dem Thema »Die Schmalkaldischen Artikel, ihre biblische Grundlage und ihre Gegenwartsbedeutung« gehalten. Wir finden in diesem Vortrag die aufschlußreichen Sätze: »Und hierzu darf gerade der Neutestamentler das Wort nehmen. Es ist nämlich erstaunlich, daß Luthers Aussagen über Sünde, Buße, Evangelium genau das betreffen, was uns in unserer Forschung in den letzten dreißig Jahren als besonders wichtig und wie etwas ganz Neues im Neuen Testament begegnet ist: was es um die Buße sei; und daß Luthers Aussagen erstaunlich mit dem, was wir auf Grund unserer historisch-kritischen Forschung entdeckten, übereinstimmen« (51 S. 141). Damit wird der innige Zusammenhang zwischen wissenschaftlicher Forschung und reformatorischer Erkenntnis festgestellt.

In Gemeindevorträgen und Aufsätzen hat Schniewind sehr oft die neutestamentlich-reformatorische Hauptthematik der Rechtfertigung behandelt. Doch von der Rechtfertigung unablösbar ist die Heiligung, sie ist einzuschließen in die justificatio impii. Auch meldet sich an dieser Stelle in besonderer Weise die pietistische Tradition zu Wort: es geht um die »Durchheiligung des Lebens«, um das Ergriffensein der ganzen Existenz vom Neuen, das in Christus gekommen ist. – Es soll in diesem Kapitel zuerst eine Thesenreihe aus dem Jahre 1938 veröffentlicht werden; sie steht unter dem Thema »Die Rechtfertigungslehre des Neuen Testaments und ihre Bedeutung für die Gegenwart«. Es folgt dann eine Besprechung und Darstellung des Aufsatzes »Heiligung«, der im Jahre 1938 erschien. Zuletzt soll ein Gemeindevortrag referiert werden, der unter dem Titel »Christus unsere Gerechtigkeit« zu der Festschrift für F. Gogarten (1948) beigetragen wurde. – Beginnen wir also mit der Thesenreihe »Die Rechtfertigungslehre des Neuen Testaments und ihre Bedeutung für die Gegenwart«, die im vollen Wortlaut wiedergegeben wird. Die Thesen sind zuerst veröffentlicht worden in einer kleinen Zusammenstellung von Aufsätzen und Studien Schniewinds, die von den cand. theol. H. Lindner und G. Seyfferth im Juli 1963 in Tübingen herausgegeben wurde (XX, R 1–3).

THESEN: RECHTFERTIGUNG

## I.

### *Die Fragestellung*

Das neue Verständnis der Reformation, das uns seit dreißig Jahren geschenkt ist, soll zur Bibelarbeit fruchtbar gemacht werden. Hierin sind uns unsere Lehrer Cremer, Kähler, Schlatter vorangegangen. Sie haben die Rechtfertigungslehre, die am deutlichsten durch Paulus ausgeprägt ist, als das entscheidende Wort der ganzen Bibel verstanden.

Für das Neue Testament besteht kein Gegensatz zwischen Lehre und Leben. Die Lehre ist die Ankündigung der zukünftigen Welt Gottes, das Evangelium. Irrlehre und Irrleben fällt in eins; vgl. nur Rm. 6. – Die Rechtfertigungslehre ist bei Paulus nicht eine Kampfeslehre, die er nur im Gegensatz zu jüdischen Irrlehren gedacht hätte. Denn die Rechtfertigungslehre kommt an den entscheidenden Stellen auch derjenigen Briefe vor, die an griechische Gemeinden gerichtet sind: 1. Kor. 1, 30; 8, 11 2. Kor. 3, 8. 9; 5, 21 Phil. 3, 9 Tit. 3, 7; auch ohne das Wort »Gerechtigkeit«, z. B. Eph. 2, 8 Kol. 1, 20; 2, 14 1. Thess. 1, 10.

## II.

### *Die Rechtfertigungslehre des Paulus in ihren Grundzügen*

1. Die Frage nach der Rechtfertigung ist die Frage nach dem Jüngsten Gericht. Wer wird vor Gott als gerechtfertigt bestehen, wer wird gerechtfertigt werden? So ist die Frage gestellt in Gal. 5, 5 1. Kor. 4, 4. 5 Gal. 2, 16. 17 Phil. 3, 9–11 Rm. 5, 19.

2. Das Urteil des Jüngsten Gerichts ist Gegenwart geworden: »Jetzt! Jetzt!« Rm. 5, 9; 3, 21. 26; 8, 1; 7, 6; 6, 22. Jetzt ist die Gerechtigkeit Gottes erschienen. Die Gerechtigkeit Gottes besteht darin, daß Gott recht behält und den gerecht spricht, der aus dem Glauben Jesu lebt (Rm. 3, 26). Die Gerechtigkeit Gottes ist Christus in Person: 1. Kor. 1, 30 2. Kor. 5, 21 Rm. 10, 3. 4.

3. Christus rechnet die Seinen zu sich. Dies nennt Paulus Glaube Jesu Christi: Rm. 3, 22. 26 Phil. 3, 9 Gal. 2, 16. Es ist nicht unmöglich, daß

THESEN: RECHTFERTIGUNG

hierin der Gedanke mit enthalten ist: Jesus Christus selbst hat geglaubt und Glauben gehalten: Mk. 9, 23; 11, 22 vgl. Mt. 21, 21. 22; 26, 43 Hebr. 12, 2. Doch bleiben diese Worte vom Glauben Jesu, den er auf Erden und bis ans Kreuz hält, ein Geheimnis; aber die Tat Jesu als des Gekreuzigten wird immer wieder als »Gehorsam« bezeichnet: Rm. 5, 19 Phil. 2, 8 Hebr. 5, 8. Also wird bei Paulus »Glaube Jesu Christi« bedeuten: der Glaube ist in Jesus, dem Gekreuzigten, Auferstandenen gegeben, ist vor ihm geschenkt, ist in ihm beschlossen, da Jesus die Gerechtigkeit Gottes ist und die Seinen in sich schließt. So ist Glaube »glauben an Gott, der den Gottlosen rechtfertigt« (Rm. 4, 5) und das völlige Gegenteil alles eigenen Ruhmes (Rm. 11, 20).

4. Glauben heißt: das Wort des Evangeliums ins Herz nehmen: Rm. 10, 8—17 Gal. 3, 2. 5. Damit wird der Geist empfangen: Gal. 3, 2. 5; 5, 5; und damit ist der Wandel in die Neuheit ewigen Lebens gestellt (Rm. 6, 4), ist Erfüllung des Gesetzes (Rm. 8, 4), ist gehorsame Unterwerfung unter Gottes Gerechtigkeit: Rm. 6, 16. 18, ist Gehorsam gegen die »Lehre« des Evangeliums: Rm. 6, 17 vgl. 1, 16. 17.

III.

*Das Alte Testament*

1. Gottes Gericht. Gott ist Weltrichter, da er den Gerechten gerechtspricht und seine Gerechtigkeit erweist: Gen. 18, 25 Ps. 96, 13 Jes. 46, 13. Er spricht die Seinen gerecht, die »arm« und »elend« sind und von sich aus vor ihm nicht bestehen können: Ps. 143, 2; 51, 6. Vor Gott hat kein Mensch recht: Hes. 21, 8 f. Hi. 4, 17; 25, 4; Hiobs Unrecht besteht darin, daß er mit Gott rechtet (Hi. 9, 2; 10, 15; 35, 8), er muß sein Rechten zuletzt aufgeben (Hi. 40, 8). Die Verurteilung menschlicher Eigengerechtigkeit steht über dem ganzen Alten Testament: Dtn. 9, 5. 6 Jes. 43, 24—27; 64, 5 Dan. 9, 18. 14. 16. 24. — Im Wort »Gerechtigkeit« ist beschlossen sowohl Gottes Abkehr vom Abtrünnigen wie seine Barmherzigkeit gegenüber dem, der ihm recht gibt.

2. Gottes Gerechtigkeit. Die Verkündigung des zweiten Jesaja: Gott behält recht (Jes. 46, 13; 51, 5. 6) im Rechtsstreit gegen die fremden Götter (Jes. 43, 10; 44, 8), im Streit und Sieg (Jes. 59, 16. 17), in der Kraft seines Wortes (Jes. 45, 19. 23; 42, 21; 42, 6). Seine Gerechtigkeit schließt die Seinen in sich: Jes. 45, 23—25; 58, 8 (diese Stelle vielleicht schon im Sinne von Jes. 33, 6. 16); 61, 10; sie ist wie eine lebendige Macht: Jes. 60, 18; 45, 8; 61, 11.

Ebenso die Psalmen. Gott offenbart seine Gerechtigkeit: Ps. 98, 2; 89, 15; 97, 6; seine Gerechtigkeit wird im Wort verkündet: Ps. 40, 10. 11, gepriesen: Ps. 51, 16; 71, 16; 145, 7; 119, 164. Gott behält recht und spricht seine Gerechtigkeit im Wort den Seinen zu: Ps. 143, 1. 2. 11; 36, 11; 89, 17; 103, 17; 65, 8. Gottes Gerechtigkeit ist eine wirksame Macht: Ps. 98, 11; 50, 8.

3. Der Messias. Die Verkündigung der Psalmen gipfelt in messianischen Psalmen (Ps. 89, 17; 22, 32; 72, 1–3). Der Messias bringt Gottes Gerechtigkeit: Jes. 9, 5. 6; 11, 2–4; er ist Gottes Gerechtigkeit in Person: Jer. 23, 5. 6; 33, 15. 16. Der Messias gehört selbst zu den »Armen« und »Geringen«: Sach. 9, 9. 10; er ist der niedrigste Knecht Gottes: Jes. 53, 11; 50, 8.

4. Folgerungen. Ein Gerechter ist ein Glaubender. So Gen. 15, 6. Die Stelle wird Rm. 4, 17–22. 24 richtig gedeutet; ebenso Hebr. 11, 8–19, wobei mit Recht Gen. 12, 8. 22 u. a. beigezogen werden. Der Glaube ist schon im Alten Testament das Gegenteil zum menschlichen Ruhm. So Hab. 2, 4; vgl. Jes. 7, 9; 28, 16. – Dem entspricht: alles, was Gerechtigkeit des Menschen genannt wird, bedeutet in Wahrheit, daß Gottes Gerechtigkeit den Menschen trägt. So Jes. 48, 18; 56, 1. Zu Ps. 18, 21. 25 vgl. V. 26–32, besonders V. 28. Zu Ps. 7, 9 vgl. V. 18; zu Ps. 11, 7; 85, 10–12; 119, 106. 121 vgl. Ps. 36, 11; 40, 11; 85, 11; 89, 15; 103, 17; zu Dtn. 6, 25 vgl. 6, 4–9.

## IV.
## *Jesus*

1. Jesu Worte von der Gerechtigkeit sagen, daß die Erwartungen des zweiten Jesaja und der Psalmen erfüllt sind: Mt. 5, 6. 10; 6, 33. Von da aus sind 6, 1; 5, 20 ff. zu verstehen. Die Spruchreihen Mt. 5, 21 ff. bedeuten das Todesurteil über den Hörer. Doch ist das Todesurteil hinaufgenommen in den Zuspruch der Gottes-Sohnschaft: 5, 16. 45, 48 vgl. Mt. 5, 6. 9. – Hiermit ist die Verurteilung der Selbstgerechtigkeit gegeben: Lk. 18, 14; 10, 29; 16, 15. Das Urteil Gottes ergeht schon durch Johannes den Täufer: Lk. 7, 29. 30, und Jesus schließt sich mit dem Täufer zusammen: Lk. 7, 35.

2. Jesus selbst ist der Gerechte von Jes. 53, 11. 12 (vgl. Jes. 52, 13): Mt. 3, 15 1. Tim. 3, 16 Joh. 16, 8. 10. Gerade die Gerechten (Mt. 5, 20; 6, 1 Lk. 15, 7 Mk. 2, 17) bringen in ihrer heuchlerischen Gerechtigkeit (Lk. 7, 40 ff.; 15, 25 ff.; 18, 9 Mt. 23, 28; 15, 1–20) ihn ans Kreuz. Er ist der Gerechte von Jes. 53 noch als der Erhöhte (Act. 3, 14; 22, 14 1. Petr. 3, 18 1. Joh. 1, 9; 2, 29; 3, 7). Ihm glauben heißt: Gott recht geben.

## V.

## *Die Lehre des Paulus vom Gesetz als Entfaltung der Rechtfertigungslehre*

Paulus prägt die Rechtfertigungslehre der gesamten Bibel am stärksten aus, weil er der überwundene Pharisäer ist.

1. Die Gerechtigkeit Gottes ist die Verurteilung der eigenen Gerechtigkeit des Menschen. Hierin weiß sich Paulus mit der Urgemeinde eins: Gal. 2, 15 ff. 1. Kor. 15, 1 ff. vgl. Act. 15, 10. Dies wird entfaltet in der Lehre vom Gesetz. Das Gesetz verhängt das Urteil des ewigen Todes (Verurteilung, Fluch, Zorn): Rm. 7, 5–25 2. Kor. 3, 6 ff. Rm. 8, 1 Gal. 3, 13 Rm. 4, 15 1. Kor. 15, 56. Das Gesetz verheißt das Leben (Gal. 3, 12 Rm. 10, 5), ist heilig, recht und gut (Rm. 7, 12). Aber nur die Täter des Gesetzes werden gerechtfertigt werden (Rm. 2, 13), wie durchweg, und gerade auch für die Christen, das Gericht nach den Werken erfolgt (2. Kor. 5, 10. 11 Rm. 14, 10–12). Aber das Gesetz fällt tatsächlich nur das Todesurteil (Gal. 3, 21. 22). Dies wird Gal. 2, 15–21 als gemeinsames Wissen des Paulus und Petrus vorausgesetzt, wird in Rm. 7 nach Analogie der Adamsgeschichte entfaltet: Der Mensch ist »Fleisch« (Rm. 7, 14. 18) und lehnt sich gegen Gottes Gebot auf; dies auch in der Form von Phil. 3, 4. 9.

2. Das Todesurteil des Gesetzes wird nur zugegeben, wo das Todesurteil in Tod und Auferstehung Christi hinaufgehoben ist: Gal. 2, 19. 20 Rm. 8, 1. 3. Christus als der Gehorsame (Phil. 2, 7. 8 Rm. 5, 19 Hebr. 5, 8 vgl. Rm. 1, 5; 6, 16 u. ä.) stellt sich unter unseren Fluch und unter unsere Sünde, wird für uns zum Fluch und zur Sünde: Gal. 3, 13 2. Kor. 5, 21. Dies ist eine kurze Formulierung für die Verkündigung der Urgemeinde (Act. 10, 39; 2, 23; 4, 10. 11; 5, 30) und der Evangelien (Mk. 14, 34. 38; 15, 34 Joh. 14, 30; 16, 11 vgl. Hebr. 4, 15; 2, 17. 18; 5, 2; 5, 7. 8): Christus ist die Sühne (Rm. 3, 25 vgl. 1. Joh. 2, 2 Hebr. 2, 17) in der Hingabe seines Lebens (»in seinem Blut«). – Der Gekreuzigte ist der Erhöhte (Rm. 4, 24; 8, 11. 34); die Seinen sind »in ihm« und darum in seine Gerechtigkeit eingeschlossen (Rm. 3, 24 2. Kor. 5, 21 Phil. 3, 9 Gal. 2, 17 1. Kor. 6, 11).

3. Diese Lehre vom Gesetz weiß sich als die Erfüllung des Alten Testaments: Rm. 3, 31. 21. 25. 19. 20. Das Gesetz ist dazu gekommen, das Todesurteil unausweichlich zu machen: Rm. 5, 21; 7, 13; 5, 16. 18; 8, 1; 4, 15; 11, 32. Israel aber verkennt das Gesetz (Rm. 10, 3 2. Kor. 3, 17), als brächte es die eigene Gerechtigkeit des Menschen (Rm. 10, 3 Phil. 3, 6 Rm. 9, 23; 3, 27; 4, 2). Umgekehrt wird die Verkündigung des Neuen Testaments sofort zur Gesetzlosigkeit verzerrt (Ungerechtigkeit: Rm. 1, 18;

THESEN: RECHTFERTIGUNG

3, 15 1. Joh. 1, 9; 5, 17; Gesetzlosigkeit: Mt. 7, 23; 24, 12 Rm. 6, 19 2. Kor. 6, 14 2. Thess. 2, 7 1. Joh. 3, 4). In Wahrheit aber ist die Rechtfertigungslehre die Begründung des neuen Gehorsams.

4. Daher bedeutet der neue Wandel: unter die Herrschaft der Gerechtigkeit gestellt sein. So Rm. 6, bes. V. 14–19. In V. 14 zeigt sich, daß »Gerechtigkeit« ebenso verstanden werden muß wie in Rm. 3, 21–24; in V. 16. 17 wird Rm. 1, 16–17 wieder aufgenommen. Ebenso Rm. 8. In V. 1. 3. 4. 10. 12–17 wird die Rechtfertigung als die Gestaltung des Wandels verkündigt. Der in V. 12–16 beschriebene Kampf ist der gleiche wie in Gal. 5, 17 und Rm. 7, 7–25, aber in der Rechtfertigung gelöst. Rm. 8, 33. 34 nimmt ausdrücklich die Worte der Rechtfertigungslehre auf. Die Liebe Gottes in Christo (Rm. 8, 35. 39) wird durch den Geist bezeugt (Rm. 8, 16. 26; 5, 5. 2 2. Kor. 5, 14). Eben diese Liebe ist die Erfüllung des Gesetzes (Gal. 5, 5. 14 Rm. 13, 8–10 1. Kor. 13). – Auch in der »Ethik« der paulinischen Briefe ist das Wort »Gerechtigkeit« überall von der Rechtfertigung her zu verstehen: Eph. 6, 14; 4, 24; 5, 9 Phil. 1, 11. – Ähnlich Hebr. 12, 11; auch Jak. 3, 18. Die Gerechtigkeit des Wandels (Act. 10, 35 Jak. 1, 20 1. Joh. 2, 29; 3, 7 1. Thess. 2, 10 Tit. 2, 12) ist nicht zu trennen von Gottes rechtfertigendem Urteil, vgl. Tit. 3, 1. 8. 5–7 2. Tim. 4, 8.

5. Dies Urteil der Rechtfertigung wird erst beim Endgericht offenbar; aber dies endzeitliche Urteil wird (Phil. 1, 6. 11 Rm. 8, 10. 11; 8, 33–39; 5, 1–5, 6–10 Eph. 1, 17–20) denen zugesprochen, die in Gefahr stehen, »verwerflich zu werden«, wie Paulus für sich selbst (1. Kor. 4, 4; 9, 23. 27 Phil. 3, 11. 13) mit dieser Möglichkeit rechnet und wie er (2. Kor. 5, 10. 11) aus der Furcht vor dem kommenden Gericht heraus die höchsten Worte über seinen apostolischen Dienst (2. Kor. 5, 12–21) spricht. Die Furcht drohenden Abfalls (2. Kor. 7, 1 Phil. 2, 12. 13) wird aber überwunden in der Zuversicht, daß Gott sein eigenes Werk nicht unvollendet läßt (1. Kor. 10, 12. 13 1. Thess. 3, 13; 2, 19 Phil. 1, 6 1. Kor. 15, 58), und in der Gewißheit, daß die Werke, nach denen gerichtet wird, Gottes eigene Schöpfung sind (Eph. 2, 8–10 Phil. 1, 6).

6. Die Frage nach dem Verhältnis von Jakobus und Paulus: Jakobus bekämpft ein Mißverständnis der paulinischen Verkündigung, welches schon Rm. 3, 8; 1. 15 erscheint. Vielleicht hat Jakobus selbst Paulus mißverstanden: Jak. 2, 24. Doch sagt Jakobus ausdrücklich, daß lebendiger Glaube »Werke hat«: Jak. 2, 14. 27. 26 vgl. 1, 3. 6; 5, 15. So sind Jakobus und Paulus in der Sache einig.

THESEN: RECHTFERTIGUNG

## VI.

### *Die Bedeutung der Rechtfertigungslehre für die Gegenwart*

1. Das wichtigste Anliegen der gegenwärtigen Stunde ist ein neues Verständnis der Rechtfertigung. Alle gegenwärtigen Streitgespräche, etwa über die Erbsünde, Buße, Selbsterlösung und Gnade, stellen nur immer in neuer Gestalt die Frage nach dem lebendigen Gott und seiner Gerechtigkeit; denn auch eine richtige Lehre von der Schöpfung oder von der Heiligung kann nur eine Entfaltung der Rechtfertigungslehre sein. Nur Gottes Gerechtigkeit ist die Überwindung der Lüge (1. Joh. 1, 6. 8–10), ist Leben für Gott und Christus (Gal. 2, 19. 20 2. Kor. 5, 12), ist ein rechter Vorsehungsglaube (Rm. 8, 24 ff. Mt. 10, 28–33), ist gelingendes Gebet (Rm. 8, 15. 26. 34), ist Dienst am Wort (2. Kor. 5, 10–21), ist neue Bestimmtheit des Wandels (Eph. 4, 1 Phil. 1, 27 1. Thess. 2, 12 Kol. 1, 10).

2. Wir biegen der Gerechtigkeit Gottes aus in Gesetzlichkeit oder Gesetzlosigkeit. Doch ist nur die Sündenvergebung die Erfüllung des Gesetzes: Jer. 31, 31–34 = Hebr. 8, 8–12. Die Gesetzlosigkeit steht in sich unter dem Gerichtsurteil Gottes (Rm. 3, 8). Die Erfüllung des Gesetzes wird (1. Joh. 2, 10; 3, 9 ff.; 5, 18) aus Christi Sieg (1. Joh. 3, 8; 5, 18; 5, 3. 4) verheißen: hierin ist das Urteil von 1. Joh. 1, 6 – 2, 2 eingeschlossen, vgl. 1. Joh. 2, 3–6; so auch 3, 19–22; 4, 17–18. – – –

Damit schließt die Thesenreihe ab; sie war als Unterlage zu einer eindringlichen biblischen Arbeit gedacht. Die zahlreichen Stellenzitate geben Aufschluß über den Gang des Suchens und Fragens. Die einzelnen Sätze aber sprechen für sich, sie bedürfen keiner Erläuterung. Vor allem fassen sie Einzelheiten, die im Referat der Arbeiten Schniewinds an den Evangelien und an den paulinischen Briefen zuvor erwähnt wurden, in einer eindrucksvollen Gesamtdarstellung zusammen. Bemerkenswert ist immer wieder die Bezugnahme auf das Alte Testament, ohne die eine Abhandlung Schniewinds undenkbar ist.

In der These V, 3 hieß es am Schluß: »In Wahrheit aber ist die Rechtfertigungslehre die Begründung des neuen Gehorsams«, und in These VI, 1 betonte Schniewind, daß auch die Lehre von der Heiligung ganz und gar in ein neues Verständnis der Rechtfertigungslehre hineingenommen werden müsse. Diese Hinweise können als Überleitung zu dem im Jahre 1938 veröffentlichten Aufsatz über das Thema »Heiligung« aufgenommen und verstanden werden.

Der Aufsatz erschien im ersten Teilband der Reihe »Rechtgläubigkeit und Frömmigkeit« (Das Gespräch der Kirche um die rechte Nachfolge Christi), herausgegeben von H. Asmussen; dieser Teilband steht unter dem Thema »Die Gabe des Geistes und das Leben im Glauben«. – Schniewind beginnt in der Abhandlung über »Heiligung« mit zwei bezeichnenden Sätzen. Der erste lautet: »Diese Ausführungen sollen sich eng an die Bibel anschließen; die biblischen Aussagen werden in sich selbst das rechte Wort für die Fragen sein, von denen unser gegenwärtiges Leben bewegt wird« (30 S. 9). Der zweite: »Ihre Erläuterung wird wiederholt mit Worten der reformatorischen Bekenntnisschriften gegeben; aber die Stimme der Kirche will nur Antwort sein auf die Stimme der Apostel und Propheten, die in der Bibel zu uns redet« (30 S. 9). So hat Schniewind die reformatorischen Bekenntnisschriften stets verstanden: als Antwort auf die Botschaft der Bibel, von der die Väter getroffen wurden. Damit wird der Gesichtspunkt einer normativen Geltung ausgeschieden. Norm ist allein die Heilige Schrift. Doch das Hören auf die »Erläuterung« des prophetischen und apostolischen Wortes, wie die Reformatoren sie geben, leitet zur Erfassung des Wesentlichen an und weist den Weg rechten Glaubens und Erkennens.

Der erste Abschnitt geht aus von dem Satz »Heiligung ist Durchheiligung unseres Lebens« (30 S. 9). Man könnte schon hier im Vergleich zu wichtigen Schlüsselworten R. Bultmanns erklären, daß dort, wo der Marburger Neutestamentler von »Entweltlichung« spricht, bei Schniewind der Begriff der »Heiligung« oder »Durchheiligung« steht. »Unser Leben, das wir in dieser Weltzeit hier führen mit Leib, Seele und Geist, soll für Gott heilig, soll geweiht sein« (30 S. 9) – das ist die entscheidende These, die unter Hinweis auf Hebr. 12, 14 1. Thess. 4, 3. 4. 7 und 2. Kor. 7, 1 entfaltet wird. Die neutestamentlichen Ermahnungen zur Heiligung »umspannen unser ganzes Leben, vom Innersten unseres Sinnens bis in die Einzelheiten unserer Taten. Es sind Worte des Befehls, des Gebotes, der Mahnung, des Zuspruchs« (30 S. 9 f.). Bei der Heiligung geht es um ein Leben in der Gegenwart des heiligen Gottes. Schon im Alten Testament hat dieser Gott sich ein »heiliges Volk« erwählt und ihm geboten: »Ihr sollt heilig sein, denn ich bin heilig!« (Lev. 11, 4). So meint ja auch das alttestamentliche Gesetz mit allen seinen zahllosen Einzelbestimmungen nur das eine: »Daß das gesamte Leben vom Geringsten bis zum Wichtigsten, vom Alltäglichsten bis zur Feier des Versöhnungsfestes Gott geweiht ist, dem Unnahbaren« (30 S. 10). Die urchristliche Botschaft lehrt nicht anders: »Das Neue Testament nimmt, was das Alte Testament im Abbild und Vorbild beschreibt, für die Gemeinde Christi auf. Gottes Volk ist geheiligt, Gott geweiht nach Leib und Seele. Die Heiligung umspannt alle Beziehungen« (30 S. 10).

Den stärksten Kontrast zu den biblischen Aussagen über die Heiligung bilden bestimmte Verhaltensweisen des Menschen, die in Grundworten im Neuen Testament angesprochen werden. Dem wichtigsten dieser Grundworte wendet Schniewind sich zu, wenn er schreibt: »Alle Übertretung der Gebote Gottes kann in dem einen Wort zusammengefaßt werden, das Luther mit ›Geiz‹ übersetzt (1. Kor. 5, 11; 6, 10 Eph. 4, 19; 5, 3. 5 Kol. 3, 5 1. Thess. 4, 6): immer mehr haben wollen, aufgehen in dem, was von dieser Welt ist und zu dieser Welt gehört; die Dinge dieser Welt zum Götzen machen und sie über alles lieben. Das aber ist der Wandel, ist die Lebensgestalt, die der Heiligung Gottes widerspricht. Heilig sein heißt: ›von der Welt abgesondert und Gott zugesondert sein‹« (30 S. 10 f.).

Der zweite Abschnitt ist überschrieben: »Gott ist der Heilige.« Schniewind spricht nicht vom »Wesen« Gottes, er meidet diesen Ausdruck. Seine zusammenfassenden biblischen Erläuterungen sind unmittelbare Entfaltung der Botschaft: »Gott selbst ist der Heilige. Er ist der Unnahbare. Er wohnt in einem Licht, zu dem niemand kommen kann. Wer ihn sieht, der muß sterben« (30 S. 11). Jes. 6, 5 und 1. Tim. 6, 16 sind die beiden Stellen, von denen ausgegangen wird. Doch der Heilige und Unnahbare, vor dem kein Mensch bestehen kann, hat sich das geringste der Völker auserwählt (Dtn. 7, 7), damit sein Name bei den Erwählten und durch sie geheiligt werde. »Nun erzählen aber die Geschichten des Alten Testaments immer neu, wie Israel Gottes Namen entheiligt und vor allen Völkern Gottes Ehre schändet (Lev. 22, 23 Dtn. 32, 51 vgl. Rm. 2, 23 f.). Aber Gott selbst erweist sich als heilig in seinen Gerichten (Lev. 10, 3 1. Sam. 6, 20). Er selbst wird seinen bei den Menschen entheiligten Namen heiligen, wird ihn zu Ehren bringen (Jes. 29, 23; 48, 11; 52, 5 f. Hes. 36, 23–27)« (30 S. 12). Wieder werden die alttestamentlichen Linien genau verfolgt. Nur von da aus ist ein Verständnis der neutestamentlichen Texte möglich.

»Jesus ist der Heilige Gottes« – unter dieser Überschrift steht der dritte Abschnitt. Als »den Heiligen Gottes« erkennen ihn die Dämonen (Mk. 1, 24), bekennt ihn Petrus (Joh. 6, 69). »Dies ist das Letzte, was die Jünger an Jesus bindet, was sie hindert, ihn gleich all den andern zu verlassen. Sie haben geglaubt und erkannt, daß er der Heilige Gottes ist, sie aber sind die Unheiligen. Er hat Worte ewigen Lebens; sie aber sind ohne ihn dem ewigen Tode verfallen« (30 S. 13). Eingehend wird entfaltet, was das heißt: Gott hat Jesus geheiligt und hat ihn in unsere Not, in unseren Tod gesandt. Aus den Erklärungen tritt der Satz hervor: »Jesus Christus ist unsere Heiligung« (30 S. 14). Dieser Satz aber ist nicht so zu verstehen, als spende er die Heiligung; nein, er ist sie in Person, »in ihm« sind wir geheiligt (1. Kor. 1, 30; 1, 2). »In Christi Opfertod ist die Gemeinde heilig, rein und unsträflich; keine Anklage kann sie treffen« (30 S. 14). Sogleich ist alles, was zum Thema »Heiligung« ausgeführt wird, eingeschlossen in die Rechtfertigung; denn nur durch Christus können wir vor Gottes Richterthron bestehen; er ist unsere Gerechtigkeit (1. Kor. 1, 30). Was im Alten Testament vorgebildet wurde, ist in Christus erfüllt: Gott selbst, der Heilige, heiligt uns.

Ein weiterer Schritt wird im vierten Abschnitt getan: »Wir werden geheiligt in der Heiligung des Geistes.« Wie ist das zu verstehen? Keineswegs ist die Heiligung des Geistes ein Zweites neben Jesus Christus. Der Geist erinnert an die Worte Jesu (Joh. 14, 26), er verherrlicht Jesus (Joh. 16, 14), er ist die Gegenwart Christi (1. Kor. 1, 2 2. Kor. 3, 17). »Der Heilige Geist weiß nur von dem Christus, der sich für uns dahingegeben hat und für uns eintritt, ohne den wir keinen Augenblick vor Gott bestehen können« (30 S. 17). Die Gemeinschaft der Heiligen wird durch ihn gewirkt und geschaffen. Über sechzigmal spricht das Neue Testament von den Gliedern der Gemeinde als den »Heiligen«. Sie alle sind durch Gottes Ruf und Wort getroffen und in der Taufe geweiht. Ihr Leben ist ein heiliges Opfer von Leib und Leben (Rm. 12, 1 f.). »Dies alles aber ist nicht und in nichts die eigene Heiligkeit der Christen« (30 S. 18). Schniewind schreibt: »Es ist immer neu merkwürdig, wie Paulus es wagt, alle seine Gemeinden mit größter Zuversicht ›die Heiligen‹ zu nennen, auch die, deren Schäden offenkundig sind und die er unter Furcht und Tränen, unter bittersten Kämpfen zu Christus zurückrufen muß. Aber er weiß es, und alle Apostel wissen es, daß Christi Opfer ein für allemal gilt, daß das Wort des Geistes Gottes kein vergebliches Wort ist« (30 S. 19).

Der letzte Abschnitt zeigt in aller Kürze die Irrwege der Heiligung auf, insbesondere zwei Abirrungen. Es gibt Menschen, die die Gemeinde verführen, die Heiligkeit Gottes zu vergessen (2. Kor. 6, 15. 16). Der andere Abweg aber ist der der eigenen Heiligkeit.

Man staunt angesichts dieses Aufsatzes über die Klarheit der Perspektiven und die Kraft der zusammenraffenden, immer das Entscheidende und Grundlegende heraushebenden Darstellung. Im einzelnen Satz verdichten sich Erläuterungen von erheblicher Tragweite und tiefer Einsicht.

Der Hörer der Vorlesungen Schniewinds wird sich daran erinnern, wie die Bahn des zusammenhängenden biblisch-theologischen Fragens und Forschens immer wieder durchlaufen wurde. Und stets waren es neue Aspekte, die eröffnet wurden. Weitere Bibelstellen wurden herangezogen und leuchteten plötzlich auf. Strenge Forschung und jähe Intuition waren in einer wunderbaren Weise gepaart.

Wenn auch Wiederholungen unvermeidlich sind — Schniewind selbst hat beharrlich immer neu das Thema »Rechtfertigung« behandelt —, so soll doch auch der Gemeindevortrag »Christus unsere Gerechtigkeit« aus dem Jahre 1948 Erwähnung finden. Wie schon bemerkt wurde, ist dieser Vortrag in der Festschrift für F. Gogarten erschienen. Interessant ist der Ausgangspunkt. Schniewind geht diesmal von den Fragen aus: »Ist Gott gerecht? Ist sein Walten gerecht?« Er spricht von der Anklage gegen Gott und dem Trotz, mit dem sich der Mensch gegen das Walten des lebendigen Gottes erhebt. Wie verhalten wir uns unter unbegreiflichen Ereignissen, die uns treffen? »Er ist uns ja beständig nahe, der Unnahbare, er umgibt uns von allen Seiten. Und wir beginnen mit ihm zu reden, und wir sollten auch mit ihm reden und nicht verstummen. Aber dann beginnen wir mit uns selbst zu reden und suchen dem Leiden, Entbehren, Entsetzen dennoch einen Sinn abzugewinnen, einen menschlichen Sinn. Etwa: daß wir am Leiden lernen; daß es uns erzieht, uns über uns hinausführt« (45 S. 22). Unverkennbar ist in diesen ersten Worten das Einfühlende, Mitdenkende, Mitleidende und Seelsorgerliche der Gedanken. Alle Vorträge Schniewinds sind dadurch ausgezeichnet, daß sie unmittelbar in die Not des Menschen hineinsprechen. Er stellt keine bloßen Lehr- und Verstandesfragen, sondern bezieht sich auf »das letzte Anliegen unseres Lebens und Sterbens« (45 S. 21). Er weiß, wie der Mensch in den großen Nöten seines Lebens zwischen Trotz und Stolz schwankt, Gott anklagt und dann trotzig seinen Weg in eigener Deutung des »Schicksals« sucht. »Aber beides, der Stolz darauf, daß uns das Leiden vertieft, und der Trotz, der das Unheil bejaht, so gewiß ich noch lebe und kämpfe: beides heißt, daß wir in Gottes Vollmacht eingreifen, daß wir sein wollen wie Gott. Über mein Leben verfüge ich selbst, und noch über Leid und Verzweiflung verfüge ich selbst. — Aber in Wahrheit verfügt nur einer über uns, das ist Gott« (45 S. 23). Auf Luther wird hingewiesen; er sagt, es gäbe eigentlich nur eine einzige Sünde: Sein wollen wie Gott. »Luther weiß: es ist die Sünde gerade der Christen. Es gibt Gebete, die ein Zaubern mit dem Namen Gottes sind, ein Versuch, Gottes Pläne zu bestimmen; und doch beten wir, daß er seinen Willen geschehen lasse, daß er uns nicht dem Satan der Welt, nicht unserem eigenen Willen übergebe. Es gibt auch bei Christen ein Klagen und Sorgen, als lebte Gott nicht oder als müßten wir durch unser Klagen und Sorgen Gott bestimmen, dennoch unsern Willen zu tun. Wir möchten sein wie Gott« (45 S. 23). Damit wird nach der Wurzel alles Übels gegriffen. Zugleich wird die Frage nach dem gerechten Gott in entscheidender Weise im reformatorischen Sinne modifiziert; denn hinter allem Fragen und Rufen nach der verborgenen Gerechtigkeit Gottes steht in Wahrheit die Hauptfrage: Wie bekomme ich einen gnädigen Gott? Ist es nur eine Versteifung auf reformatorische Lehren, wenn Schniewind – wie wir häufig sahen – die Frage nach dem gnädigen Gott für das Ein und Alles des Lebens und der Theologie hält? Müßten nicht andere Probleme, wie z. B. die Frage »Gibt es überhaupt einen Gott?« oder »Wo ist Gott?«, an die erste Stelle gerückt werden? Ist die reformatorische Fragestellung nicht unmodern, überholt, durch neue Probleme abgelöst? Nein, Schniewind ist der Ansicht, daß hinter allen Sorgen und Fragen, die uns bewegen, die eine Hauptfrage steht, unveränderlich und immer neu aktuell: Wie bekomme ich einen gnädigen Gott? Es ist die Frage nach der Heilsgewißheit, die allein aus der »Unheilsgewißheit« herausführen kann – jene Frage, die der Pietismus wachgehalten hat, als sie in Orthodoxie und Rationalismus zu verstummen drohte. Warum ist Gott denn verborgen? »Weil wir uns vor ihm verbergen, weil wir uns von ihm abwenden. Wir aber nennen ihn das Schicksal oder behandeln ihn jedenfalls so, als wäre er das dunkle Schicksal, das wir mit feinem oder grobem, mit törichtem oder bösem Aberglauben zu bezwingen oder zu bestimmen vermöchten« (45 S. 23). »Die Bibel nennt das: eigene Weisheit, eigenen Ruhm, eigene Gerechtigkeit. Christus aber ist Gottes Weisheit, ist Gottes Gerechtigkeit« (45 S. 23). Damit wird in die Mitte des Themas vorgestoßen. Jesus spricht: »Selig sind, die nach Gerechtigkeit hungern und dürsten, denn sie sollen satt werden!« (Mt. 5, 6). Angesprochen werden Menschen, die nach Gott hungern und dürsten – angesichts der Ungerechtigkeit, die in der Welt herrscht. Sie verlangen danach, daß Gott eingreift und seine Gerechtigkeit offenbart. In Jesus Christus ist Gottes Gerechtigkeit gegenwärtig. Wer jedoch vor Gott weise und gerecht sein will, der bekommt kein Recht vor Gott. Gottes Gerechtigkeit kommt und ergreift von denen Besitz, die arm, schuldig und verworfen sind.

Wo jedoch die Gerechtigkeit Gottes wie eine Macht den Menschen ergreift, da beginnt – Schniewind betont das immer wieder – eine neue Existenz. Aber der tiefste Schade unseres Lebens liegt darin, daß das Wort, das alles Leben durchdringt und erneuert, bei uns nicht in Geltung steht. Darum lebt der Mensch außerhalb der »Gerechtigkeit Gottes« und fragt nach dem »gerechten Gott« von einem unmöglichen Standort aus. Schniewind weist darauf hin: »Es gäbe bei uns nicht die erstaunliche Laxheit gegenüber Lüge, Betrug, Verleumdung, wenn Jesu Worte bei uns in Geltung wären. Zur Zeit unserer Väter und Großväter kannte man bei uns noch das Wort Gottesfurcht. Die Furcht vor dem Gott, der Leib und Seele verderben kann in der Hölle, sie war unsern Großvätern, auch unsern Vätern noch ins Herz geprägt. Jesus hat dieses Wort von der Furcht Gottes seinen Jüngern ins Herz gesprochen (Mt. 10, 28), eben denselben Jüngern, denen er Gottes Gerechtigkeit zusprach« (45 S. 26). Daß Christus unsere Gerechtigkeit ist, bedeutet zuerst und vor allem, daß er mit dem Opfer seines Lebens für unser verlorenes und verwirktes Leben eintritt. Hier entscheidet sich alles. In der gnädigen Zuwendung Gottes wird seine Gerechtigkeit erkannt.

Aber spricht die neutestamentliche Botschaft dem Menschen nicht seine Würde ab, wenn sie ihn in seiner Verlorenheit, Schuld und Hoffnungslosigkeit trifft und entlarvt? Schniewind antwortet: »Es ist wahr: Diese Lehre nimmt dem Menschen seine ganze Überwertigkeit, daß er sich nämlich mit seiner eigenen Gerechtigkeit, Größe und Weisheit gegen Gottes Gerechtigkeit und Größe wehrt. Aber eben damit wird auch unser Minderwertigkeitsgefühl genommen. Unser Minderwertigkeitsgefühl stammt meist daher, daß wir sehr groß von uns denken und damit dann immer von neuem enttäuscht werden müssen. Es ist aus Tiefe und Art jedes Minderwertigkeitsgefühls zu erschließen, wie das betreffende Überwertigkeitsbewußtsein beschaffen ist ... « (45 S. 33 f.). Gerade diese Gedanken dienen der Klärung der Position jenes Menschen, der nach dem »gerechten Gott« aus seiner eigenen Machtvollkommenheit und Weisheit heraus fragt. Man könnte den Einwand erheben, daß diese Lehre das Denken und Handeln lähmt. Im Gegenteil: »Wo Gott sein Recht bekommt, da tut er denn selbst sein Werk, und wir Menschen sind, wie es Luther sagen kann, gleichsam seine Hände oder Röhren, durch die Gottes Gnade zu den andern fließt. Und das neue Werk, das Gott an uns und durch uns tun will, ist das, was wir im Vaterunser erbitten. Wir erbitten es gegen uns selbst! Wir bitten, daß Gott seinen Namen heiligt und zu Ehren bringt; daß nicht unser Name groß wird, sondern Gottes Name, und daß Gott all die Schande wegnimmt, die wir auf seinen Namen bringen ... « (45 S. 34). Also auch hier die Thematik »Rechtfertigung« und »Heiligung«.

Ist es schon bezeichnend, daß Schniewind neben die Rechtfertigung stets die Heiligung zu stellen pflegte, so wird die pietistische Tradition besonders deutlich in der Frage nach der Wiedergeburt. Wie erlangt der Mensch »neue Existenz«? Was ist das: »neue Existenz«? Stets hat Schniewind diese Fragen gestellt und sich auch hier ganz dem Neuen Testament und seinen Aussagen unterstellt. In einem Beitrag zu dem von Eberhard Müller herausgegebenen Band »Der Heiland« (1938) finden wir eine Erklärung Schniewinds zu Joh. 3, 1–8 unter dem Thema: »Von der Neugeburt – das Gespräch Jesu mit Nikodemus.« Nikodemus kam in der Nacht zu Jesus und trat in das Gespräch ein mit den Worten: »Meister, wir wissen ... « Diese ersten Worte nimmt Schniewind zum Anlaß einer ernsten Besinnung: »Sobald von Jesus die Rede ist, sagen wir: Wir wissen das alles schon. Wenn man als Feldprediger Neue Testamente verteilte, sagten die Leute wohl: Wir haben das alles schon als Kinder gelernt, aber vielleicht können wir noch einmal darin lesen. Gewiß würden wir das nicht so kraß sagen; aber denken wir nicht ähnlich? In Wahrheit bleiben wir allesamt vor Jesus die Nichtwissenden und Lernenden bis an unser Ende. Luther schrieb in den letzten Tagen seines Lebens: ›Die Heilige Schrift kann niemand verstehen, er habe denn tausend Jahre mit Christus und allen Aposteln der Kirche regiert. Wir sind Bettler, das ist wahr.‹ Wir aber denken leicht, ebenso wie Nikodemus, wir wüßten schon allerlei von Jesus. Vielleicht sagen wir Theologen, wie Nikodemus, der Theologe, daß große Wirkungen von Jesus ausgehen, Zeichen für seine Würde; oder wir meinen, wieder ganz wie Nikodemus, wir täten Jesus einen Gefallen damit, daß wir uns von Amts wegen mit ihm beschäftigen, uns zu ihm wenden, ihn anerkennen. Vielleicht denken wir alle ganz ähnlich. Von Jesus wird heute viel gesprochen. Viel Lästerung, manche Anerkennung. Aber auch Ehrfurcht und Anerkennung können eine Form der Ablehnung sein ... « (33 S. 95). Wer aber versteht es, daß in der Gegenwart Jesu nur dieses Eine akut ist: Neue Geburt, Wiedergeburt, Geburt aus Gott? Die Gottesherrschaft ist angebrochen, Gottes neue Welt hat sich niedergesenkt. In diese neue Welt aber gehören neue Menschen (33 S. 97). »Es sei denn, daß jemand von neuem geboren werde, so kann er das Reich Gottes nicht sehen« (Joh. 3, 3). Taufe und Wiedergeburt sind eng aufeinander bezogen (Joh. 3, 5).

Was Schniewind als Ausleger des Neuen Testaments zu diesem Thema »Taufe und Wiedergeburt« zu sagen hat, ist sehr eindrucksvoll in neun Thesen zusammengefaßt, die einem Referat zugrunde liegen, das am 20. September des Jahres 1938 in Hohegrete bei Au an der Sieg gehalten wurde.

Wir sehen also, daß Schniewind sich im Jahre 1938 besonders intensiv mit der Frage der »Wiedergeburt« befaßt hat. Die Thesen des Vortrags »Taufe und Wiedergeburt nach dem Neuen Testament« sollen wieder im vollen Wortlaut mitgeteilt werden:

THESEN: TAUFE UND WIEDERGEBURT

1. Wiedergeburt meint im strengsten Sinne eine »neue Existenz« und nicht eine Wandlung des menschlichen Ich als solche. Dies letztere ist in der ganzen außerbiblischen Welt als Wiedergeburt erstrebt und behauptet worden, doch wird dabei die Unausweichlichkeit und Einmaligkeit (Hebr. 9, 27) des Gerichts Gottes umgangen.
2. In Gottes neue Welt können nur neue Menschen eingehen (1. Kor. 15, 50 Mt. 11, 11; 22, 11 ff. Joh. 3, 3. 5. 6 1. Joh. 3, 2. 3 Mt. 5, 8). Denn wer Gott sieht, muß sterben (Ex. 34, 29 Jes. 6, 5. 7); diesem Urteil des ewigen Todes ist alles, was Adams Art trägt, verfallen (Rm. 3, 23. 20 Gal. 2, 16 Eph. 2, 3 Rm. 5, 12; 6, 6 Eph. 4, 22 1. Kor. 15, 49). – Daher heißt »Wiedergeburt« die Gestalt der Neuen Welt Gottes (Mt. 19, 28 vgl. Apc. Joh. 21, 5 Jes. 43, 18; 65, 17); sie ist in Christi Auferstehung (1. Pt. 1, 3) und Tod (Mk. 10, 45 vgl. Mk. 8, 36), ist im Gekreuzigten, Auferstandenen geschenkt (2. Kor. 5, 17 vgl. V. 14. 15).
3. Das Todesurteil ergeht über alle ohne Ausnahme in der Taufe Johannes des Täufers. Johannes' Taufe bedeutet ein Todesurteil (Mk. 10, 28 Lk. 12, 50 vgl. Rm. 6, 3). Es gilt dem ganzen Israel, den Frommen zumal (Mt. 3, 7–9 Lk. 7, 29. 30) ebenso wie den Heiden (Mt. 3, 9 Lk. 3, 14). Johannes' Taufe ist aber zugleich Versiegelung auf den Kommenden hin, der die Vergebung bringt (Mk. 1, 4) und mit dem Heiligen Geist tauft (Mk. 1, 8). Der »Kommende« heißt der Menschensohn von Dan. 7, und Geistestaufe bedeutet die neue Existenz in der Gegenwart Gottes, die von den Propheten (Ez. 36 Joel 3 u. a.) für die letzte Zeit verheißen ist.
4. Jesus nimmt, da er den Bußruf des Täufers aufnimmt (Mt. 4, 17 Mk. 11, 30 ff. Mt. 5 Lk. 15 u. a.), die Verkündigung der Wiedergeburt auf. Worte wie Mt. 11, 11 (s. o.); Mk. 8, 34–37; 9, 43–48 Mt. 6, 3 Lk. 14, 26 sagen das gleiche wie Joh. 3, 3. 5. Ebenso Mt. 18, 3 Mk. 10, 15 einerseits, Lk. 9, 60; 15, 24. 32 andererseits. Alle diese Worte hängen an Tod, Auferstehung, Wiederkunft Jesu und an seiner Sohneswürde: Er spricht die neue Existenz, das ewige Leben (Mk. 10, 30 Joh. 3, 15 f.; 5, 24; 6, 63), denen zu, die Ohren haben, zu hören (Mt. 5, 3–10 Lk. 7, 47–50).
5. Die neue Existenz ist der Gekreuzigte, Auferstandene selbst, als der

THESEN: TAUFE UND WIEDERGEBURT

andere Adam (Rm. 5, 12 ff. 1. Kor. 15, 44 ff.), der neue Mensch (Eph. 4, 22–44 vgl. 2, 15; 4, 13), der Sohn Gottes (1. Joh. 5, 18), als König und Haupt, »in« den die Seinen eingeschlossen sind, als das neue Ich der Seinen (Gal. 2, 20), als der, der das ewige Leben, die Auferstehung, der Geist, der Friede in Person ist. Die Wiedergeburt bedeutet: »mit« Christus gekreuzigt und auferstanden sein (Rm. 6, 4–8 Kol. 2, 12–13; 3, 3. 4 Eph. 4, 17 – 6, 20 Eph. 2, 5–7). Das »mit Chrisus sein«, die Hoffnung der zukünftigen Welt (1. Thess. 4, 17 Phil. 1, 23), wird jetzt schon den Seinen zugesprochen (Rm. 5, 17 Kol. 1, 5 ff.; 1, 25. 26; 3, 16; 4, 3 Eph. 1, 13; 2, 17; 3, 1 ff.; 4, 11; 5, 12; 5, 19 f.; 6, 15. 17. 19). »In ihm« sind wir »neue Kreatur« (2. Kor. 5, 17 Gal. 6, 15 vgl. 5, 6 1. Kor. 7, 19). Unsere Existenzweise hier im Fleisch (Gal. 2, 20 2. Kor. 5, 6 f.) und Äon trägt darum die Zeichen der zukünftigen Welt (Rm. 6. 4; 12, 2 Eph. 4–6 Kol. 2–4).

6. Demgemäß ist das Wort selbst die Wiedergeburt (1. Pt. 1, 23 Jk. 1, 18 Gal. 4, 19 Phm. 10 1. Kor. 4, 15 Mt. 13); denn das Wort ist »Wort des Lebens«. Dies Wort ist im strengsten Sinn Schöpfungswort des lebendigen Gottes (Jk. 1, 18) und Gegenwart des erhöhten Christus. Das Gezeugtwerden aus Gott im 1. Johannes-Brief ist, im schroffen Gegensatz zu der Behauptung der Verführer, gänzlich auf Christus (2, 29; 3, 9; 3, 8; 4, 7; 5, 1. 18), sein Wort (3, 9; 2, 14) und sein Gebot bezogen.

7. Dies Wort ist einmalig den einzelnen zugesprochen in der Taufe. Taufe ist »sichtbares Wort« (Mt. 28, 18–20 Mk. 16, 15 f. Rm. 6, 1–11 Eph 5 1. Kor. 6; 1, 17 ff. Rm. 10, 8). Darum ist die Taufe die Wiedergeburt (Joh. 3, 1–16 Tit. 3 Rm. 6 Kol. 3, 1–4; 2, 11–12 Gal. 3, 27 1. Pt. 3, 18–22) und die Beschenkung mit dem Heiligen Geist (Tit. 3, 4–7 Joh. 3, 5).

8. Das Wort wird immer neu zugesprochen, ist Leben, Seligkeit und Kraft der Gemeinde (Rm. 1, 16 1. Kor. 1, 18 Kol. 3, 16 u. v. a.). Im Wort wird Gottes einmal gefälltes Todesurteil und Lebensurteil immer neu vollzogen; vgl. die Tatsächlichkeit der Paraklese in Rm. 6 1. Thess. 4 Kol. 3 Eph. 4–6 und besonders Rm. 6, 6. 11; 8, 29 Eph. 4, 22 Kol. 3, 9 1. Pt. 2, 2 vgl. 1, 3. 23 Jk. 1, 21 vgl. 1, 28.

9. Unsere Polemik (gegen 7) ist richtig, wenn wir, wie Paulus (1. Kor. 1, 17; 10, 1 ff.), die freche Sicherheit bekämpfen, die in den Sakramenten (vgl. 1. Kor. 11, 20 ff.) nicht mehr Gottes Ruf und Stimme vernimmt; ist falsch, wenn Gottes Tat durch das Tun des Menschen ersetzt wird. Schwierigkeiten unserer Praxis werden sich vielleicht in der fortschreitenden Ethnisierung von selbst heben; Einsprüche unserer Praxis gegen

das Zeugnis des Neuen Testaments vergessen leicht die Mannigfaltigkeit dieses Zeugnisses (vgl. Apostelgeschichte). — — —

Es wurde darauf hingewiesen, daß das Thema »Wiedergeburt« in besonderer Weise im Pietismus lebendig war. Schniewind wußte es, er hat es immer wieder betont. Aber vermochten die pietistischen Kreise die herbe und harte Botschaft aufzunehmen, die ihnen zugemutet wurde? War man bereit, die »Einsprüche unserer Praxis« (These 9) angesichts der neutestamentlichen und reformatorischen Botschaft einer umfassenden Prüfung zu unterwerfen? Es gab scharfe Auseinandersetzungen. Im Anschluß an das Referat in Hohegrete stieß Schniewind mit dem im Bergischen Land hochgeehrten und geliebten Wuppertaler Pastor Paul Humburg, dem Präses der Rheinischen Bekenntnissynode, zusammen. An entscheidender Stelle zeigte sich ein unüberbrückbarer Unterschied zwischen dem zäh behaupteten pietistischen Erbe und der neutestamentlich-reformatorischen Verkündigung. Die »Wandlung des menschlichen Ich als solche« (These I) suchte ihr Recht zu behaupten. Und wie stark auch diese »Wandlung« sich »in Christus« zu verwurzeln bestrebt war, sie wollte sich durchsetzen. Demgegenüber stand die Theologie des »extra nos« in ihrer befreienden, auf die Rechtfertigung gegründeten Kraft und Vollmacht. Als Pietist war Schniewind einer der schärfsten Kritiker des Pietismus.

*Dreizehntes Kapitel*

## Entmythologisierung?

Als Band 7 der »Beiträge zur Evangelischen Theologie«, herausgegeben von E. Wolf, erschien im Jahre 1941 eine Schrift unter dem Titel »Offenbarung und Heilsgeschehen«. R. Bultmann legte zwei Aufsätze vor »Die Frage der natürlichen Theologie« und »Neues Testament und Mythologie«. In der sich alsbald anschließenden heftigen Diskussion hat die zweite Abhandlung »Neues Testament und Mythologie« mit ihren Anleitungen zur »Entmythologisierung« die bekannte Bedeutung erlangt. – Im Sommer des Jahres 1943 fand in Halle ein denkwürdiges Gespräch statt. Rudolf Bultmann, Friedrich Karl Schumann und Julius Schniewind führten eine Disputation über das an die Grundfragen der neutestamentlichen Exegese rührende Problem. – Teilnehmer war u. a. auch G. v. Rad. Ich erinnere mich, daß Schniewind in diesem wissenschaftlichen Gespräch gelegentlich mit ungewöhnlicher Schärfe reagierte. Wenn von »Geschichte« und »Geschichtlichkeit« die Rede war und Bultmann die existentiale Interpretation erläuterte, konnte er plötzlich hochfahren und ausrufen: »Das ist krasser Dualismus!« »Das ist Gnosis!« Schon in dieser Disputation formulierte Schniewind einige Thesen, die später in seinem größeren Aufsatz »Antwort an Rudolf Bultmann« (1944) publiziert wurden. Vor allem die Thesen II A und VI A fanden eine erste Ausprägung. In den Kollegs aber wurde in der Auseinandersetzung mit Bultmann mit besonderer Ausführlichkeit die Geschichtswirklichkeit des Neuen Testaments behandelt (These VI B).

Es kann selbstverständlich nicht die Aufgabe der Darstellung dieses Kapitels sein, die Debatte um die Entmythologisierung in extenso zu referieren. Wir müssen uns darauf beschränken, die Eigenart des Beitrages Schniewinds zu charakterisieren und seine Hauptthesen aus dem Ganzen seines theologischen Denkens zu verstehen. – Der Aufsatz »Antwort an Rudolf Bultmann« ist am 27. Oktober 1943 abgeschlossen worden; er wurde unmittelbar nach der vor einem kleinen Kreis in Halle durchgeführten Disputation begonnen. Bezeichnend ist zunächst, daß der Beitrag als eine »Antwort« verstanden wird. Schniewind sieht in Bultmanns Abhandlung eine Frage an die neutestamentliche Wissenschaft, auf die zu reagieren und zu antworten sich niemand entziehen kann. So geht die These I zunächst mit einer sehr deutlichen Zustimmung auf das Grundanliegen der »Entmythologisierung« ein; denn Bultmanns Aufsatz behandelt eine Frage, »deren Ernst kein Prediger verkennen kann« (37 S. 85). Entrüstete Ablehnung war überall laut geworden. Man hatte Bultmann vorgeworfen, er leugne alle »Heilstaten« des Neuen Testaments. Doch Schniewind hält ein, schließt sich dieser Polemik nicht an, sondern weist mit Nachdruck darauf hin, daß der Marburger Neutestamentler die ihm zum Vorwurf gemachte Auflösung des Kerygmas eben nicht will, daß er sich vielmehr vom alten Liberalismus klar distanziert und um das »Ereignis« der Offenbarung weiß; es geht ihm um die Einmaligkeit der Tat, um das »entscheidende Handeln Gottes in Christo«. Die Bemühung um eine »Entmythologisierung« aber teilt Bultmann mit jedem Prediger; ist es doch die Aufgabe jeder rechten Predigt, »daß die Sprache des Neuen Testaments in die unsere, damit seine Denkformen, seine Bilder in unsere Bildhaftigkeit umzusetzen sind« (37 S. 85). Nicht nur auf das Neue Testament, auf die ganze Bibel erstreckt sich ja doch diese Aufgabe. Wer würde z. B. vom »Adam« als von einer »historischen Persönlichkeit« sprechen können?! Was geht es den heutigen Menschen an, was ein »Urmensch« beim Sündenfall verschuldete?! »Von Adam sprechen heißt von der Schuldverfallenheit, Schuldverbundenheit der ganzen Menschheit sprechen, von der abalienatio a Deo, in der wir uns alle vor und in jeder Einzelschuld vorfinden« (37 S. 86). Schniewind wendet sich dann u. a. gegen die mythologische Redeweise, mit der am Himmelfahrtsfest die Thronbesteigung Christi ausgemalt wird, und zitiert Luthers ironischen Ausspruch über »den gauckelhymel, darynn ein gülden stuel stehe und Christus neben dem vater sitze ynn einer kor kappen und gülden krone, gleich wie die maler malen« (W. A. XXIII S. 131). Es muß also die Aufgabe jeder Predigt sein, das Wort in die jeweilige Situation hinein so zu sagen, daß es vernommen und verstanden werden kann. Dieser Bemühung kann sich kein Prediger entziehen. – Es ist charakteristisch, daß Schniewind unmittelbar von der Praxis der Verkündigung spricht und damit den Ernst und das Gewicht der Fragestellung und Bestrebung Bultmanns unterstreicht.

Aber wie steht es mit der »Mythologie« im Neuen Testament? Bultmann bezeichnet als »mythologisch« die Vorstellungsweise, »in der das Unweltliche, Göttliche als Weltliches, Menschliches, das Jenseitige als Diesseitiges erscheint«. Ist diese Definition sachgemäß? Schniewind schlägt eine Vereinfachung vor; er will die Begriffe »das Unweltliche«, »das Göttliche«, »das Jenseitige« meiden, weil sie der neutestamentlichen Verkündigung nicht gemäß sind. »Das Göttliche« erinnert an das hellenistisch-pantheistische τὸ θεῖον. »Das Jenseitige« ist eine überall übliche

Bezeichnung für die »unsichtbare Welt«, für das Transzendente. Die Begriffe, die Bultmann benutzt, stehen in einer nicht zu übersehenden Spannung zur neutestamentlichen Botschaft; sie sind darum auf jeden Fall zu vermeiden. – Wir erinnern uns in diesem Zusammenhang an die scharfe Polemik, mit der Schniewind in seiner Lehre vom »lebendigen Gott« (sechstes Kapitel) jede allgemeine Gottesvorstellung abwies. – So wäre eine adäquate Definition erforderlich. Vorgeschlagen wird die vereinfachte These: »Mythologisch nennen wir eine Vorstellungsweise, in der das Unanschauliche als anschaulich erscheint« (37 S. 87). Im Blick auf 2. Kor. 4, 18 und 1. Tim. 6, 16 könnte diese Formulierung getroffen werden. Aber sofort stellt sich die Frage ein, ob wir Menschen je dem in dieser Weise definierten Mythos entgehen können. »Wir können von den invisibilia immer nur so reden, als wären sie visibilia« (37 S. 87). Auch Plato greift nach mythologischen Bildern, wenn er die Erscheinung der ewigen Ideen veranschaulichen will. Wer aber könnte eine »Entmythologisierung Platos« durchführen?! So spitzt sich alles in einer unerhörten Weise zu: »Das Bestreben, dem stets verfeinerten Mythologisieren unseres Denkens zu entgehen, liefert uns entweder dem Nihil aus oder aber der legitimen Frage danach, ob und wo das Unsichtbare sichtbar geworden ist« (37 S. 87). Das urchristliche Kerygma lautet: »Gott ist Jesus« (Kol. 1, 15 Joh. 14, 9). Dieses Bekenntnis wird von Bultmann zwar grundsätzlich bejaht, doch sind es die Einzelausführungen, mit denen Schniewind sich in den folgenden Thesen auseinandersetzt.

Wir wenden uns der These II B zu: »Das christliche Bekenntnis gilt dem Menschen schlechthin (nicht nur dem modernen Menschen) als Mythos. Auch jedes ernsthafte Reden von Gottes Tun (›Entscheidung‹) und von der Sünde (aversio a Deo) muß ihm als Mythos erscheinen. – Diese Sätze, von Bultmann grundsätzlich bejaht, werden von ihm jedoch nicht in ganzer Schärfe durchgeführt« (37 S. 91). Die »grundsätzliche Bejahung« findet ihren Ausdruck darin, daß Bultmann das Skandalon »Das Wort ward Fleisch« (Joh. 1, 14) grundsätzlich betont. Aber Schniewind bemängelt, daß dieses ärgerliche Faktum »zurückgestellt« wird, d. h., daß es nicht in den Einzelausführungen zur Geltung kommt, sondern erst am Schluß wieder aufgenommen wird. Nirgendwo kann man doch diesem Skandalon ausweichen. Wird diese Tatsache aber bedacht, dann muß alles, was Bultmann vorträgt, schärfer gefaßt werden. Kann denn wirklich im Anschluß an die Existenzphilosophie nur von der »Verfallenheit des Menschen« gesprochen werden? Muß nicht vielmehr – dem biblischen Zeugnis entsprechend – von der aversio a Deo, der Empörung gegen Gott, und von der Abwendung Gottes im Zorn die Rede sein? »Dies aber erscheint jenseits von Christus, jenseits der Bibel jedem Menschen als ein verächtlicher Mythos« (37 S. 92). So fragt es sich denn: Ist der Begriff der Sünde ein mythologischer Begriff oder nicht? Schniewind bejaht diese Frage in dem Sinn: Jedem Menschen muß die biblische Botschaft, durch die die menschliche Empörung und der Zorn Gottes enthüllt wird, als »Mythos« erscheinen. Damit aber werden weitere Fragen ausgelöst, die in der These III zur Sprache kommen.

»Im Gespräch mit der radikalen Philosophie wird von Bultmann die Sündenvergebung als Befreiung des Menschen von sich selbst, d. h. von seiner Vergangenheit, der Glaube als Offenheit für die Zukunft beschrieben. Diese Definitionen lassen die qualitativen Bestimmungen für Vergangenheit und Zukunft vermissen, die Bestimmung der Sündenvergebung aber als Freiheit zum Gehorsam läßt die Frage offen, ob die Theonomie des biblischen Denkens und der articulus stantis et cadentis ecclesiae zu ihrem vollen Recht kommen« (37 S. 93). Bultmann konnte erklären, daß die Rede von der Sünde nicht mehr als mythologisch erscheint, wenn dem Menschen Gottes Liebe begegnet, »die ihn als den gelten läßt, der er nicht ist, und das heißt: die ihn von sich selbst, so wie er ist, befreit«. Ebendarin soll der Sinn des Christusgeschehens zu erkennen sein. Doch Schniewind ist der Meinung, daß diese ernsten und schönen Sätze dennoch Wesentliches vermissen lassen. Wie soll denn die Befreiung des Menschen von sich selbst qualitativ zu verstehen sein? Wer ist denn das »neue Ich«? Auch die Religionen wissen von dieser Wandlung der Existenz zu sprechen. Schniewind wendet sich gegen die phänomenologische Umschreibung dessen, was »Sünde« und »Vergebung« ist. Auch die »Freiheit von sich selbst« ist im Neuen Testament doch etwas ganz anderes als eine bloße Bestimmtheit der Existenz, sie ist die »facultas standi extra se coram Deo«, die Befreiung vom Fluch der Anklage, vom Sklavendienst des Gesetzes, von der Gebundenheit in die Gottferne hinein (37 S. 93). Diese Befreiung vom ego muß streng eschatologisch gedacht werden. Bei Bultmann fehlt der reformatorische Vollklang und die qualitative Bestimmung der Begriffe »Sünde«, »Vergebung«, »Freiheit«. Vor allem wird das Entscheidende vermißt, daß Vergebung προσαγωγὴ πρὸς τὸν θεόν (Rm. 5, 2) ist. Gewiß, Bultmann nimmt die gewaltige Botschaft des Neuen Testaments auf (1. Joh. 4, 10; 4, 19 Rm. 8, 32 Joh. 3, 16 Gal. 1, 4; 2, 19 f.). »Aber müßte nicht, wenn wir dies Bekenntnis des Neuen Testaments nachsprechen, die gesamte Erörterung umgekehrt werden? Weil und sofern wir von Gott geliebt werden, sind wir auch von unserer Vergangenheit frei und für Gottes Zukunft offen« (26 S. 94). Von hieraus müßten dann qualitativ bestimmte Aussagen über die Vergangenheit und Zukunft gemacht werden; denn nur von Christus her kann richtig bestimmt werden, was Vergangenheit und Zukunft ist: ». . . die getilgte Vergangenheit der Auflehnung gegen Gott, die geöffnete Zukunft des Neuen Äons Gottes« (37 S. 94). Bei Bultmann aber erscheint die Sündenvergebung in ihrem Wesen gefährdet durch die anthropologisch-phänomenologisch orientierte Erklärung. Das betrifft auch die »Freiheit zum Gehorsam«, von der er spricht. »Was eschatologische Existenz, was Erneuerung des Menschen heißt, wird nur von Gottes Offenbarung in Christus her richtig bestimmt. Es ist nicht so, daß wir es von uns her schon wüßten oder erstrebten . . .« (37 S. 95). So stellt sich die Frage ein, ob man gegen Bultmann den Vorwurf erheben muß, daß bei ihm die Theologie durch die Anthropologie überflügelt worden ist (37 S. 97). Ist es wirklich ratsam oder auch nur möglich, die Fragestellung der radikalen Philosophie so weit aufzunehmen, daß Begriffe wie »Ich«, »Zeit«, »Schuld« und »Gehorsam« zunächst von dorther bestimmt werden? »Dann bedeutet der Gott der christlichen Offenbarung nur die Lösung für Fragen, die atheistisch gemeint waren. Aber die Fragen sind in sich gestellt. Sie sind (so darf man es doch wohl formulieren) anthroponom, nicht theonom gestellt« (37 S. 97). In diesem Zitat finden wir alles das wieder, was Schniewind zu den Grundlagen theologischen Forschens und Denkens unablässig ausgeführt hat (vgl. das dritte Kapitel).

Die Thesen IV A und B gehen ins Zentrum, sie setzen sich mit Bultmanns Ausführungen zum »Christusgeschehen« auseinander. Zunächst sei die These IV A wiedergegeben: »In der Entfaltung des Christusgeschehens interpretiert Bultmann die ›objektivierenden‹ Vorstellungen des Neuen Testaments vom Kreuz als mythologisierenden Ausdruck für die Tatsache, daß der Glaubende von der Sünde freigesprochen ist. Die Bedeutung des Kreuzes wird auf das Mit-Christus-gekreuzigt-Sein reduziert; dies wird als ›Kreuzigen der Leidenschaften‹ und ›Überwindung der Leidensscheu‹ definiert. – Demgegenüber ist abermals die Frage nach dem reformatorischen Grundartikel zu stellen. Sie wird dadurch verschärft, daß das Grundanliegen des neutestamentlichen (und reformatorischen) Kreuzeslogos bei Bultmann nicht erkennbar wird: die Gottverlassenheit des Christus; die intercessio und die Herrenstellung des Erhöhten als des Gekreuzigten. An diesem Kreuzeslogos fehlen alle mythologischen Züge, er ist vielmehr Ausdruck für die personale Beziehung der Christen zu Christus« (37 S. 98). In der Entfaltung dieser wichtigen These stellt

Schniewind vor allem die Frage, ob denn die Opfervorstellungen als solche tatsächlich – wie Bultmann meint – als »mythologisch« zu bezeichnen sind. »Daß unser Leben vor Gott verwirkt ist und er selbst ein anderes Leben für das verwirkte eintreten läßt, das ist doch keine Mythologie« (37 S. 99). Es wird darauf aufmerksam gemacht, daß es doch auch in unserem Sprachgebrauch durchaus nicht verwerflich ist, wenn z. B. von dem »Opfer der Mutter« gesprochen wird: ein Leben opfert sich, gibt sich dahin für das Leben eines anderen. Ist das eine mythologische Redeweise? Das Neue Testament aber bezeugt, daß Christus in unsere Gottesferne ging, obschon er selbst Gottes Sohn ist (vgl. Rm. 8, 3 Gal. 3, 13 2. Kor. 5, 21). Der Kreuzeslogos ist im Neuen Testament »völlig unmythologisch«. Und die Verkündigung des Auferstandenen ist unabtrennbar eins mit dem Kerygma vom Gekreuzigten. Der Gekreuzigte tritt als der Erhöhte für uns ein (Rm. 8, 34 1. Joh. 2, 1 Hebr. 7, 25). Schon Calvin hat sich in der Erklärung von Joh. 16, 26 dagegen verwahrt, daß man sich die intercessio Christi vor dem Vater anschaulich vorstellen dürfe. Das Neue Testament gibt keine Andeutung, die zu einer Ausmalung führen könnte. »Ganz unmythologisch wird auch von der Herrenstellung des Erhöhten gesprochen« (37 S. 101). Er gab sein Leben dahin, um unser dem Gericht und dem Fluch verfallenes Leben aus den Banden der Sünde, des Todes und des Teufels zu lösen; und nun ist unser Leben sein eigen. Diese den Kreuzeslogos und die Auferstehungsbotschaft bestimmende personale Beziehung steht fern aller mythologischen Anschaulichkeit.

Aber die Fragen Bultmanns reichen noch tiefer. In der These IV B erklärt Schniewind: »Bultmann hebt die ›geschichtliche Bedeutsamkeit‹ des Kreuzes stark hervor. Damit ist aber nicht die geschichtliche Einmaligkeit der Offenbarung Gottes gemeint, sondern die Geschichtlichkeit als Gestalt menschlichen Lebensvollzuges« (37 S. 103). Im Gegensatz zu der Rede von der »geschichtlichen Bedeutsamkeit« des Kreuzes betont Schniewind die geschichtliche Einmaligkeit Jesu. Er weist auf die apostolische Botschaft hin: »Für Paulus liegt alles daran, daß Jesus unsere σάρξ trägt und in ihr die uns von Gott trennenden Mächte überwindet (Rm. 8, 3 Kol. 1, 16 Eph. 2, 14 auch Rm. 1, 3)« (37 S. 104). Das Johannesevangelium zeigt deutlich, warum man die Evangelien schrieb: im Gegensatz zur Gnosis, die nur den Christus kennen will; demgegenüber wird der irdische Jesus als Träger der δόξα verkündet. Das Urbekenntnis der ersten Gemeinden lautet: κύριος Ἰησοῦς: Der am Fluchholz Getötete ist dennoch der Messias. »Das Skandalon ist immer die Person Jesu als solche, ihre Einmaligkeit, ihre Niedrigkeit« (37 S. 105).

Wir halten an dieser Stelle inne, um die Entgegnung Bultmanns zu den Themen IV A und B aufzunehmen. In einem Aufsatz »Zu J. Schniewinds Thesen, das Problem der Entmythologisierung betreffend« liegt die Stellungnahme zu der Kritik Schniewinds vor. Bultmann beharrt auf seiner These, daß die Opfervorstellung, der Gedanke der Sühne und die Fürbitte des Erhöhten (auch wenn diese Fürbitte im Neuen Testament nicht ausgemalt wird) als »mythologisch« anzusprechen sind. Zu der von Schniewind so stark herausgestellten »personalen Beziehung« des Christen zum Kreuzeslogos schreibt er: »Ich muß nun gestehen – und vielleicht zeigt das unsere Differenz am klarsten –, daß ich die Rede von der personalen Beziehung zu Christus auch für mythologisch halte . . .« (37 S. 141). – Zu These IV B wird alsdann eine bedeutsame Richtigstellung von Bultmann herbeigeführt. Er schreibt: »Würde ich von einer Beziehung des Glaubens auf das historische Kreuz als auf ein Ereignis der Vergangenheit absehen, so würde ich allerdings das Bekenntnis und Kerygma des Neuen Testaments preisgeben. Das ist aber jedenfalls nicht meine Absicht. Es handelt sich für mich um die geschichtliche Bedeutsamkeit des einmaligen historischen Ereignisses, vermöge deren es, obwohl einmaliges historisches Ereignis, gleichwohl das eschatologische Ereignis ist. Nach dem Neuen Testament ist es doch so, daß das historische Ereignis als das eschatologische Ereignis gilt; und es liegt uns Theologen alles daran, ob dieses ein mythologischer Satz ist oder ob er der (existentialen) Interpretation fähig ist« (37 S. 142). Daß Schniewind trotz dieser Klarstellung nicht zustimmen kann, zeigen seine Thesen V und VI, in denen die Probleme »Geschichte und Eschatologie« erörtert und in einer anderen Weise, als es bei Bultmann geschieht, verstanden werden. – Wir müssen die Frage hier auf sich beruhen lassen, ob es nicht erforderlich gewesen wäre, schon im Ansatz eine deutlichere Zurückweisung des Mythos-Begriffes Bultmanns vorzunehmen. Schniewind hat sich doch wohl zu stark auf die eigenartige Bestimmung des Mythologischen eingelassen und damit der Kritik Bultmanns viele Angriffsflächen geboten.

Folgen wir Schniewind in seiner These V! Diese These wendet sich den Ausführungen Bultmanns zum Kerygma von der Auferstehung zu und muß als ein wichtiger und hilfreicher Beitrag angesprochen werden. Dies ist die These: »Die Bedeutung der Auferstehung wird von Bultmann richtig abgehoben von der eines ›beglaubigten Mirakels‹; denn die Auferstehung ist selbst Gegenstand des Glaubens, ist eschatologisches Ereignis, im Wort der Verkündigung gegenwärtig. Die Erstmaligkeit des Osterglaubens der Jünger wird als das Osterereignis gewürdigt. – Fraglich bleibt, ob die Einmaligkeit dieses Ereignisses (1. Kor. 15) und ob die Beziehung des Osterglaubens auf die Einmaligkeit Jesu zu ihrem Recht kommt« (37 S. 106). Die Hauptfrage ist hier die: Wie hängt der Osterglaube am Osterereignis? Bultmann erklärt: »Als historisches Ereignis ist nur der Osterglaube der ersten Jünger faßbar.« Schniewind stimmt zu. Aber wie wird dieser »Osterglaube« zu verstehen sein? Die Pfingstgeschichte (Act. 2, 13) und das Urteil des Festus (Act. 26, 24) lassen erkennen, daß die Jünger als »phantastische Visionäre« angesehen werden. Auf der anderen Seite wird in allen Osterberichten von ihrem Zweifel erzählt. Das neutestamentliche Osterzeugnis weiß also um seine eigene Paradoxie, und Bultmann hat völlig recht, wenn er zu der Erklärung gelangt: Das Kerygma von Ostern steht auf dem Selbsterweis, es gibt kein Beglaubigendes vorher und nachher. Schniewind teilt die Klarheit der Deutung, die jede securitas eines historischen Beweises verbannt; aber er bringt eine Gegenfrage vor – und »diese Frage bedeutet freilich alles« (37 S. 107). Es ist die Frage nach der Einmaligkeit des Osterereignisses. Kann die Bedeutsamkeit des Geschehens – analog zu dem Mit-Christus-gekreuzigt-Sein nur darin bestehen, daß von einem »Mit-Auferstehen« gesprochen wird? Unausweichlich ist doch die Entscheidung: Ist der »Osterglaube der Jünger« Illusion oder bezieht er sich auf eine Tatsache? Schniewind setzt an die Stelle des Begriffs »Osterglaube« das Wort »Osterzeugnis«; denn nach neutestamentlichem Grundverstehen weiß der Glaube nichts von sich selbst zu sagen (Rm. 4, 5 Mk. 9, 24). Die Berichte von den Ostererscheinungen entsprechen diesem Faktum: »Der Glaube der Jünger ist der ›ungläubige Glaube‹ (Bultmann zu Mk. 9, 24), der aus Furcht und Zweifel heraus Freude und Botschaft wird« (37 S. 108). Nicht die menschliche Haltung des »Glaubens«, sondern das »Zeugnis« in seiner Vollmacht ist das Ziel der Osterberichte: »Wirklich, einmal hat sich dies alles ereignet, daß Menschen den Messias, den Gestorbenen und Begrabenen, als den Auferstandenen schauten!« (37 S. 108). In der Vollmacht des Zeugnisses liegt die einzigartige Würde der Apostel beschlossen. Schniewind erinnert an Martin Kähler, der die Einmaligkeit der qualifizierten Augenzeugenschaft und die »kirchengründende Predigt« stark hervorhob. Sieht Bultmann von der Einmaligkeit dieses Geschehens ab, versteht er alles nur von der geschichtlich-personalen Existenz her, werden dann die Ereignisse als solche nicht zu bloßen Symbolen oder Anregern (37 S. 110)?

Doch in These VI A wird nun das Problem »Geschichte und Eschatologie« aufgenommen, das in allen Erörterungen schon gegenwärtig war: »Die Frage nach Bultmanns Kategorien betrifft zunächst die Begriffe

Eschatologie-Entweltlichung und Geschichte-Ereignischarakter des menschlichen Seins. Im Gespräch mit Thielicke betont Bultmann die dauernde Bezogenheit christlichen Selbstverständnisses auf das Christusereignis. Doch wird die eschatologische Art dieses Ereignisses bei Bultmann mit Zeitlosigkeit verwechselt; und die Notwendigkeit des Bezogenseins (pro me) wird unter der Hand zur Leugnung des historischen Charakters dieses eschatologischen Ereignisses« (37 S. 111). Man kann sagen, daß die mit These VI eröffneten kritischen Ausführungen zu Bultmanns Zeit- und Geschichtsverständnis den eigentlichen Kulminationspunkt in der Auseinandersetzung bilden. Doch herrschen, wie die Entgegnung Bultmanns zu erkennen gibt, offenbar Mißverständnisse im Terminologischen. Die Auffassungen von dem »Historischen« und »Geschichtlichen« weichen stark voneinander ab. Das liegt nicht zuletzt daran, daß Schniewind in seiner Auffassung von »Geschichte« entscheidend vom Alten Testament her geprägt ist, während Bultmann fortgesetzt von den Kategorien der Existentialphilosophie ausgeht. Die Kluft, die sich auftut, ist kaum zu überbrücken. Gegen die Thesen zur Entmythologisierung wird der Vorwurf von Schniewind erhoben, daß Kreuz und Auferstehung nur noch »signa der Entweltlichung« sind. Das ganze Ereignis wird transponiert in die zeitlose Sphäre einer existentialen Bedeutsamkeit. Doch Christus ist tatsächlich — das bezeugen alle Verkündigungen des Neuen Testaments — in das Schema unserer Zeit, in die Geschichte, in die Gottferne des Menschen eingegangen. In der erwähnten Disputation des Sommers 1943 hatte Schniewind von der »Gnosis« Bultmanns gesprochen; sein Wille zum Verstehen führt zur gnostischen Entleerung der Geschichte, und seine Berufung auf Joh. 1, 14 signalisiert nur von ferne das historische Ereignis der Geschichtswirklichkeit der Eschata. Darum bleibt zu fragen, ob Bultmanns Flucht vor dem Historischen als einem Vergangenen zu Recht besteht (These VI B). Schniewind warnt davor, das »Präsente« des Christusgeschehens mit dem »Eschatologischen« gleichzusetzen und das »Eschatologische« dann in Zeitlosigkeit der Bedeutsamkeit aufzulösen. Vielmehr fragt die biblische Eschatologie nach dem τέλος, dem Sinn und Ziel dieses Zeitverlaufs, aber nicht nach ewiger Gegenwart (S. 37 S. 116).

Unter der These VI B sieht Schniewind sich genötigt, die Grundsatzfrage nach dem Verhältnis des Geschichtlichen zum Historischen aufzuwerfen. Er schließt sich einer Unterscheidungsweise an, die in der Theologie seit langem erarbeitet worden ist: »Geschichte meint die Begegnung von Personen im Miteinander, in Entscheidung, Entschluß und Tat; Historie meint die kausale Verflechtung menschlichen Geschehens. Dieser historischen Verflechtung geht die Wissenschaft nach« (37 S. 117). Die historische Forschung sucht das objektiv Feststellbare zu ermitteln, während die geschichtliche Begegnung jeweils mein Ich befragt. Gegen Bultmann wird eingewandt: »Es ist unmöglich, von der Historie zur Geschichte zu flüchten: das nur durch Historie zu Begreifende als mir nicht Präsentes zu verneinen, das Geschichtliche als stets Gegenwärtiges zu bejahen. Die Relativität, die allem Historischen anhaftet, kann niemals vermieden werden« (37 S. 118). Wenn wir in Relationen von Person zu Person stehen, so sind wir doch zugleich in die Relativität der Jeweiligkeit hineingestellt. In bezug auf das Heilsereignis des Neuen Testaments erreicht das alles erst seine volle Paradoxie: »Es geht ja um den historischen Menschen Jesus, der in der Bedingtheit aller Historie steht, wo μαρτυρία immer ›Augenzeugenschaft‹ bedeutet, die absolute μαρτυρία Gottes unterliegt also der Relativität aller menschlichen μαρτυρία, sie läßt sich bezweifeln und verspotten: diese μάρτυρες könnten ψευδομάρτυρες sein ... « (37 S. 119). So liegt denn das Skandalon beständig darin, daß jener Mensch, der der historischen Forschung mit ihren Zweifeln und Analogieschlüssen ausgeliefert ist, dennoch die einmalige Epiphanie Gottes ist. Schniewind kann sogar behaupten, »daß sorgfältige historische Forschung den Spuren dieser Epiphanie begegnen muß; daß, wo deren Spuren verschwinden, auch die historische Arbeit nicht stimmt« (37 S. 119).

Zuletzt aber wird in der These VII noch einmal — wie in These I — betont, daß die von Bultmann an uns gerichtete Frage bestehenbleibt als die Aufgabe, biblische Anschauung und Sprache in unsere Zeit und ihre Verstehensmöglichkeiten zu übersetzen. Einige Beispiele erläutern die Notwendigkeit und die Art und Weise dieses Umsetzungsprozesses. Beachtung verdient in diesem Zusammenhang, was Schniewind zu dem »Dämonenglauben« zu sagen hat. Kann man ihn wirklich, wie Bultmann es tut, für antiquiert und dem modernen Verstehen unangemessen halten? Es geht doch um die »transsubjektive Wirklichkeit des Bösen«, die unleugbar ist. »Es sind ›Mächte‹, die über uns Herrschaft gewinnen und uns von Gott scheiden« (37 S. 126). Hat Bultmann diese Realitäten ernst genommen? Gerade hier zeigt sich die Gefahr eines gnostisch-akosmischen Denkens, das die »Außenwelt« für ein minder Reales hält als die »Innenwelt«.

Es muß zum Schluß noch einmal betont werden, daß die kritischen Auseinandersetzungen Schniewinds mit den Entmythologisierungs-Thesen eingefaßt sind in eine überaus positive Aufnahme der eigentlichen Intentionen Bultmanns. Das sollte nicht übersehen werden. Schniewind ist bewegt von der Sorge des theologischen Lehrers, dem die Erneuerung der Predigt das wichtigste Anliegen war. Davon aber wird nun das letzte Kapitel unseres Buches berichten.

*Vierzehntes Kapitel*

## Kirche, Predigt, Sakrament, Seelsorge

Schniewinds theologische Lehrtätigkeit war stets ausgerichtet auf die Praxis des kirchlichen Dienstes. Seine Sorge galt der äußeren und inneren Neugestaltung des Studiums in beständiger Bindung an Kirche und Kerygma. Aufsätze, wie z. B. die im Jahre 1935 erschienene Abhandlung unter dem Thema »Die wissenschaftliche Arbeit am Neuen Testament und die kirchliche Praxis« (23), zeigen schon in ihrem Titel an, wie Schniewind bestrebt war, die Brücke von der Theologie zum Dienst in der Kirche zu schlagen. Auch die Beiträge in den Tageszeitungen und in der kirchlichen Presse lassen erkennen, daß es ihm daran gelegen war, den »Laien« in die wissenschaftliche Arbeit einzuführen, ihn zu einem neuen Verstehen der Theologie anzuleiten und ihm in den Nöten des Glaubens und Denkens zu helfen. So soll das letzte Kapitel dieses Buches von Veröffentlichungen berichten, in denen Schniewind entweder grundlegende Beiträge zur Erneuerung in der kirchlichen Praxis vorgelegt oder selbst einen Dienst in der Kirche ausgeübt hat.

Wir gehen aus von einer der letzten Publikationen, dem Beitrag zur Bultmann-Festschrift (1949) unter dem Thema »Aufbau und Ordnung der Ekklesia nach dem Neuen Testament«. Man kann das kleine Opus nicht eigentlich einen ausgeführten Aufsatz nennen. Es bietet vielmehr eine thesenartige Zusammenfassung der Hauptaussagen des Neuen Testaments über die Ekklesia – einen Entwurf, der nun freilich besondere Aufmerksamkeit verdient. Der erste Abschnitt ist überschrieben mit dem Begriff »Ekklesia«. Und sogleich wird festgestellt: »Die Übersetzungen ›Kirche‹, wie ›Gemeinde‹, wie ›Versammlung‹ treffen nicht den vollen Sinn des Wortes« (47 S. 203). Was ist denn eigentlich »Ekklesia« im Neuen Testament? In der Zusammenfassung werden drei Grunderklärungen formuliert: 1. Sie ist nicht eine soziologische, sondern eine endzeitliche Größe (K. L. Schmidt); sie ist das ›Volk Gottes‹ der Endzeit. 2. Sie ist ›Leib Christi‹ (E. Käsemann, H. Schlier) – Gegenwart Christi selbst (1. Kor. 12, 12; 6, 15). 3. Sie trägt ›Rechts‹-Charakter; denn im Gegensatz zur Schwärmerei redet das apostolische Wort von Unterwerfung, Ordnung, Befehlen, Geboten, Überlieferungen, vom Gesetz Christi. – Von diesen fundamentalen Bestimmungen aus wird im zweiten Abschnitt nach dem Aufbau der Ekklesia gefragt. Aus der Reihe der Thesen ragt der Satz heraus: »Amt und Charisma sind nicht zu trennen« (47 S. 204). Die Charismen der Ekklesia werden zusammengestellt. Der Apostolat ist das erste Charisma (1. Kor. 12, 28 Eph. 4, 11): »Das Charisma ist das der qualifizierten Augenzeugen der Auferstehung (1. Kor. 9, 1; 15, 15), dem eine unmittelbare Sendung vom Erhöhten her gegeben ist« (47 S. 204). Neben den Christusaposteln stehen die Gemeindeapostel (2. Kor. 8, 23 Phil. 2, 25 u. ö.); der diakonische Dienst, der Dienst des Evangeliums ist ihnen aufgetragen. Überhaupt ist das Wort »Diakonie« (»Dienst«) der weiteste Begriff, der im Neuen Testament Amt und Charisma bezeichnet. Hier hat auch das besondere Amt des diakonischen Dienstes seinen Platz (Rm. 16, 1). Weiter wird auf die Evangelisten, die Hirten (Eph. 4, 11), die Lehrer und vor allem auf die Propheten hinzuweisen sein; denn die zuletzt Genannten stehen den Aposteln am nächsten (1. Kor. 12, 28 Eph. 4, 11). Doch alle Charismen sind ihrem eigentlichen Wesen nach »Wortcharismen« (47 S. 206). – Der dritte Abschnitt des Aufsatzes handelt von der »Ordnung« der Ekklesia, die entscheidend durch die Liebe bestimmt ist (1. Kor. 13 Eph. 4, 16 2. Tim. 1, 7).

Wir nehmen den Hinweis Schniewinds auf die Charismen auf, um von hier aus ein Verständnis derjenigen Fragen zu gewinnen, die in den letzten Jahren des Wirkens und Lehrens mit besonderem Nachdruck herausgestellt wurden. In dem Vermächtnis, das Schniewind mit der Abhandlung »Die geistliche Erneuerung des Pfarrerstandes« hinterlassen hat, handeln die wichtigsten Abschnitte von einer inneren Erneuerung der Predigt. Zunächst wird dort mit großem Nachdruck betont: Nur in einer entschlossenen Zuwendung zur theologischen Arbeit, zum gewissenhaften Hören und Forschen können neue Wege gefunden werden; denn »nur in dem Maß, wie wir Hörer des Wortes sind, sind wir Verkündiger« (42 S. 16). Im Anschluß an diesen Satz wendet Schniewind sich dann sogleich den Charismen zu: »Vornehmlich gilt dies den Charismatikern, denen das Wort in besonderer Gestalt anvertraut ist. Prophetie hat man nur ›nach der Analogie des Glaubens‹ (Rm. 12, 6): nur in dem Maß, wie man selbst ein Glaubender ist, glaubend an den, der den Gottlosen gerecht spricht (Rm. 4, 5), kann man Prophet, Verkünder sein« (42 S. 17). Prophetie und Verkündigung werden in einer erstaunlichen Weise gleichgesetzt. Wie ist das zu verstehen? Im Neuen Testament hat προφητία nicht nur den Sinn von »Weissagung«. »Sie bedeutet das machtvolle Wort der Gegenwart Gottes« (42 S. 33). Sehr häufig hat Schniewind mit großem Ernst und mit einer von Staunen erfüllten Stimme 1. Kor. 14, 24. 25 zitiert: »Wenn alle (die ganze Gemeinde) prophetisch reden und es kommt ein Ungläubiger oder Unkundiger hinein, so wird er von allen überführt, von allen beurteilt, das Verborgene seines Herzens wird offenbar, und so fällt er auf sein Angesicht und betet Gott an und kündet: Wahrlich, Gott ist in eurer Mitte!« So wirkte die Prophetie in der urchristlichen Ekklesia. Aber, so könnte man jetzt fragen, handelt es sich in diesem προφητεύειν nicht um ein Charisma, das lediglich in der Frühzeit der ersten Christengemeinden wirksam war? Schniewind erklärt zu dieser Frage: Das Charisma der Prophetie ist seit Joel 3 dem ganzen Gottesvolk zugesprochen, die ganze Gemeinde soll es »beeifern« (1. Kor. 14, 1). In der Kirche hat dieses Charisma auch später, durch die Jahrhunderte hindurch, nie ganz gefehlt. »So gewiß es Kirche gibt, gibt es Prophetie, Lehre, Paraklese; wir nennen nur die für den Pfarrerstand wesentlichen Charismen« (42 S. 33). Ja, es wird sogar zu erklären sein: Nur weil diese Charismen wirksam sind, gibt es einen Pfarrerstand. »Nur weil die Reformatoren begriffen haben, was Evangelium heißt, gibt es ein ministerium verbi divini und einen Stand, dem dieser Dienst anvertraut ist. Dieser Dienst ist ein Amt, ein munus, dem Autorität verliehen ist. Dies ist aber nicht die Autorität einer sakralen Weihe, wie in der römischen Kirche; auch nicht die Autorität des wissenschaftlich-theologisch Gebildeten, der ein rechter Volkserzieher wäre und der dem Alltag die religiöse Weihe gäbe. Es geht vielmehr um die Gegenwart Gottes in seinem dynamischen Wort. Nur als Hörer des Wortes empfangen und behalten wir unser Amt« (42 S. 17 f.). Schniewind geht auch hier aufs Letzte. Das Amt ist getragen und durchwirkt von Charismen. Es würde gelten, diese Wirklichkeit der Ekklesia neu zu sehen. Vor allem das χάρισμα προφητικόν müßte wieder »beeifert« werden (1. Kor. 14, 1). Aber wie geschieht das? Nur im Hören und Gehorchen, das sich tief beugt. »Dies Wort der höchsten Majestät wird eben nur im eigenen Gehorsam recht ausgerichtet« (42 S. 37). In diesem Zusammenhang erscheint es Schniewind nicht überflüssig, daran zu erinnern, daß zu allen Zeiten die echte Prophetie nicht von sich selbst, vom eigenen Geistbesitz oder von Fähigkeiten sprach, sondern immer nur von Christus (42 S. 34).

Im Hören auf das Wort, in dem das Charisma geweckt und gewirkt wird, lebt das einsame Gebet des Pfarrers. Immer wieder leitete Schniewind zum Bibellesen an, zum einsamen Lesen, Hören und Beten. Der Dienst des Pfarrers — so konnte er häufig sagen — ist davon abhängig, daß viel Zeit zur stillen Bibellese gewonnen wird. Alles liegt daran, daß ein neues gesammeltes Hinhören gelernt wird. Doch »jedes Anwenden des Wortes auf uns kann nur ein Beten sein« (42 S. 41). Nur so empfangen wir die Vollmacht zum Weitersagen, zum Verkündigen. — Schniewind selbst war ein begnadeter Prediger. Unter Furcht und Zittern bestieg er die Kanzel. So hat er es uns anvertraut. Seine Predigten fielen aus jedem homiletischen Schema heraus. Sie konnten längere Passagen enthalten, in denen nur Bibelzitate aneinandergereiht waren. Jedes dieser Zitate war erarbeitet und in seiner eigenartigen Setzung dem stillen Hören erwachsen. Eine uns immer wieder in Staunen versetzende Vollmacht des Zitierens waltete in dieser Verkündigung. Ohne jede rhetorische Floskel, mit einem oft furchterregenden Ernst, in einer sehr herben und kantigen Sprache redete er die Gemeinde an. Die Freudenbotschaft brach dann mit Macht durch, in leuchtendem, strahlendem Glanz. Die Leidenschaft des gewaltigen Wortes blieb jedoch stets an die biblische Botschaft gebunden. Man hatte den Eindruck, als ginge der, der da spricht, mit seinem Denken und Reden ganz in das biblische Wort ein, als stünde hinter allem nur ein Ziel: nichts Eigenes sagen, allein die Botschaft! – Das geschriebene Wort, das uns hinterlassen ist, vermag nicht zu vermitteln, was im Sprechen und Predigen sich ereignete. Dennoch soll an dieser Stelle eine Predigt Schniewinds im vollen Wortlaut wiedergegeben werden. Sie ist veröffentlicht im zweiten Band der Reihe »Predige das Wort« (Auslegung der Heiligen Schrift in Predigten: Philipperbrief):

## Von Christus Jesus ergriffen

PREDIGT ÜBER PHIL. 3, 12

Nicht, daß ich's schon ergriffen habe oder vollkommen sei; ich jage ihm aber nach, ob ich's auch ergreifen möchte, nachdem ich von Christus Jesus ergriffen bin. Phil. 3, 12

Dies Wort wird oft mißbraucht. »Wir sind alle unvollkommene Menschen«, so reden wir gern, wenn wir auf offenkundigen Fehltritten betroffen werden. Jesus aber spricht: »Ihr sollt vollkommen sein.« Er sagt uns dies zu; und wenn wir merken, daß es bei uns nicht so steht, dürfen wir uns nicht hinter das Wort verstecken: »Nicht, daß ich's schon ergriffen habe oder schon vollkommen sei!« Wer so spricht, verkehrt den Sinn unseres Textes ins Gegenteil.

Der Apostel sagt: »Ich jage ihm nach, ob ich's auch ergreifen möchte.« Er jagt »nach dem vorgesteckten Ziel, nach dem Siegespreis der himmlischen Berufung« (V. 14). Wie einer, der in der Kampfbahn läuft, den Siegespreis zu ergreifen, so ist Paulus in seinem ganzen Leben, so ist sein Dienst und Opfer, sein Arbeiten und Leiden. So, sagt er, sind die Vollkommenen! (V. 15). Solche, die Vollkommene sind, wie Jesu Wort uns zusagt, die gleichen den Laufenden in der Kampfbahn, die den Siegespreis noch nicht ergriffen haben, ihm aber nachjagen, ob sie ihn wohl ergreifen möchten; ihr ganzes Leben ist Dienst und Opfer, ist äußerste Anspannung. Ebendiese »Vollkommenen« sprechen: »Nicht, daß ich's schon ergriffen habe oder schon vollkommen wäre.«

PREDIGT ÜBER PHIL. 3, 12

Muß Paulus ausdrücklich sagen, daß er den Siegespreis noch nicht ergriffen hat? Versteht sich das nicht von selbst? Wir leben hier auf dieser Erde in Versuchung und Leid, und das himmlische Ziel haben wir wahrlich noch nicht erreicht. Muß das ausdrücklich gesagt werden?

Aber Paulus meint es ganz wörtlich. Unmittelbar vor unserem Text heißt es (V. 8. 10. 11): »Ich habe alles für Schaden gerechnet, daß ich Christus gewinne und in ihm erfunden werde, ihn zu erkennen, und die Kraft seiner Auferstehung und die Gemeinschaft seiner Leiden, daß ich seinem Tode ähnlich werde, damit ich entgegenkomme zur Auferstehung der Toten.« Es könnte sein, daß Paulus nicht in Christus erfunden würde, sondern ewig verlorenginge; daß er der Auferstehung nicht entgegenkäme, vielmehr dem ewigen Tode verfiele. Es könnte sein, daß er, Christi Apostel, andern gepredigt hätte und doch beim Jüngsten Gericht verwerflich würde (1. Kor. 9, 27). Es könnte sein, daß er andern das Evangelium brächte, in Gottes Vollmacht, und dennoch selbst des Evangeliums, des ewigen Freispruchs, nicht teilhaftig würde (1. Kor. 9, 23). Ja, Paulus weiß auch für sich selbst, »daß wir alle offenbar werden müssen vor Christi Richtstuhl«, und gerade darum weiß er, »daß der Herr zu fürchten ist«, aber gerade darum kann er das Wort der Versöhnung ausrichten als Botschafter an Christi Statt (2. Kor. 5, 10. 11. 19. 20).

Paulus hat wahrscheinlich guten Grund, dies auch an unserer Stelle sehr ernst zu sagen. In Philippi waren wohl Leute aufgetreten, welche behaupteten, »die Auferstehung sei schon geschehen« (2. Tim. 2, 18). Sie meinten: der Tod ist nur ein Schein; etwa wie man heute sagt: »Ich glaube an keinen Tod.« Ich glaube, daß der Tod ein Nichts ist; daß mein ganzes Leben in Leib und Fleisch nichts bedeutet – daß der Tod ein Schein ist. Aber der Tod ist kein Schein.

Wer die Lebensbilder von Christen kennt, weiß, daß solche, die Boten Christi waren vor vielen andern, im dunklen Todestal durch tiefste Tiefen gehen mußten. Und andere, denen solche letzten Kämpfe, soweit Menschenaugen sehen, erspart wurden, haben es wahrlich auch gewußt, daß der Tod kein Schein ist. Freude und Triumph an Sterbebetten ist Christi Sieg allein. Nur darum ist der Tod überwunden, weil Christus gesiegt hat, weil er uns aus den Ängsten reißt kraft seiner Angst und Pein.

PREDIGT ÜBER PHIL. 3, 12

Solchen Leuten also, die frech und sicher sind und meinen, es könne ihnen nicht fehlen, sagt Paulus unser Wort. Vielleicht haben ebendiese Leute von sich gesagt, sie seien die »Vollkommenen«. Sie hätten Christus vollkommen erkannt und hätten jetzt schon an seiner Gottheit teil. O ja, Paulus weiß, daß wir in Christus vollkommen sind, daß sein apostolisches Wort jeden Menschen als einen Vollkommenen darstellt in Christus Jesus (Kol. 1, 28 vgl. 2, 10). Aber eben, in Christus!

Unsere Vollkommenheit besteht nur darin, daß Christus uns vor Gott als die Seinen darstellt (Kol. 1, 22), er, der einzige Unsträfliche; ihn aber hat Gott im Gehorsam des Leidens vollkommen gemacht (Hebr. 2, 10; 5, 8. 9). Wer so in der Vollkommenheit des gekreuzigten Christus steht, der kann sich der eigenen Vollkommenheit nicht rühmen. Sein ganzes Leben heißt: Mit Christus gekreuzigt werden. Und ein solcher spricht: »Nicht, daß ich's schon ergriffen habe oder schon vollkommen sei!«

Nicht, daß ich's ergriffen habe! O ja, Paulus hat immer bezeugt, daß uns mit Christi Tod und Auferstehen ein für allemal alles geschenkt ist. Wir sind mit Christus auferstanden, Gott hat uns mit Christus erweckt und mit ihm ins himmlische Wesen gesetzt (Kol. 3, 1 Eph. 2, 6). Aber der auferstandene Christus heißt jetzt noch »der Gekreuzigte«; und niemand, den der Auferstandene zu sich rechnet, kann hier auf Erden anders leben als in der Gemeinschaft des Todes Christi: »Wir tragen allezeit das Sterben Jesu an unserem Leibe, daß auch das Leben Jesu an unserem Leibe offenbar werde« (2. Kor. 4, 10). So steht unser Leben unter der Mahnung, unsere Leiber Gott zum Opfer zu geben; wie Paulus selbst seinen Leib betäubt und zähmt, nicht anderen zu predigen und selbst verwerflich zu werden. So aber ist unser ganzes Leben wie ein Kampf, wie ein Lauf auf den Siegespreis zu (1. Kor. 9, 24—27).

Nicht, daß ich's ergriffen habe! Fast könnte man sagen: Nicht, daß ich es schon begriffen habe! Nicht, daß ich Jesus Christus schon erkannt hätte (V. 10). Jetzt erkenne ich es stückweise; dann aber werde ich erkennen, gleichwie ich erkannt bin. Wie das sein wird, ihm gleich sein, wenn unser nichtiger Leib verklärt ist, gleichgestaltet seinem verklärten Leib; wie das sein wird, zu schauen, statt zu glauben: wir können es nicht ausmalen, haben es noch nicht ergriffen, noch nicht begriffen. Nur daß wir uns danach sehnen von Herzensgrund, nur daß Gottes eigener Heiliger Geist in uns unablässig danach schreit (Rm. 8, 23—27). Gott selbst hält uns in dieser Bahn, da er uns, jeden auf besondere Weise, in der Gemeinschaft des Leidens Christi hält (Rm. 8, 17. 18).

Und genug, daß wir wissen: Wir erkennen es stückweise; aber wir sind von Gott erkannt, Gott kennt uns als die Seinen. Er sieht uns (sagt ein altes Gebet) nicht an in unsrer von Sünden befleckten Gestalt, sondern in seines Sohnes Gestalt. Er sieht uns an (sagt Luther), als wären wir Jesus Christus selbst. Denn wir sind »in Christus Jesus«, er schließt uns in sich ein, wie ein König sein Volk in sich schließt. Er rechnet uns zu sich, er hat die Hand auf uns gelegt. Er hat uns ergriffen.

»Nachdem ich von Christus Jesus ergriffen bin.« Paulus war in seiner eigenen Gerechtigkeit, im eigenen Stolz gefangen, bis dahin, daß er die Gemeinde Gottes auszurotten suchte, weil sie den Gekreuzigten als den Messias verkündigte. Er aber hielt Jesus für einen von Gott Verfluchten. Doch es gefiel Gott, seinen Sohn in ihm zu offenbaren. Es wurde ihm offenbart, daß Jesus, der Gekreuzigte, Gottes Sohn ist, daß er unsern Fluch getragen, unsre Sünde an sich genommen hat, daß er allein unsre Gerechtigkeit ist, ja unser Ruhm; denn in ihm können wir vor Gott bestehn, so wie wir sind, in ihm haben wir den beständigen Zugang zur Gnade.

»Nachdem ich von Christus Jesus ergriffen bin.« Manchem ist es ergangen wie dem Apostel, daß ihn in einer bestimmten Stunde Christi Hand ergriff. Sie reißt uns aus den eigenen Wegen, in denen wir uns gefallen mit eigener Frömmigkeit und Gerechtigkeit; daß uns, vielleicht ähnlich wie dem Apostel, deutlich wird, wie wir mit all unsrem Eifer um Gott nur die eigene Ehre suchen; und hier ist keine Rettung, als daß Christus unsren Fluch getragen hat, uns von uns selbst los und ledig spricht. Manchen hat Christi Hand herausgerissen aus Wegen des Mordes und des Hasses, wie Paulus herausgerissen wurde. Ja, manchen Verfolger der Gemeinde hat Christi Hand überwunden, daß er nun selbst Schmach und Gefahr und gar den Tod auf sich nahm um Christi willen.

Andrer Menschen Leben scheint äußerlich dem des Apostels unähnlich. Kein äußerlich wahrnehmbarer Bruch; vielleicht, daß der Glaube der Eltern und Großeltern auch uns geschenkt wurde. Aber wenn das wahrer Glaube ist und nicht nur ein Nachsprechen von dem, was andre sagen, so schließt er den Bruch in sich mit allem, was unser und was an uns ist. Dies lernt kein Mensch so, wie man ein Schulwissen erlernt. Man lernt es nur in Christi Schule, das eigene Leben hassen und durch den Geist des Leibes Tun zu töten. Es ist nicht so, wie man manchmal hört, daß wir »in den Glauben hineinwachsen«. Glaube ist das Todesurteil über unser ganzes Leben; das begreift niemand, ohne daß die Gemeinschaft der Leiden Christi (V. 10!) auch in seinem äußeren Leben erkennbar wird. Aber es steht allein in Christi Macht, wann und wie er in unser Leben eingreift und uns in seine Gemeinschaft zieht.

PREDIGT ÜBER PHIL. 3, 12

Er, er hat uns ergriffen! Nicht wir haben ihn erwählt, er hat uns erwählt. Wir haben ihm nichts als Arbeit und Mühe gemacht; er aber tilgt unsere Übertretungen um seinetwillen. Er hat seine Hand auf uns gelegt seit der Stunde unserer Taufe. Da hat Christus sein Herrenrecht über uns ergriffen. Und alles, was er an uns tut, solange wir hier auf Erden leben, geht nur auf das eine, daß wir sein Wort und seine Zusage verstehen und glauben möchten: Du bist mein.

Er hat uns ergriffen. Von da aus kommt es dann wirklich zu dem Laufen, Eilen, Kämpfen hin zum Ziel. Es gibt nur eine Sorge, die größer ist als alle Sorgen, daß wir nur nicht Gottes Gnade vergeblich empfangen, auf Mutwillen ziehen, verlieren möchten. Es gibt nur eine Furcht, die größer ist als alle andre Furcht, in der alle Angst vor Menschen und Gefahren verschwinden muß: die Furcht vor Gott, der Leib und Seele verderben kann in die Hölle.

Es gibt nur eine Gewißheit, die uns hält, da das Ziel noch vor uns liegt, da wir in täglicher Gefahr sind, das Kleinod zu verlieren: die Gewißheit, daß uns Christus an unsrer Hand hält. Er hat uns ergriffen. Er wird sein gutes Werk nicht lassen bis auf seinen Tag.

Wenn er uns ergriffen hat, so geschah es durch sein Wort. Sein Wort steht über uns seit der Taufe: Du gehörst dir nicht, hast kein Recht an dir selbst! Sein Wort ist uns nachgegangen, – manchmal möchte man sagen: es ist uns nachgelaufen, es hat uns immer wieder ereilt! Wo auch nur ein Anfang des Glaubens bei uns ist – »ich glaube, hilf meinem Unglauben« –, da ist es sein Wort, das uns zu stark bleibt. Wo auch nur ein Anfang von Gottesfurcht bei uns ist, das Arge zu hassen, die Furcht, an Christi Tag verwerflich zu werden, – da ist es sein Wort, das uns ergriffen hat, uns von uns selbst losreißt.

Sein Wort ist Evangelium, ist Frohe Botschaft. Es ist Freude, daß wir nicht uns selbst angehören, sondern Christus, unserm Herrn. Es ist Freude, sooft uns sein Wort begegnet in seiner Gemeinde: im Leben und Sterben, in Zuspruch und Verkündigung der Seinen. Es ist Freude, daß er uns das ewige Leben verheißen hat, da der Tod nicht mehr sein wird noch Leid, noch Geschrei, noch Schmerz wird mehr sein. Ja, der Lauf selbst wird Freude und Dienst, Dienst des Evangeliums, Zeugnis des Wortes in der Gemeinschaft des Todes und der Auferstehung Christi. – – –

Gerade diese Predigt Schniewinds wirft ein Licht auf das, was zuvor über den Dienst in der Ekklesia ausgeführt wurde.

In der Predigt über Phil. 3, 12 wird an zwei Stellen von der Taufe gesprochen. In der Taufe hat Christus die Hand auf uns gelegt und sein Herrenrecht über uns ergriffen. Seither steht das Wort über unserem Leben: Du gehörst nicht dir, hast kein Recht an dir selbst, du bist mein! Dem Sakrament der Taufe kommt in der Theologie Schniewinds eine hohe Bedeutung zu. Die Taufe ist das vollzugsmächtige Todes- und Lebensurteil, das über dem Leben des Christen steht und unter der Verkündigung des Evangeliums in seiner Bedeutung und Wirksamkeit geglaubt und erkannt wird. – Es soll an dieser Stelle in aller Kürze nachgezeichnet werden, wie Schniewind in der Vorlesung über den Römerbrief in den Abschnitt Rm. 6, 1 ff. einführte (Nr. 60). Gegen die Nomisten, vor allem aber gegen die Antinomisten ist die apostolische Botschaft gerichtet (vgl. Rm. 6, 1. 15). Diesen Antinomisten wird begegnet mit dem einen Hinweis auf die Taufe. Wir würden in solchen Auseinandersetzungen mit den Verirrten sagen: »Bemüh dich um einen neuen Gehorsam! Streng dich an!« Paulus sagt: »Ihr seid tot!« Das ist das Faktum der Taufe. Mit Mystik hat alles das, was der Apostel dann ausführt, nichts zu tun. Es ist die harte Wirklichkeit des Taufgeschehens: Gestorben (V. 3), begraben (V. 4). Mit dem alten Menschen ist es aus. Daraus wird eine positive Folgerung gezogen: an einen toten Menschen hat die Sünde keine Forderung mehr (V. 7). Ein neues Leben steht mit Christus aus dem Grabe auf. So traut Gott zu, daß damit eine neue Wirklichkeit besteht! Das ist – in einfachen Worten – alles, was über die Taufe gesagt wird. – Mit einem solchen knapp skizzierten Grundriß pflegte Schniewind in die sehr sorgfältige Auslegung der Einzelheiten einzuführen. Auf diesen Grundriß aber kam er dann immer wieder zurück. Mit Luther sprach er von dem »Unter-die-Taufe-Kriechen«, betonte er das »baptizatus sum!« in seiner den Glauben tragenden Gültigkeit und wies hin auf das Geheimnis der »gratia praeveniens«. Schroff und hart widersprach er jeder Spur einer auf das »Signifikante« der Taufe deutenden Interpretationsweise; darin war er mit Leidenschaft reformatorischer, lutherischer Theologe.

So auch in der Erklärung des Abendmahls. Immerzu haben Schniewind die exegetischen und dogmatischen Probleme der Abendmahlslehre bewegt. Als vom 30. September bis 1. Oktober 1947 in Frankfurt am Main ein großes theologisches Gespräch über das Abendmahl stattfand, hatte man ihm die Leitung übertragen. Ein von Schniewind vorgelegter Bericht läßt erkennen, mit welchem Ernst und welcher Eindringlichkeit jede Nuance der Diskussion aufgenommen worden ist. Es ist ein Zeichen des Geistes, in dem das Gespräch geführt wurde, daß zum Schluß der Zusammenkunft die urchristlichen Abendmahlsworte verlesen wurden. Nicht das Reden über das Sakrament, sondern das Hören auf die Botschaft des Abendmahlsgeschehens sollte im Mittelpunkt stehen. – Uns allen ist unvergeßlich, wie Schniewind das Abendmahl mit uns feierte. Sein Zuspruch, die Stille der Sammlung, die Eindringlichkeit seiner Ansprache führten uns zum Sakrament des Herrn. Dies sind Worte einer Predigt zum Abendmahl: »›Solches tut zu meinem Gedächtnis‹, spricht er jetzt zu uns über seinem Mahl. Er, der Lebendige, allzeit Gegenwärtige, will sich uns ins Gedächtnis rufen, daß wir ihn nur nicht vergäßen! So gewiß ich esse und trinke, so gewiß kommt er selbst zu mir. Das tägliche Brot, das Brot des Lebens, ist er selbst. Das Neue Testament Gottes, die Zusage und der Friedensbund Gottes, das ist er. Die Vergebung der Sünden, der Zugang zu Gott, das ist er. Er, der seinen Leib und sein Leben in den Tod gab, der sein Blut für uns vergoß und der jetzt gegenwärtig ist, da wir sein Mahl nach seinem Befehl und nach seiner Zusage miteinander halten. Und unser Glaube, mit dem wir es nachsprechen: ›für euch, für euch‹, den hat er selbst uns abgewonnen: Herr Jesu, ich bin dein. Unsre Selbstprüfung aber, unser Sündenbekenntnis, ist ja nichts andres als ebendieser Glaube, daß wir nichts haben im Leben und im Sterben als ihn, sein Eintreten für uns, seine Fürbitte für uns« (51 S. 189 f.).

Zu Predigt und Sakrament tritt unmittelbar die »Seelsorge«. Schniewind meidet diesen Begriff, er ist irreführend. Das urchristliche Wort für »Seelsorge« heißt: Paraklese. »Paraklese ist in der Gemeinde des Auferstandenen ein fest umrissenes Wort; Paulus setzt einen gefestigten Sprachgebrauch voraus. Gott selbst spricht ins Herz (2. Kor. 5, 20)« (40 S. 5 f.). Die Übersetzung des Begriffs mit »Trost« ist unzureichend; denn herkömmlich verbindet sich mit dem »Trösten« eine weiche, milde Vorstellung, die der Kraft und Vollmacht der neutestamentlichen Paraklese nicht entspricht. In den Kollegs wies Schniewind gelegentlich darauf hin, daß allenfalls noch im englischen Wort »trust« oder in dem Ausspruch des Nibelungenliedes, der »grimme Hagen« sei der »Nibelungen Trost«, etwas von der aufrichtenden, kraftvollen und hilfreichen Urbedeutung des Begriffes »Trost« lebendig sei. Die neutestamentliche Paraklese aber ist vom Alten Testament, insbesondere von Deuterojesaja her, zu verstehen (Jes. 40, 1 f.; 51, 12). Gott selbst richtet im zugesprochenen, geschichtsmächtigen Wort die Verzagten und Strauchelnden auf. Das ganze Evangelium als Missionswort ist in diesem Sinn Paraklese (1. Thess. 2, 3), es ist Zuspruch des Rufes und damit Gestalt des Wandels (1. Thess. 2, 12). »Die charismatische Paraklese geschieht ›in Jesus‹: so gewiß die Christen in Christus eingeschlossen sind, so gewiß ist die Paraklese wirksame

Macht. Die Paraklese sagt: Betet! Sie sagt: Seid einig!« (40 S. 6). So steht sie nahe bei der Prophetie und ist ein Mahnen und Trösten, ein Zusprechen und Aufrichten zugleich. Sie ist ein Charisma, eine Gabe des Geistes, dem anderen das Wort Gottes ins Herz zu sprechen. Schniewind erinnert daran, daß einmal gesagt worden ist: Wer die Paraklese spricht, der muß bei jedem Gespräch mit dem anderen durch die Flammen des Gerichtes hindurchgehen. »Welch ein Wunder, wenn uns solch ein Gespräch geschenkt wird!« (42 S. 36). Gerade der Dienst der Paraklese ruft zu einer Erneuerung des Betens auf, die darin besteht, zunächst einmal die Unfähigkeit zum Beten einzugestehen (Rm. 8, 34), zur Fürbitte Christi zu flüchten (Rm. 8, 34) und unter der Fürsprache des Geistes zu stehen (Rm. 8, 26 f.). Dieses Beten bleibt wach an der Fürbitte (Eph. 6, 18 f.). Und wiederum ruft Schniewind dazu auf, die Zeit zur Fürbitte zu erobern und auch im härtesten Pfarrdienst die Stille zu suchen. – Als wir in einer Gruppe von Theologiestudenten Schniewind auf dem Bahnhof abholten – er kehrte von einem Kuraufenthalt in Baden-Baden zurück –, da waren seine ersten Worte: »Die Stunden der Reise geben viel Zeit, in Fürbitte vieler Menschen zu gedenken!« Was er lehrte, lebte er.

Als wichtigstes Herzstück alles Dienstes in der Ekklesia sah Schniewind die Beichte und mutua consolatio fratrum an. »Beichten heißt zu zweien beten« (42 S. 42). Doch das geistliche Gespräch untereinander, das ins Letzte geht, kann nur geführt werden von der Frage her, ob ich selbst wohl errettet werden möchte. Oft wurde von ihm der Satz zitiert: »Mirum, si sacerdos salvetur.« Wie aber geschieht die mutua consolatio fratrum? In der gemeinsamen Arbeit derer, die im Dienst der Kirche stehen. Hier fängt alles an. Jedoch die gemeinsame Vorbereitung der Sonntagsperikope hat Schniewind als nicht empfehlenswert zurückgewiesen. Die eigene Entdeckungsarbeit, das einsame Hören und Beten kann niemand dem Prediger abnehmen. Aber fruchtbar ist »das freiwillige homiletische Seminar« (42 S. 43), in dem die eigene Predigt dem Urteil der Brüder vorgelegt wird. Da ereignet sich dann die mutua consolatio fratrum, da fängt sie an und erstreckt sich auf alle Bereiche des Dienstes. Schniewind kann sagen: Ohne diese Gemeinschaft sind wir verloren. Und immer wieder steht hinter allem dieser große Ernst. Oft wurde Luther zitiert: »E timore amittendae gratiae« haben die Heiligen ihren Dienst getan. Paulus fürchtet, verworfen zu werden (1. Kor. 9, 27). Aber dieser Paulus weiß auch, daß, der in uns sein gutes Werk begonnen hat, es vollenden wird bis zum Tage Jesu Christi (Phil. 1, 6).

Erneuerung der Theologie und Erneuerung der Kirche. Mit dem vollen Einsatz seines Lebens, mit bitterem Ernst und drängender Leidenschaft war Schniewind zeit seines Lebens um diese reformatio besorgt. Dabei kannte er die furchtbaren Abirrungen, die gerade dort im Schwange sind, wo »Reformationsgelüste« aufbrechen und gären. Sören Kierkegaard schrieb im Jahre 1851 in seiner Schrift »Zur Selbstprüfung der Gegenwart anbefohlen« die scharfen Sätze: »Das Böse in unserer Zeit ist nicht das Bestehende mit seinen vielen Mängeln; nein, das Böse in unserer Zeit ist gerade diese böse Lust, dieses Buhlen mit Reformationsgelüsten: diese falsche Reformierungssucht ohne Opferwilligkeit; diese leichtfertige Einbildung, als könnte man reformieren, ohne auch nur eine Vorstellung, geschweige denn eine erhabene Vorstellung davon zu haben, wie ungewöhnlich erhaben der Gedanke einer ›Reformation‹ ist; dieses heuchlerische Verkennen der eigenen Unfähigkeit, die geschäftig dem zerstreuenden Gedanken nachgeht, die Kirche reformieren zu wollen, wozu unsere Zeit am allerwenigsten taugt . . .« Schniewind wußte um diese Gefahren. Er hat in den letzten Jahren sein Leben eingesetzt für das Eine: Erneuerung. So soll unser Buch schließen mit der Wiedergabe eines Vortrags, den Schniewind am 19. Mai 1946, am Sonntag Kantate, in der Ulrichskirche zu Halle unter dem Thema »Erneuerung der Kirche« gehalten hat. Da spricht der Propst und Seelsorger. Auf den folgenden Seiten wird das im Nachlaß aufbewahrte Manuskript wiedergegeben:

## Erneuerung der Kirche

Vortrag aus dem Jahre 1946

Erneuerung der Kirche! Muß denn da etwas neu werden? Und was soll eigentlich neu werden? »Neuer Glaube« — so hörten wir. Vorher haben wir gesungen: »Der Glaub' ist auch erloschen gar bei allen Menschenkindern.« Ist das nicht übertrieben? ». . . Bei allen Menschenkindern«? Sind wir denn selbst, die Gläubigen, nicht ausgenommen? Aber wir haben gehört, was »Glaube« heißt: »Halte du den Glauben fest, daß dich Gott nicht fallenläßt!« Das ist sehr schwer zu glauben, wenn wirklich alle Trümmer über uns hereinbrechen. Vielleicht haben es in Halle nur wenige so erfahren, wie unsre Brüder aus dem Osten, unsre Brüder noch im Osten, es erfuhren und erfahren. Es hält uns dann nur ein Einziges: Jesus Christus, unser Herr, betet für uns, daß unser Glaube nicht aufhöre. Er allein trägt unseren schwachen, versinkenden, armen Glauben, auch wenn wir nicht mehr beten können, auch wenn wir nichts mehr begreifen oder sehen können. Unser Glaube ist Christi Werk, unser Glaube besteht darin, daß Gottes Macht uns umfängt, daß Gottes Treue uns trägt, daß uns Gott nicht fallenläßt.

VORTRAG AUS DEM JAHRE 1946

Brauchen wir, die Gläubigen, neuen Glauben? Braucht die Kirche neuen Glauben? »Halte du den Glauben fest, daß dich Gott nicht fallenläßt; er hält sein Versprechen!« Gott hätte allen Grund, uns fallenzulassen. Er könnte zu unserer Kirche hier in Mitteldeutschland sprechen: Wo ist denn euer Glaube gewesen tausend Jahre hindurch? Waren da brennende, erbarmende Herzen, die all die Not im Volk mittrugen wie eigene Not, die all die Schuld im Volk mittrugen wie eigene Schuld? Hier bei uns begann die Reformation, hier in Halle wirkten August Hermann Francke, August Tholuck, Martin Kähler: hat man davon etwas in der ganzen Stadt, im ganzen Land gemerkt? – Und wo ist denn jetzt unser Glaube? Es heißt in einem Lied: »Ach, mache eine Flamme draus, die auch ergreift des Nächsten Haus!« Wie wäre es, wenn unser Glaube solcher Flamme gliche?

Neuer Glaube und neue Kraft. Der Chor sang: »Wenn mein Wollen, mein Vermögen nichts vermag, nichts helfen kann, kommt mein Gott und hebt mir an, sein Vermögen beizulegen.« Das singt und hört sich leicht, in der Wirklichkeit will jedes einzelne Wort durchkämpft sein. Ich weiß von einem Christen, dem in schweren Leiden letzter Altersjahre ebendiese Verse Kraft gegeben haben, da körperliche Qualen und ein Unheil nach dem anderen täglich lehrten: Nicht mein Können, mein Vermögen! Nicht Werke meines Liebesdienstes – dies ganze Leben war ein einziger Liebesdienst –, nicht mein bestes Wollen, mein Erziehen, mein Einwirken: ich vermag nicht einmal, meinem nächsten und liebsten Menschen in Angst und Qual und Tod zu helfen. Aber Gott hebt an. Christus spricht: »Meine Kraft ist in den Schwachen mächtig, die Kraft vollendet sich in Schwachheit.« Paulus spricht: »Wenn ich schwach bin, dann bin ich stark.« – Vielleicht widersetzen wir uns solchen Worten mit Leidenschaft. Solche Worte, denken wir, nehmen unserem Wollen und Handeln vollends die Kraft. Aber wenn wir so denken, ist uns die Realität Gottes noch nicht aufgegangen. Christus spricht: »Der Geist ist willig; aber das Fleisch ist schwach.« »Fleisch« – das ist unser Menschenwesen, hinfällig, sterblich, an die Welt verhaftet; schwach gegenüber jeder Gottlosigkeit und Verführung; schwach, wenn es gilt, um der Gerechtigkeit willen zu leiden. Aber der Geist ist willig; unser Geist, von Gottes Geist angerührt, sagt: »Ja, mein Gott, du hast geredet. Ich widerstrebe, ich widerspreche dir. Aber du bist stärker als alles, was in mir und außer mir dir wider-

VORTRAG AUS DEM JAHRE 1946

spricht. Wirke du mir entgegen, wirke du dann in mir und durch mich deine Werke!«

Braucht unsere Kirche neue Kraft? Wir versuchen es mit neuen Methoden, mit viel neuem Eifer, an die Jugend, an die Verbitterten, an die Zweifelnden heranzukommen. Aber das alles vermag nur Gottes eigene Kraft. Das Evangelium, sagt Paulus, ist eine Kraft Gottes. In der Tat, es kann so verkündet werden, daß die dunklen Mächte besiegt werden, daß unsere armen Menschenworte Gottes eigene Kraft in sich tragen. Wer vermöchte das? Aber Gott erwartet es von seiner Kirche. Sie wird Gottes Kraft in dem Maß empfangen, wie sie es Christus wieder glaubt: »Der Geist ist willig; aber das Fleisch ist schwach.« Und: »Meine Kraft ist in den Schwachen mächtig«; sie vollendet sich eben an deiner Schwachheit, wenn dein Können, dein Vermögen nichts vermag, nichts helfen kann.

Neue Kraft und neues Leben: hier sprach unser Lied unmittelbar von der Kirche. »Es tut Gott nicht gereuen, was er vorlängst gedeut't, sein Kirche zu erneuen in dieser gefährlichen Zeit.« Neues Leben der Kirche! Was wünschten wir mehr! Laien aus allen Berufen und Ständen, die an ihren Stellen durch Wort und Wandel und Leiden Zeugnis gäben, daß ihnen Gott größer und wichtiger sei als alles andere. Prediger mit flammenden Zungen, die das Wort glaubhaft weitersagten, daß es »in unseren Herzen brennte«, wie es im Pfingstlied heißt. Ja: »Schaue, baue, was zerrissen und beflissen, dich zu schauen!«, heißt es im gleichen Lied. So viel ist zerrissen in unserer Kirche, in unserem Volk. Gott allein kann das aufbauen. »Baue, was zerrissen und beflissen, dich zu schauen!« Sind wir »beflissen«, ihn zu schauen? Geht unser ganzer Fleiß darauf, Gottes Tun nicht zu übersehen? Aufzumerken, was er jetzt, hier, heute von uns will?

Gewiß werden wir dann erst merken, wie tief das greift: neues Leben, neues Leben der Kirche. Neues Leben ist Leben aus Gottes künftiger Welt.

Über unserer Gesamtfeier steht ein Wort aus der Offenbarung des Johannes: »Siehe, ich mache alles neu!« Das Wort bezieht sich darauf, daß Gott einen neuen Himmel und eine neue Erde schafft. Ja, nur von da aus können wir verstehen, was Neues Leben der Kirche bedeutet. Neues Leben ist Leben aus Gottes künftiger Welt. »Leget von euch den alten Menschen, der durch (betrügerische) Lüste in Irrtum sich verderbt. Ziehet den neuen Menschen an, der nach Gott geschaffen ist!« Es geht bei der Erneuerung um unseren ganzen Menschen. Unser alter Mensch ist unser altes Ich, das so dahinlebt, ohne viel nach Gott zu fragen. Und so sterben wir denn auch dahin, ohne zu wissen, wie wir mit Gott daran sind in seiner zukünftigen Welt. Und so fallen wir allem Bösen zum Raub, das uns

VORTRAG AUS DEM JAHRE 1946

betrügt. Jedem Selbstbetrug fallen wir zum Raub. Aber: »Legt den alten Menschen ab!« – Kann man das? Kann man seine menschliche Existenz ablegen wie ein Gewand? Das erste Wort in unserer Feier hieß: »Wenn jemand nicht von neuem geboren wird, so kann er das Reich Gottes nicht sehen.« Wir haben keine Augen für Gottes unsichtbares Reich. Wir passen nicht hinein, wir gehören nicht hinein. Aber Jesus sagt uns zu, daß wir von neuem geboren werden können. Er sagt uns zu: Du gehörst nicht dir, sondern mir, dem Lebendigen, Auferstandenen. Er hat uns das schon zugesagt in unserer Taufe: »Dein alter Mensch ist wie in einer Flut versenkt. Du gehörst nicht dir, sondern mir!« Wenn wir das nur sehen und zu Herzen nehmen von Tag zu Tag: »Ich gehöre nicht mir, sondern Christus«, das wäre neuer Glaube, neue Kraft, neues Leben. Wirklich, es würde unser Leben von Grund auf verändern: »Wir sind mit Christus begraben durch die Taufe in den Tod, daß, gleichwie Christus ist auferweckt von den Toten durch die Herrlichkeit des Vaters, so auch wir in einem neuen Leben wandeln«, in einer neuen Gestalt schon jetzt, die ewiges Leben heißt. Ist das unerhört und kühn gesagt? Aber das vollzieht sich so, daß unser innerer Mensch von Tag zu Tag erneuert wird. Von Tag zu Tag die Stimme Christi hören: »Du gehörst nicht dir, sondern mir!« – das wäre neuer Glaube, neue Kraft, neues Leben.

Und das wäre neue Freude. Alles, was wir sagten, ist Freude. Daß Christus für uns bittet, daß seine Kraft in unserer Schwachheit mächtig ist, daß wir nicht uns gehören, sondern ihm: das ist Freude. »O Jesu, meine Freude«, so haben wir als Kinder gebetet. Vielleicht werden wir es noch im Sterben beten. »Freude, Freude«, singt diese ganze Kantatefeier. »Kantate« heißt »Singt!«: »Singt dem Herrn in euren Herzen!« »Er gebe uns ein fröhlich Herz, erfrische Geist und Sinn und werf' all Angst, Furcht, Sorg' und Schmerz in's Meeres Tiefe hin!« Immer wieder wird uns erzählt, wie Flüchtlinge, Vertriebene, Gequälte, Geängstete uns allen zur Beschämung und zum Zeugnis Gottes dieses durchlebt haben: All' Angst, Sorg' und Schmerz hat Christus uns abgenommen, nun ist es versenkt wie in Meeres Flut.

Wir sprechen von Jesus, da wir vom Glauben, von der Kraft, vom Leben, von der Freude reden. Kennen wir Jesus? ... Jesu Wort wendet sich an unser Gewissen. Unser letztes Wissen um Gottes Wirklichkeit, das ist unser Gewissen. Ist es ganz erstorben? »Erstorbene Gewissen!« Und was Gott uns wirkt, wirkt er durch sein Wort. Er redet zu uns aus dem Wort seiner Apostel und Propheten, im Wort des Neuen und des Alten Testaments. Aber er will, daß dieses Wort als lebendiges, mündliches Wort

VORTRAG AUS DEM JAHRE 1946

ausgerichtet wird von Mensch zu Mensch. Gibt es das? Kann es das geben? Wie kann ein Mensch Gottes Wort sagen?

Dieses also wäre Erneuerung der Kirche: daß unsere Gewissen vom Todesschlaf erwachen, daß wir auf Jesus hören, daß uns das lebendige, gegenwärtige Wort Gottes neu geschenkt wird. Gemeinde, Kirche würde dann erneuert werden. »Lebendige Gemeinden« würden erwachsen. Und vielleicht könnte es uns auch geschenkt werden, das rechte Wort zu finden für die Entfremdeten, Abseitsstehenden, die dennoch der Kirche nicht den Abschied gegeben haben, »die Randsiedler der Kirche« ... Die Kirche Gottes aber lebt aus Gottes künftiger Welt. Es ist ein Wunder, unbegreiflich, daß gerade jetzt, da »alles fällt« und »in Trümmern bricht«, die Christen in aller Welt sich finden, sich verstehen, daß unsere Kirche in Deutschland mitgetragen wird durch die Fürbitte und die Liebe der Einen Heiligen Christlichen Kirche, die wir im Glaubensbekenntnis bekennen. Diese Kirche ist eine Einheit, jenseits aller irdischen Trennung; denn sie lebt aus Gottes künftiger Welt ...

Erneuerung der Kirche: sie kann nur Gott uns schenken ...

A.

# BIBLIOGRAPHIE

Mit freundlicher Genehmigung des J. C. Hinrichs-Verlages wird die in der ThLZ 1949 Nr. 3 Sp. 166–168 zuerst vorgelegte Bibliographie verwendet. Über die Erweiterungen hinaus, die im Jahre 1952 Ernst Kähler im Anhang des Buches »Julius Schniewind – Nachgelassene Reden und Aufsätze« vornahm, sind weitere Ergänzungen vorgenommen worden. Die Veröffentlichungen Schniewinds sind sehr verstreut. Zudem ist es erforderlich, einige hektographierte Publikationen einzubeziehen. Wohlberechtigt ist diese Maßnahme, weil seit 1933 – wie auch E. Kähler in der Vorbemerkung zu der von ihm ergänzten Bibliographie betont – die Druckmöglichkeiten und später auch die Druckgenehmigungen außerordentlich erschwert waren.

1905

1 Zur Würdigung Professor D. Kählers (Nachträgliches zu seinem siebzigsten Geburtstag am 6. Januar 1905). Beiträge zu den Nachrichten des Verbandes Theologischer Studentenvereine.

1906

2 Die Hauptstücke des Heimschen »Weltbildes«. Betrachtungen eines Dilettanten. In: »Hefte zur Verständigung über Grundfragen des Denkens« (Im Zusammenhang mit der Schrift: K. Heim, Das Weltbild der Zukunft). Als Manuskript gedruckt. Nr. 2; Februar 1906, S. 35–42. Nr. 3; Mai 1906, S. 56–65.

3 Zum Gedächtnis D. Max Reischles, gest. am 11. Dezember 1905; zusammen mit und im Auftrage von P. Brückner, E. Kaphan, K. Lengler, A. Schneider, in: »Nachrichten des Verbandes Theologischer Studentenvereine auf deutschen Hochschulen (Leipziger Verband)«; 8. Jahrgang, Februar 1906, Nr. 1, Sp. 1–4. (Als Hs. gedruckt.)

4 »Reischle und die Lage der Theologie in der Gegenwart«, in: »Nachrichten des Verbandes Theologischer Studentenvereine auf deutschen Hochschulen (Leipziger Verein)«. 8. Jahrgang. 1906, Sp. 26 f. (Als Hs. gedruckt.)

1907

5 Antwort auf die Einwände von O. Schmitz, H. 71 ff. In: »Hefte zur Verständigung über Grundfragen des Denkens.« Nr. 5, Februar 1907, S. 113–119.

6 Der gegenwärtige Stand der Theologie und Heims »Weltbild der Zukunft«. 1907. (Es konnte nicht festgestellt werden, wo dieser – in einem Fahnenabzug vorliegende – Aufsatz gedruckt wurde. Auch Prof. Karl Heim konnte darüber keine Auskunft geben.)

1910

7 Die Begriffe Wort und Evangelium bei Paulus (Theol. Diss. Halle) 120 S., Bonn 1910.

1913

8 Erinnerungen an Professor D. Kähler, Rede in der christlichen Studentenvereinigung Halle/Saale, 25. Oktober 1912, in: »Deutsche Christliche Studentenbewegung, Mitteilungen an ihre Kreise und Freunde.« Nr. 143. Januar 1913.

1914

9 Die Parallelperikopen bei Lukas und Johannes (Habilitationsschrift Halle), 100 S., Leipzig 1914.

1922

10 Das Selbstzeugnis Jesu nach den ersten drei Evangelien. Stimmen aus der deutschen christlichen Studentenbewegung, H. 17, 23 S., Berlin 1922.

1927

11 Euangelion. Ursprung und erste Gestalt des Begriffes Evangelium (Beitr. z. Förd. christl. Theol. 2, 13, 25). I. Lfr. 112 S., Gütersloh 1927. II. Lfr. 258 S., Gütersloh 1931.

1929

12 D. Schneider als Theologe, in: »Jahrbuch des Theologischen Seminars der Unierten Evangelischen Kirche in Polen« (= D. Schneider, ges. Aufsätze), S. VII–XIV, Posen 1929.

1930

13 Zur Synoptiker-Exegese, in »Theologische Rundschau«, NF 2, 1930, S. 129–189.

14 »Urchristentum und Katholizismus« (eine Richtigstellung). in: »Königsberger Allgemeine Zeitung« vom 13. 2. 1930, Morgen-Ausgabe (Nach Stil und Inhalt zweifellos wörtlich von Schn. stammend, obwohl nicht mit seinem Namen unterzeichnet).

15 Der gegenwärtige Stand der Jesusforschung, in: »Kirchenblatt evangel. Monatsschrift in Polen« VIII (1930), S. 225—229.

1931

16 Wer war Jesus? Beilage der Goldaper Zeitung, Sonntag, 29. 3. 1931.

17 Der gegenwärtige Stand der Jesusforschung. Danziger Allgemeine Zeitung vom 17. 11. 1931.

1933

18 Das Evangelium nach Markus, in: »Das Neue Testament Deutsch«, 1. Teil, S. 25—102. Göttingen 1933 (vgl. Nr. 49).

19 Art. ἀγγελία κτλ., in: Gerhard Kittel, Theologisches Wörterbuch zum Neuen Testament, Bd. I, S. 56—71, Stuttgart 1933.

1934

20 Gesetz und Evangelium im Neuen Testament, in »Kirchenblatt, Evangelische Monatsschrift in Polen«, XIII (1934), S. 267.

1935

21 (Herausgeber) Zur Neugestaltung des Theologischen Studiums. Vorträge und Andachten auf der im Jahre 1934 in Königsberg i. Pr. veranstalteten 4. Konferenz theologischer Hochschullehrer der baltischen Länder, gehalten von T. Bohlin u. a., Göttingen 1935.

22 H. Girgensohn und J. Schniewind, Evangelische Verkündigung heute! München 1935, 31 S. (»Bekennende Kirche« Nr. 25).

23 Die wissenschaftliche Arbeit am Neuen Testament und die kirchliche Praxis, in: »Gottes Herrschaft«, Flugschriften für die evangelische Kirche im Osten, hrsg. von G. Bornkamm, K. v. Grot, H. 1, S. 14—24, Königsberg/Pr. 1935.

24 Zu Martin Kählers hundertstem Geburtstag, in: »Die Furche«, Jahrgang 21 (1935) S. 80—82.

25 Gewißheit — nicht Sicherheit. Zur reformatorischen Unterscheidung von certitudo und securitas, in »Die Furche«, Jahrgang 21 (1935) S. 467—480.

26 (Zusammen mit G. Friedrich) Art. ἐπαγγέλλω κτλ., in Gerhard Kit-

tel, Theologisches Wörterbuch zum Neuen Testament, Bd. II, S. 573–583, Stuttgart 1935.

1937

27 Das Evangelium nach Matthäus. Übersetzt und erklärt, in: »Das Neue Testament Deutsch«, Teil 2, 274 S., Göttingen 1937 (vgl. Nr. 48).

28 Der Lebendige Gott in Martin Kählers theologischer Arbeit und biblischer Verkündigung, in: Martin Kähler, der Lebendige und seine Bezeugung in der Gemeinde, hrsg. von Anna Kähler, S. VII–XIV, Berlin 1935.

29 The Beatitudes, in der Vierteljahrsschrift »The Student World«, Bd. 30, Nr. 3 (1937), p. 222–234. Zusammenfassung aus der Erklärung der Bergpredigt in Nr. 27.

1938

30 Heiligung, in: »Rechtgläubigkeit und Frömmigkeit«, hrsg. von H. Asmussen, Teil 1, S. 9–20, Berlin 1938.

31 Was verstand Jesus unter Umkehr? Ebda. Teil 2, S. 70–84.

32 (Mit G. Kittel zusammen Herausgeber der deutschen Ausgabe von) E. C. Hoskyns und F. N. Davey, Das Rätsel des Neuen Testaments, Stuttgart 1938.

33 Das Gespräch Jesu mit Nikodemus von der Neugeburt, in: »Der Heiland« hrsg. von E. Müller, S. 93–107, Berlin 1938.

1940

34 Das Gleichnis vom verlorenen Sohn (»Wege in die Bibel«, hrsg. von V. Herntrich), 43 S., Göttingen 1940.
Die Auslegung des Kapitels Luk. 15 wurde neu veröffentlicht in dem Band: »Die Freude der Buße« (mit einem Vorwort von E. Kähler), Kleine Vandenhoeck-Reihe 32 (1956).

35 Predigt über Phil. 3, 12, in »Predige das Wort«, hrsg. von H. Barth, S. 97–101, Siegen 1940.

1944

36 Martin Kähler, 1835–1912, in: »250 Jahre Universität Halle«, S. 102–105, Halle/Saale 1944; vgl. oben S. 166–172.

37 Antwort an Rudolf Bultmann, in: »Mythologie und Kerygma im Neuen Testament«, hrsg. von E. Wolf (Hektographierte Jahresgabe der Ges. f. Evgl. Theol., 1944).

Zitiert wird nach: »Kerygma und Mythos.« Ein theologisches Gespräch, hrsg. von H. W. Bartsch, Hamburg 1948 (S. 85—134).
Entmythologisierung. Eine Auseinandersetzung zwischen J. Schniewind, R. Bultmann und K. Barth. Schriftenreihe der Bekennenden Kirche Heft 4, Stuttgart 1949.

1945

38 Die Archonten dieses Äons, 1. Kor. 2, 6—8, in: Festschrift für E. Klostermann, Halle/Saale 1945, S.153—162. (Hdschr., photographisch vervielfältigt, auch als Sonderdruck hektographiert.) Vgl. Nr. 51.

39 Hilko-Wiardo Schomerus zum Gedächtnis. Rede, gehalten am 17. November 1945 bei der Trauerfeier in der Laurentiuskirche. (Hektographiert, 12. S.)

1947

40 Theologie und Seelsorge, in der Monatsschrift »Zeichen der Zeit«, 1947, H. 1, S. 5—8. Dasselbe in: »Evangelische Theologie«, 1947, S. 363—367 (mit leichten Kürzungen). Zuvor war dieser Aufsatz als Flugschrift verbreitet.

41 Das biblische Wort von der Bekehrung, 16 S., Berlin 1947 (Hefte der Besinnung Nr. 4). – Dasselbe, Göttingen 1948.

42 Die geistliche Erneuerung des Pfarrerstandes, 47 S., Berlin 1947 (»Der Anfang«, Zehlendorfer Studien der Kirchlichen Hochschule Berlin Nr. 4), 2. erw. Auflage 1949.

43 Der Verkündigungscharakter der theologischen Wissenschaft, in: Theol. Lit. Ztg., 72. Jahrgang, Sp. 167 f., Leipzig 1947.

1948

44 Eine Taufrede (Röm. 6, 4), in der Monatsschrift »Zeichen der Zeit« 1948, H. 5, S. 168—170.

45 Christus unsere Gerechtigkeit. Ein Gemeindevortrag, in »Glaube und Geschichte«, Festschrift für F. Gogarten, 17 S.

46 Die Verkündigung des Neuen Testaments vom auferstandenen Christus, in: »Potsdamer Kirche, Sonntagsblatt für die evangelischen Gemeinden in der Mark Brandenburg«, 28. März 1948, H. 12, S. 93 f.

1949

47 Aufbau und Ordnung der Ekklesia nach dem Neuen Testament, in der Festschrift für Rudolf Bultmann, Stuttgart 1949, S. 203—207.

48 Das Evangelium nach Matthäus, vgl. Nr. 27, 5. durchgesehene Auflage, 282 S., Göttingen 1950.

49 Das Evangelium nach Markus, vgl. Nr. 18, 5. verbesserte und erweiterte Auflage, Göttingen 1950.

50 Bericht über ein Abendmahlsgespräch evangelischer Professoren, in: Theol. Lit. Ztg. 1951, Nr. 3 Sp. 187–192. (Vorabdruck aus J. Schniewind und E. Sommerlath, Abendmahlsgespräch, Berlin 1951, S. 9–19).

51 Nachgelassene Reden und Aufsätze, hrsg. von E. Kähler, Berlin 1952. – Der Aufsatz »Weltgeschichte und Weltvollendung« aus den »Nachgelassenen Reden und Aufsätzen« wurde erneut veröffentlicht in: »Biblische Studien« H. 12, Neukirchen 1956.

## Diktate
(als Manuskript zu den Kollegs von Schniewind ausgegeben)

52 Matthäusevangelium.

53 Römerbrief.

54 1. Korintherbrief.

55 Galaterbrief.

56 Thessalonicherbriefe.

## Nachschriften der Vorlesungen
(aus den Jahren 1941–1944)

57 Einführung in die Theologie (W. S. 1941/42).

58 Synoptische Evangelien (nach Matthäus) (S. S. 1942).

59 Johannes-Evangelium (W. S. 1941/42).

60 Römerbrief (W. S. 1943/44).

61 1. Korintherbrief (W. S. 1942/43).

62 Hebräerbrief (W. S. 1943/44).

## Martin Kähler
(zitierte Werke)

63 Die Wissenschaft der christlichen Lehre, 4. Aufl. 1905.

64 Der sog. historische Jesus und der geschichtliche biblische Christus, 2. Auflage 1896.

65 Dogmatische Zeitfragen I., 2. Aufl. 1907; II., 1898; III., 1913.
66 Anna Kähler, Theologe und Christ, 1926.

## In memoriam Julius Schniewind

67 Gerhard Heinzelmann, In memoriam Julius Schniewind; vgl. Nr. 51 S. 57—61.
68 Otto Michel, In memoriam Julius Schniewind, Ev. Theol. 8 (1948/49) S. 337—343.
69 Martin Fischer, Zum Tode D. Julius Schniewinds. In: Mitteilungen der Ev. Studentengemeinde in Deutschland, Okt./Nov. 1948. Nr. 10, S. 2 f.
70 Johannes Hamel, Julius Schniewind. In: »Begegnungen«, hrsg. von H. Lilje, Nürnberg 1949, S. 106—117.
71 Hans Werner Bartsch, Erinnerungen an Julius Schniewind, Monatsschrift für Pastoraltheologie, Januar 1949, S. 59—63.

B.

# REGISTER DER BIBELSTELLEN

*Altes Testament*


Genesis
6, 9 131
12, 8 230
12, 22 230
15, 6 230
18, 25 229

Exodus
3, 14 198
34, 29 241

Leviticus
10, 3 235
11, 4 234
22, 23 235

Deuteronomium
5, 23 185
6, 4 ff. 230
6, 25 230
7, 7 235
9, 5 f. 229
18, 13 131
18, 18 196
32, 51 235

1. Samuel
6, 20 235
16, 7 180
31, 9 86

Jesaja
6, 5 235, 241
6, 7 241
6, 10 73, 79
7, 9 230
9, 7 88
11, 2 f. 230
11, 3 f. 95
23, 5 f. 230
25, 6 f. 138
28, 16 230
29, 23 235
33, 6 f. 229
33, 15 f. 230
35, 4 ff. 130, 183
37, 4 185
40, 1 f. 264
42, 1 225
42, 5 f. 225
42, 21 229
43, 10 198, 229
43, 18 241
43, 24 ff. 131, 229
44, 6 58
44, 8 229
44, 22 131
45, 8 229
45, 19 229
46, 10 198
46, 13 229
48, 11 131, 235
48, 12 198
48, 18 230
50, 8 230
51, 5 f. 229
51, 12 264
52, 5 f. 235
52, 7 ff. 68, 79, 82, 86 ff., 93 f., 95
53, 8 230
53, 11 f. 230
55, 7 135
56, 1 230
58, 8 229
59, 16 f. 229
60, 6 93
60, 18 229
61, 1 ff. 87, 93, 95
61, 10 f. 229
64, 5 229
65, 17 241

Jeremia
5, 2 185
31, 18 135
31, 31 ff. 233

Hesekiel
21, 8 ff. 229
34, 1 ff. 143
36, 23 ff. 235, 241

Joel
3, 1 ff. 241

Habakuk
2, 3 183
2, 4 230

Sacharja
9, 9 f. 230 f.
14, 5 183

Maleachi
3, 1 183

Hiob
4, 17 229
9, 2 229
10, 15 229
25, 4 229
35, 8 229
40, 8 229

Psalmen
2, 2 185
2, 7 185
7, 9 230
11, 7 230
14, 1 ff. 180
18, 21 ff. 230
22, 32 230
33, 6 69
36, 11 230
40, 8 183
40, 10 86, 229
40, 11 229, 230
42, 3 185
50, 8 230
51, 6 229
51, 16 230

65, 8 230
68, 12 86
71, 16 230
72, 1 ff. 230
84, 3 185
85, 10 f. 230
89, 15 229, 230
89, 17 230
94, 11 21
96, 2 f. 94
96, 13 229
97, 6 229
98, 2 229
98, 11 230
103, 17 230
118, 26 183
119, 1 ff. 69, 113 f.
119, 106 230
119, 164 230
130, 4 131
138, 3. 7 124
139, 23 180
143, 2 180, 229 f.
145, 7 230

Threni

3, 40 135

Daniel

7, 3 183
7, 11 183
7, 14 186

*Neues Testament*

Matthäus

3, 3 135, 177
3, 7 136, 241
3, 8 144
3, 9 241
3, 15 230
3, 17 185
4, 7 124 f.
4, 17 4, 135, 241
4, 19 91
4, 23 93
5, 1 ff. 178 ff., 241
5, 3 f. 41, 49, 95, 241
5, 4 177
5, 6 230, 237
5, 8 241
5, 16 144
5, 17 117
5, 20 49, 117, 230
5, 21 ff. 95, 117, 175, 177 ff., 230
5, 27 ff. 175
5, 45 49
5, 48 49, 131
6, 3 241
6, 25 ff. 175
6, 33 117, 230
7, 1 f. 177
7, 11 49
7, 12 117
7, 14 119
7, 24 ff. 91, 95, 232
7, 28 f. 91, 185
8, 22 132
10, 7 96
10, 12 ff. 96
10, 28 ff. 233, 239
10, 32 f. 95, 96
11, 2 ff. 183
11, 3 136
11, 5 ff. 41, 49, 91, 92 ff., 132, 168, 184 f.
11, 11 241
11, 13 117
11, 28 185
11, 29 49
11, 30 ff. 241
12, 25 ff. 49
12, 28 49, 92, 168, 177, 184
12, 31 f. 145
12, 36 181
12, 42 117
13, 16 117, 183
13, 31 f. 175
16, 9 49
16, 16 119, 184
16, 18 95
16, 25 175
17, 25 179
18, 3 f. 49, 241
19, 8 117, 179
19, 21 131
19, 26 215
19, 28 241
21, 5 49
21, 21 229
21, 31 177
22, 11 ff. 241
22, 31 177
22, 32 131
23, 3 49
23, 39 112
25, 34 ff. 95, 117
26, 4 219
26, 13 92
26, 43 229
26, 63 119, 185
28, 18 143, 185, 242

Markus

1, 4 136, 241
1, 7 183
1, 14 f. 92, 96
1, 23 ff. 168
1, 24 235
1, 29 ff. 168
1, 39 93
1, 44 168, 179
2, 1 ff. 9, 163, 168
2, 7 131
2, 9 72, 168, 185
2, 10 93, 143
2, 15 ff. 143
2, 21 179
2, 25 117
4, 1 ff. 72 f., 92 f., 184
4, 24 183
4, 40 168
5, 34. 36 168
6, 5 168
7, 29 136
7, 47 f. 241
8, 28 117
8, 29 184, 185
8, 34 148, 241

8, 35 96, 148
8, 38 91, 93, 95, 175
9, 1 208
9, 7 117
9, 23 229
9, 24 251
10, 1 ff. 178
10, 5 182
10, 15 49, 241
10, 27 179
10, 35 241
11, 22 229
13, 10 93, 96
13, 31 91, 95
16, 15 f. 242

Lukas
1, 78 159
6, 78 159
2, 14 217
2, 26 185
3, 3 ff. 151
4, 18 93, 95
5, 1 ff. 151
5, 17 168
7, 1 ff. 74, 151
7, 29 230, 241
7, 36 ff. 151
9, 11 93
9, 20 117, 184
9, 60 241
10, 9 49
10, 23 175
11, 20 184
12, 50 241
14, 26 148, 241
15, 1 ff. 74, 137 ff., 175, 209, 241
15, 17 139
15, 18 177
15, 24 141
16, 15 49
17, 20 184
17, 21 49, 175, 184
17, 33 148
18, 14 230
19, 6 ff. 143
19, 28 ff. 151
19, 38 117
19, 44 159
20, 39 151
20, 47 ff. 151
22, 31 ff. 151
23, 1 ff. 151
23, 26 ff. 151
22, 28 ff. 96
23, 34 ff. 221
24, 1 ff. 151

Johannes
1, 14 49, 252 f.
1, 18 11
1, 51 198
2, 4 168
3, 1 ff. 240 ff.
3, 16 247
4, 46 ff. 151
5, 19 168
5, 23 193
5, 27 185
6, 1 ff. 197
6, 57 185
6, 68 96
6, 69 184, 235
8, 24 198
8, 31 96
9, 1 ff. 168
9, 4 203
10, 1 ff. 198
10, 30 122
10, 38 122
11, 9 ff. 203
12, 3 ff. 151
12, 12 ff. 151
12, 25 148
13, 30 203
13, 36 ff. 151
14, 9 49, 122, 200
14, 10 122
14, 20 122, 198
14, 26 220, 238
14, 30 231
15, 3 96
15, 11 114, 143
15, 22 95
15, 27 96
16, 11 231
16, 23 198
16, 24 114
16, 26 249
17, 2 185
16, 8 230
16, 13 f. 220
17, 11 209
17, 13 114
18, 1 ff. 151
18, 22 ff. 151
19, 16 ff. 151
19, 35 203
20, 1 ff. 151
20, 23 31
21, 1 ff. 151
21, 19 31
21, 24 206

Acta
1, 1 93
2, 13 251
2, 23 216, 231
2, 37 f. 134
3, 14 230
3, 17 220 f.
4, 10 216, 231
4, 33 96
5, 20 96
5, 27 96
5, 30 216
5, 31 144
6, 6 ff. 226
10, 39 231
10, 40 216
11, 18 144
13, 27 220 f.
13, 28 f. 216
13, 32 96
13,47 224
14, 15 119
14, 16 f. 139
15, 20 231
17, 23 ff. 50
17, 24 ff. 139
17, 27 ff. 128
17, 30 144, 221
22, 14 230
26, 23 132
26, 24 251

Römer
1, 1 ff. 82, 96, 224 f.
1, 3 165, 249
1, 4 132, 219, 222
1, 5 231
1, 9 66
1, 14 225
1, 16 66, 92, 94, 95 f., 226, 229, 242

1, 18 f. 50, 226
1, 21 ff. 49
2, 4 144
2, 16 95
3, 20 f. 225, 228
3, 21 ff. 232
3, 31 96
4, 5 229, 251
4, 10 ff. 224
4, 17 ff. 230
4, 23 ff. 96
4, 24 216, 222, 225
5, 2 247
5, 5 219
5, 12 241 f.
5, 16 ff. 95
6, 1 ff. 145, 222, 225, 263 ff.
6, 3 241
6, 4 229
6, 11 ff. 96
6, 15 145
6, 17 52, 57, 62, 96, 229
6, 19 232
6, 22 228
7, 4 ff. 224, 231
7, 6 228
7, 12 231
8, 1 228, 231
8, 2 96
8, 3 165, 171, 216, 249
8, 11 216, 225
8, 24 ff. 233, 260
8, 26 f. 30, 218 ff., 265
8, 30 96
8, 32 247
8, 34 f. 265
8, 35 232
9, 24 ff. 224
9, 30 ff. 225
10, 1 ff. 82, 225
10, 3 f. 228
10, 8 49, 66, 96, 225, 229
10, 10 46, 96
10, 14 ff. 82, 96, 225
10, 17 96
11, 7 ff. 224
11, 20 229
11, 28 96
11, 29 112
11, 32 110, 217 f.
11, 33 217 f.
11, 36 50
12, 1 96, 236
12, 2 53, 55, 146, 222
12, 3 f. 96
12, 6 256
15, 4 96
15, 16 ff. 96, 224 f.
15, 18 213, 225
16, 7 225

1. Korinther
1, 6 96, 225
1, 14 ff. 226
1, 17 225
1, 18 95, 242
1, 20 221
1, 23 216
1, 26 ff. 96, 221
1, 30 36, 228, 236
2, 1 96, 225
2, 3 ff. 219
2, 6 ff. 216, 220 ff.
2, 9 106
2, 17 225
3, 15 145
4, 4 228
4, 15 66, 96, 242
5, 5 145
5, 11 235
6, 9 226
6, 10 235
6, 15 255
7, 19 242
8, 1 ff. 54
8, 11 228
9, 1 96, 225, 256
9, 16 225
9, 23 95, 259
9, 27 95, 124, 259, 265
10, 4 f. 49
10, 10 225
10, 11 96
11, 26 96
12, 3 49
12, 12 255
12, 28 ff. 225, 256
13, 1 ff. 232, 256
13, 3 225
13, 9 60
14, 1 257 f.
14, 24 f. 256
15, 1 ff. 217, 221 ff., 231, 251
15, 2 96
15, 5 ff. 96
15, 12 221 ff.
15, 15 256
15, 23 132
15, 43 f. 219, 242

2. Korinther
1, 19 96
2, 14 ff. 82
2, 15 f. 95
2, 17 96
3, 3 119, 185
3, 6 ff. 96, 226, 231
3, 8 225, 228
3, 17 236
4, 4 f. 49
4, 10 216, 260
4, 18 246
5, 10 ff. 259
5, 16 216
5, 17 222
5, 18 f. 96, 225
5, 19 65
5, 20. 96, 225, 264
5, 21 216, 226, 228, 231
6, 14 232
6, 15 236
6, 16 119, 185
7, 1 234
7, 9 f. 135, 144
8, 23 225, 256
10, 14 66
11, 4 92
12, 9 54, 219
13, 3 96, 219
13, 4 216

Galater
1, 1 222
1, 4 247
1, 6 f. 92, 96, 225
1, 13 ff. 225
1, 15 f. 224 f.
2, 1 ff. 217

2, 3 f. 224 f.
2, 16 228, 241
2, 19 96, 231 f., 247
2, 20 242
3, 1 ff. 96
3, 2 226, 229
3, 13 216, 224, 231, 249
3, 14 96, 216
3, 22 110, 144
3, 29 96
4, 4 f. 224
4, 6 219
4, 13 225
5, 3 f. 224
5, 5 228, 229, 232
5, 11 225
5, 21 226
6, 14 225
6, 15 242

Epheser
1, 3 96, 226
1, 13 96, 242
1, 20 222
2, 3 241
2, 5 f. 242
2, 8 228
2, 10 144
2, 13 f. 224
2, 14 249
2, 17 95, 242
2, 20 225
3, 1 ff. 225, 242
3, 6 ff. 96, 224
3, 7 223
3, 10 226
3, 13 225
4, 1 96, 233
4, 6 50
4, 11 96, 225, 256
4, 19 235
4, 21 f. 57, 241 f.
5, 5 226, 235
5, 12 139, 242
5, 26 96
6, 15 95, 242
6, 18 265

Philipper
1, 6 265
1, 12 96
1, 23 242
1, 27 96, 233
2, 7 f. 231
2, 8 216, 229
2, 10 224
2, 16 96
2, 25 256
3, 4 ff. 225
3, 6 231
3, 9 228

Kolosser
1, 5 ff. 242
1, 10 233
1, 12 f. 242
1, 13 226
1, 16 249
1, 20 f. 225 f., 228
1, 28 131, 260
2, 9 49
2, 14 228
3, 1 242, 260
3, 5 235
3, 16 96, 242
4, 13 226

1. Thessalonicher
1, 4 ff. 96, 225
1, 5 96, 225 f.
1, 9 119, 144, 145, 185, 216
1, 10 144, 145, 226, 228
2, 2 225
2, 3 96, 264
2, 4 225
2, 7 232
2, 11 95
2, 12 95, 96, 233, 264
2, 13 f. 95, 96
3, 7 228
4, 1 f. 96, 216
4, 3 ff. 234
4, 6 235
4, 17 242
4, 18 96
5, 24 96

2. Thessalonicher
1, 5 ff. 226
1, 10 225
2, 7 232
2, 11 f. 95 f.
3, 1 96

1. Timotheus
1, 7 256
1, 12 225
1, 13 221
1, 15 47
2, 3 ff. 225
2, 16 96, 225, 230
5, 18 96
6, 16 235, 246

2. Timotheus
1, 8 ff. 225
2, 18 259
2, 25 f. 145

Titus
1, 1 ff. 225
1, 16 49
2, 11 ff. 49
3, 4 ff. 49, 242
3, 5 55

Philemon
10 96, 242
13 96

Hebräer
1, 1 f. 117
1, 4 ff. 90
2, 5 ff. 90
2, 17 231
3, 12 185
4, 14 96
4, 15 165, 219, 231
5, 8 229, 231
6, 1 144
6, 5 95, 181
6, 6 145
7, 18 219
7, 25 f. 30, 249
8, 8 ff. 96, 233
9, 14 185
9, 26 f. 241
10, 26 f. 145
11, 6 48
11, 9 ff. 230
12, 2 229
12, 11 232
12, 14 234
12, 20 f. 49

Jakobus

1, 4 131
1, 18 96, 242
2, 14 232
2, 19 62

1. Petrus

1, 3 241
1, 11 96
1, 14 145, 221
1, 23 96, 242
1, 25 95
2, 2 242
2, 25 145
3, 18 242
3, 28 230

2. Petrus

3, 9 144
3, 16 96

1. Johannes

1, 6 233
1, 8 ff. 233
1, 9 230, 232
2, 1 249
2, 2 231
2, 5 96
2, 10 233
2, 29 230, 242
3, 2 192, 241
3, 4 232
3, 7 230
3, 9 ff. 233, 242
4, 2 49
4, 7 242
4, 10 247
5, 10 145
5, 17 232
5, 18 233, 242

2. Johannes

9 49, 57

Apokalypse Joh.

1, 16 95
2, 3 156
2, 21 f. 145
2, 25 96
3, 3 96, 145
3, 11 96
3, 19 145
10, 6 185
11, 3 ff. 95
12, 17 96
14, 6 95
19, 15 95
21, 4 112, 168
21, 5 53

C.

## REGISTER DER NAMEN


Albertz, M. 20
Althaus, P. 218
Anselm von Canterbury 121
Asmussen, H. 133, 234
Augustinus 121

Baer, H. v. 158
Barr, J. 83 f.
Barth, K. 12, 20, 21, 89, 95, 219 f.
Bartsch, H. W. 277
Bauer, W. 188, 194, ff., 205
Baur, F. C. 189, 213
Bengel, J. A. 144
Beyer, H. W. 179
Bezzel, H. 31
Bonhoeffer, D. 23
Bornhäuser, K. 196
Bornkamm, G. 20, 273
Bousset, W. 189, 192, 22
Büchsel, F. 17
Bultmann, R. 12, 20, 101 ff., 110 f., 122, 130, 160 ff., 170, 173 ff., 188, 193, 197 f., 205 ff., 212 ff., 234, 244 ff., 274
Burney, C. F. 193

Cadbury, H. J. 155
Calvin, J. 249
Cremer, H. 83, 214, 228

Dibelius, M. 20, 257, 161, 188, 194, 198, 205, 214
Dobschütz, E. v. 190, 206
Drews, P. 22

Engels, J. G. 21 f., 147

Feine, P. 18, 150, 184
Ficker, J. 20
Fiebig, P. 156, 167
Fischer, M. 23, 277
Frickenhaus, A. 23
Friedrich, G. 83, 89, 273
Fuchs, E. 219 f.

Gaugler, E. 188
Gerhardt, P. 16
Girgensohn, H. 133, 273
Goethe, J. W. v. 11, 37, 38, 85
Gogarten, F. 228, 237
Gunkel, H. 161
Gutjahr, W. 8 f., 26 ff.

Hafner, G. 95
Hamel, J. 34, 277
Harder, G. 219 f.
Harnack, A. v. 80, 150, 194, 214
Haupt, E. 20
Heiler, F. 219 f.
Heim, K. 18, 20, 50, 169, 271 f.
Heinzelmann, G. 32, 277
Heitmüller, W. 70
Herder, J. G. 98
Hermann, R. 20, 23
Herntrich, V. 137, 274
Herrmann, W. 130
Hirsch, E. 203 ff.
Hoffmann, H. 18
Holl, K. 20
Holtzmann, H. J. 150, 189
Holtzmann, O. 150
Howard, W. F. 205, 207
Humboldt, W. v. 84
Humburg, P. 243

Iwand, H. J. 23, 34

Jänicke, H. 34
Jeremias, J. 20
Jonas, H. 222
Jülicher, A. 176, 218
Jüngel, E. 57

Kähler E. 8, 34, 37, 67, 100, 170, 187, 212, 218, 221, 271, 276
Kähler, M. 7 f., 10, 12 f., 16 ff., 23, 24, 26 f., 31, 37 ff., 50, 52 ff., 64 ff., 85, 97 ff., 119 ff., 163, 172, 190 ff., 213, 216, 220, 228, 271, 272, 274, 276
Kähler, S. 23
Käsemann, E. 255
Kant, I. 11

Keim, C. 190
Kierkegaard, S. 12, 20, 52, 53, 59, 101 ff., 266
Kittel, G. 83, 156, 174 f., 212 ff., 273
Koepp, W. 157
Kümmel, W. G. 200

Leisegang, H. 158
Lessing, G. E. 98
Lietzmann, H. 193, 219
Loofs, F. 18, 19 f., 52, 190, 207
Luther, M. 14, 17, 18, 20, 26, 28, 50, 60, 95, 110 f., 115, 122, 124, 126 f., 129 f., 142, 145 ff., 179, 218, 227 ff., 235, 237, 245, 260, 263

Michel, O. 15, 20, 277

Niemöller, M. 23
Nietzsche, F. 11, 214
Noth, M. 16, 23

Odeberg, H. 197 ff.
Otto, R. 20

Percy, E. 194
Preisker, H. 200

Rad, G. v. 105, 114, 116, 244
Reischle, M. 19, 271
Reitzenstein, R. 167, 188, 192 f., 222
Rilke, R. M. 128

Schiller, F. v. 11
Schlatter, A. 20, 76, 136, 145, 154, 156, 167, 173 f., 188, 193 ff., 202, 214 f., 218, 228
Schleiermacher, F. 128
Schlier, H. 255
Schmidt, K. L. 20, 155, 157, 163, 255
Schmitz, O. 272
Schweizer, E. 194, 204
Schweitzer, A. 157, 170 ff., 181, 214 ff.
Schumann, F. K. 244
Sellin, E. 68
Shakespeare, W. 11
Sommerlath, E. 32, 276
Spitta, F. 150, 204
Stählin, G. 199 f.
Strauß, D. F. 167
Streeter, B. H. 155 f.

Thielicke, H. 169, 252
Tholuck, A. 15, 17, 22, 53, 218
Torrey, C. C. 193

Vischer, W. 101 ff., 105
Volkening, J. H. 31

Weber, H. E. 145
Weinreich, O. 167
Weiß, J. 20, 163
Wellhausen, J. 173 ff., 204
Wendt, H. H. 204
Wetter, G. A. P. 188, 194, 202
Wichern, J. H. 31
Windisch, H. 170, 173 f.
Wolf, E. 15, 24, 244, 274
Wrede, W. 166, 170 ff.

Zahn, Th. 163
Zuckschwerdt, O. 34
Zurhellen, O. 150 ff.

Von Julius Schniewind ist im Brunnen-Verlag Gießen erschienen:

## Reden und Aufsätze

216 Seiten

Von den Werken Julius Schniewinds (1883–1948) geht eine starke, eigenartige Wirkung aus. Der zuletzt in Halle a. d. Saale lehrende Neutestamentler war ein dezidierter Bibeltheologe, geprägt in der Schule der Reformation und seines Lehrers Martin Kähler. In den einzelnen Aufsätzen und Reden ist es alsbald zu merken: Dieser Ausleger des Neuen Testaments hat sich weit den Textaussagen geöffnet und sich vorbehaltlos den Intentionen biblischer Botschaft ausgesetzt. Der große Reichtum an Erkenntnis und perspektivischem Durchblick ist einem Suchenden und Fragenden gegeben worden. Gnosis ist ein Charisma, Theologie ein charismatisches Ereignis.
Herausragend und unverkennbar ist die gesamtbiblische, Altes und Neues Testament als Einheit verstehende Ausgangsposition. Für die theologische Forschung und Lehre Schniewinds bezeichnend ist sein Credo: »Ich glaube an den lebendigen Gott. Ich glaube an den Gott, der zu uns Menschen kommt. Ich glaube an den Gott, der mit uns Menschen redet und mit uns Menschen handelt – und der selbst Mensch ward.«

*Aus dem Vorwort von Hans-Joachim Kraus*

Monographien und Studienbücher



In der Dankbarkeit des Schülers, der Julius Schniewind in Liebe und Verehrung stets verbunden bleibt, habe ich dieses Buch geschrieben. Es soll daran erinnern und zugleich mitten in die gegenwärtige Situation hinein neu zum Bewußtsein bringen, welche unverwelkliche Bedeutung das Lebenswerk dieses einzigartigen theologischen Lehrers hat. Die neutestamentliche Forschung ist fortgeschritten; aber viele wesentliche Anstöße, Fragestellungen und Erkenntnisse Schniewinds sind weder überholt noch veraltet, weil sie aus der Tiefe der biblischen Botschaft eine innere Erneuerung der Theologie und der kirchlichen Verkündigung suchten. Der jungen Generation ist er kaum bekannt. Wohl werden seine Kommentare zu den Evangelien des Matthäus und Markus gelesen; bisweilen fällt im neutestamentlichen Kolleg sein Name. Aber wer er war, wie er lebte und wirkte, das wissen nur wenige. Er hat nicht viel geschrieben. Vom gesprochenen Wort und von einem lauteren, zutiefst glaubwürdigen Leben gingen die großen und gewaltigen Wirkungen aus, von der Vollmacht eines Lehrers, dem das »Charisma der Theologie« verliehen war und der zugleich Vater und Freund seiner Studenten war und in hingebender Liebe sich ihrer annahm.

*Aus der Einführung von Hans-Joachim Kraus*

ISBN 3-7655-9241-2

Theologische Verlagsgemeinschaft

TVG BRUNNEN + R.BROCKHAUS